MIGRATION UND FAMILIE

FAMILIENFORSCHUNG UND POLITIK

(AM BEISPIEL BULGARIENS)

Das Buch wird mit der freundlichen Unterstützung und Förderung vom Österreichischen Ost - und Südosteuropaforschung -Institut (OSI) Aussenstelle Sofia herausgegeben.

Herzlichen Dank!

ISBN - 954-91168-1-6

Anelia Kassabova-Dintcheva

MIGRATION UND FAMILIE
FAMILIENFORSCHUNG UND POLITIK
(AM BEISPIEL BULGARIENS)

Redakteur Anelia Kassabova-Dintcheva
Design Svetla Assenova-Kostova
Druck "Variant 2000"

Verlag "Variant 2000"
Sofia 2002

An meinen Eltern – mit Liebe und Dank

MIGRATION UND FAMILIE
Familienforschung und Politik (Am Beispiel Bulgariens)

EINLEITUNG
EIN LANGER WEG

Im Projekt, mit dem ich 1998 - dank einer Förderung des Pastoralen Forums und der Bereitschaft Michael Mitterauers die wissenschaftliche Begleitung zu übernehmen - nach Wien fuhr, stellte ich das Thema Familie und Migration in den Mittelpunkt. Die Untersuchung dazu sollte auf qualitativer Sozialforschung, auf konkreter Feldforschung beruhen. Zentral und für den Erkenntnisprozess besonders geeignet schien mir die Konstruktion von Typen. Die Analyse mehrerer Fälle sollte zu einigen Grundtypen verdichtet werden, die jeweils zentralen Eigenschaften modellhaft hervorgehoben werden.[1]

Neben informellen Kontakten, suchte ich - vor allem über Institutionen - Zugang zu Schlüsselpersonen, die mir wiederum Kontakten mit anderen vermitteln konnten. Um ein höheres Vertrauen gewinnen zu können, nahm ich an verschiedensten Aktivitäten teil; besonders wichtig war für mich die Möglichkeit, ein Jahr als Bulgarischlehrerin an der Österreichisch-Bulgarischen Freizeit-Schule Kinder vom Vorschulalter bis zur dritten Klasse Volksschule zu unterrichten. Das eröffnete mir den Zugang zu Eltern und zu offiziellen Organisationen und machte mich selbst zu einer "Schlüsselperson" - denn die Schule ist neben der Kirche und den Kulturorganisationen eine der wichtigsten Institutionen für die Vermittlung und Festigung einer nationalen Identität. Die Tätigkeit als Lehrerin erlaubte mir auch einen tiefen Einblick in die Lehrpläne. Die Schule unterliegt dem bulgarischen Ausbildungssystem, man folgt den bulgarischen Schulprogrammen, die Diplome werden in Bulgarien rechtlich anerkannt.

Bei meiner Arbeit in der Schule wurde ich mit Migrationssituationen und mit einigen damit eng verbundenen Problemen konfrontiert. So beginnen die Lehrbücher für die zweite und dritte Klasse mit Gedichten, Liedern und Erzählungen bulgarischer Dichter und Schriftsteller über die bulgarische "Heimat-"/"Mutter-"/"Familienstamm-"Sprache (roden, majcin ezik). Unter den Verfassern dieser Werke sind einige der markantesten Vertreter der Aufklärung.

Nun stand ich aber vor einer Klasse, in der Bulgarisch nur für eine kleine Anzahl der Kinder die "Muttersprache" darstellte, in einigen Fällen war sie zwar "Vatersprache", in anderen eher "Großmutter-" beziehungsweise "Großvatersprache". Nur wenige

---

[1] *Lueger, Manfred*: Grundlagen qualitativer Feldforschung. Wien, 2000; *Kelle, Udo/Kluge, Susann*: Vom Einzelfall zum Typus. Opladen, 1999.

dieser Schulkinder lebten in mono-nationalen Familien, doch auch in diesen Fällen waren die "Wurzeln" manchmal weit verzweigt.
Zu "klassischen" bi-nationalen Ehen - Vater/Bulgare orthodoxen Religionsbekenntnisses, Mutter/Österreicherin und katholisch - kamen viele Varianten. Zum Beispiel die Mutter katholische Österreicherin mit einem "Zweig" nach Griechenland und zur Orthodoxie väterlicherseits oder: eine bulgarische Mutter mit orthodoxem Religionsbekenntnis aber mit deutscher Herkunft und einem katholischen "Zweig" mütterlicherseits oder: der Vater Österreicher tschechischer Herkunft, katholisch und die dazugehörige Mutter Österreicherin, bulgarisch-armenischer Herkunft mit evangelischem Bekenntnis. Mitunter gab es auch verschiedenste "Hybriden" wie orthodoxes Religionsbekenntnis und Zen-Bhuddismus oder österreichische Nationalität und orthodoxes Religionsbekenntnis.
Diese Beobachtung führte mich zur analytischen Frage nach der Definition und der Relation von Regel und Ausnahme. Sind diese Ausnahmefälle "Ausnahmen", wie und warum wurden und werden Sachverhalte konkret historisch als Ausnahme beziehungsweise als Regel konzipiert.
Wie auch immer: Ich stand vor einem bunten ethnischen und religiösen "Mix" mit weit zurückliegender Geschichte. Das erschwerte meine Aufgabe der Präsentation Bulgariens als "Heiliges Land/Sprache meiner Vorväter" (IvanVazov), doch bot sich damit zugleich die Herausforderung, altersgerecht Gespräche über "Heimat" und "Heimaten" und "Fremde" zu initiieren und führte mich zu den Fragen nach den Faktoren, die bei der Identitätsstiftung eine führende Rolle spielen.
Mit dem "Blick von Innen" auf die Schulprogramme und darüber hinaus dem offiziellen Identitätsangebot in Bezug auf Emigration (bei verschieden Volkskultur- und Volkskunst-Veranstaltungen/sabori in Bulgarien und im Ausland[2]) stellte sich die Frage nach den gesellschaftlichen Faktoren, die ein (Re-)Definieren der Nation als Kulturgemeinschaft bestimmen und einen hohen Symbolwert der Volkskultur als Integrationskraft stiften wollen. Eine Tendenz zur Pluralisierung des historischen "Gedächtnisses" ist zwar zu bemerken, doch trotz der ansatzweisen kritischen

[2] Im Jahr 2000 wurden in Bulgarien auf Staatsebene (initiiert vom Präsidenten und vom Premierminister) zwei gesamtbulgarische Treffen organisiert, die sich gezielt an die bulgarischen Emigranten weltweit richteten. Volkskultur (Volksmusik/-brauchtum) fungierten bei der Selbstrepräsentation als Symbol der Integration, obwohl oder gerade weil wirtschaftlich-politische Fragen, die Notwendigkeit der Bildung von Netzwerken und einer bulgarischen "Lobby" im Vordergrund standen. Das für das Frühjahr 1999 geplante Bulgaren-Treffen in Österreich konnte wegen des Kosovo-Krieges nicht abgehalten werden.

Befragung nationaler Mythen[3] sind die nationalen Meta-Erzählungen (Gründungsgeschichten) nicht entmythologisiert.

Meine eigene Migration nach Wien ermöglichte mir zugleich einen "Blick von außen", eine Perspektive, die mir das Verstehen des Zusammenspiels von inneren und äußeren Faktoren erleichterte. Die groß- oder eher weltstädtische Kulturpolitik in Wien, die Sensibilität für die kulturellen Besonderheiten von Minderheiten[4], die durchaus wohlmeinende Bewertung der kulturellen Andersartigkeit müssen in Betracht genommen werden, wenn man die Selbstpräsentationen der Volksgruppen und die oft dahinter stehende offizielle Staatspolitik der Herkunftsländer angeht.[5]

Während des zweites Jahres meines Wien-Aufenthaltes konnte ich auch die meisten meiner lebensgeschichtlichen Interviews führen. Viele Leute - Männer wie Frauen - erklärten sich bereit, mit mir über ihr Leben zu sprechen. Insgesamt habe ich 31 lebensgeschichtliche Interviews durchgeführt. Sie waren von unterschiedlicher Dauer - von drei bis vier Stunden bis hin zu mehrmaligen mehrstündigen Gesprächen. Nicht alle meiner Gesprächspartner stimmten einer Tonbandaufnahme zu, so dass ich auch mit handschriftlichen Mitschriften und Gedächtnisprotokollen gearbeitet habe. Aus den Erfahrungen mit dieser Methode kann ich sagen, dass diese Bereitschaft zum Interview weniger mit Vertrauensverhältnissen oder der Persönlichkeit von Forscherin/Forscher zu tun hat, sondern vielmehr die hohe Bereitschaft zur Reflexion über die eigene Biographie ausdrückt.

Oft mangelt es an (finanziellen) Möglichkeiten Biographieforschungen durchzuführen, die biographische Quellen nicht nur instrumentell als Informationsquelle nutzen, sondern die Biographie auch als soziales Konstrukt, das sowohl soziale Wirklichkeit als auch Erfahrungs- und Erlebniswelten der Subjekte konstituiert, zum Gegenstand der Analyse machen.

---

[3] *Iliev, Ilija*: The Proper Use of Ancestors. In: Ethnologia Balkanica. Journal of Balkan Ethnology, 2, 1998, S. 7-18; *Naumovic, Slobodan*: Romanticists or Double Insider? An Essay on the Origins of Ideologised Discourses in Balkan Ethnology. In: Ethnologia Balkanica, 2, 1998, S. 101-120; *Duric, Rasid:* Missbrauch des Mythos in der serbischen Literatur und zeitgenössischen Politik. In: Österreichische Zeitschrift für Volkskunde, B. 98, 1995, S. 397-422.

[4] Die Bulgaren in Österreich gehören nicht zu den rechtlich anerkannten Volksgruppen; die Frage, ob man in Hinblick auf die aktuelle Kulturpolitik Österreichs nicht Schritte in dieser Richtung unternehmen müsste, bewegt einige Vertreter der bulgarischen Institutionen in Wien.

[5] *Welz, Gisela*: Inszenierungen kultureller Vielfalt. Frankfurt a. M./New York/Berlin, 1996. Z. B. wurde die bulgarische Schule zur Teilnahme am Wiener Hallamasch-Festival, präsentieren, eingeladen.

Die Erzählungen meiner Gesprächspartner, denen hier ich herzlich danken möchte, boten mir eine große Vielfalt: Bewusst hatte ich mein sample aus Männer und Frauen unterschiedlichen Alters, unterschiedlicher sozialer Zugehörigkeit - diverser Berufsgruppen und Milieus - und unterschiedlichen Ausbildungsniveaus zusammengestellt. Bei der Interviewführung versuchte ich, das Verfahren einer nicht-standardisierten, qualitativen Sozialforschung anzuwenden; die Interviews orientierten sich an einem groben Leitfaden.[6] Ich verstehe dabei Biographieforschung insgesamt und besonders die Selbstpräsentationen im Zuge der narrativen Interviews als performance und Inszenierung[7]: Der Erzähler, seine Geschichte und ich als Zuhörer stehen als Teile eines kommunikativen Ereignisses miteinander in Beziehung, wobei auch Alter, Geschlecht, soziale Position und so weiter das Interviews als Interaktion mitstrukturierten.

Die gebotene Vielfalt war schwer in "Typenkonstruktionen" zu fassen; dies bewog mich unter anderem, die lebensgeschichtlichen Interviews nicht als Basis meiner Arbeit heranzuziehen.

Die Schwierigkeit eine ethnische/nationale Gruppe, die sehr differenziert und heterogen ist - zeitlich, räumlich und sozial - in einer kosmopoliten Stadt mittels eines qualitativen Zugangs zu erforschen, stellt ein erhebliches methodisches Problem dar. Als mögliche Einschränkungen überlegte ich die Untersuchung binationaler Ehen und Partnerschaften oder die Konzentration auf Fallstudien, die durch die verstehende Analyse der Besonderheiten im gesellschaftlichen Kontext des untersuchten Feldes die Entwicklungsstruktur eines Falles und die spezifischen Abgrenzungen zum Umfeld in den Vordergrund stellen.

Aus folgenden - durchaus wissenschaftlichen - Motiven veränderten sich meine Vorgangsweise und die Fragestellungen:

Die Betonung, ja die Notwendigkeit eines Vergleichs zwischen der Herkunftskultur der Migranten und der Kultur der Residenzgesellschaft ist in der neuen

---

[6] Dazu: *Bahrdt, Hans Paul*: Identität und biographisches Bewußtsein: Soziologische Überlegungen zur Funktion des Erzählens aus dem eigenen Leben für die Gewinnung und Reproduktion von Identität. In: Brednich, Rolf Wilhelm/Lixfeld, Hannjost/ Moser, Dietz-Rüdiger (Hg.): Lebenslauf und Lebenszusammenhang. Autobiographische Materialien in der volkskundlichen Forschung. Vorträge der Arbeitstagung der Deutschen Gesellschaft für Volkskunde in Freiburg im Breisgau vom 16. bis 18. März 1981, Freiburg, 1982, S. 18-45; *Lehmann, Albrecht*: Erzählen eigener Erlebnisse im Alltag. Tatbestände, Situationen, Funktionen. In: Zeitschrift für Volkskunde, 74, 1978, S. 198-215; *Löffler, Klara*: Zurechtgerückt. Der Zweite Weltkrieg als biografischer Stoff. Berlin, 1999, S. 81-86.

[7] Literaturüberblick in *Löffler, Klara*: Zurechtgerückt...

Migrationsforschung ein ausgeprägter Ansatz; man will damit Entwicklungen aufzeigen und zu tieferem Verständnis beider Kulturen und deren Wechselwirkungen beitragen. Das Konzept der kulturellen Identität in den "postmodernen Gesellschaften" Westeuropas und Nordamerikas verdankt seinen Ursprung dem Respekt vor dem Anderen, dem Versuch, die historischen Formationen und gegenwärtigen Ausformungen von Kulturen in ihrem subjektiven Sinn zu verstehen und vor Assimilation und den nivellierenden Auswirkungen der Globalisierung zu bewahren. [8]

Dies war für mich ein Ausgangspunkt für die Frage nach den in den Wissenschaften vorhandenen Kenntnissen über die Familien- und Verwandtschaftsstrukturen und -verhältnisse in Bulgarien. Recherchen im Rahmen dessen führten mich ihrerseits zu den großen raum- und zeitübergreifenden Familien-Strukturvergleichen. Das produktive Spannungsverhältnis, dass diese Makro-Familienstrukturvergleiche schaffen, gab mir den entscheidenden wissenschaftlichen Ansporn zu dieser Arbeit. Mich interessierte, auf welche theoretisch-methodischen Grundlagen, auf welchem Wissen von und über Südosteuropa die Vorstellung einer auf patrilinearer Verwandtschaft aufgebauten komplexen Familienform als typische für die Balkan(Südosteuropa)-Region gründete. Interessant fand ich auch den engen Zusammenhang zwischen Familienformen, Gesellschaftsorganisation und -entwicklung, der stets hervorgehoben wird (historisch wie in Bezug auf die Gegenwart).

Das waren die Kernfragen, die mich dazu bewegten, vor allem die "Selbstbilder" über Familie und Verwandtschaft in einem Balkanstaat (konkret in Bulgarien) wissenschaftshistorisch zu hinterfragen. Diese "Selbstbilder" und deren Repräsentationen hängen historisch wie in der Gegenwart mit den "Fremdbildern" und mit bestimmter offizieler Politik in Bezug auf "Selbstrepräsentationen" zusammen.

So unternehme ich eine wissenschaftshistorische Untersuchung der Familienforschung in Bulgarien - beziehe dabei den breiten historischen Rahmen - den politischen, wirtschaftlichen, sozialen - der das Wissen konstituiert ein und problematisiere die Rolle der Wissenschaft bei der Konstruktion der Wirklichkeit.

---

[8] Vgl. *Bausinger, Hermann*: Jenseits des Eigensinns: Kulturelle Nivelierung als Chance? In: Kaschuba, Wolfgang (Hg.): Kulturen - Identitäten - Diskurse. Perspektiven Europäischer Ethnologie. Berlin, 1995, S. 230f.

Ich gehe also von der theoretischen und methodischen Notwendigkeit der Kontextualisierung aller Quellengattungen aus. Auch wissenschaftliche Forschungen sind als Quellen zu untersuchen. Maßgebend ist die Erkenntnis, dass der Forschungskontext sich nicht von der Erkenntnistätigkeit trennen lässt, weil das Erkenntnisprodukt immer auch durch diesen konstituiert und geformt wird.

Wissenschaftliches Wissen unterliegt den historischen Rahmenbedingungen seiner Produktion. Das bedingt die Notwendigkeit, die Arbeit des Wissenschaftlers als Prozess auch explizit einzubeziehen. Das Problem nach den Fragestellungen, nach der Methode und den Zielen der wissenschaftlichen Untersuchungen über die Familieformen bekam für meine Studie einen besonderen heuristischen Wert.

Zentrales Problemfeld meiner Arbeit ist die Auseinandersetzung mit der Entstehung des Mythos von der "Zadruga" und die Entwicklung der Familienbilder im öffentlichen Diskurs als Resultat des Zusammenwirkens verschiedener gesellschaftlicher und wissenschaftlicher Faktoren von innen und außen (das heißt von Bulgarien und darüber hinaus).

In Bulgarien war die Begründung und Etablierung des "Zadruga"-Mythos wegen seines starken Potentials zum Ein- oder Ausschluss und wegen der mit dem Mythos verbundenen horizontalen und vertikalen Kontinuitätssicherung unmittelbar mit dem Prozess der Konstituierung des Nationalstaats verbunden. Daraus ergibt sich der zeitliche Rahmen der Arbeit - von der Ära des nationalen Konsolidierungsprozesses bis zur Gegenwart.

Mit dieser Arbeit über die historische Entwicklung der Familienforschung gehe ich von der Gegenwart aus und ziele auch auf die Gegenwart. Auf Grund des weitgehenden Fehlens wissenschaftlicher Auseinandersetzung mit den gesellschaftlichen Hintergründen der Familienforschung als Grundvoraussetzung für jede Familien- und Gesellschaftsanalyse kommt es oft (von "innen" wie von "außen") dazu, dass Fiktionen als Fakten wahrgenommen werden. Die darauf aufgebauten Modelle können ihrerseits Auswirkungen auf Familienforschung späteren Datums (auf deren Fragestellungen, Methoden und Zugangsweisen) und auf den öffentlichen Diskurs haben. Die Unterscheidungen zwischen wissenschaftlichen und außerwissenschaftlichen Diskurse allerdings ist bei der gegenwärtigen "Ver(kultur)wissenschaftlichung des Alltags" und der gleichzeitigen Veralltäglichung der Wissenschaft grundsätzlich problematisch.

So kam ich am Ende meiner Arbeit, die für mich selbst ein umfassender Erkenntnisprozess war, wieder auf die kulturalistische Sichtweise zurück - aus einem anderen Blickwinkel - und nicht nur um die Chancen hervorzuheben, doch auch auf einige der "Gefahren" dieser Zugangsweise hinzuweisen. Die gegenwärtige Kritik an Kulturalismus/Kulturalisierung bezieht sich auf Diskurse, in denen versucht wird, "mit Hilfe eines Kulturbegriffes, der Geschichtlichkeit und Veränderbarkeit sozialer Beziehungen zu dethematisieren, soziale Ungleichheit in und zwischen Gesellschaften konstant zu setzen".[9]

Die Konstruktion des Balkans als in sich einheitliche, kulturell "andere" Region und die Durchsetzung von asymmetrischen Gegenbegriffen wie "Westeuropa"/Südosteuropa = Europa/Nicht-Europa, bergen die Gefahr zur Verabsolutierung von Unterschieden. Und diese ist problematisch, auch wenn sie nicht explizit den wertenden Aspekt entwickelt/rückständig beinhaltet, denn die Unterschiede sind eher graduell und immer aus der wechselnden Perspektive spezifischer Deutungsinteressen zu bestimmen.[10]

Zu den "engeren" wissenschaftlichen Zielen gehört für mich, auf bestimmte Probleme der Familienforschung in und über Südosteuropa - konkret Bulgarien - hinzuweisen, mögliche neue Fragestellungen und Zugangsweisen anzudeuten sowie die Notwendigkeit von Untersuchungen in und über Südosteuropa, die an dynamischen Aspekten orientiert sind, um mit diachroner Sichtweise die individuellen, familialen und gesellschaftlichen Veränderungen zueinander in Beziehung zu setzen, zu betonen.

Wichtiges "größeres" Ziel ist, durch selbstkritische Wissenschaftsreflexion zur Infragestellung von stereotypen Vorstellungen beizutragen.

Dabei geht es keinesfalls um ein "Entlarven" von Wissenschaftlern, prinzipiell sehe ich mich nicht in der Position, frühere Arbeiten zu bewerten. Ganz im Gegenteil, ich empfinde tiefe Achtung vor allen jenen, die sich dieser speziellen, auch schwierigen, wissenschaftlichen Arbeit gewidmet haben und auf deren Basis wir heute wissenschaftlich weiterarbeiten können. Es geht mir um ein Verstehen der gesellschaftlichen Hintergründe wissenschaftlicher Tätigkeit, um auf diesem Wege

---

[9] *Welz, Gisela*: Inszenierungen..., S. 129.

[10] *Osterhammel, Jürgen*: Sozialgeschichte im Zivilisationsvergleich. Zu künftigen Möglichkeiten komparativer Geschichtswissenschaft. In: Geschichte und Gesellschaft, 22, 1996/a, S. 143-164; *Ders.*: Zivilisationen im Vergleich:_Möglichkeiten und Probleme. In: Beiträge zur Historischen Sozialkunde, Sondernummer, 1998, S. 34-40.
Der Problematik der historische Entstehung, Entwicklung und Verinnerlicherung des Balkan-Konstruktes ist das Werk von *Todorova, Maria*: Imagining the Balkans. New York, 1997 gewidmet.

zu einem besseren Verständnis der Beweggründe konkreter Wissenschaftler[11] zu gelangen. Zugleich möchte ich - umgekehrt - über diese konkreten Beweggründe bestimmte gesellschaftliche Hintergründe aufzeigen.
All' das hat für mich weder mit einer "Angst" vor noch mit einer "Suche" nach Gleichheit oder Differenz zu tun. Die Arbeit an dieser Dissertation war für mich nicht zuletzt ein Erkenntnisprozess für mich selbst, eine Suchbewegung bezüglich der eigenen wissenschaftlichen Tradition, um dadurch einen Schritt zur Überwindung der Angst vor Komplexität machen zu können.[12]
So ende ich genau damit womit Maria Todorova vor acht Jahren ihr Buch über das Balkan-Familienmodell begonnen hat, und das ich - leider - immer noch aktuell finde: "Rethinking the Unknown".

I. DAS NEUE NATIONSVERSTÄNDNIS

I.1. VON DEN GEGENWÄRTIGEN SPANNUNGEN ...

Das Thema meines Projektes "Bulgarische Migranten in Wien. Auswirkungen der Migration auf das Familienleben" beinhaltet zwei Themenblöcke, die in Verbindung gebracht werden müssen: Migration und Familie.
1992 schreibt der damalige Rektor der Sofioter Universität, der Historiker Nikolaj Gencev: "Das historische Schicksal hat auch das Verhältnis des Bulgaren zur fremden Welt geregelt. Durch die Umwälzungen in seiner Geschichte hat der Bulgare gelernt, sich auf die Jahrhunderte alten Traditionen zu berufen, er ist tief mit der Erde und dem Balkan verbunden, mit dem Erbe von Ahnen (dedi) und Vätern. Er glaubt nicht an einen Baum ohne Wurzeln, er ist nicht bereit, in einem fremden Land zu sterben, sich auf lange und gefährliche Abenteuer einzulassen, vielleicht gar ein Pirat zu werden. Der bulgarische Odysseus eilt nach kurzem Abenteuer (mitarstwa)

[11] "Wissenschaftler" benutze ich als Begriff, der Männer wie Frauen einschließt.

[12] Allen, die mich in dieser Suchbewegung - mit anregenden Fragen und/oder hilfreichen kritischen Anmerkungen - unterstützt haben, möchte ich meinen tiefsten Dank aussprechen. Da ich aber darauf aufmerksam gemacht worden bin, dass das Nennen konkreter Namen als Versuch verstanden werden könnte, sich unter dem "Schirm von Autoritäten" verstecken zu wollen, verzichte ich (um die eigene Verantwortung für diesen Text zu betonen) darauf. Ich hoffe aber, dass alle, an die sich mein Dank richtet - Freunde und Kollegen - ihn (meinen Dank) auch verstehen werden. Ausdrücklich möchte ich für die in kürzester Zeit vorgenommene sprachliche und stilistische Überarbeitung des Dissertationstextes Gudrun Hopf, Margareth Lanzinger, Nikola Langreiter und Gert Dressel herzlichst danken. Alle sprachliche Fehler, die sich bei der Überarbeitung des Dissertationstextes ergeben haben, sind meine eigene.

im Weißen Meer und höchstens bis Bozi ganz schnell zurück ins Heimatland. Das ist auch Teil des Selbsterhaltungstriebs, der sich im Jahrhunderte langen Kampf und im Bemühen um das Überleben entwickelt hat; ein Ausdruck der Angst vor der großen, unbekannten und mit Gefahren erfüllten Welt. Das ist Ausdruck des patriarchalen Konservatismus, der vielleicht Bulgarien vor der Vernichtung und dem Verschwinden bewahrt hat."[13]

Zugleich wird der nationale Nihilismus (otrodjawaneto), Seite an Seite mit der nationalen Megalomanie zu Grundcharakteristiken des "bulgarischen Ethnotyps" erhoben. Diese in der "jahrhundertlangen Geschichte" begründeten Nationaleigenschaften bestimmen, dem Autor zufolge, auch die bulgarische Gegenwart: Sie verhindern die Entfaltung der Demokratie, bestimmen die Neigungen und Abneigungen und "das Dominieren von nicht einheimischen (cujdorodni) Elementen auf der politischen Szene".[14]

Ich las diesen Artikel 1998 nach einem bereits einjährigen Wienaufenthalt in einer Zeitschrift, die sich speziell an den Bulgaren im Ausland wendet. Wenn ich ihn jetzt als Beispiel nenne, so nicht deshalb, weil ich mich mit diesem Bild des Bulgaren nicht identifizieren möchte - auch wenn ich nicht gerade Piratin werden möchte, zieht mich das "fremde Land" oder die "fremden" Länder stark an. Dass es nicht nur mir so geht, lässt sich auch durch "harte" statistische Daten belegen:

Nach der offizielen "Ausländerstatistik auf der Ebene Wien", die ausländische Einwohner mit Hauptwohnsitz erfasst, hatten sich 1988 in Wien insgesamt 483 bulgarische Staatsbürger niedergelassen; 1992 vergrössert sich die Anzahl der bulgarischen Staatsbürger mit Hauptwohnsitz in Wien auf 1744; 1997 sind sie 2428.[15]

Nach einer neuen Untersuchung über bulgarische StudentInnen in Wien ist im Wintersemester 1999 die Gruppe der Bulgaren mit 1657 die drittstärkste Gruppe unter den ausländischen Studierenden in Österreich.[16]

---

[13] *Gencev, Nikolaj*: Takiva li sme naistina? In: Balgari. Spisanie za rodova pamet i obic kam Balgarija. Sofia 1992, S. 27.

[14] *Gencev, Nikolaj*: Takiva..., S. 26-28.

[15] MD-ADV/MA-62; MA14-ADV/MA62/Bevölkerungsevidenz. Nicht so rasch vergrössert sich die Zahl der Einbürgerungen, was mit den entsprechenden Staatsbürgerschaftsgesetzten verbunden ist: 1988 erwarben 29 Bulgaren die österreichische Staatsbürgerschaft; 1989 - 52; 1990 - 38; 1991 - 91; 1996 - 69 - MA-66/Statistische Jahrbücher.

[16] *Cserjan, Karoly* (Einreicher): Wirtschaftliche, soziale und kulturelle Auswirkungen der Studien bulgarischer Studentinnen und Studenten in Wien. Projekt N 7678. Institut für angewandte Soziologie/Österreichisches Institut für Berufsbildungsforschung. Wien, 2000, S. 80-83.

Es geht hier einerseits um die Werthaltung gegenüber der Mobilität, des Weiteren aber auch um die wirtschaftlichen und politischen Gründe für die Migration.
Nach nicht offiziellen Daten, da die Emigration statistisch schwer erfaßbar ist, haben in den letzten zehn Jahren mehr als 800 000 BulgarInnen für eine längere Periode als ein Jahr das Land verlassen.
Nach der Einschätzung von Gentcev würden dann all diese Bulgaren in die Kategorie der Nihilisten fallen, die "*das Heimische nicht achten, die sich von jeglichen, sogar manchmal fragwürdigen fremden Werten begeistern lassen (zachlasvat)*".[17]
Die inneren Spannungen dieses Textes zeigen ziemlich pointiert die schwierige, weil komplexe Problematik: die Probleme beim Definieren des Eigenen und des Fremden, die Spannung zwischen Nationalstaat und Weltöffnung. In der deutlichen Gegenwartsbezogenheit des Vergangenheitsbildes kommt die enge Verflechtung zwischen Wissenschaft und Gesellschaft zum Ausdruck. Deutlich wird veranschaulicht, wie eng wissenschaftliche Deutungen von Migration und Familie mit der Problematik der nationalen/ethnisch-kulturellen Identität zusammenhängen. Der Artikel wirft auch das Problem der Rolle der Wissenschaft in der Konstruktion dieser Identität(en) auf. Sein Erscheinen in einer zielgruppenorientierten populären Zeitschrift zeigt, wie problematisch eine Unterscheidung zwischen wissenschaftlichem und außerwissenschaftlichem Diskurs ist.
Sicher ist dieses Beispiel ein Extrem in den sich heute dynamisch pluralisierenden Geschichts- und Kulturwissenschaften in Bulgarien. Sicher kann auch eine Pauschalbewertung des Eigenen, verbunden mit einer Selbststigmatisierung, durchaus auch positive gesellschaftspolitische Auswirkungen haben, wenn sie zur kritischen und tieferen Auseinandersetzung mit dem eigenen Selbst (Ursachen - Gründen - Folgen) führt.
Die Berufung auf die Jahrhunderte alten Traditionen und auf die tiefen Wurzeln, auf den patriarchalen Konservatismus mit seiner engen Verbundenheit mit den Ahnen (der Bulgarien vor Vernichtung und Verschwinden bewahrt habe), hat ihrerseits eine wenn nicht mehrere Jahrhunderte lange, so zumindest etwa 200-jährige Tradition. Sie hängt historisch mit der modernen ethnischen Identifikation mit nationalen Kategorien im Prozess der Nationalstaatbildung im 19. Jahrhundert zusammen.

I.2. ...ZURÜCK ZU DEN HISTORISCHEN ANFÄNGEN. DIE ZEIT DER S.G. "WIEDERGEBURT"

Differenzierte Ethnien auf dem Balkan sind schon seit dem Mittelalter historisch belegbar (v.a. auf Grund von Quellen, die ein Elitenbewusstsein bezeugen - epigraphische Denkmäler, Chroniken usw.), sie sind in der byzantinisch-orthodoxen Tradition klar erkennbar und werden auch vom Osmanischen Reich übernommen. Gleichzeitig ist die Eingebundenheit in den Osmanischen Vielvölkerstaat ein Faktor, der den Prozess der ethnischen Konsolidierung verhindert und verlangsamt. Die Elite, die Träger dieses Bewusstseins und Triebkraft im Konsolidierungsprozess ist, "verschwindet" – sie emigriert, wird physisch vernichtet oder geht in der neuen Verwaltungselite des Osmanischen Staates auf.

Im 18. Jahrhundert kommt es mit der sozioökonomischen Entwicklung der Region, mit den Prozessen der Modernisierung des Osmanischen Imperiums und mit der Intensivierung der Beziehungen zu West- und Mitteleuropa zur Herausbildung der neuen Intelligenz, die die Ideen der Aufklärung aufnimmt.

Konzentrierter Ausdruck des neuen bulgarischen Nationalbewusstseins ist die "Slawobulgarische Geschichte" von Paisij aus dem Kloster Chilendar. "Lest und wisst, damit ihr nicht von anderen Stämmen und Völkern verspottet und beschuldigt (ukorjawani) werdet! ... Aber einige lieben nicht ihren bulgarischen Stamm (rod)[18], wenden sich einer fremden Kultur und Sprache zu, sorgen sich nicht um ihre bulgarische Sprache, sondern mühen sich, griechisch zu lesen und zu schreiben und schämen sich, sich Bulgaren zu nennen.... Du [Bulgare - A.K.] vernachlässigst deinen Stamm und deine Sprache, preist die fremde Sprache und gehst nach ihrem Brauch."[19]

Diese Schrift, 1762 erschienen, gilt als Beginn der Wiedergeburtsbewegung und als Wegweiser für die volkskundliche Tätigkeit. Das Buch von Paisij gründet auf der Konzeption des Historismus (und entwickelt diese weiter), die bereits auch in der bulgarischen Geschichtsforschung vor ihm präsent war, und ist gleichzeitig ihre Kulmination mit stark national-mobilisierenden Auswirkungen.

---

[17] *Gencev, Nikolaj*: Takiva..., S. 27

[18] Den polysemantischen Begriff "rod" ist schwer übersetzbar, inhaltliche Annäherungen sind "Familienstamm", "Stamm", "Familiengeschlecht" - über den Begriff siehe 1.4. Leitende Begriffe.

[19] *Chilendarski, Paisij*: Slavjanobalgaska istorija. Sofia, 1972, S. 41- 42.

Der Prozess der Nationsbildung erfordert die systematische Konzeptualisierung eines Zuschreibungsprinzips, welches auf die innere Vereinheitlichung und äußere Ausgrenzung zielt. Neben Sprache und Brauch werden besonders Abstammung und Geschichte hervorgehoben.

"Merkt auf, ihr Leser und Zuhörer bulgarischen Stammes (rod), ihr alle, denen euch euer Stamm (rod) und euer bulgarisches Vaterland am Herzen liegt, die ihr mehr über euren bulgarischen Stamm und über eure Väter, Vorfahren (pradedi) und Könige, Patriarchen und Heiligen wissen wollt und verstehen wollt, wie sie gelebt haben. Für euch ist es notwendig und wichtig, das Kundbare über die Taten eurer Väter zu wissen, so wie alle andere Stämme (plemena) und Völker über ihren Stamm und ihre Sprache wissen, so wie sie eine Geschichte haben, und jeder Gebildete/Lesefähige (gramoten) unter ihnen kennt sie, erzählt sie und ist stolz auf seinen Stamm (rod) und auf seine Sprache."[20]

Die aufklärerische intellektuelle Leidenschaft von Paisij ist Ausdruck der zeitgenössischen gesellschaftsleitenden Ideen der Romantik und der Aufklärung und zeigt die vielseitigen Zusammenhänge zwischen ihnen. Paisij Chilendarski benutzt sowohl Quellen in deutschem Original als auch italienische und lateinischen Quellen in russischer, polnischer oder serbischer Übersetzung.

Charakteristisch ist, dass die Darstellung der bulgarischen Geschichte dem europäischen Geschichtsschreibungsmuster seiner Zeit folgt. Das Kapitel „Gesammelte Geschichte des bulgarischen Volkes" beginnt mit der Geschichte Noahs. Der slawische "Stamm" (rod) wird von Japhets Sohn Moshos abgeleitet, womit der biblisch-christliche und europäische Ursprung der Slawen betont wird. Den zeitgenössischen Entwicklungstendenzen entspricht der Aufruf Paisijs durch Geschichte eigene nationale Identität zu stiften. Diese Idee ist ihrerseits mit der Idee der Emanzipation der Bulgaren durch das Erringen einer selbständigen Position unter den verschiedenen Völkern verbunden.

So ist die Geschichte des bulgarischen Volkes als eine ruhmreiche dargestellt - die Bulgaren sollen auf ihre berühmten Heiligen und Herrscher, die mehrmals Erfolge und Siege errungen haben, stolz sein. Aber das bulgarische Volk gerät unter ein schweres Joch. Trotz der unmenschlichen Leiden bewahren die Bulgaren ihre Sprache und Abstammung, die ihnen auch die Hoffnung auf neue Zeiten mit selbständiger Staatlichkeit geben können.

---

[20] *Chilendarski, Paisij*: Slavjanobalgaska..., S. 41.

Im 19. Jahrhundert mobilisieren diese Ideen die sich herausbildende bulgarische Intelligenz.
Im Laufe der politischen Entwicklung im 18. und 19. Jahrhundert setzt sich der Nationalstaat durch und das Nationale wird als das zentrale Merkmal einer "zivilisierten" politischen Organisation hervorgehoben.
Interessante konkrete Materialien liefern Reisebücher und die Untersuchungen europäischer Politiker und Wissenschaftler über die Balkanprovinzen des Osmanischen Reiches. Die Bewertungen des Vorgefundenen sind unterschiedlichster Art - sie hängen von den politischen Einsichten, der Vorbereitung und den persönlichen Eigenschaften und Erfahrungen der Autoren ab. Unabhängig davon, ob die Bräuche als exotisch mit starkem orientalischem Einfluss beschrieben werden oder umgekehrt die Gemeinsamkeiten und Ähnlichkeiten zwischen dem bulgarischen bzw. balkanischen und dem westeuropäischen Brauchtum und der Lebensweise betont werden, könnte man (schematisierend) verallgemeinern, dass ihnen allen der Versuch gemeinsam ist, eine ethnische Karte der Region zu erstellen. Es ist nicht verwunderlich, dass die territoriale Verteilung der verschiedenen (Balkan-)Völker unterschiedlich vorgenommen wird. Nicht nur die zeitgenössische, auch die Historiographie des 20. Jahrhunderts bezog sich bis in die achtziger Jahre hinsichtlich der Grenzen der bulgarischen Nation auf die Reiseberichte und Forschungen französischer, englischer, russischer und österreichischer Autoren.[21]
Ab Anfang des 19. Jahrhunderts mit dem Verfall des Osmanischen Reiches und dem "Auftauchen" der Ostfrage engagiert sich die europäische Politik besonders in Bezug auf die europäischen Territorien des Imperiums. Die verschiedenen Untersuchungen und Reiseberichte sind weitgehend mit der Politik des Herkunftslandes des Verfassers verbunden und begründen je nach dem die Möglichkeit oder Unmöglichkeit der Balkanvölkern zur selbständigen Staatsentwicklung.
Ohne hier auf die Fülle der Materialien der Reiseberichte näher eingehen zu können, können einige Beispiele die Perspektive, aus der man an den Balkan heranging, veranschaulichen: Starken Einfluss auf die gesellschaftliche Meinung übt z.B. der französische Dichter, Diplomat und Politiker Lamartin aus. Ausgehend von der Notwendigkeit der Erhaltung der Balance der europäischen Großmächte, schlägt er ein

[21] Beispielsweise die Franzosen Ubicini, Boue und Lejan, der Engländer Mackenzie, der Russe Grigorovic und der österreichisch-ungarische Gelehrte Kanitz. Vgl. Istorija na Balgarija 6, 1985, S. 179; *Todorov, Delco*: Vaznikvane i razvitie na balgarskata etnografska nauka. In: Etnografija na Balgarija. B. 1, Sofia, 1980, S. 114-134.

europäisches Protektorat über den Nahen Osten vor, um die Möglichkeit selbständiger Intervention einer der europäischen Mächte auszuschließen. Trotzdem aber ist er einer der ersten, der sich gegen die offizielle Außenpolitik Frankreichs für die Einheit und Untrennbarkeit des Osmanischen Reiches wendet. Mit allen Schlüsselwörtern seiner Zeit - Freiheit, Vernunft, Zivilisation, Fortschritt - begründet er seine These, dass Serben und Bulgaren reif für unabhängige Nationalstaaten seien.[22]

Ähnlich argumentiert der französische Geologe und Geograph Ami Boue, der nicht nur die Befreiung Griechenlands begrüßt, sondern auch auf die slawischen Völker des osmanischen Imperiums aufmerksam macht, die sich ebenfalls "der Entwicklung der europäischen Zivilisation und des Gleichgewichts der Kräfte anschließen müssen".[23]

Im Rahmen des Evolutionismus, der neben der Romantik als Theorie und Zugangsweise das 18. und 19. Jahrhundert in Europa prägt, ist eine der zentralen Kategorien die Zivilisation. Im Zivilisationsprozess, verstanden als einbahnige lineare Entwicklung, kommt dem Staat eine bestimmende Rolle zu. Am konzentriertesten kommt dieses Verständnis bei Hegel zum Ausdruck: Sein Kriterium für die historische Wertigkeit ist, wie weit die Gruppe in der Vielfalt von vernünftigen Formen vorangeschritten ist. In der Rangordnung dieser vernünftigen Formen nimmt der Staat die höchste Stelle ein.[24]

Den vielfältigen Konnotationen der Reiseberichte, wissenschaftlichen und politisch-diplomatischen Untersuchungen in Bezug auf den Balkanraum ist Maria Todorova detailliert nachgegangen. Wichtig zu betonen ist, dass die Nationalstaatsidee verbunden mit der Politik des Herkunftslandes gegenüber dem Osmanischen Imperium die Wahrnehmung und die Bewertung der balkanischen Ethnien seitens der Reisenden strukturiert, gerade da sie die führende europäische Gesellschaftsidee ist. Gleichzeitig hat sie eine Rückwirkung bzw. Auswirkung auf die sich herausbildenden Eliten der Balkanvölker.

So ist die Entfaltung der nationalen Bewegungen in Südosteuropa in die west- und mitteleuropäische intellektuelle, soziale, ökonomische und politische Entwicklung eingebunden. Nach den zwanziger Jahren des 19. Jahrhunderts beginnt eine Periode

---

[22] *Lamartine, Alphonse-Marie-Louis de*: Voyage en Orient. Paris, 1887 (1. Aufl. 1835); *Todorova, Maria*: Imagining..., S. 213-214.

[23] *Boue, Ami*: La Turquie d'Europe ou observations sur la geographie, la geologie, l'historie naturelle, la statistique, les moeurs, les costumes, l'archeologie, l'agriculture, l'industrie, le commerce, les gouvernements divers, le clerge, l'histoire et l'etat politique de cet empire, vol. 4, Paris, 1840, S. 449-469.

der inneren Stabilität und ökonomischen Entwicklung, die die notwendigen Voraussetzungen für den Nationalisierungsprozess schaffen.
Die südosteuropäischen Nationalbewegungen können, mangels eigener Staatlichkeit, nicht das westeuropäische liberale Nationsverständnis von der "Staatsnation" aufgreifen, das die Nation als Gemeinschaft von Staatsbürgern begreift, deren kollektive Souveränität sie zum Staat macht. Aufgrund der spezifischen historischen Realitäten - der Eingebundenheit der balkanischen mittelalterlichen Staaten in den osmanischen Vielvölkerstaat - kamen die geistigen Einflüsse vorwiegend von Seiten der deutschen Romantik und Aufklärung, sowie von den russischen Slawophilen. Das Nationsverständnis einer ethnisch-sprachlichen Kulturnation, entwickelt von Johann Gottfried Herder, bildet die ideelle Basis des Vereinigungsnationalismus.[25]
Herders Geschichtsphilosophie gründet auf dem Verständnis des Humanismus, wonach die einheitliche menschliche Gattung je nach Klima ihre Verwirklichung in den verschiedenen Völkern findet. Folklore, Brauchtum und Sprache werden als Inhalt der Volksidentitäten hervorgehoben.
In Bezug auf die Familie ist kennzeichnend, dass Folklore und Volksbrauchtum als Ausdruck eines Zustandes des gesellschaftlichen Lebens gesehen bzw. bewertet werden, bei dem das Bestimmende das Kollektive ist - Familienstamm und Gemeinschaft. In dieser Konzeption von Nation kommt der Abstammung, den "Wurzeln" eine erhöhte Bedeutung zu; auf Abstammung, Sprache und Kultur bezieht sich Herders Bezeichnung als "organisch" in der Bedeutung von natürlich.
Herders Ideen bewirkten ein verstärktes Interesse an den südosteuropäischen ethnischen Gruppen. Unter den Ethnien in Osteuropa vermittelten die historischen, philosophischen und sprachwissenschaftlichen Werke von Barthold Niebuhr, Leopold von Ranke, Johann Gottfried Herder, Wilhelm und Jacob Grimm den Intellektuellen Einblicke in die Geschichte, Sprache und Volkskultur. Sie regten das Interesse an der Untersuchung ihrer Sprache, Geschichte und Traditionen an und vermittelten die Leitprinzipien der Geschichtsforschung und Quellenanalyse. Wichtig dabei ist, dass gerade wegen des Fehlens eigener Staatlichkeit die Frage danach von

---

[24] *Todorova, Maria*: Balkani. Balkanizam. Sofia, 1999, S. 347-348.

[25] Die Trennung zwischen zwei Nationsmodellen entspricht einem Idealtyp, der eine wissenschaftliche Konstruktion ist. Beide Typen verändern sich historisch und treten eher in Mischformen auf - Analyse und Literaturüberblick in *Bauer, Siegfried/Guggenberg, Irma von/Larcher, Dietmar:* Zwischen Herkunft und Zukunft. Südtirol im Spannungsfeld zwischen ethnischer und postnationaler Gesellschaftsstruktur. Merano/Bolzano 1998; *Altermatt, Urs*: Das Fanal von Sarajevo. Ethnonationalismus in Europa. Zürich, 1997.

zentraler Bedeutung war. Die Kenntnis der Vergangenheit bekam die Bedeutung einer Grundlage für die Verfechtung nationalstaatlicher Ansprüche. Geschichte und Volkskultur sollten ein nationales Selbstgefühl und Selbstbewusstsein stiften und zur politischen Tatkraft motivieren. Das eigentümliche Volksbrauchtum und die eigene, differenzierte Sprache wurden als Weg zur Konsolidierung mit dem Ziel der Befreiung vom fremden Staat und der Gründung eines eigenen gesehen. Der Gedanke, dass die Bulgaren einst einen eigenen Staat, ein eigenes Patriarchat und eine eigene Kultur gehabt hatten, diente als homogenisierende und mobilisierende Kraft.

So entwickelte sich das Ethnisch-Kulturelle als Forschungsprogramm im Rahmen der zeitgenössischen Politik und Wissenschaft. Die bulgarische Gründergeneration der historischen Wissenschaften war theoretisch und methodisch in den deutschslawischen Raum eingebunden. Das hatte mit der ähnlichen Problemlage dort (Vielvölkerstaaten oder Staaten, deren Grenzen nicht alle potentiellen Bürger einschlossen) zu tun, auch mit den unmittelbaren politischen Interessen der Habsburger- und der Romanov-Monarchie in Bezug auf das Osmanische Reich. Durch Übersetzung, kompilatorische Zusammenfassung und Bearbeitung historischer Werke wurde das zeitgenössische europäische geisteswissenschaftliche Gedankengut unter den bulgarischen Intellektuellen bekannt und rezipiert.

Wesentliche Anstöße für die Entfaltung der nationalen Bewegung kamen von den russischen Slawophilen. Die historischen Studien von den Begründern der akademischen Slawistik in Russland wie Victor Grigorovic, Michail Pogodin, J. Sreznevskij u.a. waren in Original und Übersetzungen bekannt. Starken Einfluss auf die Entwicklung des Interesses an der bulgarischen Geschichte und auf die Einstellung zur Familie und Abstammung übte der ukrainische Historiker Jurii Ivanovic Venelin aus. Seine literarischen und historischen Untersuchungen "Altertümliche und gegenwärtige Bulgaren"[26], "Über die Anfänge der neubulgarischen Literatur[27] und "Kritische Untersuchungen über die Geschichte der Bulgaren"[28], begeisterten die erste Generation bulgarischer Aufklärer, Gelehrter und Revolutionäre und regten sie an zur patriotisch motivierten volkstümlichen Sammelarbeit. Im Geiste der damaligen Wissenschaft forschte Venelin nach der Abstammung und den Wurzeln der osteuropäischen Völker. Im Gegensatz zur

[26] *Venelin, Jurii*: Drevnjae i njenesnije Bolgarji. Moskva, 1829.
[27] *Venelin, Jurii*: O zarodise nowoj bolgarskoj literaturji. Moskva, 1838-1841.
[28] *Venelin, Jurii*: Kriticeskie izsledwanija ob istoriji Bolgar. Moskva, 1849.

zeitgenössischen "turanischen" Theorie über den tatarischen Ursprung der osteuropäischen Völker begründete er die "nahe Verwandtschaft des bulgarischen und russischen Volkes"[29], versucht die ethnischen Grenzen des bulgarischen Volkes zu zeichnen und die typischen Merkmale seines Nationalcharakters anzugeben. Die Motivation seiner eigenen wissenschaftlichen Arbeit beschreibt Venelin selbst in seiner Korrespondenz mit Vassil Aprilov: Venelin begründet die wissenschaftliche, aber auch die politische Bedeutung der volkskundlichen Forschungsarbeit, die zur Verteidigung und zum Verständnis für die nationalen Bestrebungen der Bulgaren seitens der europäischen Staaten beitragen soll. Venelin legt die Hauptpunkte seines ethnographisch-folkloristischen Programmes dar, die die Untersuchung der folgenden Themen umfassen soll: 1) Volkslieder; 2) Volkstrachten, besonders die weiblichen; 3) die Feste im Jahreslauf und die damit verbundenen Bräuche; 4) die Familienbräuche bei Geburt, Hochzeit und Tod; 5) Aberglauben über Vampire, Hexen und Magier, über die Zauberkraft von Pflanzen, Steinen und Glücksbringern.
Das ist ein Programm, das konkrete Anforderungen, Anweisungen und Anleitungen für die Sammelarbeit enthält. Das Hauptinteresse Venelins liegt auf dem südslawischen Epos, mit der epischen Tradition versucht er den demokratischen und heroischen Charakter der slawischen Völker zu beweisen. Mit der Entwicklung der "Ostfrage" im 19. Jahrhundert wird Russland zum Hauptgegner des Osmanischen Reiches. Das bewirkt ein verstärktes Interesse an den verschiedenen slawischen Völkern. Maria Todorova begründet das so: "Das russische Verhältnis zu den Bulgaren ähnelt oft dem Philhellenismus. So wie die Europäer "ihre" Griechen als Quelle ihrer Zivilisation entdeckten, so entdeckten die Russen "ihre" Bulgaren als Träger der Wurzeln der slawischen Kultur."[30]
Slawistische Studien tschechischer und slowakischer Autoren aus der Habsburgermonarchie wurden in Bulgarien ebenfalls stark rezipiert. Zu nennen sind hier die historischen Untersuchungen von Josef Dobrovsky und Vaclav Hanka, sowie die Werke von Pavol Saferik.[31]

---

[29] *Arnaudov, Mihail*: Ocerzi po balgariskija folklor. B. 1, Sofia 1968, S. 155-158; *Todorov, Delco*: Vaznikvane i razvitie na balgarskata etnografska nauka. In: Etnografija na Balgarija. B. 1, Sofia 1980, S. 117-119.

[30] *Todorova, Maria*: Balkani..., S. 222.

[31] *Konev, Ilija*: Balgarskoto Vazrazdane I Prosveschtenieto. Istorija, istorcesko saznanije, vzaimodejstvija. Sofia, 1983; *Popnedelev, Todor*: Der Einfluss der "europäischen" positivistischen Historiographie auf die bulgarischen Historiker (1878 bis in die 1920er Jahren). In: Heppner, Harold/Preslenova, Rumjana (Hg.): Die Bulgaren und Europa von der Nationalen Wiedergeburt bis zur Gegenwart. Sofia, 1999, S. 140-160.

I.3. DIE ROLLE DER HEILIGEN (ABSTAMMUNGS-)WURZELN

Im Versuch, kollektive nationale Identität zu stiften, und in der Suche nach den Wurzeln der nationalen Geschichte kommt der Abstammung und den Ahnen besonderer Bedeutung zu.

Angeregt von den Ideen des Historismus, die ab der zweiten Hälfte des 18. Jahrhunderts in ganz Europa führend sind, entwickelt sich auf dem Balkan (unter den Bedingungen der Fremdherrschaft) unter dem Stichwort "Selbstbesinnung" das historisches Selbstbewusstsein der Nation. Die Erfordernisse der sozialen Praxis bedingen die Vergangenheitsbezogenheit und die Suche nach den Wurzeln. Das führt zur Entwicklung der genealogischen Untersuchungen, die die tiefen Wurzeln der historischen Vorbilder aufzeigen sollen und die als Beweismaterial für die nationale Geschichte dienen sollen. Aufgrund des Fehlens einer zeitgenössischen Aristokratie sind zwei Haupttendenzen zu beobachten: Zum einen wird den Genealogien der mittelalterlichen Königsdynastien nachgegangen, die als Beispiel und Vorbild, zugleich als Beweis des Urbilds nationaler Größe entworfen werden. Diese Tradition beginnt mit Paisij Chilendarski und wird in der Aufklärungszeit und nach der Gründung des Nationalstaates weitergeführt. In dieser Periode ist Georgi Rakovski mit seinem Versuch, eine Genealogie der Zarenfamilie Assenevzi aufzuzeichnen, zu nennen[32]. Das kann nur in einem breiteren Kontext gesehen werden - die Orientierung an genealogischen Untersuchungen entspricht der gesamteuropäischen Tradition des "Aristokratismus" und Historismus; die Hervorhebung und Popularisierung der Wurzeln der eigenen Aristokratie zielt auf internationale Legitimierung. Viele Beispiele aus der wissenschaftlichen und der Reiseliteratur des 18. und 19. Jahrhunderts beinhalten eine Bewertung des auf dem Balkan Vorgefundenen gerade aus der Sicht des Aristokratismus und in Bezug auf die fehlende Aristokratie. *"In diesem Land Bulgarien gibt es überhaupt keine Aristokraten, sowie auch im ganzen türkischen Land. Selbst derjenige, der sich mit Adel oder Abstammung rühmt, vermag sich nicht vornehm auszudrücken... Viele von den Familiengeschlechter der alten Herrscher, auch vom Dynastie der Paleologen, heiraten Hirtentöchter, so dass die Aristokratie gänzlich ausgerottet wird."*[33] In

---

[32] *Rakovski, Georgi*: Sacinenija, Bd.3 , Sofia 1984, S. 7-132.

[33] Beschreibung der Reisen des Reinhold Lubenau, Herausgegeben von Wilhelm Sahm, 2.Teil, Königsberg, 1930. Zit. nach *Jonov, Mihail* (Hg.): Nemski i avstrijski patepisi za Balkanite, XV - XVI v. Sofia 1979, S. 461-562.

Bezug auf den europäischen Wissenschaftsdiskurs war das Wissen um das „beobachtet Werden“ ein strukturierendes Element für die Balkanwissenschaftler.[34] Der programmatische Leitartikel der ersten bulgarischen Zeitung “Bulgarischer Adler”, veröffentlicht von Ivan Bogorov in Leipzig 1846, trägt den Titel “Müssen wir, obschon wir leben, tot bleiben?”. Der Appell beginnt mit den Worten: *“Alle Völker rund um uns haben ihr Haupt erhoben und sehen, was auf der Welt geschieht und was zu tun ist.”*[35] Als Beispiel werden die Vlachen, Serben und Griechen genannt, *“die ihre Freiheit seit kurzem errungen haben und die durch Bildung, Aufklärung, durch Handel und Handwerk einen würdigen und geehrten Platz unter den europäischen Völkern einzunehmen versuchen”*. Betont wird, dass ohne Entwicklung und Weitergabe der Sprache und des Volkstums der Vorfahren das bulgarische Volk ein Fremdling unter den christlichen und slawischen Völkern bleiben wird.

Deshalb setzten sich die bulgarischen Vergangenheitsforscher mit der Herkunft des bulgarischen Volkes auseinander. Im Mittelpunkt stand die Geschichte des freien bulgarischen Staates des Mittelalters - die Annahme des Christentums im 9. Jahrhundert, die Entwicklung der bulgarischen Kirche, das Werk der heiligen Brüder Kyrillos und Methodios zählten zu den Hauptthemen. Die Untersuchungen wandten sich den ruhmreichen Königen der Periode des Ersten und Zweiten Bulgarischen Staates zu, die als die erstrebenswerte Größe für das eigene Volk eingeschätzt wurde. Die Kriegserfolge und politischen Triumphe Bulgariens gehörten dabei zu den beliebtesten Themen. *“Erlebnisse des Glückes unseres Volkes von alter Zeit bis heute; Mitteilungen unserer damaligen freien Verwaltung, die Taten unserer Helden und Zaren (Könige); die Ehre unseres Vaterlandes.”*[36]

Die Geschichte der Zaren wird als Geschichte der Vorfahren (praroditeli) dargestellt, damit die Leser sehen können, “welch ruhmreicher Vorfahren Enkel sie sind”.[37]

So wurde die Geschichte als Biographie des eigenen Volkes dargestellt.

---

[34] Über den Aristokratismus, verbunden mit dem Evolutionismus als einem der leitenden Diskurse über den Balkan ab 16. bis ins 19. Jahrhundert: *Todorova, Maria*: Imagining...

[35] *Bogorov, Ivan*: Trjabva li da ostanem zivi umreli? In: Christov, Christo/Gencev, Nikolaj: Balgarsko Vazrazdane, B. II, Sofia, 1969, S. 151.

[36] *Bogorov, Ivan*: Trjabva..., S. 152.

[37] *Pavlovic, Chistaki*: Zarstvenik ili Istorija Bolgarskaja 1844. Predgovor. In: Christov, Christo/Gencev, Nikolaj: Balgarsko Vazrazdane, B. II, Sofia, 1969, S. 148.

Die Verwandtschaftsterminologie Vorfahren - Nachfahren/Kinder/Erben - Vermächtnis symbolisierte und stiftete das nationale Zugehörigkeitsgefühl, dadurch sollte ein Abstammungsdenken entwickelt werden.

Parallel zur Suche und Veröffentlichung historischer Lebensläufe von bulgarischen Zaren des Mittealters begann die Aufzeichnung von Lebensläufen politischer und geistiger Führer der Aufklärungszeit. Sie alle wurden als Urahnen des bulgarischen Volkes heroisiert. Beginnend mit Paisij bis in die gegenwärtige Historiographie werden diese Untersuchungen "als Formen der Bewahrung des Geschlechtsgedächtnisses (rodova pamet)"[38] bewertet, wobei sie dieses gleichzeitig stiften bzw. (formen). Ein diesbezüglich interessantes Beispiel ist das Programm zur volkskundlichen Sammelarbeit von Georgi Rakovski, einem der Ideologen des bulgarischen Befreiungskampfes: In seinem Programm gibt Rakovski konkrete Anleitungen zum Sammeln von Erinnerungen und Legenden über die Unterwerfung Bulgariens unter die Osmanenherrschaft, über Aufstände gegen das fremde Joch, über die Gräueltaten der Kardzalij[39]. Damit soll auch das Aufzeichnen von Legenden und Sagen über verschiedene Gegenden, alte Gräber und Klöster verbunden sein. Seine Anweisungen veranschaulicht Rakovski mit konkreten Beschreibungen und Beispielen. Der Appell zur breiten Sammeltätigkeit richtet sich an Lehrer und an alle gebildeten Bulgaren. Die Veröffentlichung dieser methodisch-theoretischen und beschreibenden Untersuchung rief breite Resonanz hervor - wovon zahlreiche Publikationen und persönliche Briefe an Rakovski zeugen.[40] Auch im Ausland löste die Veröffentlichung Rakovskis eine breite kritische Diskussion aus, die ihrerseits die Wirkung des Buches verstärkte.

Die Herkunft bekommt einen besonderen national-symbolischen Wert.

Um ein nationales Selbstbewusstsein des Einzelnen zu stiften, bedurfte es der Entwicklung eines Abstammungsdenkens, das den Einzelnen in die nationale Gemeinschaft eingliedert. Die möglichst weit zurückreichende Herleitung der Abstammung, die Einbettung in den gemeinsamen Kampf für unabhängige Kirche und selbständigen Staat bekommt eine symbolische Bedeutung, die ihrerseits

---

[38] *Zaprjanova-Todorova, Antoaneta*: Kak da izsledwame swoja rod? Genealogija. Sofia 1994, 36-38.

[39] Mit Kardzali werden irreguläre Truppen bezeichnet mit unterschidlicher sozialer und ethnischer Zusammensetzung. Diese Militäreinheiten sind besonders in den letzten Jahrzehnten des 18. und bis in den 20. Jahren des 19. Jahrhunderts in den Ostprovinzen des Osmanischen Imperiums aktiv. 1793 gibt Sultan Selim III einen Ferman heraus, mit dem er die Selbstverteidigung der christlichen Bevölkerung gegen diese Truppen für legal erklärt.

[40] *Arnaudov, Mihail*: Ocerzi..., B.1, S. 270-271.

konstitutiv auf die Gesellschaft zurückwirkt. Durch die Erinnerungen und besonders durch die Repräsentationen dieser Erinnerungen, die die Gegenwart mit der Vergangenheit verbinden, und durch die Vorstellungen, die über sie konstruiert werden, wird die nationale Identität konstruiert.

So entwickelt sich die Genealogie - die Geschichte des individuellen Familienstammes wird mit der Geschichte des "Volksstammes" verbunden. Dadurch wird auch die Kontinuität des Bulgarentums unterstrichen und moralisch als Treue bewertet. Die biographischen Erzählungen beginnen mit der Hervorhebung der heldenhaften Traditionen im Familienstamm und - wo Daten darüber fehlen - der Rolle der lokalen Gemeinschaft (Dorf/Stadt) im Kampf für ("Mutter"-)Sprache, Volkstum und Religion.

Wegen der Einheit von Vergangenheit, Gegenwart und Zukunft durch die vertikale und horizontale Ausdehnung des Familienstammes werden "Stamm" und Ahnen emotionalisiert und ideologisiert. Durch die Verbindung des Ahnenkultes mit den Zielen und Idealen des Nationalstaates konnte man eine nationale identitätsstiftende Wirkung auf gegenwärtige und künftige "Erben" erzielen.

Zuerst musste jedoch die Suche nach den Wurzeln des eigenen Familienstammes, verbunden mit den Ideen der nationalen Entwicklung, entwickelt (und gefördert) werden.

Das lässt sich anhand der Entwicklung autobiographischer Erzählungen verfolgen: Die Autobiographik als Genre entwickelt sich parallel und in Verbindung mit dem Prozess der Konstituierung der Nation. Die Anfänge der Autobiographik werden in der mittelalterlichen kirchlichen Tradition der "pripiski" gesehen, in denen die Autoren - Geistliche - dem christlichen Kanon der Nicht-Hervorhebung der eigenen Persönlichkeit folgend, nur spärliche Angaben über sich selbst machen (v.a. Name, Geburtsort und der Ort, an dem sie wirken)[41].

Die Autoren der ersten bulgarischen Werke der Geschichtsschreibung - Paisij von Chilendar in seiner "Slawo-Bulgarischen Geschichte" und der Hieromonachos Spiridon in "Kurze Geschichte des bulgarischen Slawenvolkes"[42] beschreiben, dem romantischen Prinzip des "Einfühlens" in die Geschichte folgend, sehr emotionell den Ansporn und die Ziele ihrer Arbeit. Persönliche Daten geben sie nur in

---

[41] *Mutafcieva, Vera*: Za razvitieto na avtobiograficnija zanr v naschata vazrozdenska knizninz. In: Literaturna misal, 1984, 4, S. 35-51.

[42] *Hieromonachos Spiridon*: Istorija vo kratze o bolgarskom narode slovenskom. Stakmi I isdade B.H. Zlatarski. Sofia, 1900.

Verbindung damit - Paisij erwähnt seinen Bruder, einen Mönch, bei dem er sein Werk geschrieben hat, gibt aber nichts über seine Eltern oder Vorfahren an. Sogar sein Geburtsort bleibt unerwähnt, was Anlass zu verschiedenen Deutungen seitens seiner späteren zahlreichen Biographen gab.

Als erste Autobiographie im modernen Sinn, die den Autor in den Mittelpunkt der Darstellung rückt, gilt die Autobiographie von Partenij Pavlovic von Ende des 17. - Anfang des 18. Jahrhunderts. Als Geistlicher von hohem Rang (episkop) in der kirchlichen Hierarchie und politisch aktiv, mit umfassender Bildung und vielseitigen Interessen, zeigt Pavlovic ein neues Selbstbewusstsein. Die Autobiographie wurde ohne die ersten fünf Seiten veröffentlicht, was er darin möglicherweise über seine Abstammung erwähnt hat, bleibt unbekannt. Inhalt und Ausrichtung dieser Autobiographie grenzen ans Memoirenhafte - es ist ein informativer Lebenslauf, in dem die Persönlichkeit des Autors, seine Erlebnisse, Gefühle und Einstellungen in Zusammenhang mit und im Rahmen der politischen Ereignisse seiner Zeit dargestellt werden. Die Verteidigung der Orthodoxie gegenüber Islam und Katholizismus unterstreicht der Autor als sein Hauptanliegen: *"Wo sind eure Ehre (blagocestie), Orthodoxie, Liebe, Glauben, Frömmigkeit und andere Tugenden unserer Vorfahren? ... Haltet euch mit uns an euren Glauben, so wie unsere Vorväter daran festgehalten haben."*[43]

"Vorfahren", "Vorväter", "Väter" kommen in diesen Schriften oft vor, doch in Form mobilisierender Aufrufe. Die Autoren, den christlichen Kanon folgend, schreiben nicht über ihre eigenen Ahnen, sondern heben die Ahnen der Gemeinschaft hervor - der christlich-orthodoxen, der slawisch-christlichen Gemeinschaft oder der eigenen ethnischen Gruppe in der slawischen Welt. In ihrer Terminologie folgen sie gewissen Traditionen in der Abstammungs-Herleitung - alle sind Geistliche und gehen von der biblischen (patriarchalen) Auffassung der Abstammung aus.

Die Autobiographie von Sofronij Vracanski "Leben und Leiden des sündhaften Sofronija"[44] ist in Manuskriptform 1804 geschrieben worden. Erst ein halbes Jahrhundert später, 1862, wurde die Schrift veröffentlicht und in den damaligen Vergangenheitsdiskurs eingebracht. Im Geiste der mittelalterlichen Hagiographie geschrieben, wird in ihr nicht das Märtyrertum, sondern die alltäglichen persönlichen Leiden des Autors hervorgehoben. Nicht nur der Titel, der ganze Inhalt stellt die eigene Persönlichkeit von Sofronij in den Mittelpunkt. Der Priester beginnt seine

[43] *Pavlovic, Parteniji*: Autobiographie. In: Bojadziev, Pirin: Parteniji Pavlovic. Sofia, 1988, S. 75.

[44] *Vracanski, Sofronij*: Zitie i stradanie. Sofia, 1966.

Erinnerungen mit den Worten: *"Ich sündhafter Mensch wurde im Dorf Kotel geboren vom Vater Vladislav und der Mutter Maria, die mir den ersten Namen Stojko gaben."* Er schildert seine Kindheit, geprägt vom frühen Tod seiner Mutter, erwähnt die zweite Heirat seines Vaters, betont die Ausbildung zuerst in einer Klosterschule, danach in der griechischer Schule in Kotel. Wegen des Todes seines Vaters muss er seine Ausbildung abbrechen. Elfjährig wird er von seinem kinderlosen Onkel väterlicherseits adoptiert und zu einem Handwerker in Ausbildung gegeben. Als er 17 Jahre alt ist, sterben auch seine Adoptiveltern und er ist als Erbe mit zahlreichen Problemen, verbunden mit den Schuldnern und Gläubigern seines Onkels, der Viehhändler war, konfrontiert. Das ist alles, was Sofronij über seine Abstammung mitteilt. Die nachfolgende Schilderung ist die Geschichte seines eigenen Lebens, er spricht über sich selbst, über seine persönlichen Zweifel, Fehler und erlittenen Qualen vor dem Hintergrund der unruhigen Zeit der Kardzalij im Osmanenreich.

Die Autobiographie enthält ein selbstgemalenes Selbstporträt. Ein genealogisches Denken (patrilineares, bilaterales oder matrilineares) kann aufgrund dieser Autobiographie nicht (re-)konstruiert werden.[45]

Im Unterschied dazu bekommt die Abstammung von Persönlichkeiten, die durch ihr Schaffen zur Entwicklung der ethnischen Identität beigetragen haben, für die nachfolgenden Generationen einen besonderen symbolischen Wert. Um ihre bulgarische Herkunft zu beweisen, werden rückblickend ihre "Wurzeln" gesucht (ein Charakteristikum, das für die folgenden Perioden kennzeichnend ist). So schreibt Michail Arnaudov nach "einer sorgfältig durchgeführten Erhebung" über die Herkunft von Paisij Chilendarski: *"Kommen wir heute zur Frage nach dem Geburtsort und der Herkunft von Paisij Chilendarski, so können wir schon viel sicherer und teilweise dokumentarisch belegt behaupten, dass dieser Ort Bansko gewesen ist und dass Paisiji sich keineswegs im Dunkel unbekannter Verwandtschaftsbeziehungen verliert... Die gesicherte genealogische Linie ist nirgends unterbrochen, sie ist genau erhalten im exakten Gedächtnis der Nachkommen."*[46] Für Paisij, der als Geistlicher seine eigene Abstammung selbst nicht thematisiert, kann man nur seinen Vater und seine zwei Brüder rekonstruieren. Interessant an diesem Beispiel ist, dass der Familienzweig des Bruders von Paisij, der

[45] Die Blutsverwandten - Vater, Mutter und Geschwister (Brüder wie Schwester) mit ihren persönlichen Namen - werden z.B. in der autobiographischen „pripiska" des Mönches Teofil von 1735 erwähnt - zit. in: *Mutafcieva, Vera*: Za rasvitieto..., S. 39.

[46] *Arnaudov, Michail*: Tvorzi na balgarskoto Vazrazdane. Parvi vazrozdenzi. Sofia 1969, S. 27.

sich nicht dem Mönchtum widmete, über sechs Generationen bis in die zweite Hälfte des 20. Jahrhunderts weiterverfolgt wird. Für alle diese Verwandten Paisijs wird ihre "rege Teilnahme an den gesellschaftlichen und revolutionären Aktivitäten in ihrem Geburtsort"[47] betont.

Unzweifelhaft ist die hohe Bedeutung der sozialen Herkunft für die Entwicklung der persönlichen Identität. Auf Grund detaillierter Untersuchungen kann man der sozialen Zusammensetzung der bulgarischen Intelligenz nachgehen.[48]

Doch diese Beispiele bezeugen, dass die Entwicklung eines Abstammungsdenkens und genealogischen Gedächtnisses im Rahmen der national-konstituierenden Bewegung zu sehen ist.

Ein markantes Beispiel dafür gibt die Autobiographie von Georgi Rakovski (dem bereits zitierten Ideologen des Befreiungskampfes, einer der Initiatoren der Volkskulturforschung, Publizist und Literat). Rakovski hinterlässt ein umfangreiches Archiv, Resultat seines zielorientierten Interesses an der eigenen Persönlichkeit. Seine autobiographischen Aufzeichnungen bezeugen, dass er sich selbst als "historische Persönlichkeit" wahrnahm, noch bevor er sich mit politischen, revolutionären und literarischen Tätigkeiten zu beschäftigen begonnen hatte. Die Hervorhebung des "Ichs" als Führer, das Bewusstsein seiner Einzigartigkeit und sein gegenüber anderen dominantes Selbstwertgefühl, parallel zu seiner gesellschaftlichen Tätigkeit mit breitem Wirkungsgrad, bedingen auch bis heute die widersprüchliche, immer von Emotionen begleitete Bewertung von Rakovski.[49] Offensichtlich hat Rakovski die Autobiographie als wesentlichen Teil seines Schaffens empfunden - er hinterlässt einige autobiographische Versuche bzw. einige Varianten seiner Autobiographie, geschrieben zu verschiedenen Zeiten seines Lebens - dazu zählen auch Auszüge aus seiner Korrespondenz, sein Tagebuch, geführt 1854, als er Anführer einer kleinen bulgarischen Schar (haiduschka druzina) während des Krimkrieges war etc. Sie alle blieben unvollendet. Für seine Zeit hoch gebildet und mit breiten politischen Interessen, kennt Rakovski die Spezifik des Genres der Autobiographik und sucht bewusst bestimmte Formen in Abhängigkeit von den Zielen, die er sich stellt, und vom Publikum, an das er sich wendet. So beginnt er

---

[47] *Arnaudov, Michail*: Tvorzi..., S. 27.

[48] Balgarska vazrozdenska inteligenzija. Enzyklopedija. Sofia 1988; Literaturüberblick in: *Daskalova, Krasimira*: Balgarskija ucitel prez Vazrazdaneto. Sofia 1997.

[49] Ein neues Beispiel dafür ist das Buch von *Firkatian, Mari*: The Forest Traveler: Georgi Stoikov Rakovski and Bulgarian Nationalism. New York, 1996.

seine erste Autobiographie von 1847, "Unschuldiger Bulgare", mit der Idealisierung der Natur der Heimat und beschreibt seine Leiden fern des Vaterlandes (otecestvo), wobei er das Wort "otecestvo" sowohl als Synonym für Vaterland als auch für den Geburtsort (Dorf oder Stadt) benützt. Mit vernichtender Leidenschaft malt er das Feindbild der Osmanen als "schwarze Dämonen", "heimtückische und grausamherzige Bestien". Seine hyperbolisiert dargestellten Qualen im türkischen Gefängnis zielen auf die Bekanntmachung der internationalen Öffentlichkeit mit der "bulgarischen Frage".[50]

Interessant in Bezug auf die Entwicklung eines Abstammungsdenkens und die Begründung durch Abstammung sind sein autobiographischer Entwurf "Inhalt meines Lebens" und seine Autobiographie "Das Leben (zitie) von G. S. Rakovski, geschrieben von ihm selbst" - beide von 1866 (ein Jahr vor seinem Tod), beide unvollendet.

In der Einleitung zu seiner Autobiographie gibt Rakovski den Adressaten und das Ziel seiner Arbeit an: Er schreibt über sein Leben, um es zur "Überlegung des gesamten Volkes" darzustellen. Rakovski ist auch der Überzeugung, dass der Patriotismus, die Liebe zum Heimatort "ein genuines, natürliches Gefühl ist", das sich aber "ohne Erziehung und Bildung nicht entwickeln kann". Deshalb ist es sein Ziel, dieses Bewusstsein zu stiften, indem er die Leser durch die Geschichte überzeugt, dass *"die Liebe zum Vaterland (otecestvoto) alle Welttugenden übertrifft, sie ist der tröstlichste Gedanke dieser Welt"*[51].

Das Kapitel "Meine Vorfahren (domorodstvoto) väterlicherseits" beginnt Rakovski mit dem Satz: *"Meine Vorfahren von Seiten meines Vaters waren alle berühmte Menschen (ljudi)..."* Er verfolgt die Geschichte der Stadt seiner Vorfahren, von der er auch den Familiennamen herleitet, bis in das 10. Jahrhundert zurück - in die Zeit der Kämpfe der Bulgaren gegen Byzantiner und Ungarn (madzaren). Rakovski betont, dass seine Heimatstadt (später Dorf) später als der restliche Teil Bulgariens unter die Osmanenherrschaft fiel. Danach geht er zu seinen eigenen Vorfahren über - beginnend mit seinem Urgroßvater (einem Priester - daher der Name Popovic/Papazoolu) und Großvater, einem Händler, der in der Zeit der kardzalij ermordet wurde. Rakovski kehrt wieder zur Beschreibung und Bewertung der gesellschaftlichen Situation zurück - die unruhige Zeit der kardzaliji, das

[50] *Rakovski, Georgi*: Nepovinen balgarin. In: Arhiv G. S. Rakovski, Bd.1, Sofia, 1952, S. 450 ff.

[51] *Rakovski, Georgi*: Zitie na G. S. Rakovski, pisano ot nego samija. In: Arhiv G.S. Rakovski, B.1, Sofia, 1952, S. 499-500.

weitgehende Fehlen eines Volksbewusstseins, die pro-griechische Propaganda der Phanarioten. (In der Beurteilung der Türken ist er differenzierter, indem er die Regierung des Sultans von der friedlichen türkischen Bevölkerung trennt).

So schildert er auch die Geschichte seiner beiden Onkel, die den Hof des Großvaters geerbt hatten, im Zusammenhang und als Teil des Widerstandes der Bulgaren gegen den Kardzaliji. Rakovski (der selbst Volkslieder veröffentlichte und Anweisungen zu deren Sammeln gab) gibt in seiner Autobiographie ein Volkslied wieder, das die Erinnerung an die Heldentaten seiner Onkel bewahrt habe.[52] Damit endet seine Autobiographie.

Der Plan zu einer Autobiographie, der auch memoirenhafte Elemente enthält (Chronik des nationalen Kampfes und der führenden Persönlichkeiten), beinhaltet als nächstvorgesehene Kapitel: "Kurzer Lebenslauf meines Vaters" und "Mein mütterlicher Geschlechtsname". Das lässt vermuten, dass Rakovski auch mütterlicherseits seine Vorfahren nach diesem Muster - einbezogen in den Befreiungskampf und begleitet von Legenden und Liedern - darzustellen geplant hatte, besonders, da er in verschiedenen anderen autobiographischen Aufzeichnungen über seine Verwandten mütterlicherseits (das Geschlecht der Mamarcevi) ausdrücklich schreibt.[53]

Wie gegensätzlich auch immer die Persönlichkeit Rakovskis bewertet wurde (von den Zeitgenossen bis in die Gegenwart), unbestritten sind die Auswirkungen seiner Tätigkeit. Seine Aufzeichnungen hatten einen ausgeprägten Beispielcharakter. Die Abstammung eines jeden Einzelnen erlangte hohe Bedeutung in Bezug auf den Nationalkampf. So begründete man die historische Tiefe des Bulgarentums und versuchte durch diese Tradition die zeitgenössische revolutionäre und aufklärerische Tätigkeit zu legitimieren (nach innen wie nach außen) und sie zugleich als gesellschaftsleitendes Ideal und Norm durchzusetzen.

Die Suche nach der Abstammung, nach den Wurzeln kann man als eine Konzeption betrachten, die von der Intelligenz in Bezug auf die Konsolidierung der bulgarischen Nation und deren Mobilisierung für die nationalen Ideale entwickelt wurde. Diese Konzeption erwies sich als besonders fruchtbar, da sie die Idee der horizontalen Einheit mit der Idee der vertikalen Kontinuität vereinigte. Abstammung und Verwandtschaft stiften unter denen, die miteinander verwandt sind, ein besonderes soziales Band, eine selektive Zusammengehörigkeit. Verwandtschaft stattet den

---

[52] *Rakovski, Georgi*: Zitije..., S. 502-504.

[53] s. z.B. *Rakovski, Georgi*: Nepovinen..., S. 455.

einzelnen Menschen mit Identität aus in dem Sinne, dass der einzelne, rein abstammungsmäßig gesehen, weiß, wer er ist, wo er herkommt und hingehört. Durch die individualisierten Beziehungen in der Familie wird der Mensch dazu befähigt, sich auch mit anderen Bindungen stark emotional zu identifizieren. Die Gefühle der Vertrautheit und Sicherheit in der eigenen Gruppe, parallel zu den Gefühlen der Verantwortung und Fürsorgepflicht jedes Einzelnen für die Gruppe, werden auf das ganze Volk (dargestellt mit der Symbolik eines Körpers) übertragen.
Gleichzeitig fördert die Identifikation mit der Gruppe eine Grenzziehung zwischen der Eigengruppe und der Fremdgruppe. Bei der Herstellung dieser solidarischen Gemeinschaft waren Inklusions- und Exklusionsprozesse konstitutiv. Man brauchte die Feindbilder, um sich als Nation zu denken.

1.4. LEITENDE BEGRIFFE

Der Rolle der Intelligenz als Faktor im Aufbau des historischen Gedächtnisses kann man anhand der Entwicklung grundlegender Begriffe der nationalen Identität nachgehen. Durch die Begriffe lassen sich "Strömungsrichtungen erkennen, in denen sich geistige und materielle Entwicklungen entfalten, so dass über neue Bedeutungen neue Ausdrücke auftreten und alte Ausdrücke neue Bedeutungs- bzw. Begriffsmerkmale erhalten".[54] Begriffe wie "Stamm", "Volk", "Vaterland"/"Heimat" sind für die nationale Identität kennzeichnend, gleichzeitig wirkt die Terminologie durch die hochemotional beladene Symbolik konstituierend.
Zentrale Bedeutung kommt dem Begriff "Stamm" zu. Das Wort "rod" (родъ, рwдъ) hat in den schriftlichen (mittelalterlichen) Quellen einen weiten semantischen Umfang und nimmt verschiedene Bedeutungen an. In vielen Fällen bedeutet das Wort "rod" Art und wird verwendet, um Gruppen von Lebewesen oder Dingen nach Gattungen zu bezeichnen, die aufgrund bestimmter Merkmale zueinander in Verbindung stehen (z.B. Tierarten (rodove) oder Fischarten).
Bei der Verwendung in Bezug auf Gesellschaften kann das Wort "rod" mit dem Adjektiv „menschlich" oder dem Pronomen „unser" die ganze Menschheit bezeichnen. In dieser Bedeutung wird das Wort in mittelalterlichen Schriften vieler christlicher

[54] *Bastian, Andrea*: Der Heimat-Begriff. Eine begriffsgeschichtliche Untersuchung in verschiedenen Funktionsbereiche der deutschen Sprache. Tübingen, 1995, S. 12.

Geistlicher verwendet, wobei auch die Geschlechter durch das Wort "rod" mit den entsprechenden Adjektiven männlich-weiblich wiedergegeben werden.[55]
In Bezug auf die Familie kann "rod" sowie die enge Familie (Eltern - Kinder) bezeichnen, als auch in weiterem Sinn Familienstamm oder Geschlecht - verwandte Familien mit gemeinsamen Vorfahren.[56] In einem der ersten Gesetzbücher des Ersten bulgarischen Reiches aus der zweiten Hälfte des 9. Jahrhunderts - "Zakon soudnji lujdam" - wird unter dem Titel "o rodah" die Beziehung Eltern-Kinder beschrieben.[57]
Im selben Dokument wird "rod" auch in der breiten Bedeutung "Familienstamm", parallel zum Wort "Blut" verwendet: *"Über die Heirat; über die, die im Familienstamm (rod) heiraten - Wer Blut mit Blut vermischt und heiratet - die muss man schlagen und trennen".*[58]
In Quellen mit Memorialcharakter, die von offiziellen Staatsinstitutionen angefertigt wurden, steht "rod" für die Gemeinschaft verschiedener Generationen, womit die Kontinuität unterstrichen wird.[59] In dieser Art von Dokumenten, in denen es um die Titulatur und Legitimierung des Herrschers (des Königs oder anderen hoher Würdenträger geht, werden synonym zu "rod" auch "Wurzeln" oder "Stamm" (pleme) verwendet. Hauptauftraggeber bei der Anfertigung dieser Gedenkschriften ist der Staat. Ab dem 9. Jahrhundert kommt dazu die organisierende Rolle der Schulen in Preslav und Ochryd. Diese schriftlichen Denkmäler wurden mit dem Ziel angefertigt, einem möglichst breiten Teil der Bevölkerung bekannt gemacht zu werden - indem die Kontinuität der Macht betont wird, wird sie auch legitimiert; durch die Hervorhebung und Verewigung der Heldentaten bestimmter weltlichen Herrscher oder Geistlicher wird das historische Gedächtnis geformt, das weitgehend auf der Identifizierung mit dem Individual-Heroischen gründet.[60]

---

55 *Ivanov, Jordan*: Bogomilski knigi I legendi. Sofia 1925, S.20; *Angelov, Dimitar*: Smisal i sadarzanije na dumite jazik, rod, pleme I narod v srednovekovnata balgarska kniznina. In: Paläobulgarica/Starobalgaristika, II (1987), 3, S. 21 und die dort zit. Quellen.

56 *Angelov, Dimitar*: Smisal..., S. 20.

57 *Danailov, Georgi*: Edin pametnik na starobalgarskoto pravo. In: SbNU, Bd. 18, Sofia , S. 30.

58 *Danailov, Georgi*: Edin pametnik ... S. 29.

59 Beispiele dafür - zit. in: *Angelov, Dimitar*: Smisal..., S. 20-21.

60 Beispiele dafür sind viele in Stein gehauene Gedenkschriften, beginnend mit "Immenik na balgarskite chanove" - *Dujcev, Ivan*: Iz starata balgarska kniznina. B.1, Sofia, 1943, S.1, sowie offizielle administrative Dokumenten - "Sinodik na zar Boril"- *Popruzenko, M. G.*: Sinodik zarja Borila. In: Balgarski starini, VIII, Sofia, 1938, S. 1-96, die Werke des Patriarchen Evtimij (zitija i poslanija), und verschiedene zitija von Kyril und Method.

Vor allem in Gedenkschriften über die Christianisierung Bulgariens und das Kyrillische Alphabet wird das Wort "rod" auch in der Bedeutung "Volk" verwendet, parallel zum Begriff "Sprache" (jazjik).[61]

Das Wort "Volk" (narod) hat in den mittelalterlichen Quellen ebenfalls eine breite Palette von Bedeutungen. In Quellen bis zum 14. Jahrhundert wird das Wort vorwiegend in der Bedeutung von "Menschen", "viele Menschen", "Mehrheit (mnozinstwo)" verwendet, parallel zu "Menschen" (ljudi).[62] Interessant ist die Unterscheidung der Stadtbevölkerung nach "Patriziat" und "einfachen Menschen" (prostije ljudi) oder "Volk" in bulgarischen und byzantinischen Quellen bis ins 14. Jahrhundert, wobei mit "Volk" die Unterschichten bezeichnet wurden.[63]

Zum quantitativen Aspekt des Wortes "Volk" konnte auch ein territorialer hinzukommen. So wurde mit "Volk" die Bevölkerung einer Siedlung - Dorf oder Stadt - bezeichnet.

Durch adjektivische Bestimmungen bekam das Wort einen ethnischen Charakter - z.B. "slawisches Volk", "zidovskij narod" (jüdisches Volk) etc.[64]

Diese Vieldeutigkeit der Wörter bleibt auch in den folgenden Perioden erhalten. Obwohl eine detaillierte Untersuchung der Begriffsentwicklung aufgrund der enormen Zunahme der schriftlichen Quellen hier nicht dargestellt werden kann, lassen sich einige Tendenzen im Prozess der Konstituierung der einheitlichen neubulgarischen Literatursprache andeuten:

In der Gelehrtenliteratur des 18. und 19. Jahrhundert, die den national-patriotischen Zielen gewidmet ist, wird das Wort "Sprache" (ezik), zum Unterschied zu den frühmittelalterlichen Quellen, nicht als Synonym zu "Volk" (narod) verwendet, sondern ist Bezeichnung der Sprache als linguistischer Ausdruck der Nationalität, als eines der Hauptmerkmale der ethnischen Gemeinschaft. Der Begriff führt entweder zu den Anfängen und zur Entwicklung der bulgarischen Sprache, oder betont ihre Rolle für die Bewahrung von Bewusstsein und Religion. Die Begriffe

[61] *Ochridsky, Kliment*: Sabrani sacinenija, B. 1, Sofia, 1970, S. 404; B. 3, Sofia, 1973, S. 106; Balgarski pametnik ot nacaloto na XII v. Dobromirovo evangelije. Sofia, 1975, S. 403; *Popruzenko, M.G.*: Sinodik..., S. 77-89 u.a.

[62] *Ochridsky, Kliment:* Sabrani..., B. 1, S. 426; B. 3, S. 192; *Ivanov, Jordan*: Balgarski starini iz Makedonija. Sofia, 1970, S. 433; *Ivanov, Jordan*: Starobalgarski razkazi, Sofia, 1935, S. 224.

[63] *Kaluzniacki, Emil*: Werke des Patriarchen von Bulgarien Euthymios. Wien 1901, S. 72, 97; Cantacuzenus Historiarum libri IV, ed. L. Schopeni. Bonnä, 1828, B. 2, S. 179, 235, 288 u.a. - zit. nach *Angelov, Dimitar*: Iz srednovedkovnoto ni minalo. Sofia, 1990, S. 187.

[64] *Angelov, Benjo*: Iz starata balgarska, ruska i srabska literatura. Sofia, 1967, Bd. 2, S. 227.

Familienstamm ("rod"), Sprache ("ezik") und Volk ("narod") werden oft als Anlässe und Voraussetzungen für vergleichende Analysen verwendet, bei denen das historisch-patriotische und das Erziehungsziel dominierend sind.[65]

Das Wort "Volk" (narod) bewahrt die Bedeutung "viele Menschen" und wird auch in der lokalen Bedeutung als Bevölkerung einer Stadt oder eines Dorfes weiterhin verwendet.[66] Bestimmend aber wird die Begriffspaarbildung Familienstamm/Geschlecht - Volk (rod - narod). So beginnt Paisij Chilendarski sein Vorwort zur "Slavobulgarischen Geschichte" mit der Anrede "bulgarische Stämme" (rode balgarski) und beendet sein Nachwort mit "unser bulgarischer Stamm". "Stamm" (rod) wird in seinem Werk mehrfach verwendet, vor allem in der Bedeutung von "Volk" (narod). Dabei wird durch "Stamm" die Kontinuität betont und die Notwendigkeit der Übergabe der Kenntnisse über die eigene Geschichte über die Generationen: *"Ich konnte so viele Namen heiliger Märtyrer vom bulgarischen Stamm finden: Die Namen von 29 Märtyrern konnten in Bulgarien gefunden werden. Am Anfang haben die Türken zahlreiches bulgarisches Volk (narod) in den Städten wegen des christlichen Glaubens ermordet, aber die Leute haben aus Dummheit (prostota) und Sorglosigkeit ihre Leiden nicht beschrieben und so sind die Leiden und die Namen von Stamm zu Stamm in Vergessenheit geraten (....) Für euch ist es notwendig und wichtig, das Kundbare über die Taten euer Väter zu wissen, so wie alle andere Stämme (plemena) und Völker (narodi) ihren Stamm (rod) und ihre Sprache (ezik) kennen, so wie sie eine Geschichte haben und jeder Gebildete unter ihnen kennt sie, erzählt sie und ist stolz auf seinen Stamm (rod) und auf seine Sprache."*[67]

Das bulgarische Volk (narod) wird als ein Stamm (rod) dargestellt. So wird die Geschichte des Einzelnen mit der Geschichte seines Familienstammes, die ihrerseits untrennbar von der Geschichte des ganzen Volkes ist, hochemotional dargestellt verbunden. Hinter dem Familienstamm-Volk-Begriff verbirgt sich eine Fülle von Bedeutungen. Durch diese Verknüpfung werden die Gefühle der Vertrautheit,

---

[65] Über die erzieherischen Ziele der Literatur der Aufklärung - *Arnaudov, Mihail*: Tvorzi...; Literaturüberblick in *Konev, Ilija*: Balgarskoto...

[66] *Zahariev, Stefan*: Otgowor na iskanite swedenija ot d-r V. Bogisic, zarski bibliotekar vav Viena, za zivota, nravite I obicajte v Zapadna Trakija. 1867. In: Christov, Christo/Gencev, Nikolaj: Balgarsko Vazrazdane, B. 2, Dokument N 69, S. 122; *Palausov, Nikola/Aprilov, Vasil*: Pismo do gabrovskata obschtina. 16. Aug. 1833. In: Christov, Christo/Gencev, Nikolaj: Balgarsko Vazrazdane, B. 2, Dok. N 71, S. 132 u.a.

[67] *Chilendarski, Paisij*: Slavjanobolgarska..., S. 41.

Geborgenheit und Liebe der engen Primärgruppe auf das "Volk" übertragen. Durch die individuelle "Zugehörigkeit" soll eine "Volkszusammengehörigkeit" gestiftet werden. Das in der Familie entwickelte Familienethos soll auf die Gruppe ausgedehnt werden, durch die familialen Beziehungen wird der Mensch dazu angehalten, sich mit dem Volk emotional zu identifizieren. Auslöser dieser Emotionen ist die Benennung der Väter und Vorväter (pradedi), in deren Reihen auch die Volks-"Ahnen" eingereiht sind: Könige und Heilige. Die Hervorhebung der Vorfahren, die Suche nach den tiefen Wurzeln der eigenen Familien - verbunden mit der Volksgeschichte - ist ein neues Phänomen, dass den gesellschaftlich-politischen Bedingungen der Zeit entspricht.
Der Begriff "Familienstamm/Geschlecht" (rod), der die Vorstellung der engen Blutsbindung in sich trägt und die Idee der Generationen, die in ihrer Gesamtheit das "Volk" bilden, wird durch die breite und vielseitige literarische Tätigkeit der bulgarischen Aufklärer hoch emotionalisiert. Verschiedene von "Familienstamm/Geschlecht" abgeleitete Wörter wie "heimatlich" (roden), "Einstämmige" (edinorodni) im Sinne von Volkszugehörigkeit, dienen zur Beschreibung der "Heimat". Dem "universalen menschlichen Streben nach der Verknüpfung von Dingen, Handlungen und Gefühlen" gemäß sind die Begriffe auch als Auslöser von "Heimatgefühlen" bedeutsam. "Heimat" (rodina), ein eigenes Wort, ist ebenfalls von "Familienstamm/Geschlecht" abgeleitet. In schriftlichen Quellen des Frühmittelalters werden als Bezeichnung dafür die Wörter "bulgarisches Land" (strana), "bulgarische Erde" (zemja) benutzt. Parallel dazu entwickeln sich die Begriffe "Bulgarisches Königtum" (balgarsko zarstwo) und "Staat" (darzava), die sowohl das Territorium als auch die Person des Herrschers oder seine Macht bezeichnen konnten. Mit dem Wort "Staat" ("darzava") bezeichnete man zunächst "Gegend" (oblast), "Landeigentum".[68] In der weiten sozialen und territorialen Bedeutung von Besitz und Land ist es auch im 19. Jahrhundert erhalten geblieben: "Darzava - Eigentum, Grenzen eines Dorfes (mera na selo), Immobilien, 'ciftlik', Grundbesitz"[69]. Aus diesem Wort, das bereits im 14. Jahrhundert in der Bedeutung Territorium eines Landes mit ethnischer Spezifik vorkommt[70], hat sich im Laufe des 19. Jahrhunderts der moderne Begriff "Staat" herausgebildet.

---

[68] Dazu Quellen in: *Angelov, Dimitar*: "Balgarska zemja", "Balgarska strana", "Balgarsko zarstvo", "Balgarska darzava", "Balgarija". Terminologicni proucvanija. In: Paläobulgarica 3, 1980, S. 8-31.
[69] *Gerov, Najden*: Recnik na balgarskija ezik. B. 1, (A-D), Sofia 1977, S. 373.
[70] *Angelov, Dimitar*: "Balgarska zemja".., S. 15 ff.

Das bulgarische National-Befreiungsprogramm zielt auf die Unabhängigkeit des "Volkes" in Grenzen, die historisch begründet sind. In der Auffassung der Nation ist die gemeinsame Abstammung und Herkunft, die die Grundlage der gemeinsamen Kultur und Geschichte bilden, ein Strukturelement. So ist die "genetische Identität" (der Bezug auf Abstammung, Genesis) grundlegendes Merkmal und Element des Nationalbewusstseins. Die emotionale Aufladung der Verwandtschaftsterminologie, die Pathethisierung und Idealisierung alles Heimatlichen, die politische Überhöhung und Ausdehnung der Termini Vater, Mutter, Bru(e)der, Ahnen (dedi und pradedi) ist wesentliches Charakteristikum der südosteuropäischen Nationalkonsolidierungsprozesse, jedoch sicher nicht nur ihr Spezifikum.

"Heimat" (rodina) als Begriff kommt in Quellen der offiziellen Institutionen des Frühmittelalters nicht vor. Das legt die Vermutung nahe, dass es sich bei "Heimat" um eine Wortbildung des 18. und 19. Jahrhundert handelt. Die "Heimat" als ein Wort weiblichen Geschlechts wurde mit der Gestalt der Mutter symbolisch verbunden. Die Mutter als Symbol wird zum Kernstück des Heimaterlebnisses. Kennzeichnend ist das Werk "Mutter Bulgarien" (Mati Bolgarija) von Neofit Bozweli - einem der ersten Führer der Bewegung für Aufklärung und Ausbildung und für nationale Selbständigkeit. "Mutter Bulgarien", erschienen 1846, ist als Dialog zwischen der Mutter-Heimat und ihrem Sohn geschrieben. Der ausgeprägt rhetorische Stil des Werkes ist für die Aufklärungszeit typisch - durch ihn erzielt man eine starke emotionale Wirkung des Geschichtswissens auf die Rezipienten.

Im Prozess der Herausbildung sind auch Wortzusammensetzungen von "Familienstamm/Geschlecht" und "Liebe": "Ljubo<u>rod</u>ez" wird allmählich durch "<u>Rod</u>oljubez" ersetzt, es entsteht der Begriff "Rodoljubije" als Bezeichnung für Patriotismus. Diesen Prozess kann man ebenfalls nicht als nationalspezifisch bezeichnen - die Fremdwörter "Patria", "Patriotismus" und ihre Ableitungen waren bekannt, im Versuch, die neubulgarische Sprache zu konstituieren, wurden die bulgarischen Begriffe parallel zu den Fremdwörtern als Übersetzung und Erklärung verwendet.[71] Dabei ging es nicht um eine wörtliche Übersetzung, sondern um ein Zusammenwirken von Ideen und Inhalten.

Nicht nur das germanische *haima- verweist auf Heim. In verschiedenen indogermanischen Sprachen ist es eine Substantivbildung zu der indogermanischen

---

[71] In: *Christov, Christo/Gencev, Nikolaj*: Balgarsko Vazrazdane, B. 2, Dokument N 75, S. 140; Dok. N 76, S. 141; Dok. N 77, S. 144-145; Dok. N 92, S. 175; Dok. N 169 u.a.

Wurzel *kei-, "liegen", und bedeutet demnach ursprünglich "Ort, wo man sich niederlässt, Lager, Heimat eines Stammes, einer Gemeinde".[72]

Die Rolle der Begrifflichkeit im Prozess der Herausbildung und Verbreitung des historischen Diskurses kann man auch durch die Entwicklung der Etymologie von "Vaterland" (Otcina, baschtina, otecestwo) veranschaulichen. Ende der sechziger Jahre des 19. Jahrhunderts beginnt in Bukarest die Herausgabe einer bulgarischen Zeitung mit dem Titel "Vaterland (Patria) - politische und literarische Zeitung". Im programmatischen Leitartikel wird "die Arbeit für die Entwicklung des eigenen Volkes, für die Freiheit des eigenen Vaterlandes" zur "heiligen Pflicht" erhoben.[73]

"Otcina"/"baschtinija"/"baschtina" (vom Vater abgeleitete Wörter) sind Begriffe, die weit ins 19. Jahrhundert noch eine rechtliche Bedeutung im Sinne von Grundbesitz haben. Die Bezeichnung "baschtina" ist in mittelalterlichen Rechtsdokumenten bezeugt. Das Wort bezeichnet das Eigentum - bebaubares Land, Haus und Hof - das dem Sohn vom Vater übergeben und vererbt wird. Die Besitzer einer "baschtina" können ihr Eigentum frei verkaufen, als Mitgift geben oder es der Kirche stiften. Angaben zu diesem Eigentumsrecht enthält das slawische Gesetz "Zakon soudniji ljudam" aus der zweiten Hälfte des 9. Jahrhundert - eine Adaption der byzantinischen Ecloga von Leo III. Isaurian und Konstantin V. Kopronimus an die bulgarischen mittelalterlichen Verhältnisse[74]. Nach den Angaben der erhaltenen mittelalterlichen Rechtsquellen (Kodex von Duschan, Klause 174; Stiftungsurkunden in Klöstern) kann man das Recht auf Eigentum ("baschtina") sowohl erben als auch kaufen. Viele mittelalterlichen Dokumente enthalten Angaben über den Besitz "eigener" (ererbter) oder "fremder" (gekaufter) "baschtini". Der Eigentümer bekommt den von der Bezeichnung für den Besitz abgeleiteten Namen "baschtinik". Diesen Angaben nach konnte das Eigentum auch von Witwen vererbt werden.[75]

Das dem Gesetz nach individuelle Eigentum ("baschtini") befindet sich immer im Rahmen des Komplexes der Dorfgemeinde. Den Quellen zufolge ist das individuelle Eigentum nicht gänzlich vom Gemeindeeigentum getrennt. Die Mitglieder der Gemeinde haben bestimmte Rechte in Bezug auf das "fremde" (d. h. zugekaufte)

---

[72] Duden Etymologie. Herkunftswörterbuch der deutschen Sprache. Mannheim 1963, S. 257 "Heim"; *Bastian, Andrea*: Der Heimat-Begriff..., S. 22-23.

[73] Leitartikel in: *Christov, Christo/Gencev, Nikolaj*: Balgarsko Vazrazdane, Bd. II, Dokument N169, S. 347-349.

[74] *Danailov, Georgi*: Edin pametnik..., S. 53; *Andreev, Mihail/Angelov, Dimitar*: Istorija na balgarskata feodalna darzava i pravo. Sofia, 1955, S. 152.

[75] *Angelov, Dimitar*: Agrarnite otnosenija v Severna Makedonija prez 14. vek. Sofia 1959, S. 95-97.

Land im Rahmen der Gemeinde und in Bezug auf das Gemeindegut (Wälder, unbebautes Land). Die spärlichen Quellen erschweren einen detaillierten Blick auf die Regime des Gemeindebesitzes, immerhin gilt als bewiesen, dass die rechtliche Zugehörigkeit zu einer Gemeinde mit bestimmten Rechten und Pflichten verbunden war. Es wird angenommen, dass die Gemeinde unbebautes Land unter den Mitgliedern proportional zur Steuerleistung (bzw. proportional zur Größe ihres Eigentums) verteilen konnte und die Erlaubnis zur Bebauung dieses Landes gab. Die Gemeinde vermied es, Land an Fremde zu verkaufen, da der Besitz von Land das Recht auf unentgeltliche Nutzung des Gemeindelandes gab. Gleichzeitig trug die Gemeinde die kollektive Verantwortung für Verbrechen, die auf ihrem Territorium begangen wurden.[76] Dadurch gewährte die "baschtina" Schutz und begründete einen Versorgungsanspruch. Besitzlosigkeit war gleichbedeutend mit Ausstoßung, und Ausstoßung als Strafe führte zur Wegnahme des Besitzes.

Während der osmanischen Periode war de jure das bebaubare Land im Eigentum des Staates (miri = Staatsland), die Bauern hatten nur das Nutzungsrecht. Die Eigentumsrechte der Bauern (muelk) bezogen sich auf das Haus, Hof, Wein- und Obstgarten. De facto war der Bauer Pächter, doch solange er das Land bebaute und Steuern zahlte, blieb sein Dauerpachtvertrag unverändert. Das bäuerliche Besitzrecht war das so genannte Tasarruf-Recht. Dieses Recht ging automatisch auf den ältesten Sohn über, der es ohne Erbfallsgebühren übernehmen konnte. Wenn es keinen Sohn gab, ging das Recht auf die Tochter über, deren Ehemann es übernahm. Im Fall, dass es keine gesetzlichen Erben gab, erhielt die Dorfgemeinde das Recht auf Ernennung des Besitznachfolgers.[77]

Das System, wonach das unbebaute Land im Besitz des Dorfes war, blieb erhalten. Die Bezeichnung "baschtinija" für den Erbbesitz wurde in den osmanischen Dokumenten - Tapii - erhalten, wobei diese Dokumente auf eine besondere Weise als Stammbaum geschrieben wurden, mit den Namen der Besitzer nach Erbfall und nach Verkauf.[78]

---

[76] *Ivanov, Jordan*: Balgarski...; *Andreev, Mihail:* Vatopedskata gramota i vaprosite na balgarskoto feodalno pravo. Sofia, 1965.

[77] *Todorova, Maria*: Balkan Family Structure and the European Pattern. Demographic Developments in Ottoman Bulgaria. Washington, 1993, S. 125-126; *Sugar, Peter*: South-eastern Europe under Ottoman Rule, 1354-1804. A History of East Central Europe, Vol. V. Seattle/London, 1977, S. 99; *Mutafcieva, Vera*: Agrarnite otnoschenija v Osmanskata imperija prez XV-XVI vek. Sofia, 1962, S. 238; *Grozdanova, Elena*: Fiskalnjie funkzii i objazanosti bolgarskih knezov, starejschin i kodzabaschiew (XV-XVIII vv.). In: Bulgarian Historical Review, 3, 1973, S. 43-55.

[78] *Gerov, Najden*: Recnik..., B. 1, S. 29.

Die Bedeutungsverknüpfung Haus und Hof.(otcina) - Vaterland - Besitz ist von wesentlicher Bedeutung: Das ergibt den räumlichen Aspekt des Vaterlands-Begriffes, der, ausgehend vom eigenen Haus, den Ort und das ganze Land erfasst.
In der Begriffsreihe Familienstamm/Geschlecht-Volk-Vaterland verbindet sich die Bedeutungskomponente "Besitz" mit räumlichen und sozialen Bedeutungselementen. Beide Aspekte weisen eine starke verbindende, zugleich aber auch ausschließende Wirkung auf. Das eigene Haus und der eigene Familienstamm sind immer Gegenbegriffe zu Fremde und Fremdes.
So werden die grundlegenden Elemente des Heimat-Begriffes festgelegt, die Verbindung zwischen Familie und Vaterland wird begründet. Dadurch werden auch die Richtlinien der Abstammungssuche der bulgarischen Geschichtsschreibung, ausgehend und verbunden mit der eigenen Familie, vorgegeben.
Gleichzeitig trägt dieser Heimatbegriff auch die Idee des Erbrechtes in sich und bildet damit die Grundlage dafür, aufgrund der Abstammung historisches Erbrecht auf bestimmte Territorien zu beanspruchen. Diese Idee ist bereits bei Paisij implizit im Kapitel "Der Nutzen der Geschichte" enthalten.

I.5. DIE BEDEUTUNG DES EPOS

Um ein Abstammungsdenken zu entwickeln, das die historischen Vorbilder allgemein anerkannt und nachahmenswert machen konnte, legte man hohen Wert auf die epische Tradition. Der Akzent auf die historischen und epischen Lieder charakterisiert die Anfangsperiode der bulgarischen Volkskulturwissenschaft.
Das Epos wird als Hauptquelle für die historische Vergangenheit bewertet, an ihm werden die geistigen Fähigkeiten des Volkes gemessen. Gleichzeitig wirkt er emotional bewusstseinsbildend. Die ersten Sammlungen und Interpretationen bulgarischer Volkslieder und -bräuche kamen von außen, die Frage nach ihrer ethnischen Zugehörigkeit war von war dabei bestimmend. Die Bedeutung erhöhte sich dadurch, dass man die epische Tradition als Ausdruck des Volksgeistes bewertete und an ihr maß, ob ein Volk als "selbständig" zu betrachten sei.
Die Ziele der Sammeltätigkeit und Interpretationsarbeit waren direkt (implizit wie explizit) den nationalrevolutionären Zielen untergeordnet. Wesentlicher Teil des Nationalkonsolidierungsprozesses war die Stiftung eines gemeinschaftlichen historischen Gedächtnisses, das auf Abstammung und Kultur/Geist beruhen und diese gleichzeitig festigen sollte. Die politischen Funktionen der wissenschaftlichen

Arbeit umfassten die Vergemeinschaftung nach innen und die Legitimierung nach außen: Mit den nationalen Besonderheiten des bulgarischen Volkes musste eine breite internationale Öffentlichkeit bekannt gemacht werden, denn wenn die Zeit kommt, wo "*das politische Schicksal unseres Volkes entschieden wird, wird jede Bemerkung über seine Vergangenheit wertvolles Material in jeder Hinsicht sein*".[79] International war die Berufung auf die Vergangenheit auch anerkannt und akzeptabel. Die Vergangenheitsorientierung der Wissenschaft war durch eine politische Zukunftsorientierung bedingt. Schon früh wurde die bewusstseinsbildende Funktion der epischen Lieder erkannt. Durch diese Lieder konnte man ein geschichtliches Bewusstseins stiften, das auf der inneren Vereinheitlichung auf der Basis des gemeinsamen Kampfes gegen den stilisierten Feind - die Türken/Osmanen - beruhte. Zu beachten ist auch die Rolle des äußeren Einflusses auf die Herausbildung der Vorstellungen über die Osmanenherrschaft. Mit der Entwicklung der Habsburger- und der Romanov-Monarchie zu den Hauptgegnern des Osmanischen Reiches verstärkte sich ab das 16. Jahrhundert die antitürkische Propaganda im deutschen und im russischen Sprachraum. Das führte zu einer stereotypen Vorstellung über die Osmanen als wild, blutdürstig und unmenschlich. Die Osmanen wurden zum dämonisierten Antagonisten stilisiert. Dieses Bild wurde im ausgehenden 17. Jahrhundert durch eine differenziertere Einstellung gegenüber dem osmanischen politischen und sozialen System in der Gelehrtenliteratur teilweise revidiert und ging im 19. Jahrhundert in eine Gegnerschaft der Nationen über[80], die Bilder der "Türkennot" und "Türkenfurcht" übten aber weiterhin großen Einfluss auf das (Massen-)Bewusstsein aus.

Diese Bilder wurden ab dem Ende des 17. Jahrhunderts in weiten Teilen von den Eliten der Balkanvölker übernommen, weil sie den Zielen der nationalen Konsolidierung entsprachen. Sie dienten einerseits der Herausbildung von "Feindbildern", die für die innere Vereinigung notwendig waren. Gleichzeitig begründeten sie den angestrebten Kampf gegen das Osmanenreich, indem sie ihn in eine Jahrhunderte alte Tradition einbetteten. Somit erfüllen sie auch eine Legitimationsfunktion nach außen - der Kampf um die Bewahrung der eigenen Sprache, Religion und Kultur sollte das Recht auf eigene Staatlichkeit untermauern.

Die Tradition des epischen Gesanges, der die Leiden der Bulgaren (und der anderen slawischen Vökern) unter der Osmanenherrschaft thematisiert und ihren Widerstand

---

[79] *Karavelov, Ljuben*: Zapiski za Balgarija i za balgarite. Sofia, 1930, S. 39.

[80] Über die Entwicklung dieser Einstellungen - *Todorova, Maria*: Imagining..., S. 194-196.

heroisiert, musste erst geschaffen werden. Ausdruck dessen sind die von Venelin und Grigorovic geschilderten Probleme, die sie mit dem Aufnehmen von bulgarischen historischen Liedern in Bulgarien hatten. Beide erklären den "Unwillen" des "einfachen" (auch in der Bedeutung von ungebildeten bis dummen, tölpelhaften) bulgarischen Bauern ("prostoj Bolgarin"), ihnen ihre Volkslieder vorzutragen, mit dem Misstrauen gegenüber ihnen als "Fremden".[81]

Die Konstruktion des bulgarischen Epos als Träger der bulgarischen Nationalkultur und des bulgarischen Nationalcharakters beginnen auf der Basis von Einzeldaten: Karadzic veröffentlicht 1815 im Sammelband "Serbische Volksliedsammlung" ein bulgarisches Volkslied, 1822 in "Dodatak" weitere 27; Venelin schreibt, dass er während seiner Reise durch Bulgarien 1830 nicht mehr als 50 Volkslieder sammeln konnte, und das "mit größter Mühe"; 1842 wird in Pest der Sammelband von Ivan Bogorov "Bulgarische Volkslieder und -sprüche" veröffentlicht, der 12 Lieder und 200 Sprüche enthält. Die nächsten Volksliedsammelbände enthalten schon mehr als 100 Volkslieder, stützen sich dabei aber auf die früher herausgegebenen, die sie auch wiederholen bzw. beinhalten.[82]

Die Bedeutung der epischen Lieder war umso höher, da sie die Grundlage für die Konstituierung der neuen Nationalsprachen bildeten. Sprache, Religion und Abstammung sind die Kerne nicht nur der bulgarischen Nationalidee, sondern auch jener der anderen Balkanländer. Um die Funktionen der Vergemeinschaftung übernehmen zu können, musste aus der Vielfalt unterschiedlicher Lokal- und Regionalsprachen eine standardisierte Sprache geschaffen werden - ein Prozess, der für die Bildung aller Nationalsprachen typisch ist. Der Prozess der Nationalsprachbildung veranschaulicht die vielfältigen Wechselwirkungen, Verflechtungen und Beziehungen im Rahmen eines breiten Raumes:

Die "Entdeckung" der bulgarischen Sprache, v.a. durch die Abgrenzung von der bereits als selbständig anerkannten serbischen Sprache, ist im Rahmen der russischen und österreichisch-ungarischen Slawistik zu sehen. 1822 wird in Wien als Beilage zur Zeitung "Serbische Nachrichten" ("Nowini srbske") der erste Teil des "Beilage zum Sanktpeterburgs vergleichenden Wörterbuch aler Sprachen und Dialekten" des Serben Vuk Karadzic veröffentlicht. Ebenfalls 1822 erscheint der zweite Teil dieser Untersuchung

---

[81] SbNU, Bd.1, Sofia 1889, S. 177-178; *Grigorovic, Victor*: Ocerk puteschestwijia po Evropeiskoj Turzii. Kazan, 1848, S. 163.

[82] *Grigorovic, Victor*: Ocerk...; *Bezsonov, Peter*: Bolgarskije pesni iz sbornikov J. Venelina, N. Katranova i drugih bolgar. Moskwa 1855.

mit dem Beisatz "Unter besonderer Berücksichtigung der bulgarischen Sprache".[83] Die Untersuchung ist in Übereinstimmung mit und folgt in ihrer Struktur der im Auftrag von Katharina der Grossen ausgearbeiteten "Vergleichende Wörterbücher aller Sprachen und Dialekten, gesammelt von Allerhöchster Hand".[84] Der Idee von Joseph Dobrovski folgend, eine gesamtslawische Enzyklopädie zu erstellen, legt Karadzic seine Untersuchung komparatistisch an - 273 Wörter und Bezeichnungen sind vergleichend in russischer, illyrischer, serbischer und bulgarischer Sprache angegeben. Beigefügt sind zwei Gleichnisse aus dem Neuen Testament und das Gebet "Vater unser", sowie 27 bulgarische Volkslieder. Die bulgarische Sprache wird auf einen Dialekt zurückgeführt.[85] Karadzic ist zu jener Zeit Mitglied der Sankt Petersburger freien Gesellschaft der Freunde (Ljubitelite) des russischen Wortes (Slovesnost) und der Krakower Wissenschaftsgesellschaft. Gleichzeitig arbeitet Karadzic in enger Verbindung mit dem Slowenen Bartholomäus (Jernej) Kopitar - Zensor der Slawistischen Abteilung der Wiener Kaiserbibliothek, einer der Begründer des Austroslawismus als kulturelle und politische Strömung. In der Bemühung, Wien in ein Zentrum des Slawentums zu verwandeln, entwickelt Kopitar im Geiste der Romantik eine allseitige slawistische Propaganda und unterhält Kontakte mit den führenden Slawisten seiner Zeit - mit Karadzic, mit den Führern der tschechischen Nationalbewegung Pavol Saferik und Josef Dobrovski, sowie mit dem russischen Slawisten Wostokov, mit dem Germanisten Jakob Grimm u.a.[86]

Karadzic, der in der Historiographie eindeutig als Begründer der modernen serbischen Schriftsprache anerkannt ist, übte einen großen Einfluss auf die Entwicklung der bulgarischen Nationalbewegung aus: durch seine Publikationen und durch den direkten Kontakt mit führenden Vertretern der bulgarischen Intelligenz (Philologen und Volkskundlern, Publizisten, Lehrern und Revolutionären zugleich).[87] Die Untersuchungen Karadzics rufen schon zu seiner Zeit ein zielgerichtetes, systematisches wissenschaftliches Interesse an der bulgarischen Sprache und

---

[83] *Karadzic, Vuk*: Dodatak k Sanktpeterburgskim sravnitelnim rjecnizima sviju jezika i narecija. Osobiti ogledi bugarskog jezika. Wien, 1822.

[84] Sravnitelnjie slovari vsih jazjikow i nareciji, sobraniji desnizji vsevjisocajischoji osobji. Sankt Petersburg, 1787/1789.

[85] *Murdarov, Vladko:* Vienskata slavistika i balgarskoto ezikoznanie 1822 - 1849 - 1918. Plovdiv, 1999, 19-28.

[86] Über die breite Zusammenarbeit auf Grund der erhaltenen Korrespondenz - *Georgiev, Emil*: Ob osnovnjih etapah w razvitiji slavistiki v slavjanskih stranah. In: Metodologiceskie problemji istoriji slavistiki, Moskwa, 1978, S. 94-95; *Hafner, Stanislaus*: Zur Geschichte der Bulgarienforschung in Österreich. In: Österreichische Osthefte, 4, 1981, S. 325 u.a.

Volkskultur hervor. Ljuben Karavelov - einer der führenden bulgarischen Revolutionäre, Schriftsteller, Philologe und Volkskundler - veröffentlicht in Russland eine verhältnismäßig vollständige Bibliographie von Vuk Karadzic als dem "Hauptträger der bemerkenswerten Wiedergeburt des serbischen Volkes und insgesamt des Südslawentums". Konkret in Bezug auf seine Untersuchung "Beilage" bemerkt Karavelov, dass "es bei ihm kein politisches oder slawophiles Ziel gibt; er arbeitete für die Wissenschaft und erfüllte seine Aufgabe gewissenhaft".

Ljuben Karavelov selbst studiert in Moskau, sein zehnjähriger Aufenthalt in Russland (1857-1867) ist entscheidend für seine gesellschaftspolitischen und wissenschaftlichen Einstellungen. In Zusammenarbeit mit den führenden russischen Volkskundlern - Pogodin, Buslaev, Saharov, Affanasiev - und in direktem Kontakt mit den russischen revolutionären Demokraten (Kotljarevski, Prizov) entwickelt Karavelov seine Einsichten über die Ziele der Ethnographie: Ethnographische und folkloristische Untersuchungen haben nur dann einen Sinn, wenn sie der aktuellen gesellschaftlichen Entwicklung dienen. Der Beitrag von Vuk Karadzic zur Entwicklung der bulgarischen Sprach- und Volkskulturwissenschaften wird anerkannt, da er aber ethnische Grenzen bewertete und bulgarische epische Lieder als "bulgarisierte" serbische Lieder bezeichnete, werden seine Einschätzungen bis in die gegenwärtige Historiographie als "falsch" eingeschätzt.[88]

Das Epos wird wegen seiner Funktionen in Bezug auf die Nationsformierung und Anerkennung zum umstrittensten Thema unter den Balkanforschern dieser Periode.

Die Konstituierung des Nationalen ist immer relational; die Herausbildung/Stiftung eines Nationalbewusstseins in Südosteuropa erforderte die Abgrenzung der einzelnen Nationen von den Nachbarn/Anderen.

Die Konsolidierung der bulgarischen Nation erfolgt durch die Abgrenzung von der serbischen und griechischen, deren Eliten sich schon abgegrenzt haben. Der Prozess der nationalen Konsolidierung durch die Herausbildung und das Propagieren nationaler Merkmale und Werte bei Serben und Griechen bedingt und stimuliert den analogen Prozess unter den Eliten der benachbarten Ethnien.

Der Prozess der Selbstidentifikation ist untrennbar mit dem Prozess der Identifikation von Außen verbunden. Die Einstellung serbischer, kroatischer, russischer u.a. Gelehrten, dass das in Bulgarien Vorgefundene eher als "serbisch" zu qualifizieren

---

[87] *Murdarov, Vladko*: Vienskata..., S. 22.

[88] Vgl. *Todorov, Delco*: Vaznikvane..., S. 122.

sei[89], dass die "bulgarische epische Tradition nicht so reich ist wie die der Serben"[90], war Ausdruck des Standes der zeitgenössischen Slawistik, in der bereits mehr Untersuchungen über die serbische Kultur vorhanden waren, die ihrerseits mit einer bestimmten Politik der Großmächte und der bereits existierenden jungen Balkanstaaten (Serbien und Griechenland) verbunden waren.

Das führte als Tendenz zur allmählichen "Schließung" der Volkskulturwissenschaften auf dem Balkan durch die Entwicklung der Einstellung unter der sich herausbildenden bulgarischen Intelligenz, dass die Erforschung der bulgarischen (Volks)Kultur Sache der Bulgaren selbst sein müsse, da man sie von außen nicht "richtig" sehen könne. So schreibt Aprilov in Bezug auf die Bewertungen von Venelin und Grigorovic: "*Venelin hat den ersten Schritt gemacht, der vielversprechend ist; das Vermächtnis, das Begonnene weiterzuführen, ist aber den Bulgaren selbst ans Herz gelegt. Sie vor allem sind dazu verpflichtet, auf diesem Gebiet aktiv zu werden".*[91]

I.6. DIE KONSTRUKTION EINES ALTERTÜMLICHEN VOLKSBRAUCHTUMS

Im Geiste der zeitgenössischen gesellschafts- und wissenschaftsleitenden Theorien und Zugänge im deutsch-slawischen Raum wird parallel zu den Liedern und zum Volksglauben die uralte Mythologie des Volkes auch in den Sitten und Bräuchen gesucht, die ihrerseits Zeugnisse seiner wesentlichen Charakterzüge enthalten.

Dass es sich dabei um einen Akt der Konstruktion handelte, zeigen die theoretischen und methodischen Grundlagen und Richtlinien der volkskundlichen, philologischen und literarischen Arbeit, die nicht voneinander zu trennen waren. Inhaltlich war die Erforschung der Volkskultur auf die Suche nach Relikten orientiert. Die Revolutionäre, Publizisten, Gelehrten und Lehrer nahmen sich selbst als "Bewahrer und Retter" der altertümlichen Glauben und Bräuche wahr.[92]

---

[89] *Bezsonov, Peter*: Bolgarskije...; *Karadzic, Vuk*: Dodatak...

[90] *Grigorovic, Victor*: Ocerk..., S. 163; analoge Bewertung auch bei *Bezsonov, Peter*: Bolgarskije...

[91] *Aprilov, Vassil*: Vorwort. In: Denniza novobolgarskogo obrazovanija, Gabrovo, 1841, S. IX.

[92] *Ivanova, Radost:* Die bulgarische Ethnologie und die Herausforderungen des 21. Jahrhunderts. In: Beitl, Klaus/Johler, Reinhard (Hg.): Bulgarisch-österreichisches Kolloquim Europäische Ethnologie an der Wende: Perspektiven – Aufgaben – Kooperationen. Kittseer Schriften zur Volkskunde 12, Kittsee 2000, S. 37-46; *Benovska-Sabkova, Milena*: Die Ethnologie – ein Abbild der Welt. In: Beitl, Klaus/Johler, Reinhard (Hg.): Bulgarisch-österreichisches Kolloquim Europäische Ethnologie an der Wende: Perspektiven – Aufgaben – Kooperationen. Kittseer Schriften zur Volkskunde 12, Kittsee 2000, S. 65-76; *Diess.*: Politiceski prehod i vsekidnevna kultura. Sofia 2001.

Nur ein paar Titel seien beispielhaft genannt, um die Vergangenheitsorientiertheit der Untersuchungen zu veranschaulichen: "Bulgarische Volksaberglauben und altertümliche Bräuche"; "Historische Erzählungen über vergangene Zeiten", "Einige Bemerkungen über alte Anführer (wojwodi)", alle von Petko Slavekjov; "Anleitung (Pokazalez) oder Anweisung, wie man die ältesten Merkmale unseres Daseins (bitije), unserer Sprache, unserer ruhmreichen Vergangenheit etc.sammelt"; "Bulgarisches Altertum" von Georgi Rakovski. Das Sammeln der Materialien wurde hauptsächlich mit Hilfe vorbereiteter Fragebögen unternommen. Dabei ging es vor allem um altertümliche Elemente, die aus ihrem sozialen Kontext herausgenommen wurden.

Durch konkrete Anweisungen und Programme wurde die volkskundliche Sammeltätigkeit zu jenen Zweigen hingeführt, "die nicht nur für die nächsten Generationen von Volkskundlern, sondern noch bis heute (d.h. bis in die achtziger Jahre des 20. Jahrhunderts - Anm. A. K.) Hauptuntersuchungsgebiete der Ethnographie sind"[93].

Dabei sind einige Grundcharakteristika zu vermerken: Die zentrale Bedeutung der freien Bauern in der ökonomischen und sozialen Struktur der bulgarischen Gesellschaft im ausgehenden 19. Jahrhundert ist unbestritten, ebenso wie das Fehlen einer Feudalklasse und die wirtschaftlich verhältnismäßig schwache Bourgeoisie. Die sozioökonomische Struktur bildet daher eine weitgehend realistische Grundlage für die Wahl der bäuerlichen Kultur als die angepeilte Volkskultur. Gleichzeitig aber ist das eine Zeit, in der durch das Eindringen kapitalistischer Wirtschaftsformen - erweiterte Warenproduktion, Handels- und Finanzkapital, intensivierte Beziehungen (wirtschaftliche und kulturelle) im gesamteuropäischen Raum, zunehmende Mobilität - die bäuerliche Gesellschaft in einer Krise geriet, die mit der Auflösung traditioneller Bindungen einherging. Warum gerade der bäuerlichen Kultur politisch ein hoher Symbolwert als verbindendes Element zugeschrieben wurde, lässt sich versuchsweise anhand einiger Ursachen erklären:

Das Dorf, das Dörfliche wird hervorgehoben als Bewahrer der bulgarischen Sprache und Kultur. In erster Linie wird es auf diese Weise zunächst von außen her bewertet, was die dominierende Einstellung gegenüber der Bauernkultur in der zeitgenössischen deutsch-slawischen Wissenschaft wiederspiegelt. So schreibt z.B. Stefan Verkovic in der Einleitung zu seinem Band "Volkslieder der makedonischen Bulgaren": *"Das Faktum, das dieses slawische Volk bis heute nicht verschwunden*

---

[93] *Todorov, Delco*: Vaznikvane..., S. 125.

und nicht mit einer anderen Nationalität (narodnost) verschmolzen (pretopil) ist, kann man nur damit erklären, dass der Bulgare seiner Sprache und seinen Volksbräuchen zutiefst treu ist...., dass er fast sein ganzes Leben in seinem Heimatdorf verbringt - unter seinen Volksgenossen (sanarodnizi) und fern von fremden Einflüssen".[94]

Die Bewahrung des Bulgarentums unter der bäuerlichen Bevölkerung wird in den Schriften der bulgarischen "Aufklärer" explizit hervorgehoben: *"Wenn ich über die alten bulgarischen Bräuche spreche, so muss ich auch unterstreichen, dass die große Ergebenheit - die Ergebenheit gegenüber den Wurzeln des Volksaltertums - das bulgarische Volk bewahrt hat unter dem schrecklichen Unglück (bedstwija) und es auch heute noch vor dem Aussterben bewahrt"*[95].

Im Gegensatz zur Stadt, in der man die "Fremdeinflüsse" und Veränderungen sieht, wird unterstrichen, dass "nur die Bauern echte Bulgaren geblieben sind".[96]

Das geht einher mit einer Idealisierung der moralischen Eigenschaften des Bauern allgemein. Um die Tugenden des bulgarischen Volkes hervorzuheben, argumentiert Paisij von Chilendar universal-biblisch: *"Alle tugendhaften Vorväter waren Landwirte und Hirten, einfach und neidlos auf Erden."*[97]

Parallel zur Suche nach den Wurzeln der bulgarischen Aristokratie wird das Fehlen einer zeitgenössischen Aristokratie in Tugend umgedeutet, in der ländlichen Familie mit ihrem Brauchtum, in der Folklore und Lebensweise wird ein "Volk gesehen, das durch die geschichtliche Entwicklung seine Zaren und Aristokraten verloren hat, das aber in ursprünglicher Sauberkeit sein natürliches Volkstum bewahrt hat. Man

---

[94] *Verkovic, Stefan*: Volkslieder der makedonischen Bulgaren, B. 1, Beograd, 1860, zit. in: *Christov, Christo/Gencev, Nikolaj*: Balgarsko Vazrazdane, B.2, Dok. N 89, S. 169.
Über die ethnographischen "Entdeckungen" und "Wiederentdeckungen" als eine gemeinsame Wissenschaftsgeschichte konkret Bulgariens und Östrerreich-Ungarns - *Gruber, Siegfried*: Austrian Contributions to the Ethnological Knowledge of the Balkans since 1850. In: Ethnologia Balkanica 2, 1998, S. 210-224; *Johler, Reinhard*: Die "kleinen" Ethnologien und das "neue Europa" - oder: Perspektiven eines bulgarisch-österreichischen Wissenschaftskontaktes. In: Beitl, Klaus/ Johler, Reinhard (Hg.): Bulgarisch-österreichisches Kolloquium Europäische Ethnologie an der Wende: Perspektiven - Aufgaben - Kooperationen. (Kittseer Schriften zur Volkskunde, 12), Ethnographisches Museum Schloss Kittsee, 2000, S. 47-64.

[95] *Karavelov, Ljuben*: Zapiski za Balgarija i za balgarite. Sofia, 1930, S. 83-84.

[96] *Zachariev, Stefan*: 1867 - zit. nach Christov, Christo/Gencev, Nikolaj: Balgarsko Vazrazdane, B.2, Dok. N 69, S. 126.

[97] *Chilendarski, Paissij*: Istorija....

entdeckt ein Volk, das nicht in "Gesellschaft" und "Volk" geteilt ist, sondern einen ganzen Organismus bildet, das oben und unten die gleiche Bekleidung hat."[98]
Die Betonung der sozialen Einheit fällt in eine Zeit, in der sich die soziale Differenzierung vertiefte. Führend dabei war das politisch-ideologische Homogenisierungsziel, das dem Nationsbau und der Modernisierung dienen sollte.
Das führte notwendigerweise auch zu einer Vereinfachung auf wenige emotional hoch beladene Symbole. Dazu zählt außer Volksepos und Volksglauben auch das Brauchtum.
Bereits in den ersten Programmen für ethnographische Sammeltätigkeit sind (parallel zu altertümlichen Glauben an magische, dämonische und mythische Kräften, Legenden, Volksliedern, Märchen etc.) auch Kalender- und Familienbräuche eingeschlossen. Den Riten bei Geburt und Tod und besonders den Hochzeitsbräuchen wurde besondere Aufmerksamkeit gewidmet, da man in ihnen unwiderlegbare Zeugnisse der "ältesten Grundzüge des Volkslebens" sah.[99]
Im volkstümlichen Festwesen, in den Riten des Lebenslaufes und des bäuerlichen bzw. handwerklichen Arbeitsjahres sah man einen tradierten Kanon von Verhaltenskodizes, die die dörfliche Kultur in einem ethnisch statischen und reinen Zustand hielten. Dem vermeintlich verlorengegangen ursprünglichen Sinn dieser Bräuche galt es nachzugehen.
Im Vordergrund standen Fragen der Ethnogenese, die vorwiegend im Rahmen des Mythologismus interpretiert wurden. Um die tiefen Wurzeln der Bräuche und Sitten zu beweisen, wurde ein Hauptakzent der Sammel- und Interpretationsarbeit auf das Paganistische, Vorchristliche gelegt. So wurden ethnographische Beweise für historische Interpretationen geliefert, die für die nationale Causa aktuell waren.
Die Beschreibungen solcher Bräuche und Riten, obwohl genau und gewissenhaft, wurden weitgehend vom sozialen Kontext, in denen sie eingebettet waren, losgelöst. Dass es sich um Konstrukte handelt, mag ein konkretes Beispiel veranschaulichen.
Das Sammeln von Bräuchen wurde nach vorbereiteten Fragebögen durchgeführt. In Zusammenhang mit den Fragen, über die er Materialien sammeln sollte, schreibt Petko Slavejkov (bedeutender Schriftsteller, Lehrer und Volkskundler) an Georgi Rakovski: *"Sie können sich nicht vorstellen, mein Freund, mit welchen Schwierigkeiten das Sammeln solcher Bräuche verbunden ist, besonders für einen Lehrer, der die Schule beaufsichtigen muss und keine Beziehung hat außer zu*

[98] *Karavelov, Ljuben*: Pamjatniki narodnogo bjita bolgar. B. 3, Moskva, 1905, S. 5-6.
[99] *Rakovski, Georgi*: Kljuc bolgarskogo jazijka. Odessa, 1880, VII-VIII.

Menschen, die als halbentwickelt die altertümlichen Bräuche und Sitten aufgegeben haben, um nicht dumm genannt zu werden, und die gleichzeitig nicht die notwendigen Begriffe haben, um ihre Altertümer zu schätzen und zu bewahren."[100]

Im Umfeld der politisch-sozialen Kulturgeschichte gesehen, drückte sich in der Erforschung und Popularisierung von Sitten und Bräuchen eine historische Form nationalkonstituierender Politik aus. Sie wurde zunächst mehr in symbolischer Weise artikuliert, um dadurch Solidaritätsgefühle zu stiften. Der symbolische Kampf, der am Anfang auf der Ebene sozialmoralischer Überzeugungen geführt wurde, sollte den politischen Konflikt um selbständige Staatlichkeit vorbereiten und zu offensiven gesellschaftlichen Formen führen.

"Sitte und Brauch" war in dieser Hinsicht von besonderer Bedeutung: Das Begriffspaar bezeichnete den sozialen Ehrenkodex, die sozialmoralischen "Gesetze" der Dorfgesellschaft. Indem die Gemeinschaft hervorgehoben wurde, stiftete man rückwirkend das Gemeinschaftsgefühl. Die Gemeinschaft als zuständig nicht nur für alle Bereiche des gemeinsamen Alltagslebens, sondern darüber hinaus für individuelle Lebensläufe und Lebensentwürfe, für private Bedürfnisse und Gefühle, erschien (da sie als solche dargestellt wurde) als "naturwüchsig". Diese "totale" Zuständigkeitserklärung der Gemeinschaft war zugleich Ausdruck eines Gruppenverständnisses, das "Identität" stiftete. Die sozial absichernden und verantwortlichen Komponenten, die das Eingebunden-Sein in ein familiales, verwandtschaftliches Netzwerk besaß, sollten auf eine abstrakte Ebene - die der Nation(szugehörigkeit) - übertragen werden.

Bevor ich konkret zur Familien- und Haushaltsforschung übergehe, die sich vor allem in der Periode nach der Gründung des Nationalstaates entwickelte, möchte ich auf noch auf einige Merkmale der gesellschaftlichen Entwicklung und der damit verbundenen Volkskulturforschung der zweiten Hälfte des 19. Jahrhunderts hinweisen.

I.7. TRÄGER DER NATIONALIDEE

Die Entwicklung des Interesses am Volkstum, die Ausrichtung der Perspektive auf Familie und Abstammung, ist nur im Rahmen der dem Wesen nach bürgerlich-nationalen Unabhängigkeitsbewegung zu sehen. Träger dieses Interesses ist die städtisch-bürgerliche Intelligenz.

---

[100] Zit. nach *Todorov, Delco*: Vaznikvane.., S. 123, Anm. 36.

In der zweiten Hälfte des 19. Jahrhunderts wird die Erforschung und Popularisierung der Volkskultur vorangetrieben. Es wird zur Aufgabe der bulgarischen Intelligenz, die allgemeine Verbreitung der altertümlichen Lieder und Bräuche nachzuweisen. Dabei wurden sie in Wahrheit erst durch ihre Tätigkeit als Lehrer und Publizisten verbreitet und internalisiert. Dazu sollte die Originalität und Authentizität, die Vielfalt der Motive und der lokalen Varianten aufgezeigt werden, damit die propagierten Werte zu einem nationalen Selbstbewusstsein von Individuen und Gruppen führen.

Interessant diesbezüglich ist auch der polysemantische Gebrauch des Begriffes "Volk".

Das Wort "Volk" wird weiterhin als Synonym von "Mehrheit", "viele Menschen" und für die Bevölkerung einer bestimmten Siedlung verwendet.[101] Zunehmend wird der Begriff für die Bezeichnung der Bevölkerung des ganzen Landes im ethnischen Sinn gebraucht - bulgarisches Volk, besonders ausgeprägt in Aufrufen und Leitartikeln von Zeitungen und Zeitschriften[102]. Gleichzeitig wird er für die Bezeichnung der Landbevölkerung verwendet. Dabei wird oft das Adjektiv "prost" hinzugefügt. Dieses Adjektiv hat die Bedeutung sowohl von "einfach" als auch von "ungebildet" (bis hin zu "dumm", "tölpelhaft") und unterstreicht den Gegensatz zwischen Intelligenz und (Land-)Volk[103].

Die Grundbemühungen der Intelligenz in dieser Periode richten sich auf Ausbildung und Schule - Lehrer, Publizisten, Schüler wurden in die breite Sammel- und Verbreitungstätigkeit eingeschlossen, damit "unsere Bulgaren aus der Lethargie und Tölpelhaftigkeit (newezestwo) erwachen"[104].

Das führt zur raschen Entwicklung eines weltlichen Schulwesens, das die Klosterschulen und die griechischen Schulen überwindet, und ist mit einem hohen gesellschaftlichen Stellenwert der Ausbildung verbunden.

---

[101] *Christov, Christo/Gencev, Nikolaj*: Balgarsko Vazrazdane, B. 2, Dok. N. 69 von 1867, S. 122-123; Dok. 71 von 1833, S. 132-133.

[102] *Rakovski, Georgi*: Plan za osvobozdenieto na Balgarija von 1858. In: Christov, Christo/Gencev, Nikolaj: Balgarsko Vazrazdane, B. 2, Dok. N150, S. 293-294; programmatischer Leitartikel zur Zeitschrift "Balgarski knizizi" 1859. In: Christov, Christo/Gencev, Nikolaj: Balgarsko Vazrazdane, B.2, Dok. N 86, S. 160-161; *Botev, Christo*: In: Zname, 25.1.1975 u.a.

[103] *Beron, Peter:* Bukvar s razlicni poucenija. Braschov, 1824. In: Christov, Christo/Gencev, Nikolaj: Balgarsko Vazrazdane, B.2, Dok. 70, S. 131; *Palausov, Nikola/Aprilov, Vassil*: Pisma do Neofit Rilski. In: Christov, Christo/Gencev, Nikolaj: Balgarsko Vazrazdane, B. 2, Dok. 74, S. 137 u.a.

[104] *Aprilov, Vassil*: Brief an Najden Gerov 1837 - zit. nach *Todorov, Delco*: Vaznikvane..., 119.

Die wirtschaftlich-kommunikativen Grundlagen der Nationsformierung - erweiterte Warenproduktion, Entstehung des Binnenmarktes und der Einfluss der Außenmärkte - sind Ende des 18. - Anfang des 19. Jahrhunderts deutlich sichtbar[105] und führen zur Herausbildung einer (wirtschaftlich verhältnismäßig schwachen) Bourgeoisie. Die Notwendigkeit angemessener Kenntnisse und Bildung für die soziale Schicht der Händler und Handwerker führt zu gesteigertem Interesse und entsprechenden Investitionen in die Ausbildung.

Unter den Bedingungen fehlender eigener Staatlichkeit hatte die Intelligenz begrenzte Möglichkeiten zur Realisierung im osmanischen administrativen und Militärapparat. Juristen, Ingenieure, Ärzte, Journalisten hatten geringe Arbeitsmöglichkeiten, wenn überhaupt, dann eher im Ausland. Hauptsphären der Realisierung der Intelligenz in den bulgarischen Gebieten dieser Zeit waren der Lehrer- und Pfarrerberuf. Untersuchungen über die soziale Herkunft der Lehrer und Pfarrer (als Beruf konnte es zusammenfallen) der Aufklärungszeit bezeugen, dass der Großteil der bulgarischen Lehrer aus den "Gewerbe- und Handels-Mittelschichten" und nach der Mitte des 19. Jahrhunderts zunehmend auch von Lehrern und Pfarrern abstammten, obwohl sie vorwiegend auf dem Dorf geboren waren[106] - ein Merkmal der sozialen Differenzierung des Dorfes.

Die ersten Generationen der Intelligenz erhielten ihre Ausbildung vor allem in Ausland. Von den Universitätsausbildungszentren, in denen Lehrer, Publizisten, Gelehrte vorbereitet wurden, sind zunächst die Schulen und Fakultäten in Griechenland und Russland zu nennen.[107] Ab den vierziger Jahren des 19. Jahrhunderts ist eine gewissen Umorientierung in Bezug auf die Ausbildung von Griechenland zu Russland zu bemerken. Das hängt weitgehend mit der besonders nach dem Krimkrieg aktivierten Staatspolitik Russlands in Bezug auf die Ausbildung

---

[105] Zum zeitlichen Rahmen des Prozessen gibt es verschiedene Meinungen. Die Anfänge kapitalistischer Wirtschaftsformen - Warenproduktion, Handels- und Finanzkapital - werden von einigen Autoren im späten 17. und frühen 18. Jahrhundert angesiedelt - *Christov, Christo*: Kam vaprosa za zarazdaneto na kapitalisma i obrasuvaneto na balgarskata nacija prez vazrazdaneto. In: Balgarskata nazija prez Vazrazdaneto, B. 2, Sofia 1982, 10-12. Es werden auch die stärkeren westeuropäischen Einflüsse seit dem 16.-17. Jahrhundert (verbunden mit den österreichisch-türkischen Kriegen, mit dem Fernhandel von Ragusa und Dubrovnik, mit der Bedeutung der bulgarischen Katholiken) angeführt - *Gandev, Christo*: Vasnikvane i ukrepvane na balgarskata nazija. Sofia, 1987, 25f.

[106] *Dimitrov, Angel*: Ucilisteto, progresat i nazionalnata revoljuzija. Sofia, 1987, S. 228-230; *Daskalova, Krasimira*: Balgarskijat..., S. 40-45.

[107] Balgarskata vazrozdenska inteligenzija. Enzyklopädija. Sofia, 1988; *Gencev, Nikolaj*: Balgarskata vazrozdenska inteligenzija. Sofia, 1991.

der Südslawen, einschließlich der Bulgaren, in russischen Schulen und Universitäten zusammen. 1856 übernimmt die Heilige Synode die Ausbildung einiger Dutzend Jugendlicher aus den slawischen Ländern; 1860 überweist die Zarenregierung eine erste Geldsumme (5000 Silberrubel) an das Odessische bulgarische Komitee Nastojatelstwo, eine Organisation der bulgarischen Händler, die in den folgenden 25 Jahren 250 Bulgaren in ihrer Ausbildung an russischen Schulen und Universitäten finanziell unterstützt. Parallel zu den staatlichen Maßnahmen für die Ausweiterung der Ausbildung von Bulgaren, werden die slawischen Komitees in Russland und verschiedene andere kulturelle und Wohltätigkeitsorganisationen in dieser Hinsicht aktiv. Ihre Tätigkeit erfolgt unter der Aufsicht des Asiatischen Departements des Außenministeriums. Die russische Bildungspolitik verfolgt das Ziel, die russische kulturelle und politische Einflusssphäre zu erweitern und zu sichern. Um der zunehmenden Orientierung auf verschiedene westeuropäische Universitäten entgegenzusteuern, werden Bulgaren nicht nur an kirchlichen Schulen und Akademien zugelassen, doch auch an weltlichen Universitäten. Dabei kommt es zum Gegensatz zwischen dem religiösen Prinzip und den Bestrebungen der balkanischen Völkern nach nationaler Selbständigkeit.[108]

Wichtige Ausbildungsstätten für Bulgaren waren Leipzig, Heidelberg, Dresden, München, Bonn und Berlin. Die österreichische Slawistik gibt einen bedeutsamen Impuls für die Entfaltung der Nationalbewegungen der slawischen Völker, zunehmende Bedeutung als Ausbildungszentrum gewinnt Wien. Bulgarische Lehrer werden auch in Tschechien, Serbien, Rumänien und Frankreich ausgebildet. Kennzeichnend ist die Verteilung nach Fachrichtungen. Am größten ist die Zahl der Absolventen humanistischer Fachrichtungen, darunter besonders der historisch-philologischen Fakultäten.[109] Das spiegelt sowohl die Bedeutung dieser Ausbildung im gesamteuropäischen Kontext, als auch ihre führende Stellung in Bezug auf die konkrete gesellschaftliche Situation in Bulgarien wieder.

---

[108] *Daskalova, Krassimira*: Balgarskijat..., S. 50-58; *Gencev, Nikolaj*: Balgaro-ruski kulturni obschtuvanija prez Vazrazdaneto. Sofia, 1975; *Stepanova, Ljudmila*: Vklad Rossii v podgotovku bolgarskoj inteligenzii v 50-70-e g. XIX veka. Kischinev, 1981.

[109] Konkrete Daten in: *Obreschkov, Obreschko*: Zapadno vlijanie v razvitieto na balgarskoto obrazovanie. In: Istorija na obrasovanieto I pedagogiceskata mical v Balgarija. Sofia, 1975, B.1, S. 252-259; *Gencev, Nikolaj*: Franzija I balgarskoto Vazrazdane. Sofia, 1979, S. 82-100, 229-292; *Daskalova, Krassimira*: Balgarskijat..., S. 50-58; *Tancev, Ivan*: Balgarskata darzava i ucenieto na balgari v cuzbina 1878-1892. Sofia, 1994, S. 8 u.a.

Der Entwicklung des Schulwesens in Bulgarien sind viele Untersuchungen gewidmet, die konkrete Daten über Anzahl und Verteilung der Schulen, Anzahl, soziale Zusammensetzung und Ausbildung der Lehrer geben. Unbestritten ist die Bewertung ihrer Rolle für den Prozess der nationalen Konstituierung.

In seiner Autobiographie "Erinnerungen an Jahre des Kampfes und der Siege", 1916 erschienen, schreibt Ivan Ev. Gesov über seine Schulzeit in der bulgarischen Gymnasialschule (klasno) in Plovdiv: "*...(I)n jenen Jahren der Kämpfe für Volksgerechtigkeit, Jahren der Heldentaten für die Volksaufklärung, lernten wir, die Schüler, das Leben nicht als Arena zu betrachten, in der die Menschen nur für ihren eigenen Nutzen kämpfen, sondern als Kampffeld, auf dem man höheres Wohl erkämpfen muss. ...Im Zentrum dieser Kultur stand die Schule. In der Schule lernten wir bereits in sehr jungen Jahren, Patrioten zu sein, schon als Kleine nahmen wir am Volkskampf teil.*"[110]

"Wenn man vom deutschen Lehrer behauptet, dass er die Schlacht von Sedan gewonnen hat, so kann man mit noch größerem Recht über den bulgarischen sagen, dass er vor allem ein modernes Bulgarien hervorgebracht hat (na nego se dalzi predi vsicko moderna Balgarija). Er - geistlicher oder weltlicher Lehrer - Mönch oder Lehrer (daskal), er ist in Wahrheit jener Atlas, der das bulgarische Land auf seinen Schultern getragen (iznasjam) hat."[111] Die ausgeprägtesten Revolutionäre sind gleichzeitig Pädagogen, Literaten bzw. Philologen und Sammler und zugleich Populisatoren des Volksbrauchtums. Markantes Beispiel dafür ist Vassil Aprilov - Gründer der ersten weltlichen Gemeinschaftsschule im gewerblichen Zentrum Gabrovo, 1835; einer der begeisterten Populisatoren und unter den ersten Organisatoren des systematischen Sammelns von Volksliedern und -bräuchen. Zu nennen sind ferner Namen wie Neofit Rilski, Neofit Bosweli, Najden Gerov u. a. Trotz bedeutender Unterschiede in Bezug auf die pädagogische Praxis ist bei allen die nationale Orientierung dominierend. Davon zeugt nicht nur ihre pädagogische Tätigkeit, sondern auch die gesellschaftlichen Aktivitäten von Lehrern und Gelehrten: Lehrer gründen öffentliche und private Bibliotheken, sie sind unter den Initiatoren der Entwicklung des neubulgarischen Theaters. Lehrer organisieren eine breite Vereinsgründung, Lesehallen (citalischta), sie sind es, durch die genealogische Untersuchungen initiiert wurden und die eine rege Sammel- und

---

[110] *Gesov, Ivan*: Spomeni iz godini na borbi i pobedi. Sofia, 1916, S. 12.

[111] *Daskalova, Krasimira*: Balgarskijat..., Endumschlagseite - Zitat von Ivan Sismanov von 1891.

Verbreitungstätigkeit von Bräuchen auf Regionalebene durchführten und sie dadurch zu Traditionen werden ließen.[112]

So gesehen war die Nationsbildung ein dynamischer Prozess, doch nicht einer des "Nationalen Erwachens"/der „Nationalen Wiedergeburt", sondern ein Prozess der Ausarbeitung und Ausbreitung einer kollektiven Identität.

Die Konstruktion der bulgarischen Volkskultur fällt mit der Konstruktion einer einheitlichen neubulgarischen Schriftsprache und Nationalliteratur (Georgi Rakovski, Petko Slavejkov, Ljuben Karavelov u.a.) zusammen.

Parallel entsteht auch die bugarische Publizistik. Markantes Beispiel ist Ivan Bogorov - Verleger der ersten bulgarischen Zeitung "Balgarski orel" (Bulgarischer Adler) - Leipzig 1846, Redakteur der "Zarigradski vestnik" (1848), Herausgeber einer "Bulgarischen Grammatik" (Bukarest, 1844) und eines bulgarisch-französischen Wörterbuchs (Wien 1869-1871), auch Herausgeber der ersten gedruckten Sammlung bulgarischer Volkslieder und Sprichwörter.

Erst durch die aufklärerisch-pädagogische Tätigkeit konnte die überlokale und überregionale Vergemeinschaftung geschaffen werden, konnten die neugeschaffenen Werte „verinnerlicht" werden und zu einem Selbstbewusstsein von Individuen und Gruppen führen.

Gleichzeitig zielte diese Tätigkeit auch auf die Legitimierung nach Außen: einerseits die politische Legitimierung des Rechts auf eigene Staatlichkeit durch Kultur, andererseits die Anerkennung seitens der internationalen Wissenschaft.

I.8. POLITISCHE IDEEN UND ENTWICKLUNG VOR DER NATIONALSTAATSGRÜNDUNG 1878

Die nationale Bewegung, die als soziale begann, sich über eine kulturelle Bewegung der intellektuellen Elite zu einer politischen Bewegung für nationale Ideen weiterentwickelte und in einer breiten Bewegung zur Unterstützung nationaler Programme mündete, basiert auf der Auffassung von einer Volksnation, hergeleitet aus Sprache, Geschichte und gemeinsamem Schicksal. Das kommt in den Programmen der revolutionären Organisationen auch explizit zum Ausdruck: *"Wir wünschen, dass jene Gebiete, die mit Bulgaren besiedelt sind, bulgarisch regiert werden, d.h. in Übereinstimmung mit den Sitten, Gebräuchen und dem Charakter des*

---

[112] *Kirova, Elena*: Parvite balgarski obstestveni biblioteki prez Vazrazdaneto. In: GSU, FIF, B. 57, B. 2, Sofia 1964; *Dimitrov, Filip*: Domasnite biblioteki prez Vazrazdaneto. In: Bibliotekar, 1964, N 9-10; *Gergova, Ani*: Knizninata i balgarite. Sofia, 1991.

bulgarischen Volkes." Dieses Volksprinzip schließt aber die Unterscheidung zwischen einer "Südslawischen" oder "Donau-Föderation freier Länder" nicht aus, in der "die verwandten Völker und Nachbarn ein Ganzes darstellen, wie es der Schweizer Bund ist"[113]. In den Programmen der führenden Ideologen der national-revolutionären Bewegung - Georgi Rakovski, Ljuben Karavelov und Christo Botev - ist diese Idee einer demokratischen Balkanföderation als autonomer Bund christlicher Balkan-Völker gegen das islamische Osmanenreich und auch als Weg zur Lösung der nationalen Beziehungen in einer Region multiethnischer Bevölkerungs- und Siedlungsstrukturen zentral.

Diese politischen Einstellungen verstärkten das Interesse für Vergleiche, die die Gemeinsamkeiten hinsichtlich Ursprung und Kultur zwischen den slawischen Völkern aufzeigen sollten, und zwar mit dem Ziel "durch das gegenseitige Kennenlernen der Kultur die Entwicklung der Freundschaftsbeziehungen (sblijavaneto) zu fördern."[114]

Die relativ breit angelegte Zusammenarbeit im gesamten Balkanraum sowohl die Ausbildung wie auch Veröffentlichungen von ethnographischer Literatur und Aktivitäten verschiedener Vereine betreffend ist charakteristisch für diese Periode. Im Jahr 1869 wird in Braila die "Bulgarische Literaturgesellschaft" gegründet. Ihr Programm umfasst die Aufarbeitung der bulgarischen Geschichte, Sprache und Literatur sowie "das Erforschen des Volkslebens der Bulgaren und auch aller Nachbarvölker".[115] Die Publikationsreihe der Gesellschaft ("Periodicesko spisanije") legt ihren Schwerpunkt auf die Folklore als "wertvolles Werk des bulgarischen Volksgeistes"[116] und bildet in der Folge die Grundlage der gegenwärtigen Literatursprache.

Führende Methode ist der vergleichende Zugang, der die Gemeinsamkeiten/Parallelen in der Volkskultur und Mentalität der slavischen Völker aufzeigen soll. In diese Richtung sind auch die Ziel der Zeitung "Vaterland (Patria)..." formuliert: Es gilt *"A) den Geist aufzuklären, Einheit und Einigkeit (sporazumenije) überall unter den Landsleuten (saotecestwenizite) zu stiften, B) die Bulgaren mit ihren Brüdern und Freunden sowie mit ihren Feinden und den ihnen*

---

[113] Zitiert nach dem von Ljuben Karavelov ausgearbeiteten Programm des Bulgarischen Revolutionären Komitees von 1870 - Istorija na Balgarija, Bd. 6, Sofia, 1988, S. 274.

[114] s. *Todorov, Delco.* Vaznikvane ..., S. 126.

[115] Periodicesko spisanije 1, 1870, S. 6.

[116] Periodicesko spisanije 4, 1971, S. 80.

schlecht Gesinnten (zlomislenizi) bekanntzumachen, C) die Interessen des Vaterlandes zu verteidigen und D) gleichzeitig unser Volk mit den anderen südslavischen Völkern bekanntzumachen, indem man die Gemeinsamkeiten unserer und ihrer Interessen verteidigt."[117]

Unter den Begründern der vergleichenden Methode in der bulgarischen Volkskunde ist Ljuben Karavelov zu nennen - er sucht Parallelen zu ukrainischen, russischen, polnischen und serbischen Bräuchen und betont die Gemeinsamkeiten der slavischen Kultur.

Die Widersprüchlichkeit und Komplexität des Themenbereiches bringt neben der breiten Zusammenarbeit auch Konkurrenz unter den balkanischen Volkstumsforschern in ihren Identitätsangeboten mit sich.

Diese Situation ist das Resultat der ethnisch-national orientierten Volkskulturforschung; selbst die ethnisch definierten Kriterien für Nation können in Widerspruch zueinander stehen. Beispiel dafür ist die religiöse Frage: Die Religion war neben der Sprache das zweite Kernstück, auf dem sich Ethnizität und Nationalismus aufbauten. Im Kontext des Osmanischen Reiches war die religiöse Identität in der Hierarchie verschiedener Gruppenidentitäten die ausgeprägteste. Sie wurde als fundamentale Grenze zwischen Muslime und Christen verstanden; das Christentum verstärkte die Abgrenzung gegenüber den muslimischen Herrschern und einte die christliche Bevölkerung.

Neben dem zentralen konfessionellen Gegensatz Christentum - Islam entwickelte sich die Religion seit dem 18. Jahrhundert auch nach innen als ein Kriterium für Ethnizität und Nationalismus. Mit der allmählichen Annahme der Idee abgegrenzter historischer Identitäten unter den Eliten der Balkanvölker (zuerst bei der griechisch- und serbischsprachigen Intelligenz) beginnt die alte Konzeption einer einheitlichen orthodox-christlichen Gemeinschaft an Kraft zu verlieren. Nation und Kirche werden Teile eines einheitlichen symbolischen Systems. Bei den Bulgaren entwickeln sich die wirtschaftlichen und sozialen Kontakte mit Mittel- und Westeuropa zuerst über die Vermittlung durch Griechen und Serben. Die Frage nach fördernden oder hemmenden Auswirkungen der griechischen Geistlichkeit, des Schulwesen und der Kaufmannschaft auf den Prozess der bulgarischen nationalen Identitätsbildung ist in der Historiographie umstritten. Die ambivalente Einschätzung der Rolle der Phanarioten liegt einerseits in der Vermittlung des byzantinischen Erbes und in ihrer

---

[117] Siehe den Programmartikel in: *Christov, Christo/Gencev, Nikolaj*: Balgarsko Vazrazdane, B. II, Dok. N169, S. 347-349.

Bedeutung für die europäische Aufklärung[118] sowie in der Erleichterung (vorwiegend durch die griechische Schule) des Zugangs zur europäischen Wissenschaft und Technik begründet, andererseits in den Gefahren der Gräzisierung von Kirche, Schule und Oberschicht, die sich nach der griechischen Unabhängigkeit verstärkten.[119] Das bewirkt auch eine Akzentverschiebung in der Einstellung gegenüber dem Phanariotentum in den 60er und 70er-Jahren des 19. Jahrhunderts: Der Kampf gegen die Phanarioten - nunmehr als türkisch-osmanisches Herrschaftsinstrument gesehen - wird zum Kampf gegen die griechische Dominanz im Geistesleben, für einen eigenen Staat und für eine selbständige bulgarisch-orthodoxe Kirche. (Nach der Gründung des autokephalen griechischen Patriarchats in Konstantinopel wurde die bulgarisch-orthodoxe Kirche diesem unterstellt). Die Abhängigkeit von der griechischen Kirche musste aus Gründen nationaler Souveränität abgeschüttelt werden, gleichzeitig beinhaltete der Unabhängigkeitskampf gegen die griechische Kirche neben dem religiösen auch einen ethnisch-sprachlichen Aspekt.

Der nationale Befreiungskampf nahm religiöse Formen an. Die Geistlichen bildeten einen bedeutenden Anteil der Intelligenz der Aufklärungszeit und waren als Priester und Lehrer Persönlichkeiten in leitenden gesellschaftlichen Positionen.[120] Viele Geistliche nahmen direkt an den revolutionären Befreiungskämpfen teil. Einer der wichtigsten Anführer des Widerstandes in Bulgarien, der das interne Netz des revolutionären Komitees aufbaute, ist z.B. der Djakon Vassil Levski.

Das nationale Bewußtsein bekam eine historisch-theologische Ausrichtung. Diese theologische Ausrichtung entstand durch die religiöse Erhebung des nationalen Gefühls, durch dessen Transzendierung zu einer theologischen Größe. Der Tod für die Freiheit bekommt eine heilversprechende und heilbringende Bedeutung: *"Wer für die Freiheit kämpfend gefallen,/ er stirbt nicht wirklich, und ihn beweinen/ Himmel und Erde, aber vor allem/ Dichter besingen ihn so wie keinen."*, schreibt Christo Botev, einer der bedeutendsten bulgarischen Dichter und Revolutionäre des 19. Jahrhunderts über den Anführer Hadzi Dimitar.[121] Der Tag des Todes Christo Botevs im Befreiungskampf gegen die osmanische Herrschaft - der 2. Juni - ist bis heute ein nationaler Gedenktag für alle, die ihr Leben für die Heimat gegeben haben.

---

[118] *Todorova, Maria*: Imagining..., S. 179 f.

[119] *Christov, Christo.* Kam vaprosa ..., S. 27 f.

[120] Nähere Informationen dazu finden sich bei: *Daskalova, Krasimira*: Balgarskijat ucitel....

[121] *Christo Botev*: Hadzi Dimitar. Zit. Nach: *Bonev, Georgi*: Perlen bulgarischer Poesie. 1998, S. 19.

Das Totengedenken wird zum Erinnerungskult, wobei die Unsterblichkeit als religiöses Prärogativ auf den Tod für das Vaterland übertragen wird.

II. DER NATIONALSTAAT 1878 – 1914 UND DIE ENTWICKLUNG DER FAMILIENFORSCHUNG

II.1. POLITISCHE ENTWICKLUNG

Überall musste die Volksnation zunächst konstruiert werden, damit sich daraus das Bewusstsein entwickeln konnte, aus natürlichen Ursprüngen historisch gewachsen zu sein.[122]

Der Prozess der Nationsbildung war jedenfalls im letzten Viertel des 19. Jahrhunderts noch keinesfalls abgeschlossen. Die Einbindung ins Osmanische Reich hatte eine komplexe religiöse und ethnische Vielfalt zur Folge. Aus der Begründung der nationalen Bewegungen durch verschiedene ethnisch definierte Kriterien (die oft unvereinbar waren): Aus historischen Rechten, die vorwiegend auf Grenzziehungen mittelalterlicher Staaten und aus Forderungen nach Selbstbestimmung, die je nach Bedarf auf Sprache, Konfession, gemeinsame Abstammung oder Brauchtum bezogen waren, resultierten viele Widersprüche unter den Balkanvölkern. Weite Teile der Balkanbevölkerung wiesen hinsichtlich der Zugehörigkeit zu größeren Gemeinschaften Doppelt- oder Mehrfachbindungen auf[123], was mit dem konstruierten Charakter der ethnischen Merkmale selbst und mit deren Durchsetzungsprozess verbunden war.

Eine Einteilung nach ethnischen Kriterien ist zu jeder Zeit höchst problematisch, da die Definitionskriterien nie eindeutig sein können.

Dass es beim Abfall der Balkanprovinzen vom Osmanischen Reich weder zu Nationalstaaten nach ethnischem Prinzip noch zu der angestrebten Balkan/Donauföderation oder zu einem starken, reformiertem osmanischen Imperium mit administrativer Autonomie der verschiedenen Völker bzw. zu einem dualen Staat[124] kommen konnte, sondern eine "Kleinstaaterei" das Ergebnis war, lässt

---

[122] *Bauer, Siegfried/Guggenberg, Irma v./Larcher, Dietmar:* Zwischen..., *S. 328.*

[123] Auf diese Entwicklung verweist *Holm Sundhausen* zu Recht in seinem Diskussionsbeitrag zum Thema "Die widersprüchliche Neigung der Bulgaren für Deutschland. Historische Wurzeln". In: *Natev, Atanas* (Hg.): Aneignung und Emanzipation. Einleitende Forschungen über Deutsche Kultur in Bulgarien. Sofia, 1997, 40-41.

[124] Zur Relevanz dieser Ideen in der zweiten Hälfte des 19. Jahrhunderts - s. *Todorova, Maria:* Imagining...: 167.

sich nicht vom Modell der ethnischen Kulturnation allein herleiten und ist auch nicht das Resultat einer abgekoppelten inneren Sonderentwicklung. Der Prozess der Entstehung der "Kleinstaaterei" ist zu einem guten Teil das Ergebnis der Politik der "Großstaaten".

Die territoriale Entwicklung der Balkanländer erfolgte in Abhängigkeit von den europäischen Großmächten, die als "Schutzmächte" fungierten. Schon die Geheimkonventionen, die dem russisch-türkischen Krieg von 1877/78 vorausgingen, zeigen eine deutliche Markierung der Interessensphären. Der Präliminarfrieden von San Stefano (3. März 1878) - von der russischen Diplomatie dank der Macht des Faktischen, jedoch ohne die Sanktionierung durch die europäischen Großmächte durchgesetzt - wird in der bulgarischen Historiographie als Friedensvertrag zur Verwirklichung der nationalen Einheit Bulgariens in seinen ethnischen Grenzen gewürdigt.[125] Nach der politischen Wende von 1989 wurde der 3. März zum Nationalfeiertag erhoben.

Eindeutig negativ wird nicht nur in der Historiographie Bulgariens, sondern aller Balkanländer, der Berliner Kongress der europäischen Großmächte (13. Juni - 13. Juli 1978) beurteilt. Die unbestrittene Tatsache, dass die Delegierten der betroffenen Länder einfach ignoriert wurden und nur auf dem Umweg über eine Großmacht die politischen Entscheidungen bis zu einem gewissen Grad beeinflussen konnten, kann man unabhängig von der jeweiligen Perspektive grundsätzlich nicht positiv einschätzen. Nicht nur die Grenzen und die Regierungsform, auch die Existenz der Balkanstaaten selbst wurden gemäß den divergierenden Machtinteressen der einzelnen Großmächte nach den Regeln der Politik des "europäischen Gleichgewichtes" reguliert.

Die Unabhängigkeit Serbiens, Montenegros und Rumäniens wurde bestätigt. England bekam die Insel Zypern, Österreich-Ungarn besetzte die Provinzen Bosnien-Herzegovina.

Das Fürstentum Bulgarien wurde auf das Gebiet zwischen dem Balkangebirge und der Donau inklusive der Region um Sofia eingeschränkt, die südlich des Balkangebirges gelegenen Gebiete wurden als "Ostrumelien" zur autonomen Provinz des Ottomanischen Reiches unter einem christlichen Generalgouverneur erklärt.

[125] Über den Friedensvertrag von San Stefano - *Kosev, Konstantin/ Doinov, Stefan*: Osvoboditelnata vojna 1877-1878 i balgarskata nacionalna revolucija. Sofia, 1988, 318f.

Makedonien, das Odringebiet und das Ägäische Thrakien fielen an die Türkei zurück. Norddobrudza wurde Rumänien und der Bezirk Nis Serbien übergeben.[126]
Ob es eine "gerechte Lösung" hätte geben können, ist fraglich; klar ist aber, dass diese Verträge von entscheidender Bedeutung für die politische Entwicklung (und dadurch auch für die Entwicklung der Volkskunde) in allen Balkanländern in der Folgezeit sind.
Der Nationalismus auf dem Balkan, der ab diesem Zeitpunkt die gesamte Entwicklung der Region prägte (in bestimmten konkreten Fällen auch heute noch prägt) und von Aufständen und kriegerischer Expansion begleitet war, ist nicht nur von der internen politischen, ökonomischen und kulturellen Entwicklung der jeweiligen Staaten verursacht, sondern ist in hohem Maß mit der Politik der Großmächte verquickt.
Für Bulgarien ließ der Vertrag von San Stefano die Vision eines Großbulgarien entlang ethnischer Grenzen entstehen, und aus dieser Sicht wurden die Beschlüsse des Berliner Kongresses dann als "Zerstückelung des bulgarischen Volkskörpers" bewertet.
Die Phase, in die der bulgarische Nationalstaat nach der Befreiung 1878 eintrat, beherrschte parallel zu den Problemen der staatlichen Regierungsform und des politischen Lebens, vor allem das Problem der vollständigen staatlichen Vereinigung nach ethnischen Kriterien. Das Hauptkriterium der bulgarischen Außenpolitik - bis hin zum Eintritt in den Zweiten Weltkrieg auf Seiten der faschistischen Achsenmächte - war das Entgegenkommen bei der Lösung der bulgarischen National- und Territorialfrage. Die wechselnden Interessens- und Kräftekonstellationen der europäischen Großmächte gegenüber dem geopolitisch wichtigen Südosten Europas wirkte sich auch auf die Gestaltung des bulgarischen innenpolitischen Systems aus: Politische "Sturmzeiten" mit heftigen Auseinandersetzungen zwischen den diversen "Philen" und "Phoben" wechselten mit Perioden ruhiger und gleichmäßiger Entwicklung ab.
Wichtig ist, dass sich die Hauptakzente der bulgarischen Politik nach der Vereinigung beider Bulgarien durch den Anschluss Ostrumeliens an das Fürstentum 1885 auf Makedonien, die Dobrudza, das Ägäische Thrakien und auf die sogenannten westbulgarischen Randgebiete verschoben.

[126] Über den Berliner Kongress und seine Beschlüsse: *Kosev, Konstantin/Doinov, Stefan.*: Osvoboditelnata....; *Kosev, Konstantin*: Bismark, Istocnijat vapros i balgarskoto Osvobozdenie 1856-1878. Sofia, 1978.

II.2. VON "KULTUR" ZUR "STAATSNATION"

Mit der Konstituierung eines selbständigen Staates beginnt der Übergang von der (im Sinne einer vorläufigen analytischen Unterscheidung) sogenannten Kulturnation zur Staatsnation.

Die Durchsetzung des Prinzips aus der 1879 verabschiedeten Verfassung, nach dem alle in Bulgarien Lebenden unabhängig von Sprache, Religion und Abstammung als Bürger vereint sind, schuf den rechtlichen Rahmen für die Ausbildung eines "Bürgerbewusstseins" in Bezug auf Institutionen und Rechte. Die kollektive Souveränität der Bürger konstituiert sich im Staat, der Staat ist ihr politischer Ausdruck.[127]

Die Organisationsstruktur des modernen Staates sollte auch das Instrumentarium zur Ausbildung von Loyalitäten, zur Mobilisierung von Menschen und Ressourcen bereit stellen und implementieren. Eine Schlüsselbedeutung für das Kultivieren des Bewusstseins der Zugehörigkeit zu einem gemeinsamen politischen Haus, für die Identifikation mit dem Staat und für den Willen zur Mitbestimmung kam der allgemeinen Alphabetisierung zu. Hinsichtlich einer patriotischen Erziehung in modernen Schuleinrichtungen als wichtigstes Instrument zur Konsolidierung der Nation gab es bei der bulgarischen Elite kaum Meinungsunterschiede.[128] Die praktische Durchsetzung der obligatorischen und kostenlosen Grundschulausbildung und die Einrichtung von nationalen Hochschulen waren gemeinsame Ziele aller Parteien, da darin *"eine Konsequenz jenes Grundprinzips der Demokratie, das jeden Bürger zum gleichberechtigten, an der Überwachung und Lenkung der gemeinsamen Landesangelegenheiten aktiv und bewusst partizipierenden Mitglied der Gesellschaft erhebt"* gesehen wurde.[129] Ähnliche Funktionen schrieb man auch dem Militärdienst zu, der "den bulgarischen Staatsbürger in Heimatliebe, Disziplin und Energie" erziehen sollte. Diese programmatischen Zielsetzungen waren von Grundsätzen zeitgenössischer europäischer Staatskonzepte inspiriert.[130]

---

[127] *Hobsbawm, Eric*: Nationen und Nationalismus. Mythos und Realität seit 1780. Frankfurt a.M./New York, 1992, S. 5.

[128] Für eine detaillierte Untersuchung s.: *Miskova, Diana*: Europäische Ideen und Institutionen im politischen System Bulgariens 1878-1914. In: Heppner, Harald/Preshlenova, Rumjana (Hg.): Die Bulgaren und Europa von der Nationalen Wiedergeburt bis zur Gegenwart. Sofia, 1999, S. 64-94.

[129] *Veska Nikolova, Dimitar Sazdov* (Hg.): Programi, programni dokumenti i ustavi na burzoaznite partii v Balgarija 1879-1918, Sofia, 1992, zit. nach *Miskova, Diana*: Europäische Ideen ..., S. 86.

[130] S. *Miskova, Diana*: Europäische Ideen ..., S. 64-94.

Die "vorbildliche Verwaltung des Staates" sollte auch außenpolitische Funktionen erfüllen. "*Aus dem kleinen bulgarischen Fürstentum*" sollte ein "*anziehender und vereinender Mittelpunkt für die abgespaltenen Teile der gemeinsamen bulgarischen Heimat, ... das Piemont der bulgarischen Gebiete auf der Balkanhalbinsel*" werden, "*dessen lebenspendendes Feuer unsere Brüder außerhalb des Fürstentums erwärmt ... und ihnen die Hoffnung auf eine baldige Befreiung geben würde*".[131] Der liberale Gedanke einer stabilen Staatsordnung und der Gewährleistung der bürgerlichen Freiheiten wurde somit mit einem irredentistisch gefärbten Nationalismus in Verbindung gebracht.

Die außenpolitischen Doktrinen bauten auf den Prinzipien der gemeinsamen Sprache, Kultur und Abstammung auf. Diese Doktrinen gründeten auf der Auffassung der genetisch definierten Identität und forderten die Emanzipation der Staatsnation in ihren historischen Grenzen, d.h. nach Abstammung und Genese.

Der Akzent der Außenpolitik lag auf dem Schicksal der außerhalb der "Mutter-Heimat" gebliebenen Bulgaren und davon ausgehend auf den Bemühungen zur "Vereinigung der verstreuten nationalen Elemente in einem nationalen Körper"[132] aufgrund gemeinsamer Sprache, Geschichte und Abstammung.

So spielte weiterhin "der Kampf um die Geschichte" unter den neuen Balkanstaaten eine wesentliche Rolle in ihrer Außen- und Innenpolitik: In der Außenpolitik ging es darum, den bulgarischen (bzw. den serbischen, griechischen, rumänischen etc.) Charakter der Bevölkerung der abgespaltenen Regionen (Dobrudza, Makedonien, Thrakien u.a.) zu beweisen und gleichzeitig - angesichts des noch nicht abgeschlossenen Prozesses der Identitätsbildung breiter Bevölkerungsschichten - ein bestimmtes nationales Bewusstsein zu stiften. In der Innenpolitik sollte die Geschichte die Politik der herrschenden Partei legitimieren und ein entsprechendes Bewusstsein in jeder einzelnen Person stiften, so dass "der Dienst in der Armee in Momenten der Eskalation" (Krieg) "Grund zum Stolz gibt und zum Ausdruck des Patriotismus" wird.[133]

---

[131] Programi..., S. 22, zit. nach *Miskova, Diana*: Europäische Ideen ..., S. 80.

[132] S. dazu: *Dejanov, Dejan*: Skritata ucebna programa. In: Prenapisvanijata na istorijata v ucebnizite po nova balgarska istorija (1922-1993). Sofia, 1996.

[133] *Popov, Stefan*: Balgarskata ideja. Sofia, 1994, S. 13.

II.3. DIE INSTITUTIONALISIERUNG DER VOLKSKULTURWISSENSCHAFT

Die Genese enger nationaler Konzepte, die für die bulgarische Moderne substantielle nationale Frage in ihren verschiedenen Dimensionen (von ihrer geographischen Lokalisation, über die historische Tradition, bis hin zur Suche nach Signifikanz für die Weltkultur) weckten ein staatliches Interesse an der Volkskunde. Diese wurde dazu berufen, das Nationalbewußtsein zu konstruieren bzw. zu heben. Beleg dafür ist die staatliche Institutionalisierung und der rasche Ausbau der Volkskunde: Das Bildungsministerium ediert 1889 den "Sammelband für Volksschaffen, Wissenschaft und Literatur", der als "wissenschaftliches Zentrum und Schule für die zahlreichen Sammler aus allen Teilen des Landes" gesehen wird. 1881 setzt die in Braila gegründete "Bulgarische Literatur-Gesellschaft" ihre Tätigkeit in Sofia fort; 1911 entsteht aus ihr die Bulgarische Akademie der Wissenschaften umgewandelt. 1893 wird an der Sofioter Universität die Fachrichtung "Slawische Ethnologie" im Rahmen der Slawischen Philologie eröffnet (geleitet von Matov, Miletic und Romanski). Als erstes eng volkskundeprofiliertes Zentrum wird 1906 das Ethnographische Museum eingerichtet. Alle diese Institutionen hatten ihre Veröffentlichungsreihen; und darüber hinaus erschienen volkskundliche Materialien in vielen unterschiedlichen Zeitschriften. Es entsteht ein breites Netz von Volkstums-Vereinen, die die Intellektuellen (unter großem Anteil der Lehrer) auf regionaler Basis vereinigen und dazu beitragen, die Ideen zu popularisieren: "mass production of tradition".[134]

Dafür, daß in dieser Periode die Ethnographie von Philologen und im Rahmen der Philologie betrieben wurde, gibt es zwei Hauptursachen: die Rolle der Sprache als wichtigstes Identitätsmerkmal und die internationale Einbindung vorwiegend in den deutschsprachigen Raum. In allen Balkanländern wurde die Sprache von den nationalen und kulturellen Eliten als das sichtbarste Unterscheidungsmerkmal und als Mittel der Unifikation verstanden. Die Bemühungen der Nationalstaaten lassen sich auf zwei Ebenen verfolgen: das Etablieren einer normierten und vereinheitlichten Nationalsprache und infolge ihr Durchsetzen mittels des öffentlichen Schulwesens. So wird auch in Bulgarien ziemlich schnell ein breit ausgedehntes, säkularisiertes

---

[134] *Hobsbawm, Eric*: Introduction: Inventing Traditions. In: *Ders /Ranger, Terence* (Hg.): The Invention of Tradition, London / Cambridge 1983, S. 1-14.

und zentralisiertes Bildungssystem geschaffen, das neben der modern ausgerüsteten nationalen Armee als mächtiger Vermittler des Nationalismus bewertet wird.[135]
Im wissenschaftlichen Bereich sind linguistische Untersuchungen vorwiegend mit den Fragen der Ethnogenesis und Kulturgeschichte bzw. historischen Ethnographie verknüpft. Die Themenfelder (primär: Probleme der Abstammung und die "ethnische Zusammensetzung des bulgarischen Volkes") und Methoden (linguistischer Vergleich, auf dem Gebiet des Brauchtums: vorwiegend Reliktsuche) zielen darauf ab, ein Zusammengehörigkeitsgefühl zu stiften. Wegen den dynamischen Veränderungen in der s.g. materiellen Kultur überwiegt auch in der Periode nach 1878 das Interesse an Brauchtum und Folklore. Typisch ist der begleitende Brief des Bildungsministeriums zur Erstausgabe des "Sammelbandes für Volksschaffen, Wissenschaft und Literatur" (1890): Die Veröffentlichung des Bandes erfolgt "*vorwiegend mit dem Ziel, alle erhaltenen Überreste von unserer alten Kultur zu sammeln, die mit dem allmählichen Verschwinden der Volksbräuche, Lieder, Märchen, Legenden, Rätsel, Magiesprüche, Sprichwörter u. a. ihren Platz einer neuen, in vielen Bezügen verschiedenen Kultur übergibt.*"[136]
Daß die Wissenschaftler thematisierten, was Staatsgedanke war, geht deutlich aus der "Geographie" der Untersuchungen hervor: Neben den Fragen des gesamtbulgarischen Volkes in seinen "ethnischen" Grenzen in Thrakien, Makedonien und Mösien, überwiegen Studien in und über Makedonien[137]. Zu den grundlegendsten Arbeiten dieser Periode gehören auch jene über Westbulgarien[138]

[135] Vgl. *Todorova, Maria*: Imagining..., S. 176f.

[136] Zit. nach *Todorov, Delco*: Etnografijata v Balgaria prez perioda na kapitalisma. In: Etnografija na Balgarija 1, Sofia, 1980, S. 135, Anm. 77.

[137] Genannt werden können nur einige der zahlreichen Veröffentlichungen: *Sapkarev, Kusman*: Sbornik bulgarski narodni umotworenija. Plovdiv 1891-92; *Ders.*: "Rusallij. Dreven i tvarde interesen balgarski obicaj, zapazen i do dnes v Juzna Makedonija. Plovdiv, 1884; *Kancov, Vassil*: Makedonija. Etnografija i statistika. Sofia, 1900; *Ders.*: Orohydrographija na Makedonija. Sofia, 1911; *Drinov, Marin*: Imaha li sarbite njakakvi kolonii ili njakakva vlast v Makedonija do 1282 godina. Sofia, 1887. Siehe auch verschiedene Artikel über Sprache und Brauchtum der Debar-Slaven in: Izvestia St. Peterburgskogo Slawjanskogo Blagotvoritelnogo Obstestva 4 (1887), Heft 1; *Ivanov, Jordan*: Severna Makedonija. Sofia, 1906; *Ders.*: Balgarite v Makedonija. Sofia, 1915; *Ders.*: Balgarski starini..., . Zu nennen sind auch Autoren wie *Ljubomir Militic, Dimitar Matov, Vassil Ikonomov* u. a.

[138] Vgl. *Marinov, Dimitar*: Ziva Starina. Bd. 1-4, Sofia 1891-1894; *Ders.*: Gradivo za vestestvenata kultura na Zapadna Balgaria. In: SbNU 18, 1901.; *Ders.*: Narodna vjara i religiosni narodni obicaji. In: SbNU 28, 1914.

und Dobrudza[139]. Die Untersuchungen intendierten, den bulgarischen Charakter dieser Gebiete durch gemeinsame Abstammung, Geschichte und Volkskultur zu beweisen. Spezielle Forschungen sind dem Rhodopen-Gebirge wegen der spezifischen Bevölkerungsgruppe mit islamischem Religionsbekenntnis und bulgarischer Sprache, den sog. Pomaken, gewidmet.[140] Hier wiederum war mit Hilfe der lokal-bäuerlichen Kulturen ein homogenes Bild der bulgarischen Volkskultur, die mit der angestrebten Nationalkultur gleichgesetzt wurde, zu schaffen. Das neue Konstrukt sollte Teil der gegenwärtigen Kultur werden, diesem Zweck diente breite Popularisierungsarbeit und das Heranziehen der lokalen Intelligenz zur Mitarbeit.
Aufgrund der widersprüchlichen politischen Interessen der Balkan-Nationalstaaten konnte es zu dieser Zeit nicht zur Kooperation unter den Wissenschaftlern kommen. Die Folkloristik bzw. Volkskunde wurde als Wissenschaft, die zur Legitimierung nationaler Interessen beitragen soll, verstanden. Damit verbunden ist auch die hohe gesellschaftliche Position der Sozialwissenschaftler zu jener Zeit.[141] Daß die wissenschaftliche Elite vielfach mit der politischen Elite zusammenfiel, ist auch in Zusammenhang mit der spezifischen sozialen und kulturellen Situation im neuen bulgarischen Staat zu interpretieren. Trotz den Anfängen des bulgarischen Schulwesens in der Wiedergeburtszeit, fehlte es an einer breiten gut ausgebildeten Intelligenzschicht. Die Sofioter Universität, gegründet 1880, war die erste Hochschule; gering war die Zahl der Gymnasien wie es auch an Fachschulen fehlte.[142] Die Zweiteilung Bulgariens in die Königtums Bulgarien und Ostrumelien (die Vereinigung erfolgte 1885, die Unabhängigkeit von der Türkei 1908) stellte die bulgarische Elite vor die Notwendigkeit, gleichzeitig zwei Administrationen zu besetzen. Diese Aufgaben versuchte man durch das Heranziehen ausländischer Spezialisten zu lösen; markantes Beispiel ist der tschechische Historiker Konstantin Irecek (mit archäologischen, ethnographischen, geographischen und philologischen

---

[139] Vgl. *Drinov, Marin:* Istoricesko osvetlenie varhu statistikata na narodnostite v Iztocnata cast na Balgarskoto knjazestvo. In: Periodicesko spisanie 16, 1884, S. 7ff; *Militic, Ljubomir*: Staroto balgarsko naselenie v Severoiztocna Balgaria. Sofia 1902; *Romanski, Stojan*: Narodopisna karta na nova rumanska Dobrudza. Sofia, 1915.

[140] Vgl. *Siskov, Stoio*: Zivotat na balgarite v Sredna Rodopa. Plovdiv, 1886; *Ders.*: Pomazite v trite balgarski oblasti – Trakija, Makedonija i Mizija. Plovdiv, 1914; *Decov, Vassil*: Srednorodopskoto ovcarstvo. In: SbNU 19, 1903.

[141] Zu nennen sind Namen wie *Marin Drinov, Ivan Sismanov, Dimitar Marinov, Vassil Kancov, Ivan Gesov, Michail Arnaudov.*

[142] Vgl. *Gencev, Nikolaj*: Balgarskata..., S. 261, 281ff.

Interessen), der von der bulgarischen Regierung zum Bildungsminister bestellt wurde (1879-1884); und in den ersten zwei Jahrzehnten nach 1878 waren über dreihundert Lehrer in den bulgarischen Schulen Ausländer, was das Budget belastete und manchmal auch zu politischen Problemen führte.[143] Bis zur Etablierung eines eigenen modernen Bildungswesens wurde die Ausbildung von Bulgaren in ausländischen Fach-, Mittel- und Hochschulen zur Staatspolitik erhoben.[144]
Nach der Befreiung 1878 kam es allmählich und begleitet von vielen Schwankungen zu einer Umorientierung weg von Rußland und hin zu Österreich-Ungarn und Deutschland, was u. a. durch die wechselnde Politik der Großmächte wie auch durch innenpolitische Auseinandersetzungen verursacht war. Das wirkte sich auch auf die Bildungspolitik aus. Natürlich wäre es vereinfachend, Auslandsstudien von Bulgaren direkt und allein mit politischen Faktoren zu erklären; die staatliche Bildungspolitik war nicht nur von den politischen Beziehungen zu den anderen Staaten bestimmt.[145] Von Bedeutung war auch die Kulturpolitik des jeweiligen Aufnahmelandes. Und es bestand seitens Bulgariens das Bestreben, die Staatsstipendiaten in die besten Bildungszentren zu schicken (was jedoch nicht immer praktisch realisierbar war).[146]
Für das hier behandelte Thema ist wichtig, daß die volkskundliche akademische Gründergeneration im Ausland ihre Ausbildung bzw. Spezialisierung erhalten hatte. Die Hauptzentren dabei waren die Moskau- und Harkov-Universitäten sowie die Slawische Philologie an den Universitäten in Wien, Prag, Leipzig, Jena und Genf. Der hohe Anteil der Staatsfinanzierung[147] und die führenden Positionen, die diesen

[143] Vgl. *Tancev, Ivan*: Balgarskata..., S. 9.

[144] Interessant sind die Unterschiede in der Auslandsstipendien-Politik während der verschiedenen Regierungen um die Jahrhundertwende, abhängig von den Einsichten der Regierungspartei über die gesamte politische und wirtschaftliche Entwicklung: in Verbindung mit und Anlehnung an die anderen europäischen Staaten (Konservative Partei) oder als selbständige und originelle Entwicklung auf der Basis der Volkstraditionen (Liberale Partei). Siehe: *Tancev, Ivan*: Balgarskata..., S. 109.

[145] Verschiedene Faktoren waren diesbezüglich von Bedeutung. Das veranschaulicht ein Zitat von Konstantin Irecek, das sich auf die Wahl des geeigneten Studienorts bezieht: *"Bei deren Wahl entscheiden verschiedene Bedingungen: oft die Mode, weil viele den bereits begangenen Weg gehen; die Kostenhöhe, auf die der sparsame Bulgare sorgsam achtet; die klimatischen Bedingungen, wegen denen so viele der Lebensweise nach das nahe Zagreb oder das warme Südfrankreich vor dem kalten Norden bevorzugen, und endlich, bei den Stipendien, der Wille des Staates (...)"* - *Irecek, Konstantin*: Knjazestvo Balgarija. Bd. 1, Plovdiv, 1899, S. 298.

[146] Vgl. *Tancev, Ivan*: Balgarskata.., S. 84-104.

[147] Stipendien oder einmalige Geldunterstützungen haben u. a. Ivan Sismanov, Dimitar Matov, Benjo Zonev, Ljubomir Miletic erhalten.

Wissenschaftler im gesamtgesellschaftlichen (politischen und kulturellen) Bereich zukamen, bezeugen das hohe Staatsinteresse an der Ausbildung und Popularisierung einer aktiven Heimatidentität.
Die Ausbildung und aktive Einbindung der bulgarischen Wissenschaftler im deutsch-russisch-slawischen Raum zeigt zugleich, daß die Entwicklung der bulgarischen Volkskunde nicht abgesondert von der zeitgenössischen europäischen betrachtet werden darf. Sowohl methodologisch als auch von den Themen her ist sie mit der Entwicklung der Volkskunde in Rußland, Österreich-Ungarn und Deutschland vergleichbar, was etwa die theoretische Auseinandersetzungen bulgarischer Wissenschaftler mit den mythologischen, evolutionistischen, anthropologischen und Migrationstheorien deutlich machen.[148]

II.4. WACHSENDE BEDEUTUNG DER GENEALOGIE-FORSCHUNG

In diesem grob skizzierten gesellschaftlichen Kontext bekommt die Genealogie einen besonderen Stellenwert. Gerade weil man ein Bewusstsein der ethnisch-kulturellen Gemeinschaft als einer genetischen stiften wollte, wurde der Familienstammgeschichte eine besondere Bedeutung beigemessen. Die Tendenz zur Entwicklung einer Identifikation mit heroischen Persönlichkeiten ging in dieser Periode weiter. Es erschienen zahlreiche Biografien: von Zaren des ersten und zweiten bulgarischen Reiches (im Rahmen der nationalstaatlichen Geschichtsschreibung Wassil Zlatarski, Jordan Ivanov, Peter Nikov, Petar Mutafciev), Ivan Sismanov gab eine Rubrik "Lebensläufe (zivotopisi) von berühmten Männern, Gelehrten, Literaten und Personen des gesellschaftlichen Lebens" in der Reihe der Zeitschrift "Bulgarische Sammlung" ("Balgarska sbirka"), in den 90er Jahren des 19. Jahrhunderts heraus. Kennzeichnend ist, dass die Biografen immer auch dem Stammbaum der jeweiligen Person nachgingen.

[148] Beispiel dafür ist das Schaffen von *Ivan Sismanov, Dimitar Matov, Marin Drinov, Ljubomir Miletic, Stefan Mladenov oder Michail Arnaudov*. Vgl. auch: *Todorov, Delco:* Etnografijata v Balgaria, S. 135-151. Über die Slawistik in Österreich-Ungarn und Deutschland: *Jacobeit, Wolfgang /Lixfeld, Hannsjost /Bockhorn, Olaf* (Hg.): Völkische Wissenschaft. Gestalten und Tendenzen der deutschen und österreichischen Volkskunde in der ersten Hälfte des 20. Jahrhunderts, Wien /Köln /Weimar 1994. *Johler, Reinhard*: Das Ethnische als Forschungskonzept: Die österreichische Volkskunde im europäischen Vergleich. In: 5. Internationaler Kongreß der Societé Internationale d' Éthnologie et de Folklore (SIEF 1994), Wien 1995, S. 69-101.

Die Rolle der Verwandtschaft im Sinne von "Zusammengehörigkeit" bzw. Zugehörigkeit aus der Sicht des Individuums bleibt weiterhin der Schlüsselbegriff - wegen der Solidarität nach innen und der Abgrenzung nach außen.

In den Grundzügen blieb die Konzentration auf die Abstammung der vorangegangenen Periode, ausgelöst durch die Entwicklung der Autobiografik, auch nach der Staatsgründung weiter bestehen.

Die Abstammungssuche steht in Verbindung mit den nationalen Idealen, ist diesen auch untergeordnet. Über die Ziele seiner autobiografischen Aufzeichnungen schreibt Ivan Evstratiev Gesov, geboren 1849, in seinen "Erinnerungen": *"Nicht zum ersten Mal nehme ich die Feder, um meine Erinnerungen festzuhalten. Während eines viertel Jahrhunderts nahm ich die Feder zur Hand, um meine "Zapiski na edin osaden" niederzuschreiben, meine Erinnerungen an meine Teilnahme am ersten Befreiungskrieg (gemeint ist der Russisch-Türkische Krieg 1877-1878 - A. K.) und an die leidvollen Ereignisse, die zu dessen Ausbruch geführt haben; ich nahm sie zur Hand, um die Kämpfe und die Siege in Bezug auf die Bulgarisierung von Ostrumelien zu beschreiben sowie dessen Vereinigung mit Bulgarien; ich nahm sie zur Hand, um die Wahrheit über den Balkan-Bund zu erzählen und über den zweiten Befreiungskrieg (gemeint ist der erste Balkankrieg 1912 - A. K.). Und wenn ich heute wieder die Feder zur Hand nehme, um meine Erinnerungen an meine Kindheit und Jugend zu erzählen, so ist es, weil ich überzeugt bin, dass es in der Geschichte der Menschheit kein größeres Ereignis gibt als die Auferstehung eines Volkes. .... Das ist kein banales Selbstporträt, sondern ein historisches Dokument ..."*[149]

Gesov beschreibt alle seine Verwandten, die er über zwei Generationen zurückverfolgt (bis zu den Großeltern) in Bezug auf und in Verbindung mit ihrer Teilnahme und Rolle im Prozess der nationalen Konsolidierung. Die erstellte Genealogie bezieht sowohl die väterliche als auch die mütterliche Linie ein. So betont er, dass das Gebäude für das bulgarische Gymnasium in Plovdiv vom Bruder seines Großvaters mütterlicherseits gestiftet worden ist und beschreibt dann die Rolle seines Großvaters väterlicherseits für die Entwicklung des Ausbildungswesens in seiner Heimatstadt Karlovo.[150] Zwar werden die Frauen vor allem als Ehefrauen oder als Mütter von berühmten Revolutionären bzw. Aufklärern erwähnt, aber immerhin umfasst die Abstammungserinnerung Männer wie Frauen.

---

[149] *Gesov, Ivan*: Spomeni..., S. 3.

[150] *Gesov, Ivan*: Spomeni... , S. 6-7.

Als ein Mann mit einer in Bulgarien und im Ausland (griechische Schule, bulgarisches Gymnasium in Gabrovo, Studium der Finanz- und Politikwissenschaften am Owens College, Cambridge) absolvierten höheren Ausbildung, mit breit gefächerten Interessen und von hoher Intelligenz beginnt Gesov die Schilderung seines Werdegangs mit einem von Bismarcks entlehnten Zitat: *"'Normales Produkt unserer öffentlichen Ausbildung, war ich nach der Beendung des Gymnasiums Pantheist und Republikaner'. Mit dieser Beichte beginnt Bismarck seine 'Gedanken und Erinnerungen'. Normales Produkt unserer Ausbildung vor der Befreiung war auch ich nach Beendung der Plovdiver Schule, und auch Nationalist. Über meinen ersten Brief, 1866 auf Englisch geschrieben, äußerte sich Lord Strangford, dass ich ihn übermannt von einem aggressiven Nationalismus geschrieben habe. Der Begriff "Nationalismus" bezeichnete ursprünglich, als es in der englischen politisch-ökonomischen Terminologie auftauchte (pojavi), das Streben der Iren nach Autonomie. Später, wie Vladimir Solovjev sagt, wurde er als Ausdruck von etwas anderem verwendet. Angesichts des dreifachen Charakters von allem Wertvollen in der Geschichte - bestehend aus dem Individuellen, dem Nationalen und dem Allgemeinmenschlichen - zielt jedes historische Schaffen auf das Allgemeinmenschliche, und zwar ausgehend vom Individuellen über das Nationale. Deshalb ist der Nationalismus als Hervorhebung eines dieser Elemente zum Nachteil der anderen zwei eine vor allem antihistorische Idee ("historisch" hat bei Gesov einen wertenden Aspekt im Sinne von wertvoll - A.K.). Unser Nationalismus war nicht von dieser Art. Er ähnelte mehr dem russischen narodnicestwo ... Das Bestreben, das Volk zu idealisieren, die Sehnsucht, ihm vor allem aufklärerisch zu Dienst zu sein - dieses sind die Grundzüge, die die Einstellungen unserer Jugendlichen - Schulabsolventen charakterisierten ..."*[151]

Wenn ich diese Passage so ausführlich zitiere, so geschieht dies aus mehreren Gründen: Die Entfaltung des Nationalismus auf dem Balkan insgesamt und konkret in Bulgarien ist in einem breiten internationalen wirtschaftlich-politischen, aber auch geistesgeschichtlichen Kontext zu sehen. Wie das angeführte Beispiel zeigt, entwickelt Gesov seine Definition von Nationalismus bewusst auf der Basis der Kenntnis von und im Zusammenspiel mit den führenden Ideen seiner Zeit. Nicht nur die "Normen" und "Kanons" des autobiografischen Schreibens sind ihm (und das trifft nicht nur auf ihn zu) bekannt, sondern auch das politische und wissenschaftliche "Paradigma". Die Autobiografie, die auf ein Selbstwertgefühl des Autors verweist,

[151] *Gesov, Ivan*: Spomeni...., S.28.

das ihm (berechtigte) Vergleiche mit führenden Persönlichkeiten des politischen Lebens erlaubt sowie Vergleiche zwischen verschiedenen zeitgenössischen Ereignissen, stellt das Problem über das Verhältnis zwischen individuellen Ansprüchen und Bedürfnissen, nationalstaatlichen Interessen und global gültigen Menschenrechten zur Debatte, ein Problem, das offensichtlich nicht neu ist, doch ebenso offensichtlich bislang keine Lösung gefunden hat.

Die Darstellung der Motive seiner Arbeit und die selbstkritische Äußerung über die Idealisierung des Volkes sind wichtig, wenn man zum Bereich der Familienforschung übergeht, einem Forschungszweig, der zu einem guten Teil wiederum mit dem Namen von Ivan Ev. Gesov verbunden ist.

II.5. DIE ENTFALTUNG DER FAMILIENFORSCHUNG

II.5.1. INTERNATIONALER WISSENSCHAFTLICHER KONTEXT

Die Anzahl der Begriffe, die von "Familienstamm/-geschlecht" abgeleitet sind (Familienstamm - Heimat - Volk/rod - rodina - narod) lässt die zentrale Bedeutung erkennen, die der Familie, eingebunden in die größere Gemeinschaft der Abstammungsgruppe, des Lineages - und in die Dorfgemeinde zukam. Die bäuerliche patriarchale Großfamilie wurde zum wichtigsten gemeinsamen Merkmal der bäuerlichen Volkskultur, um das sich alle anderen Merkmale sehr gut gruppieren ließen. Die Untersuchung der Familien- und Haushaltsformen und des damit verbundenen Gewohnheitsrechts beginnt in Bulgarien später als die Sammeltätigkeit und die Popularisierung von Folklore, Familien- und Kalenderbrauchtum. Doch ist sie damit - konzeptuell wie methodisch - eng verbunden.

Es ging um die politisch-ideologischen und wirtschaftlich-rechtlichen Bedeutungen, die mit den verschiedenen Familienformen in Zusammenhang standen; ihre Untersuchung war in einen breiten internationalen wissenschaftlichen Kontext eingebunden.

Ohne der Erforschung der Zadruga in den anderen Balkanländern und der Frage, welchen Niederschlag diese in der Zivilgesetzgebung nach der Gründung selbständiger Staaten im 19. Jahrhundert gefunden hat im Einzelnen nachgehen zu können - hierfür wären auch mehr detaillierte Untersuchungen erforderlich - werde ich versuchen einige Probleme der Familienforschung in Bulgarien zur Debatte zu stellen.

Die Erforschung der slawischen Familienformen in Bulgarien beginnt um die Mitte des 19. Jahrhunderts. Ebenso wie bei der Untersuchung von Epik und Brauchtum kommen die Anstöße zunächst von Außen.

Im 19. Jahrhundert entwickelt sich die historische Rechtswissenschaft. Die maßgebliche konzeptionell-theoretische Grundlage dieser Zeit ist der Evolutionismus. Ohne die Unterschiede in Bezug auf die jeweilige Definition, auf die diversen Methoden und Quellen unterschätzen zu wollen, und ohne die einzelnen Autoren im Detail berücksichtigen zu können (dieser Bereich ist historiographisch ohnehin bereits gut aufgearbeitet), möchte ich - grob verallgemeinernd - einige Grundzüge herausfiltern.

Aus der Sicht der meisten Vertreter des Evolutionismus stellt sich die Entwicklung der Familien- und/oder Haushaltsformen als eine lineare Entwicklung in eine Richtung dar und führt von komplexen Familienformen und kollektivem Eigentum hin zu nuklearen Familien und Privateigentum.

Eine fortschreitende Entwicklung dieser Art sei für die gesamte Menschheit charakteristisch, doch bei den sogenannten Kulturvölkern seien die ersten Phasen längst überwunden. Nur bei den sogenannten Naturvölkern finde man solche Formen noch vor. Dieser Zugang bedingt, dass die vergleichende Methode als die zentrale Herangehensweise eingestuft wird, eben um durch die Erforschung der sogenannten ‚primitiven', ‚prähistorischen' Gesellschaften zu Erkenntnissen über frühe Stadien der Entwicklung der Menschheit zu gelangen. Zu nennen sind Namen wie Mac Lennan[152], Maine[153], Tylor[154], Morgan[155], Post[156], Laveleye[157], Letourneau[158], Le

[152] *Mac Lennan, Simon*: Studies in ancient history comprizing a reprint of marriage and inquiry into the origin of the capture in marriage ceremonies. 1865.

[153] *Maine, Henry*: Ancient law. London, 1870; *Ders.*: Etudes on the early history of institutions. London, 1875; *Ders.*: Village communities in the East and West. London, 1871.

[154] *Tylor, Edward*: Primitive Culture. London, 1871; *Ders.*: Researches into the early history of mankind and the development of civilization. London, 1878.

[155] *Morgan, Louis-Henry*: Ancient societies. New York, 1878; *Ders.*: The system of consanguinity and affinity of the Lines of human Progress from savagery trough barbarism to civilisation. New York, 1877.

[156] *Post, Hermann Albert*: Studien zur Entwicklungsgeschichte des Familienrechts. Oldenburg, 1889; *Ders.*: Grundriss der ethnologischen Jurisprudenz. Oldenburg, 1894; *Ders.*: Der Ursprung des Rechts. Oldenburg, 1876.

[157] *Laveleye, Emile de*: De la Propriete et de ses formes primitives. I edit. Paris, 1874; *Ders.*: La Penisule Balcans. 2 vol. Bruxelles, 1886.

[158] *Letourneau, Charles*: L'evolution du marrige et de la famille. Paris, 1888; Ders.: L'evolution de la propriete. Paris, 1889; Ders.: L'evolution de la morale. Paris, 1887.

Play[159] u.a. Alle diese führt Bobcev in der ausführlichen Bibliographie zu seinem Werk über die bulgarische Zadruga an, einige von ihnen sind in der Untersuchung von Gesov "Die Zadruga in Westbulgarien" zitiert. Die Liste könnte leicht noch weiter fortgeführt werden - die Historiographie Bobcevs umfasst 309 Namen zeitgenössischer Wissenschaftler aus elf Staaten.[160] Auch bei den folgenden Zitaten geht es mir um die Autoren und Werke, die jene bulgarischen Forscher, die über die "Zadruga" geschrieben haben, rezipiert haben. Dadurch wird der breite internationale wissenschaftliche Kreis sichtbar, in den die konkreten Wissenschaftler eingebunden waren, innerhalb dessen sich ihre Einstellungen formierten und in dem sie sich behaupten mussten. Bobcev selbst war Mitglied einer ganzen Reihe von Institutionen: der Bulgarischen Akademie der Wissenschaften (1884), der Jugoslavischen Akademie der Wissenschaften und Künste in Zagreb (1909), der Tschechischen Akademie der Wissenschaften und Künste (1910), des Slawischen Institutes in Prag, der Polnischen Wissenschaftsgesellschaft in Lvov (1925) und des King College der Universität in London.[161]

Sowohl von Gesov als auch von Bobcev gibt es Veröffentlichungen in französischer und englischer Sprache, auf die ich noch zurückkommen werde.

Der Evolutionismus führte einerseits zur Suche nach ‚altertümlichen' Relikten in der eigenen Gesellschaft[162] (besonders im deutschsprachigen und slawischen Raum) und bedingte andererseits ein verstärktes Interesse nach außen, an außereuropäischen und an den slawischen Völkern, in derer Gesellschaftsstruktur man Überreste altertümlicher Institutionen sah.[163]

---

[159] *Le Play, Frederic*: L'organisation de la famille. 3.ed. Paris, 1884.

[160] *Bobcev, Stefan*: Balgarskata celjadna zadruga v segaschno I minalo vreme. Istoriko-juridiceski studii. In: SbNU, Bd. 22-23, Sofia 1906-1907, S. 195-207; *Gesov, Ivan:* Zadrugata v Zapadna Balgarija. Periodiceko spisanie na Balgarskoto knizovno druzestvo - Sredez, Sredez, 1887.

[161] Enziklopedija na Balgarija, B.1, Sofia, 1978, S. 318.

[162] *Grimm, Jacob*: Deutsche Rechtsalterthümer. Dritte Ausgabe, Göttingen, 1881; *Beaudrillard*: La famille en France. In: Revue de deux mondes, 1872, 15 avril.; *Maurer, Conrad von*: Das älteste Hofrecht des Nordens. München, 1877; *Ders.*: Vorlesungen über altnordische Rechtsgeschichte. Leipzig, 1910; *Ders.*: Über altnordische Kirchenverfassung und Eherecht. Leipzig, 1908.

[163] *Gabr, Ardant*: La zadruga, la famille patriarcale et le regime de communaute dans les Balkans depuis l'indepenance. Revue sociale, Paris, t.1, 1886, 3, 141-162; *Laveleye, Emile de*: La penisule...; *Krauss, Friedrich*: Sitte und Brauch der Südslaven. Wien 1885; *Turner, Paul:* Slavisches Familienrecht. Straßburg, 1874; *Müller, Arnost*: Die Hauscommunion der Suedslaven (Jahrbuch der internationalen Vereinigung für vergleichende Rechtswissenschaft). Berlin, 1897 u.a.

Von außen kommende Forscher sahen und suchten im slawischen Raum "das Volkskundemuseum", das das Material für die Untersuchung vergangener Geschichtsstufen liefern konnte. Die Definition, was für die Wissenschaft bedeutsam ist, hatte einen nicht unwesentlichen Einfluss auf die Wahrnehmung der fremden Gesellschaften und zugleich auf die einheimische Wissenschaft. Die einheimischen Forscher konnten Interesse und Anerkennung finden, indem sie den Erwartungen der ausländischen Forscher entsprachen und das von diesen als forschungsrelevant Anerkannte ins Zentrum ihrer eigenen Untersuchungen stellten.

Die Emanzipierung nach Außen sah man in der Folge dann in der eigenen Suche nach dem Altertümlichen, ‚authentisch' Slawischem.

So argumentiert der bulgarische Rechtshistoriker, Lehrer, Publizist und Revolutionär Peter Odzakov 1874: "*...(J)ede neue europäische Gesetzregel gründet auf dem Brauchtum der Ahnen (pradedite). ... Viele europäische Gelehrte haben sich über die Slawen lustig gemacht, dass sie angeblich keine eigenen Gesetze gehabt haben, sondern sie von fremden Völkern übernommen hätten, aber wer die slawischen Rechtsbräuche studiert und sie mit den europäischen verglichen hat, der kommt zur Überzeugung, dass die Slawen mit ihrem Rechtsbrauchtum und mit ihren Rechtsnormen den anderen Europäern in nichts nachstehen. ...*"[164]

Dass es dabei gerade um das Exotische ging, zeigt sein nächstes Beispiel: "*Eine Bulgarin mit sokaj (eine besondere Art Kopfbedeckung - A.K.) und mit Opanken wird die Neugier der Pariser wecken, wenn sie so auf einem Pariser Boulevard erscheint, denn die Pariser Damen würden nicht auf die Idee kommen, dass auch ihre Hüte ihren Ursprung in solchen sokaj haben ...*"[165]

Im slavischen Raum bekam der Evolutionismus eine zusätzliche Dimension: Man suchte nach den ältesten Familien- und Rechtsformen, und man sah in ihnen - in Verbindung mit Herders Ideen über die gleichberechtigte und eigenständige Volksentwicklung – den Ausdruck eines spezifischen Volksgeistes.

Die Vorstellungen über den demokratischen, kollektiven slavischen Geist - bewahrt durch die Großfamilie -, der die Grundlage für ein demokratisches Staatssystem bildet, wurden zunächst von den russischen Slavophilen verschiedener Strömungen

---

[164] *Odzakov, Peter*: Pismo kam balgarskite rodoljubzi. In: *Bogisic, Valtasar*: Upatwane za opisvane pravovite obicaj, koito zivejat u naroda. Praga, 1874, S.3.

[165] *Odzakov, Peter*: Pismo... , S. 3.

(Narodnoki, Raznocinzi) entwickelt. Zu nennen wären Bestjuzev-Rjumin[166], Ziber[167], Kovalevskiji[168], Leontovic[169], Leskov[170] u.a..

Angespornt durch das Interesse von Außen und durch die inneren wirtschaftlich-politischen Entwicklungen, die die Staatsorgane vor die Notwendigkeit eines modernen Rechtssystems in den neuen selbständigen Staaten stellten, begann ein regelrechter Boom an Untersuchungen von slavischen Volkskulturforschern zu rechtlichen Aspekten des Familiensystems. Die Relikte volkstümlicher Rechtsbräuche und Institutionen wurden als Vorstufen der Moderne bewertet. Zugleich aber wurde das Gewohnheitsrecht auch als Grundlage für eine moderne, spezifisch nationale Kodifizierung gesehen.

Odzakov argumentiert, sich auf Bogisic, Mazijevskij, Leontovic u.a. stützend: *"Die Volksbräuche und Legenden sind die Seele der Völker, ... die Volksbräuche und Legenden führen die Völker zur Auferstehung, auch wenn sie tot sind (v martvilo)"*.

Odzakov unterstreicht die Notwendigkeit der Sammlung des Rechtsbrauchtums über die Zadruga und begründet dies folgendermaßen: *"Die erarbeitete und vergleichend angelegte Materialsammlung könnte für uns von Nutzen sein für die Zeit, in der wir Bürger-, Straf- und andere Gesetze ausarbeiten werden (sollen)." Denn: Von der Zivilverfassung (grazdansko ustrojstwo) hängt das Wohl des Volkes ab. ... Wenn die Gesetze im Widerspruch zum Volkswillen, zu den Gewohnheiten, zu den hiesigen Bedingungen und Bedürfnissen stehen, so wird dem Volk Unglück in allen seinen Angelegenheiten widerfahren."*[171]

Zugleich merkt Odzakov sein Bedauern an, dass so wenige (nur einer außer ihm!) Antworten über die Zadruga an Bogisic gesendet haben. Deshalb kritisiert Odzakov die, die "das Fremde" loben und sich an fremden Gesetzen orientieren und wendet sich sehr emotional mit einem Aufruf an alle Patrioten, sich der Sammeltätigkeit zu

---

[166] *Bestjuzev-Rjumin, Konstantin*: O zadruge drevnih slavjan. Moskva, 1872.

[167] *Ziber, Nikolaj*: Ocerki pervobitnoj ekonomiceskoj kulturji. Moskva, 1883.

[168] *Kovalevskiji, Maksim*: O formah semevladenija v drevnej Rossiji. Sankt Peterburg, 1884; *Ders.:* Sovremenniji objicaj I drevniji zakon. Objicnoe pravo ocetin l istoriko-sravnitelnom osveschteniji. Moskva, 1886; *Ders.:* Ocerk proizhozdeniji semji I sobstwenosti. Lekzii, citannije v Stockholm-skom universitete. St. Peterburg, 1896; *Ders.:* O sovremennoj russkoj semji I glavnim obrazom - o tak nazivaemoj bolschoj semji ili semejnoj obschtini u velikorussov. Moskva, 1903.

[169] *Leontovic, Feodor*: Zadruzno-obschtinniji harakter bjita drevnej Rossiji. In: ZMNP, 1874, N 6, 7, 8; *Ders.*: Krestjane jugozapadnoj Rossij po litovskomu pravu XV-XVI stoletii. Kiev, 1863.

[170] *Leskov, B.N.*: Russkiji narod I gosudarstvo. Istorija russkogo obschtestvenogo prava do XVIII. Moskva, 1858; *Ders.:* Obschtinniji bjit drevneji Rossiji. In: ZMNP 1856, N 2.

[171] *Odzakov, Peter*: Pismo..., S. 1, 4.

widmen. Ausdrücklich betont er, dass nicht in der Stadt, sondern auf dem Land, in den Dörfern gesucht werden muss. Seine Bitte um Mitarbeit richtet er besonders an "Lehrer und Priester, die mit dem Volk zu tun haben": *"Mögen sie sich an weißbärtige Greise um Antworten auf die hier gestellten Fragen wenden und mögen sie so schreiben, wie der alte (dalgoleten) weise Großvater erzählt."*[172]

II.5.2. DIE HERVORHEBUNG DER "ZADRUGA"-FAMILIENFORM. DIE BEGRIFFLICHKEIT

Das Interesse der Familienforscher richtete sich, wie bei Brauchtum und Folklore, auf das Ländlich-dörfliche. Dabei wurde gezielt nach einer bestimmten Form der Zusammensetzung von Familien gesucht: nach erweiterten bzw. komplexen Haushalten, da diese als Bestätigung eines frühen Entwicklungsstadiums einer Gesellschaft und eines spezifischen Geistes galten.

Odzakov, der selbst ein Jurastudium in Odessa absolviert hat, ist gemeinsam mit Stefan Zachariev der erste, der Materialien über die erweiterten Familien- und Haushaltsformen in Bulgarien für den Band von Bogisic sammelt.

Valtazar Bogisic wird von allen bulgarischen Zadruga-Forschern und in der Ethnographie insgesamt als derjenige anerkannt, der am meisten "für die Untersuchung, die Beschreibung und für die Veröffentlichung von Material über die Zadruga"[173] beigetragen hat. Der kroatische Wissenschaftler und Jurist, der an den Universitäten Wien, München, Berlin und Paris Recht, Geschichte und Philosophie studiert hat, widmet sich vor allem dem mittelalterlichen und dem Gewohnheitsrecht.

Bogisic gibt an, dass der Begriff "zadruga" als Substantiv in keinem offiziellen Dokument vor dem Serbischen Bürgerlichen Gesetzbuch (Srbski grazdanski zakonnik) von 1844 vorkommt. In dem von ihm im Auftrag der russischen Regierung und des montenegrinischen Fürsten ausgearbeiteten Gesetzbuch von Montenegro (1872, eingeführt 1888) (Opschti imovinski zakonnik za knjazevinu Zrna-goru) verwendet Bogisic für den erweiterten Haushalt, den er selbst massiv befürwortet und für dessen gesetzliche Absicherung er sich aktiv einsetzt, die Bezeichnungen "Hauskommunion" (domaha sajedniza) oder "Haus" (kuha).[174]

---

[172] *Odzakov, Peter*: Pismo ... , S. 1-6.

[173] *Bobcev, Stefan*: Balgarskata..., 14; *Todorov, Delco*: Vaznikvane..., 131.

[174] Opschti imovinski zakonik za knjazevinu Zrnu goru. Novo zvanicno izdadnie. 1898, ras.VI/D.III, S. 237.

Die Kleinfamilie ("inokosna" - einhauptige) definiert er, wie folgt: *"Die Kleinfamilie ist jener Haushalt, der aus Mann und Frau und ihren nicht verheirateten Kindern besteht, die ihre Arbeit selbstständig durchführen, ohne ökonomisch vom Großvater, vom Vater oder Onkel oder von Brüdern abzuhängen."*[175] Indem er die völlige ökonomische Unabhängigkeit zu einem Kriterium erhebt, verengt er stark die Definition der Kleinfamilie. In seinem ersten Werk, in dem er den gemeinschaftlichen Charakter der slavischen Familie hervorhebt, sieht und fasst Bogisic die Kleinfamilie auch als potenzielle Zadruga.[176]

Diese Sichtweisen - die Definition der nuklearen Familie und die Konzeption des Familienlebens als Prozess, bei dem die Zadruga als Hauptform zyklisch auftritt - stellt Bogisic auch in seiner Untersuchung über die Kleinfamilie dar, eine Untersuchung, die zuerst auf französisch veröffentlicht wurde.[177] Damit zielt er auf die Rezeption durch die internationale Wissenschaftsgemeinschaft ab, vor der er diese Familienform als slavisches Spezifikum festzulegen versucht. Das Werk erscheint auch in russischer, serbischer und kroatischer Übersetzung.

Bogisic initiiert und organisiert die Erforschung der erweiterten/komplexen Haushaltsforme im slavischen Raum. Seine "Anweisungen für die Beschreibung der rechtlichen Bräuche, die unter dem Volk erhalten geblieben sind", beginnt er mit dem Kapitel "Privatrecht/Jus privatum" (Obitel-celjad). Die Familienformen teilt er in: A) erweiterte/zahlreiche Familie (celjad-obitel) und B) kleine Familie. Die Untersuchung wird auf Basis eines von Bogisic vorbereiteten Fragebogens durchgeführt, er selbst wendet sich in seiner Anweisung an die "Patrioten (otecestvoljubzi) und besonders an die Priester, die das Volksleben am besten kennen"[178].

Die Fragen stellen gezielt die komplexe Familie in den Mittelpunkt des Interesses und enthalten anweisende Bemerkungen und Beispiele, die die Antworten oder zumindest die Suche auf diese bestimmte Haushaltsform hinlenken. Auch die nächsten Kapitel über Erbrecht und jus rerum (Veschtno pravo) enthalten Anleitungen zur Zadruga-Forschung, sodass Bobcev einige Jahre später die Arbeit von Bogisic folgendermaßen bewertet: *"Man kann sagen, dass nach den von ihm erhobenen Materialien über die Zadruga in den südslavischen Ländern die Frage*

---

[175] *Bogisic, Valtazar*: Upatwane..., S. 8.

[176] *Bogisic, Valtazar*: Pravni obicaji u slovena. Privatno pravo, Zagreb, 1867.

[177] *Bogisic, Valtazar*: De la forme dite inokosna de la famille rurale chez les Serbes et les Croates. In: Revue de droit international et de legislation comparee.B.XVI, Bruxelles, 1884.

[178] *Bogisic, Valtazar*: Upatwane..., S. 7.

nach der Möglichkeit von deren Wiederherstellung (vazstanovjavane) durch das Brauchtum fast vollständig ist."[179]

Trotz seiner zuvor angeführten Bemerkungen über die Verwendung des Begriffs "Zadruga", wird diese Bezeichnung in den Fragen, die sich auf die erweiterte Familienform beziehen, benutzt, die Mitglieder der Familiengemeinschaften werden "zadrugari" genannt.

Mit der Bezeichnung "Zadruga" werden diese Fragen von Odzakov auch auf Bulgarisch übersetzt.

Das Wort "Zadruga" ist 1818 definiert worden. In dem in Wien herausgegebenen "Lexicon serbico-germanico-latinum" verwendet Vuk Karadzic zum ersten Mal das Substantiv "Zadruga" um eine bestimmte Familienform zu bezeichnen: *"Zadruga - Hausgenossenschaft (im Gegensatz zur einzelnen Familie), plures familiae in eadem domo (more Serbico)"*[180].

Mit diesem Terminus bezeichnet Karadzic den großen - komplexen und erweiterten - Familienhaushalt im Unterschied zu der nuklearen Familie, die nur aus Elternpaar und Kindern besteht.

Schon von den zeitgenössischen Forschern als Neologismus bezeichnet[181], erhält der Begriff "Zadruga" eine zentrale Bedeutung: Zunächst drückt er die Vorstellungen aus, warum man diese Familienform als Hauptuntersuchungsobjekt gewählt hat und auf welche Inhalte man dabei den Akzent legte. Wichtig ist aber auch, dass durch eine eigene Bezeichnung für "die südslavische Hauptfamilienform" die Vorstellung von einem Balkan- und Slavenspezifikum kreiert und verbreitet wurde.

In frühmittelalterlichen Quellen wird zur Bezeichnung von Familie und Haushalt das Wort "Stamm" (rod) benutzt. So steht es in der Urkunde von Schischman an das Rilakloster: "Pope Teudor mit seinen Kindern und mit seinem Stamm (rod) und Peter Teodosov mit seinen Brüdern".[182] Diese Beschreibung legt die Vermutung nahe, dass es sich dabei um eine erweiterte Familienform handeln könnte.[183] Gleichzeitig wird "Stamm" auch als Bezeichnung für die Eltern-Kind-Gruppe benützt.[184] Die

[179] *Bobcev, Stefan*: Balgarskata..., S. 6.

[180] *Karadzic, Vuk*: Lexicon serbico-germanico-latinum. Edidit Vuk Steph. Karadschitsch. Editio tertia. Belgradi, 1898, S. 181.

[181] *Bogisic, Valtazar*: Zbornik sadasnijih pravnih obicaja u juznih slovena. Zagreb, 1874; *Bobcev, Stefan*: Balgarskata...; darauf weisen auch neue Forschungen hin: Todorova, M.: The Balkan..., S. 133.

[182] *Bobcev, Stefan*: Starobalgarski pravni pametnizi, B.1, S. 168.

[183] *Bobcev, Stefan*: Balgarskata..., S. 37.

[184] *Danailov, Georgi*: Edin pametnik..., S. 30.

Mehrdeutigkeit des Wortes und seine vielseitige Verwendung (s. vorher) erlauben nicht, den Begriff "Stamm" (rod) als eindeutige Bezeichnung für erweiterte Haushalte und komplexe Familienformen zu interpretieren.

"Haus" und "Hausangehörige/Nachwuchs" (celjad) sind weitere Termini für Familie und Haushalt, die nicht eindeutig bestimmbare Familienformen bezeichnen. "Celjad" gilt als altslavisches Wort, das keine klar definierbare Bedeutung hat und Verschiedenes bezeichnen kann: 1. Eltern und deren Kindern, d.h. eine nukleare Familie; 2. alle Mitglieder eines erweiterten Haushaltes: Urgroßeltern, Großeltern, Vater und Mutter, Onkel, Tanten, Brüder und Schwestern, Enkelkinder, die gemeinsam wohnen; 3. die Kinder eines Ehepaares.[185]

Dass es sich um eine gezielte Suche nach einem mit bestimmten positiven Bedeutungen aufgeladenen Begriff handelt, zeigen die Bedeutungen des Wortes "Zadruga", die vor seiner Verwendung als Bezeichnung für eine bestimmte Familien- und Haushaltsform bekannt waren.

Das Substantiv "Zadruga" bedeutet in der serbischen Sprache Verein, Gesellschaft: Handels-, Wirtschafts- und Kulturvereine wurden so genannt. Interessant ist die Beschreibung von Bogisic, dass man mit Zadruga in der Herzegovina und in Montenegro nicht die komplexe und erweiterte Familie bezeichnet, sondern verschiedene gemeinschaftlich durchgeführte Arbeiten, wie die Zusammenarbeit bei der Herstellung von Milch, Käse und Butter für das ganze Dorf oder die Zusammenarbeit aller bei Tätigkeiten von Gemeinnutz. "Zadruga" würde man auch dazu sagen, wenn das ganze Dorf die Kirche repariert oder aufbaut, Wege und Brunnen errichtet oder wenn es Gemeinschaften/Schare[186] bildet (*gegen die Türken - A.K.)* etc.[187]

Weit verbreitet ist in den südslavischen Sprachen das dazugehörige Adjektiv "zadruzen" mit der Bedeutung gemeinsam, gemeinschaftlich, kooperativ, vereint.[188]

Gerade diese semantischen Aspekte des Wortes spielen eine entscheidende Rolle bei seiner Wahl als Bezeichnung für die als slavisches Spezifikum dargestellte Familienform. Das lässt sich durch die Auseinandersetzung Bobcevs mit den

---

185 *Gerov, Najden*: Recnik, B. 5, Sofia, 1978, S. 540 (1. Aufl. 1904); *Bobcev, Stefan*: Balgarskata..., 37-38.

186 "Druzina" ist schwer übersetzbar - der Begriff ist polysemantsich und wird als Bezeichnung von Assotiationen, Gemeinschaften, kleine Militäreinheiten verwendet. Hier übersetze ich es mit Gemeinschaft oder Schar.

187 *Bogisic, Valtazar*: Zbornik..., S. 6-9.

188 Beispiele finden sich bei: *Marinov, Dimitar*: Balgarsko obicajno pravo. B. 2, Sofia, 1995 B.1, S. 298-299.

Begriffen für die erweiterte Familie illustrieren. In seinem 1906/07 erschienenen Werk "Die bulgarische celjadna Zadruga in gegenwärtiger und vergangener Zeit" sucht Bobcev nach einem neuen Begriff für die komplexe/erweiterte Familie, mit dem Argument, dass das Wort "Zadruga" ein Neologismus ist, der der Volkssprache fremd und noch dazu ein serbischer ist. Als adäquatere Bezeichnung für die spezifische Haushaltsform schlägt er das Wort "Gemeinschaft/Schar - druzina" vor, als ein Wort, das *"im Sinne der Einheit (mnozistwo) vollberechtigter und gleichberechtigter Mitglieder, die in einem Haus leben"*[189] unter dem "Volk" selbst in Verwendung ist. Dabei hebt er dieselben Merkmale hervor, die auch das serbische Wort "Zadruga" kennzeichnen: Druzina ist nicht nur die Bezeichnung für die erweiterte Familienform, sondern auch für zeitweilige Zusammenschlüsse zu gemeinsamen und gemeinschaftlichen Tätigkeiten. Auch der patriotische Befreiungsgedanke kommt darin zum Ausdruck: *"Druzina nennt man auch die Schare von Helden (junazi) unter Anführern (vojvodi), die während der Türkenzeit durch die gefährlichen Balkanschluchten und über Gipfel gegangen sind, um die türkischen Bejs zu verfolgen und zu bestrafen, sowie einige ihrer bulgarischen "Werkzeuge" - die corbadziji-izednizi (nicht richtige allgemeine Bezeichnung)"*[190]. Die positive Wertung wird durch verschiedene Sprichwörter untermauert, die die Elemente solcher damit verbundener Assoziationen betonen - Treue, Vertrauen und Eintracht. "Vereinte Kräfte heben Berge hoch" ("Sgovorna druzina planina povdiga"), "Treue Schar - starke Festung" ("Vjarna druzina - zdravo kale").[191]
Der positive gemeinschaftsstiftende und gemeinschaftserhaltende Bedeutungsgehalt des Begriffes und der durch ihn bezeichneten Familienform wird durch die Antithese zur Bezeichnung für die kleine, nukleare Familie verstärkt. Bereits Vuk Karadzic gibt der Kleinfamilie einen Namen - auf serbisch "inokosna" -, der nicht nur die Bedeutung "einzeln" sondern auch "einsam" trägt.[192] In der bulgarischen Sprache entspricht dem das Wort "samez, samzi". Im Wörterbuch von Najden Gerov sind im Vergleich mit dem Russischen folgende Bedeutungen des Wortes angegeben: *"1. allein, russisch einsam. 2. ledig, allein geblieben, russisch einsam. 3. einer, der sich*

---

[189] *Bobcev, Stefan*: Balgarskata..., S. 33.
[190] *Bobcev, Stefan*: Balgarskata..., S. 34.
[191] *Bobcev, Stefan*: Balgarskata..., S. 33-34.
[192] *Karadzic, Vuk*: Rjecnik..., S. 240.

von der Zadruga getrennt hat, vom Vater und von den Brüdern und allein mit seinen Kindern lebt, russisch "osobnjak" (ein Seltsamer)."[193]

Auf diese Weise wird bereits begrifflich eine wertende Trennlinie zwischen der erweiterten und der nuklearen Familie gezogen. Interessant in Bezug auf die Begriffsgeschichte im Verhältnis zu sozialen Gegebenheiten ist, dass Bobcev die umgangssprachliche Bezeichnung für die komplexe Familie "Haufen" (kup, kupcina) zwar kennt und auch angibt, sie aber als allgemeinen Begriff nicht passend findet, obwohl sie sowohl in der bulgarischen als auch in der serbischen Sprache oft vorkommt. "Haufen" ist seiner Meinung nach nicht aussagekräftig genug für das bezeichnete Phänomen, nicht nur weil das Wort auch für Sachen benutzt wird, sondern auch weil es mit negativen Assoziationen der Enge und Unordnung verbunden ist. Deshalb deutet er die Bezeichnung "Haufen" als nicht so sehr auf die Konstellationen innerhalb der Familie bezogen, sondern auf die Einheit von Eigentum und Einkommen.[194]

Die umschreibenden Bezeichnungen, die Bobcev als Beispiele für die Benennung der komplexen Familienformen anführt, drücken immer auch positive Werteinschätzungen aus: "großes Haus" (groß in seiner quantitativen, aber auch qualitativen Bedeutung), "gutes Haus", "zusammen, brüderlich wohnen" etc., wobei er auch analoge Bezeichnungen aus den anderen süd- und westslavischen Sprachen nennt.[195]

Bobcev behält den Terminus "Zadruga", zu dem er die Adjektivform "celjadna" (Haushalts-) hinzufügt, bei, um den Bezug zur Familienform und den altslavischen Charakter auszudrücken. Als Hauptgrund dafür nennt er, dass, dieser Begriff, einmal entstanden, schnell von der internationalen Wissenschaftsliteratur aufgenommen worden war als Bezeichnung der slavischen Familienform. Entscheidend ist, dass durch diesen Begriff die weitgehende Analogie der Phänomene im internationalen Vergleich ausgedrückt werden konnte. Bobcev selbst betont, dass "Zadruga" als Terminus mit dem französischen "communaute familiale" und der deutschen "Hauscommunion", "Großfamilie", "Hausgemeinschaft" vergleichbar war, was auch auf eine Analogie der Inhalte schließen lässt.[196]

---

[193] *Gerov, Najden*: Recnik..., B. 5, S. 111.
[194] *Bobcev, Stefan:* Balgarskata..., S. 35.
[195] Bobcev, Stefan: Balgarskata..., S. 35-36.
[196] Bobcev, Stefan: Balgarskata..., S. 33-39.

II.5.3. DIE ZEITGENÖSSISCHEN EVOLUTIONISTISCHEN FAMILIENMODELLE – VON FAMILIENSTRUKTUR ZUR SOZIALEN ORDNUNG

Im Rahmen des Evolutionismus wurde "die Familienentwicklung als zeitlich phasenverschoben, aber in der Zielrichtung übereinstimmend, überall gewisse gleichartige Stadien durchlaufende Entwicklung gesehen"[197]. Die "fortschreitende" Entwicklung führe demgemäß von komplexen und erweiterten Familienstrukturen zur nuklearen Familie, die die Entfaltung der Individualität erst wirklich ermöglicht. In der internationalen wissenschaftlichen Debatte über die Familienstrukturen spielten überall ideologische Momente eine entscheidende Rolle. Wenn von den englischen Soziologen der Terminus "joint family", "joint individed family" benutzt wurde, so war dies vor allem für die Bezeichnung eigener historisch weit zurückliegender Familienformen und bei der Untersuchung außereuropäischer Gesellschaften als Bezeichnung für "zurückgebliebene" Familienstrukturen der Fall. Im 19. Jahrhundert wurden allgemein Versuche unternommen, das existierende Wissen über die Familie zu klassifizieren und Modelle auszuarbeiten, die auf typologische Unterschiede gründen. Einer der ersten Versuche dieser Art sind die Untersuchungen Le Plays.[198]

Le Play sieht einen engen Zusammenhang zwischen Familienstruktur und sozialer Stabilität. Er teilt die Familienformen in drei Grundtypen ein: Patriarchale, stabile und nicht stabile Familien. Die patriarchale Familie sei für die Ostnomaden, für die Russen und Slaven typisch. Die instabile Familie sei charakteristisch für die Arbeiterklasse Westeuropas zum Beginn der Industrialisierung. Die Formation, bestehend aus nur einem verheirateten Kind mit seinen Eltern bezeichnet Le Play als stabile Familie. Diese Familienstruktur sei allgemein kennzeichnend für Westeuropa, und sie wird vom Autor als progressiv bewertet, da nur diese Form die Tradition mit der Moderne vereinbaren lässt. Der Zugang Le Plays wurde bereits zu seiner Zeit heftig diskutiert, verschiedene Kontroversen wurden um die Familienthematik geführt. Allen gemeinsam ist aber die Auffassung von einer direkten Verbindung zwischen Familien- und Gesellschaftsstruktur.

---

[197] Mitterauer, Michael: Eine patriarchale Kultur? Funktionen und Formen der Familie auf dem Balkan. In: Beiträge zur historischen Sozialkunde, 3/1994, S. 77.

[198] *Le Play, Frederic*: L'organisation...; *Ders.*: Les ouvriers de deux Mondes. Paris, 1885; *Ders.:* On Family, Work and Social Change. Chicago/London, 1982.

Auch der Marxismus nahm auf diese Verbindung bezug und zwar wieder in einer evolutionistischen Weise: Sowohl für Karl Marx als später in Anlehnung an ihn auch für Lenin war die russische Familiengemeinde eine Institution, die für die vorkapitalistische Epoche charakteristisch ist. Für den Kapitalismus sei der Zerfall der kommunalen Familienformen und die Evolution der nuklearen Familie mit Privateigentum typisch.

Der gemeinsame Landbesitz, erhalten durch und in der russischen Großfamilie, wird als eine Möglichkeit erachtet, über die man einen Bogen zum kommunistischen gemeinschaftlichen Eigentum spannen könnte. "*Kann die russische obschtina, obwohl stark unterminiert, als Form vorzeitlichen kommunalen Landbesitzes, direkt zu den höheren Formen des kommunistischen gemeinsamen Besitzes führen? Oder, umgekehrt, muss sie zuerst die gleichen Prozesse der Auflösung durchlaufen, die die historische Evolution des Westens charakterisiert?*"[199]

In "Ursprung der Familie, des Privateigentums und des Staates", 1884 erschienen, stellt auch Engels die Hypothese auf, dass die Entstehung der Kernfamilie mit dem industriellen Kapitalismus einhergeht und mit einer Form der privaten Aneignung verbunden sei, mit dem Wunsch des Haushaltsvorstandes, das Erbe zu übertragen.

Deutlich ausgeprägt war auch ein nationalpolitisch-ideologischer Aspekt der Familienforschung. Besonders bei den sogenannten Kulturnationen wurden der patriarchalen "Großfamilie" gemeinschaftsstiftende Funktionen zugeschrieben. Beispiel dafür ist die mythisierende Sichtweise auf die bäuerliche Großfamilie im deutschsprachigen Raum. Die Werke Wilhelm Heinrich Riehls aus der zweiten Hälfte des 19. Jahrhunderts über die deutsche Familie zielen darauf ab, durch das Vorbild der patriarchalen, in gegenseitiger Pflicht und Liebe einander verbundenen Familienmitglieder ein bindendes, alle Gegensätze überwindendes Element zu schaffen. Bei Riehl wurden die Bauern zum nationalen Tugendsymbol. Der Bauer als "noch nicht entarteter" Mensch, der relikthaft in einer patriarchalen Ordnung lebt, ist der Träger des "Deutschtums". *"Die ganze Familie"*, die mit dem *"freundlichen, gemütlichen Begriff des ganzen Hauses zusammenhängt"* ist durch *"das sittliche Verhältnis der Autorität und Pietät (...) von tiefster Bedeutung für die soziale*

[199] *Marx, Karl*: Preface to the Russian Edition of the Communist Manifesto. In: Kamanka, Eugene: The Portable Karl Marx. New York, 1983, S. 557.

Festigung des ganzen Volkes."[200] Riehl beklagt die Auflösung dieses Idealzustands, die nach ihm mit dem zerstörerischen Aufsteigen des Proletariats verbunden ist.[201]
Im zweiten Teil seines Buches bezeichnet Riehl die patriarchal regierte große Haushaltsfamilie als moralische Potenz aus sozialpolitischer Sicht. Diese Form bilde den Urzustand, den Anfang aber auch das Ziel der Familienentwicklung. Durch einzelne Elemente und Motive von Brauch und Sage wird eine übergreifende soziale Einheit konstruiert, die die Kontinuität zwischen germanischer Frühzeit und christlich deutschem Mittelalter überwinden sollte. Das praktisch-politische Ziel, Tradition und Gemeinschaft mit positiven Werten aufzuladen, die Gruppenidentität zu stärken und sie zur vaterländischen Tugend zu erheben, wird durch das wissenschaftliche Familienleitbild untermauert und mündet in der Forderung nach einer konservativen Sozialpolitik.[202]
Maßgebend war bei allen bislang zitierten Autoren die ethnisch-nationale Perspektive, mit gewissen Spezifika je nach dem jeweiligen historischem Kontext, wobei „Fund und Erfindung ineinander" übergingen.[203] Die Hauptfragen waren die Entstehung und die Gründe für die Entstehung der komplexen Familienform. An dieser Frage entzündeten sich bereits im 19. Jahrhundert heftige Debatten, da sie mit grundlegenden Probleme verbunden war. Die Kontroversen können beispielhaft an einer konkreten historisch-soziologischen Diskussion der 90er Jahren des 19. Jahrhunderts kurz veranschaulicht werden.
1898 veröffentlicht Karel Kadlec in Prag eine vergleichende rechtsgeschichtliche Untersuchung "Rodinny nedil cili zadruha v pravu slovenskem". In diesem Werk stellt sich der tschechische Wissenschaftler die Aufgabe, die süd-, west und ostslavischen Familienformen zu vergleichen. Ausgehend von der Theorie des Evolutionismus versucht Kadlec die Altertümlichkeit der Zadruga und der russischen "Großfamilie" zu beweisen. Methodisch geht er dabei von einzelnen erhalten

---

[200] *Riehl, Wilhelm Heinrich*: Die Familie. 10. Aufl. Stuttgart 1889 (1. Aufl. 1855), S. 156.
[201] *Riehl, Wilhelm Heinrich*: Die Familie..., S. 103.
[202] *Kramer, Dietmar*: Die politische und ökonomische Funktionalisierung von "Heimat" im deutschen Imperialismus und Faschismus. In: Diskurs 6-7, 1973, S. 3-22; *Weber-Kellermann, Ingeborg*: Kontinuität und Familienstruktur. W.H. Riehl und das Problem der Geschichtlichkeit von Primärgruppen. In: Bausinger, Hermann/Brückner, Wolfgang (Hg.): Kontinuität, Geschichtlichkeit und Dauer als volkskundliches Problem. Berlin, 1969, S. 143-153; *Bastian, Andrea*: Der Heimat-Begriff...
[203] *Köstlin, Konrad:* Anmerkungen zu Riehl. In: Jahrbuch zur Volkskunde. 1984, Neue Folge 7, 81-96hier 81; s. auch *Dunja Rihtman-Augustin:* W.H. Riehl und Og. M. Utjesenovic. Zur Theorie des südslawischen

gebliebenen und beschriebenen zeitgenössischen Rechtsbräuchen aus. Das zielgerichtet gesammelte ethnographische Material seiner Zeit extrapoliert er zurück, um in vorchristlich und christlich-mittelalterlichen Rechtsquellen Beweise für die Existenz komplexer Familienstrukturen zu finden. Die Ähnlichkeit der Rechtsbräuche unter den slavischen Völkern seiner Zeit interpretiert Kadlec als Überbleibsel jener entlegenen historischen Zeiten, in denen das Slaventum eine Einheit gewesen ist. Die Zadruga wird als Grundstein der slavischen kommunalen Gesellschaftsordnung bewertet und ihre Erhaltung damit erklärt, dass sie tief im Volksgeist verwurzelt ist.

Zur gleichen Zeit erscheint die Untersuchung des Schweizer, deutscher Herkunft Georg Cohn "Gemeindeschaft und Hausgenossenschaft"; er untersucht in seinem vergleichenden Werk mit analogen Methoden "arische und nicht arische Stämme und Völker" in Hinblick auf den Zusammenhang zwischen Familienstrukturen und Gesellschaftsorganisation und vertritt die Auffassung der Altertümlichkeit der komplexen Familienformen als Entwicklungsstadium.[204]

Ähnlich argumentieren russische Slavophile, die auch die politische Entwicklung mit der "spezifischen" Familienstruktur zu erklären versuchen. Unter bestimmten ökonomischen Bedingungen entstanden, die den Kollektivismus der Arbeit begünstigten, und unter dem Druck der Notwendigkeit der Außenverteidigung, bedinge die gemeinschaftliche Familienform den gemeinschaftlich-demokratischen Charakter der politischen Organisation Russlands.[205]

Parallel dazu kommen auch Arbeiten, die konträre Meinungen vertreten, heraus. Beispiel dafür sind die Werke über die Zadruga von Jan Peisker und Joseph Pekar. In seinen Untersuchungen steckt sich der tschechische Wissenschaftler Peisker das Ziel "eines der Hauptirrtümer der gegenwärtigen sozialhistorischen Forschung" zu überwinden - die Vorstellung über den altslavischen gemeindlichen Kommunismus. Seine These widerlegt den egalitär-demokratischen Charakter der Zadruga und interpretiert diese Familienstruktur als ein verhältnismäßig neues Phänomen. Die

Familiensystem Zadruga. In: Jahrbuch zur Volkskunde. 1984, Neue Folge 7, 71-80; *Diess.*: Patriarchalismus heute. In: Die Stellung der Frau auf dem Balkan. Berlin 1987, 46-61.

[204] *Cohn, Georg*: Gemeinderschaft und Hausgenossenschaft. In: Zeitschrift für vergleichende Rechtswissenschaft, 13, Stuttgart, 1898-1899, S. 1-128.

[205] *Leontovic, Feodor*: Zadruzno-obschtinnji harakter bjita drevnej Rossiji. In:ZMNP, 1874, 6,7,8; *Bestjizev-Rjumin, Konstantin*: O zadruge drevnih slavjan. Moskva, 1872; *Kovalevskij, Maksim*: Ocerk proizhozdenija i razvitija semja i sobstvenosti. (Vorlesungen gehalten an der Universität in Stockholm). Sankt Peterburg, 1896.

Hauptgründe für die Entstehung erweiterter Familienformen sieht Peisker in den Auswirkungen des byzantinischen Steuersystems. Sich auf die gleichen mittelalterlichen Rechtsquellen wie seine Opponenten stützend, findet Peisker in ihnen Beweise gegen eine frühe Existenz großer, zahlreicher Familien des Zadruga-Typs.[206]

Diese Kontroversen um die Sozialgeschichte der Zadruga wurden international geführt[207], wovon auch die zahlreichen Übersetzungen zeugen. Eng in diese Debatten eingebunden waren auch die bulgarischen Familienforscher (Veröffentlichungen in Fremdsprachen - slavische und lateinische; historiographische Auseinandersetzung mit den zeitgenössischen Familientheorien; direkte Eingebundenheit in die internationale Wissenschaftsgemeinschaft).

II.5.4. DIE ETHNISCHE PERSPEKTIVE UND DIE DEFINITIONSWIDERSPRÜCHE DER "ZADRUGA"

Trotz der Dominanz der Ansicht, dass es sich bei der Zadruga um ein entwicklungsspezifisches oder altslavisches Phänomen handelt sahen, wurden in ihrem Fortbestand Beweise für ethnische Zugehörigkeit gesucht.

In einer Studie über die Lebensweise der Bulgaren in Makedonien wird das kollektive Zusammenleben als Grundlage des Familienlebens der Bulgaren herausgestrichen, obwohl gleichzeitig auch betont wird, dass diese Familienform - mit kleinen Unterschieden hinsichtlich der Rolle der Frau des Ältesten - auch für die moslemische Bevölkerung typisch sei. Diese Untersuchung ist mit ihrer inneren Spannung charakteristisch. Der Autor lehnt sich an die vorherigen Arbeiten von Stefan Bobcev, Ivan Gesov u.a. an, was die historische Entwicklung, die allgemeine Verbreitung und die Gründe für den Zerfall dieser Familienform betrifft. "Die Zadruga ist eine Familienform, die vom Altertum her vererbt ist. Das beweisen die Untersuchungen der Ethnologen."[208] Nachdem er anmerkt, dass die Zadruga in den Städten kaum vorzufinden ist, gibt er aber auch pro Dorf nur je ein bis zwei Beispiele. Die für die Bezeichnung dieser Familienform angegebenen Begriffe sind vieldeutig, wobei einige von ihnen durchaus verschiedene Konstellationen, auch

---

[206] *Peisker, Jan*: Zadruha na Prachensku. In: Athenaeum. 1988, t.V, N 9,10; *Ders.*: Slovo o zadruze. Praha, 1899; *Pekar, Jan*: K sporu o zadruhu staroslovanskou. In: CCH 1900, VI, 243-267.

[207] Köstlin, Konrad: Anmerkungen...

[208] *Mircev, Dimitar*: Prinos za izucavane bita na balgarite v Makedonija. In: SbNU, Bd. 22-23, Sofia 1906-1907, S.2.

Kernfamilien, bezeichnen können (z.B. Haus, Haushalt, Herd (odzak)). Widersprüchlich ist die Darstellung der Eigentumsverhältnisse: Einerseits wird betont (im Einklang mit der dominierenden Definition), dass das bewegliche und unbewegliche Gut gemeinsames Eigentum ist, andererseits wird angegeben, dass jedes Mitglied der Zadruga Privateigentum haben kann - das, was außerhalb der Familiengemeinschaft erworben wird.[209]

Das Definitionskriterium "gemeinsames Eigentum" schließt prinzipiell individuelles Erbe aus; das Prinzip der Patrilinearität schließt die Frauen davon aus. Als Beispiel aber wird angeführt: "Wenn eine Person ein Erbe von seiner Frau bekommen hat - ein Feld, einen Weinberg, eine Wiese u.a., so ist das sein persönliches Eigentum, seines und das seiner Kinder." [210]

Widersprüchlich ist auch die Darstellung der Patrilinearität: Es wird einerseits zwischen der Verwandtschaft nach männlicher und weiblicher Linie unterschieden, wobei die männliche Linie als "erstrangig" aber die Verwandten weiblicher Seite als "lieber (po-mili)" bezeichnet werden. Zugleich wird angegeben, dass *"nach dem Gewohnheitsrecht der Sohn oder die Tochter die Güter von Blutsverwandten väterlicher- und mütterlicherseits erben; der verwitwete Eheteil erhält 1/8 vom Besitz des Verstorbenen, falls er keine Kinder gehabt hat, 1/4. Im ersten Fall erben die Kinder den Restanteil, im zweiten die Verwandten. Wenn es keine solchen gibt, bleibt das gesamte Eigentum dem Eheteil"*. Das Erbrecht kann durch formelle (das heißt durch schriftliche und amtliche) Vermächtnisse geändert werden.[211] Im Gegensatz zur Dominanz der Verwandtschaftsbeziehungen im gesellschaftlichen Leben wird die Bedeutung der Nachbarschaft, der Zünfte und der verschiedenen Arbeitskooperationen unterstrichen.[212]

Diese innere Widersprüchlichkeit resultiert aus der und reflektiert die Entwicklung und die Veränderung in der Definition der Zadruga. Zugleich veranschaulicht sie, wie problematisch es ist, auf Grund solcher uneindeutiger Quellen/Untersuchungen Aussagen über Familienformen und -strukturen zu treffen.

Die allmähliche Entwicklung eines wissenschaftlichen Familienverständnisses, das einseitig an Verwandtschaftskriterien orientiert war, lässt sich zum Teil auch mit der ethnischen Perspektive auf die Zadruga erklären. Dass es ein langsamer Prozess war, bezeugen die

---

[209] *Mircev, Dimitar*: Prinos..., S. 2, 17.
[210] *Mircev, Dimitar*: Prinos..., S. 17.
[211] *Mircev, Dimitar:* Prinos..., S. 19, 24.
[212] *Mircev, Dimitar*: Prinos..., S. 25-38.

verschiedenen und widersprüchlichen Definitionen der Zadruga: Die Erstdefinition von Vuk Karadzic "Plures Familiae in eadem domu" basiert nicht auf dem Verwandtschaftskriterium. Auch weitere Definitionen der Zadruga stützen sich nicht auf Verwandtschaft bzw. setzen diese nicht explizit voraus. So hebt 1859 Utiesenovic die Gütergemeinschaft und das gemeinsame Wirschaften hervor, was auch begrifflich durch die Bezeichnungen "Grundwirtschaft", "Grundwirtschaftskommunion", "Hausgenossenschaft" ausgedrückt wird. In dem er sich auf dem Militär-Grenzgrundgesetz von 1807 stützt, definiert er die "Familiengemeinschaft" auf folgende Weise: *"Unter Hauskommunion wird das Zusammenleben einer grösseren Anzahl von Menschen in dem nämlichen Haus verstanden, welche ihre Kräfte und ihr Vermögen zum gemeinschaftlichen Nutzen vereinigen."*[213] Verwandtschaft als Grundlage der Zadruga wird auch im ältesten serbischen Zivilgesetzbuch von 1844 nicht einbezogen - unter Zadruga wird das gemeinsame Wohnen und die Gütergemeinschaft vollmündiger Personen mit ihrem Nachwuchs definiert.

Bei den späteren Definitionen der Zadruga primär als Verwandtschaftsgruppe (Marinov, Gesov, Bobcev) versucht man durch exemplarische mittelalterliche Quellen die verwandtschaftliche Basis der komplexen Familienform zu beweisen. Die damit verbundene Problematik hängt zum Einen mit dem sporadischen und administrativen Charakter der Quellen - die überdies vielmehr Einzelinformationen über die Familienzusammensetzung geben und dabei eine weit größere Vielfalt familialer Gruppierungen zeigen als zitiert wird - zum Anderen mit ihrer Widersprüchlichkeit und schließlich mit der Mehrdeutigkeit der mittelalterlichen Termine zusammen.

Anhand der Untersuchungen der bulgarischen Zadruga-Forscher kann man feststellen, dass sich dadurch, dass sie Verwandtschaft als Grundkriterium definierten, viele andere Aspekte der zeitgenössischen komplexen (und erweiterten) Familienformen[214] ihrem Blick entzogen. So fand die Frage des Gesindes keine entsprechende Aufmerksamkeit. Aus den Sammlungen des Rechtbrauchtums geht immer wieder hervor, dass man für die Deckung des Arbeitskräftebedarfs nicht nur (und vielleicht auch nicht mehrheitlich) Verwandte heranzog.[215]

---

[213] *Utiesenovic, Ognjoslav*: Die Hauskommunionen der Südslaven. Wien, 1859, S. 33-34.

[214] Die klassifikatorische Unterscheidung, die die aktuelle Familienforschung zwischen erweiterter und komplexer Familienform vornimmt, ist auf die Untersuchungern aus dieser Periode schwerlich übertragbar.

[215] *Marinov, Dimitar*: Balgarskoto...; *Bobcev, Stefan*: Sbornik...; *Gesov, Ivan*: Zadrugata...

Nach der Nationalstaatsgründung und im Zuge der sozio-ökonomischen Transformationsprozesse nimmt das Phänomen des Gesindes stark zu. Es kann durchaus sein, dass auch Verwandte als Gesinde eingestellt worden sind, weil sie in der Regel billigere Arbeitskräfte waren. Mägde und Knechte kommen jedenfalls sowohl in der Stadt als auch in den Dörfern zunehmend vor.[216] Doch wurde dieser Bereich damals nicht näher berücksichtigt und er ist bis heute noch nicht ausreichend untersucht worden.

Die Akzentuierung auf die Verwandtschaft als Grundmerkmal kann (vielleicht) mit der ethnisch-nationalen Perspektive zusammenhängen wegen ihren ausgeprägten Identitätsstiftungs- und starken Ein- und Ausschließungsfunktionen. So sollte die Zadruga als nationales Homogenisierungs- und Bindemittel dienen. *"Die Ergebenheit (privarsanost) gegenüber den alten Legenden wird durch die Zadruga von Generation zu Generation weitergegeben und bildet dadurch ein starkes konservatives Element in der Bewahrung der Liebe zum Land und zur Gesellschaftsordnung."*[217] Die Zadruga wird von Bobcev als "Grundstein des Patriotismus, der Liebe zur Heimat, zum gesamten Vaterland" bewertet.[218]

Die nationale Perspektive, die ein Spezifikum je nach historischem Kontext erhielt, war maßgebend. Kennzeichnend ist, dass die Hauptattacken gegen die "Zadruga" von Seiten der ersten Sozialisten kamen, die sich für den Internationalismus der Arbeiterbewegung einsetzten. So wurde die "Zadruga" von Dimitar Blagoev - Begründer der sozialistischen Bewegung in Bulgarien - als eine Familienform bewertet, die die konservative traditionelle Sozialstruktur festige und die Entfaltung der modernen sozialen Bewegungen hemme. Der autoritäre Patriarchalismus ließe die individuelle Initiative nicht zu, fördere eine Sklavenmentalität und führe zu Xenophobie.[219]

---

[216] *Georgiev, Georgi*: Osvobozdenieto i etnokulturnoto razvitie na balgarskija narod 1878 - 1900. Sofia, 1979; *Vassileva, Darija*: Inteligenzijata v golemite balgarski gradove ot Osvobozdenieto do nacaloto na vojnite. Etnografski aspekti. Sofia, Diss., 1991.

[217] *Gesov, Ivan*: Zadrugata..., S. 446-147.

[218] *Bobcev, Stefan*: Balgarskata..., S. 129.

[219] *Blagoev, Dimitar*: Razlagane na starite osnovi na narodnija zivot. In: Izbrani istoriceski sacinenija. Bd.2, Sofia 1985, S. 208-226; *Ders.*: Schto e sozialisam i ima li toj pocva u nas?. Tarnovo, 1891. In: *Blagoev, Dimitar*: Sacinenija. B.1, Sofia, 1957, S. 437-532.

Völlig konträr sehen Vertreter der national-sozialistischen Ideen die Zadruga, nämlich als "die reinste Form des Kollektivismus", die "die Gesellschaft vom Egoismus zum Altruismus, von der Ausbeutung zur Gerechtigkeit emporheben" sollte.[220]

II.5.5. "ZADRUGA"-FORSCHUNG UND MODERNISIERUNG

Der Nationalismus war untrennbar mit der Modernisierung verbunden. Nicht nur, dass der Nationalismus im Sinne der nationalen Selbstbestimmung und Unabhängigkeit die Verbindung des bulgarischen mit dem gesamteuropäischen Liberalismus darstellte, sondern vor allem, weil die realen Probleme, die die politischen, sozialen und wirtschaftlichen Herausforderungen der modernen Welt stellten, die Aneignung des institutionellen Rahmens und des Wertsystems eines nationalen Staates erforderten.

Die Prozesse wachsender sozialer Differenzierung, die Zunahme geographischer und sozialer Mobilität, die Akzentverlagerung in den Produktionsbereichen (von der Landwirtschaft zur Industriearbeit) und die damit verbundene Urbanisierung führten zur Erschütterung der gesicherten Zugehörigkeit der Menschen. So fand die Ideologisierung von "Heimat", "Abstammung" und "Volk" große Resonanz.

Dabei kam der (Groß)Familie als Primärsozialisationsgruppe besondere Bedeutung zu. Einerseits sah man in der Zadruga eine einzigartige autochthone Institution, die die Spezifität der kulturellen Identität gegen die Fremdeinflüsse der Modernisierung bewahren könne. (Als Beispiel Odzakov - s. oben). Gleichzeitig und parallel dazu wurde die Zadruga als die Institution bewertet, die die Modernisierungsfolgen im sozialen Bereich erträglich macht. Durch den ihr immanenten demokratischen Geist könne diese Institution den Weg zu einer neuen sozialen Ordnung bahnen und die Modernisierung erst recht ermöglichen.[221]

Nicht zufällig fällt die Konzentration der Forschung auf die Familie in die Zeit nach der Konstituierung des Nationalstaates. Die Entwicklung von Konzeptionen der

---

[220] Dieses Zitat stammt von Svetozar Markovic, einem der Begründer des serbischen Sozialismus, zit. nach *Halpern, Joel/Kerewski-Halpern, Barbara*: A Serbian Village in Historical Perspectives. Prospect Heights, 1972, S. 18, s. auch *Todorova, Maria*: Za epistemologicnata stojnost na semejnite modeli: Balkanite v evropejskija kontext. In: Balcanistic forum, 3, 1996, 62.

[221] Über vergleichbare Prozesse und über „die Lehre von der Familie und vom ganzen Haus, von wo eine aufbauende Wirtschaftslehre ihren Ausgang nehmen soll" im deutschsprachigen Raum – *Köstlin, Konrad:* Anmerkungen...

Familie ist mit dem politischen Willen verbunden, Einfluss auf diese Institution auszuüben.

Auf der Ebene der Staatsverwaltung war das Problem der kommunalen Selbstverwaltung zentral. Der Grad der Zentralisierung bzw. Dezentralisierung ist ein bestimmendes Merkmal für das Wesen und die Funktionen jeder Verwaltung. In Bezug auf die Frage, wie weit die Zentralisierung gehen muss und in welchem Maß der Staat die Gebietskörperschaften kontrollieren muss, gab es zwischen den liberalen und den konservativen Parteien Bulgariens wesentliche Unterschiede. Der liberalen Auffassung über die Notwendigkeit einer direkten kommunalen Selbstverwaltung standen die Konservativen mit der Forderung nach Schaffung einer "fleißigen, ehrlichen und disziplinierten Beamtenschaft nach deutschem Vorbild" gegenüber. Die Notwendigkeit der vollen Selbstverwaltung und eines möglichst weitgehenden Mitbestimmungsrechtes des Volkes (als einzig mögliche Form der politischen Aufklärung und der Erziehung zu verantwortungsbewussten Staatsbürgern) begründeten die führenden liberalen Parteifunktionäre mit stark emotionsgeladenen Argumenten. Beispiel dafür sind die Reden im Konstituierenden Parlament von Petko Slavejkov – einem bedeutenden Volkskulturforscher, Dichter und Politiker. Die abstrakten liberalen Grundgedanken und Werte führt Slavejkov auf wenige Schlüsselwörter wie Freiheit, Gleichheit und Vertrauen zum Volk zurück. Zwar hegten die Liberalen keine Illusionen hinsichtlich der Fähigkeit des kürzlich aus dem "türkischen Despotismus" befreiten Volkes, bewusste politische Entscheidungen zu treffen, trotzdem argumentiert Slavejkov gegen jeden Versuch der Bevormundung des "Volkes" mit der tiefen Verankerung der Werte der Gleichberechtigung und Demokratie in der Volks- (Bauern-)seele.[222] Kritisch gestimmt gegenüber der "westlichen Zivilisation" und insbesondere gegenüber Frankreich - angesichts der Verfallserscheinungen nach dem französisch-preußischen Krieg und den Jahren der Pariser Kommune - brachte er als Innenminister 1884 einen Gesetzesentwurf über die kommunale Verwaltung im Parlament ein, in dem er sich gegen die Verbesserungsvorschläge des französischen Rechtsanwaltes Francois Bastian (Rechtsberater des Fürsten in bulgarischem Dienst) wendet. In seinen Vorschlägen sieht er die Herabwürdigung der Selbstverwaltung. Wesentlich dabei war der Hinweis, dass man auf die besonderen bulgarischen Sitten und Bräuche achten muss.

[222] Protokolite, S. 264 ff.; zu kritischen Äußerungen Slavejkovs in Bezug auf die Bewahrung der Bräuche und Sitten s. vorher.

Für die Mehrheit der bulgarischen Rechtsbrauchforscher jener Zeit war die Meinung kennzeichnend, dass man "in den Rechtsbräuchen die Staatlichkeit des Volkes sieht und seine Fähigkeit, sich zu verwalten: staatlich und sozial".[223]

Auf den politischen Aspekt der Zadruga weist Ivan Ev. Gesov - einer der wichtigsten Erforscher der Zaruga in Bulgarien und unter den einflussreichsten Staatsmännern - ausdrücklich hin: *"Als Vermittler zwischen dem Individuum und der Gemeinde lehrt die Zadruga zur Selbstverwaltung. Die Ordnung der gemeinschaftlichen Familie in Details ähnelt der Verwaltung einer Gemeinde, einer anonymen Assoziation (druzestvo). Die Zadruga trägt Ansätze für die parlamentarische Ordnung in sich und bereitet ihre Mitglieder auf die Ausübung ihrer gesellschaftlichen und politischen Rechte vor."*[224] Der Selbstverwaltung der Familiengemeinschaften ist auch eine Untersuchung von Peter Odzakov gewidmet.[225] Mittels der Kategorie des Familienethos bemühte man sich, das Bewusstsein der Zugehörigkeit zu einem gemeinsamen politischen Haus zu kultivieren, zur Identifikation mit dem Staat und zum Mitbestimmungswillen - kurzum zur Entstehung der Staatsnation beizutragen.

In der Staatsorganisationsdebatte stellte der Bezug zur Familie immerhin nur einen der Aspekte dar. In Betracht gezogen und diskutiert wurden vor allem verschiedene zeitgenössische Administrationsmodelle mit dem Gewicht - je nach politischer Ausrichtung - auf der Zentralisierungs- bzw. Dezentralisierungsidee.[226]

Aber nicht nur auf dem Gebiet der Verwaltung bemühten sich Volkskulturforscher um eine enge Zusammenarbeit mit den Gesetzgebern, bzw. gehörten selbst zu ihnen. *"Wenn es richtig ist - und das lehrt die Rechts- und Sozialwissenschaft, - dass die Gesetze eines Landes nur dann Autorität und Anwendbarkeit finden können, wenn die Grundlage dieser Gesetze aus dem Volksleben entstammt, wenn sie in Übereinstimmung mit den Notwendigkeiten des Volkes sind, mit seinen Begriffen und Traditionen, so wird auch meine bescheidene Arbeit eine wertvolle Grundlage sein für unsere künftigen Gesetzgeber (...)"*,[227] schreibt der Volkstumsforscher und Anwalt Dimitar Marinov, von dem auch emphatische Beschreibungen der Zadruga in

---

[223] *Marinov, Dimitar*: Predgovor. In: Balgarsko obicajno..., S. 4.

[224] *Gesov, Ivan*: Zadrugata..., S. 446.

[225] *Odzakov, Peter:* Po samoupravstwoto na semejnite obschtini. In: Juridiceski pregled, 3, 1895, N 20, S. 924-930.

[226] Konkret dazu: *Peev, Georgi*: Das europäische Vorbild im Verwaltungsaufbau Bulgariens ab 1878. In: *Heppner, Harald/Preshlenova, Rumjana* (Hg.): Die Bulgaren und Europa von der Nationalen Wiedergeburt bis zur Gegenwart. Sofia, 1999, S. 95-112.

[227] *Marinov, Dimitar*: Balgarsko obicajno..., B. 2, S. 4.

Westbulgarien stammen. Die Forderung, "die besonderen bulgarischen Verhältnisse" zu berücksichtigen, war besonders für die Auseinandersetzungen um die Wirtschaftsentwicklung kennzeichnend. Die Besonderheit wurde fast immer mit den volkstümlichen Bräuchen in Zusammenhang gebracht: *"Es bleibt uns nichts übrig als nachzusehen, was die anderen Völker getan haben, um uns zu überholen, und dann zu wählen - nicht das Schönste oder Modernste, sondern das, was unseren Bräuchen und Kräften am nächsten ist."*[228]

Das Eindringen kapitalistischer Wirtschaftsformen führte zur Krise der bäuerlichen Gesellschaft. Die durch die Auflösung traditioneller Bindungen immer unübersichtlicher werdende Modernität, versuchte man durch einheitliche überschaubare Denkfiguren zu bewältigen. Die Zadruga-Debatte spielte dabei eine wesentliche Rolle.

Diesen Aspekt der wissenschaftlichen Untersuchung der Zadruga bringt Bobcev zum Ausdruck: "*Am Ende müssen wir auch sagen, dass die Zadruga bei uns die große Aufmerksamkeit des Polit-Ökonomisten und des Staatsmannes verdienen sollte. In dieser Zeit, in der man nach künstlichen Maßnahmen und zweckmäßigen Mitteln sucht, um dem Bauernproletariat und einem künftigen Agrarübel vorzubeugen, das sich bereits in nahen und fernen Ländern gezeigt hat; um den Bauern vor Verschwendung des Hofeigentums und des kollektiven gemeinschaftlichen Besitzes zu bewahren; in dieser Zeit, in der sich jeder den Genossenschaften zuwendet und in ihnen ein Heilmittel gegen sehr gefährliche soziale Übel sucht; in dieser Zeit ist es unseres Erachtens nach am Selbstverständlichsten, sich mit der Zadruga zu beschäftigen - mit dieser traditionellen, verwandtschaftlichen kooperativen Gemeinschaft (druzina). Und wir fragen uns: Kann sie nicht parallel zu anderen Mitteln für mehr Wohlstand in den Bauern- und Arbeiterklassen dienen, kann sie nicht dazu beitragen, der Proletarisierung der Bauern und dem großen sozialen Übel vorzubeugen, das von allen Seiten her über den Arbeiter auf dem Dorf hereinbricht?*"[229]

Der idealisierende Blick auf die Institution der Großfamilie, der man feste Moralnormen, Solidarität und Gemeinschaft zuschrieb, charakterisiert auch den

---

[228] *Nacovic, Grigor*: Njakolko stranizi po zemledelieto v Balgarija i stranstwo. Sofia, 1902, zit. nach *Preshlenova, Rumjana*: "Europa" in der bulgarischen Wirtschaftsliteratur (1878 - 1918). In: *Heppner, Harald/Preshlenova, Rumjana* (Hg.): Die Bulgaren und Europa von der Nationalen Wiedergeburt bis zur Gegenwart. Sofia, 1999, S. 136.

[229] *Bobcev, Stefan*: Balgarskata celjadna..., S. 194.

Zugang Gesovs. Sich auf die Meinung des französischen Wissenschaftlers Laveleye[230] stützend, hebt er die ökonomischen, moralischen und politischen Vorteile der Zadruga hervor. Das kollektive Eigentum kann der Proletarisierung der Bauern vorbeugen, sie vor Armut schützen. *"Dann wird es keine Notwendigkeit geben für ein bureaux de bienfaisance wie in Frankreich und für ein poor law wie in England. (...) Die Zadruga entwickelt die Haustugenden, die Verwandtschaftsliebe, die Ehrung der Eltern. (...) Dort, wo die Zadruga regiert, gibt es weniger Verbrechen: a) (...) weil es keine Armut gibt (...) b) (...) weil es strengere Kontrolle gibt.*"[231] Die ökonomischen Vorteile der Zadruga, verstanden als kooperative Gesellschaft für die Vereinigung von Kapital und Arbeit, werden auch von Bobcev betont.[232]

Das gemeinsame Wohnen in einem Haus, unter einem Dach, gehörte nicht zu den eindeutigen Definitionskriterien der Zadruga. Bis einige Definitionen es als notwendiges Merkmal unterstrichen (Konstantin Irecek; das kroatische Gesetz von 1870 u.a.), definierten andere die Zadruga als eine Gemeinschaft, die auf einem Hof zusammenlebt (Dimitar Marinov); andere erweitern die Definition, indem sie den gemeinsamen Haushalt nicht als bestimmendes Kriterium angaben (Stefan Bobcev).

Angesichts dieser durchaus verschiedenen Definitionen liegt es nahe, dass auch durchaus verschiedene Phänomene unter der Bezeichnung "Zadruga" subsumiert worden sind.

Den meisten Definitionen ist aber gemeinsam, dass die Gütergemeinschaft und die Wirtschaftsgemeinschaft Charakteristika darstellen. Sowohl Gesov als auch Bobcev interpretierten die Zadruga als eine altertümliche und autochthone soziale Form der Genossenschaft. Nach ihrer Definition ist die Zadruga ein Verwandtschaftsverband mit folgenden Merkmalen: Einheit des Besitzes, Gemeinsamkeit der Arbeit, Gemeinschaft des Erwerbs und des Wohnens und gemeinsame Verwaltung und Vertretung nach Außen durch Einen.[233]

In Anlehnung an die zeitgenössische Soziologie[234] sah man in der Zadruga ein Stadium der gesellschaftlichen Organisation, das von der "Notwendigkeit des Lebens" hervorgerufen war. Die komplexen Formen der Familie mit kollektivem

---

230 *Laveleye, Emile de*: La penisule....

231 *Gesov, Ivan*: Zadrugata..., S. 446.

232 *Bobcev, Stefan*: Balgarskata..., S. 125-131.

233 *Bobcev, Stefan*: Balgarskata..., S. 40, 43; *Gesov, Ivan*: Zadrugata..., S. 192, 427-449.

234 *Köstlin, Konrad*: Anmerkungen...

Eigentum gingen der Kleinfamilie mit individuellem Eigentum historisch voraus, da "die Schwäche zur Vereinigung geführt hat". *"Die vereinte komplexe Familie ist reicher gewesen, von höherem Wohlstand und hat größere Sicherheit vor Armut gewährleistet"*, denn *"die Vereinigung macht die Macht"*.[235] Bobcev selbst betont, dass die Zadruga in Bulgarien derzeit eine seltene Ausnahme bildet, dass die Kleinfamilie statistisch deutlich überwiegt. Doch auch für die Kleinfamilie sei das gemeinschaftliche Element konstituierend: *"Man könnte sagen, dass das Gemeinschaftliche allgemein ein notwendiges Element der bäuerlichen Hausstruktur bei uns ist. Dieses gemeinschaftliche Element ist ein Keim, auf dem jede Bauernfamilie beruht und der sie unter günstigen Bedingungen zu einer Zadruga entwickeln lässt. Doch gerade die Bedingungen sind in der heutigen Zeit weder günstig, noch erträglich."*[236]

Die ökonomischen Vorteile der Zadruga charakterisiert Gesov wie folgt: Die Zadruga gibt in der Landwirtschaft die Möglichkeit für eine effektive Arbeitsteilung. Obwohl das auch negative Auswirkungen haben konnte - da sie das Erlernen nur einer Tätigkeit stimuliert und Eigeninitiative hemmt - wird sie vorwiegend positiv eingeschätzt. Bei dieser Arbeitsteilung obliegt die Leitung dem Hausvater, der "*eine Art wählbarer Direktor einer Gesellschaft ist, die einen gemeinsamen, nicht geteilten Besitz beherrscht.*"[237]

Die Bewertung der Organisation der Zadruga - ob patriarchal-autoritär oder demokratisch-egalitär - ist ein heftig umstrittener Punkt. Interessant ist die Begründung Bobcevs gegen die Definition der Zadruga im Kroatischen Gesetz von 1870, in dem sie als "patriarchales Bündnis" bezeichnet wird: "... *nicht richtig ist auch die Bezeichnung "patriarchales Bündnis", da der patriarchale Charakter der Zadruga in ihrer neuen Formation weitgehend in eine demokratische Richtung geändert worden ist. Alle Mitglieder der Zadruga sind fast gleich und der Hausvater ist wohl eher ein primus inter pares.*" [238] Eine ähnliche Interpretation nimmt auch Gesov vor: "*Die Rechte und Verpflichtungen der erwachsenen männlichen Zadrugari kann man nach dem kommunistischen Prinzip resümieren: Jeder nach seinen Kräften, jedem nach seinen Bedürfnissen.*"[239] Das kollektive, nicht geteilte,

---

[235] *Bobcev, Stefan*: Balgarskata.., S. 192.

[236] *Bobcev, Stefan*: Balgarskata.., S. 52.

[237] *Gesov, Ivan*: Zadrugata..., S. 439.

[238] *Bobcev, Stefan*: Balgarskata celjadna..., S. 42.

[239] *Gesov, Ivan*: Zadrugata..., S. 441.

gemeinsame Eigentum, ist seines Erachtens ein wesentlicher Vorteil, da aufgrund der Flächengröße der Einsatz von Maschinen zur Bearbeitung des Bodens möglich und rentabel ist und die Einführung moderner technischer Ausrüstung generell erleichtert wird, sich dadurch die Effektivität der Arbeit steigert und breite Schichten vor Verarmung geschützt werden können.[240]

Bewertet und beschrieben als freie Assoziation gleichberechtigter Mitglieder[241] wird die Zadruga von den Familienforschern in der Diskussion über die Genossenschaften zum Leitbild erhoben.

Ausgehend von der international diskutierten Frage, inwieweit sich der Staat in die Entwicklung der Kooperationen einmischen soll, lehnt sich Gesov an den englischen Wirtschaftstheoretiker John St. Mill an. In der Selbstregulierung und im kooperativen Charakter der Zadruga mit kollektivem Eigentum, deren Grundprinzipien auch andere Formen der Genossenschaften in Bulgarien bestimmen (z. B. die Genossenschaften der Gärtner, Kooperationen für bestimmte landwirtschaftliche Arbeiten oder handwerkliche Genossenschaften), sieht er die Zukunft der Kooperationen für Bulgarien, und im Kooperationsprinzip die Zukunft der Entwicklung der Arbeitsverhältnisse. In verschiedenen Artikeln arbeitet Gesov die kooperativen Leitprinzipien der Zadruga aus, die er als konstituierend auf Assoziationen, die nicht auf Verwandtschaft basieren, sich aber im Rahmen relativ kleiner territorialer oder sozialer Mikrosphären formieren, zu übertragen versucht. Dabei unterstreicht Gesov die Gleichberechtigung und die wirtschaftliche Effizienz als Grundprinzipien solcher Vertragsassoziationen. Seiner Meinung nach eignete sich die Zadruga mit ihrer Binnenstruktur besonders gut als Leitbild für Genossenschaften: Zum Einen weil diese Familienform die Kontinuität auf dörflicher Ebene repräsentierte und stützte, zum Anderen wegen des ihr inhärenten Prinzip der Reziprozität.[242]

Zur Herausbildung von Produktionsgenossenschaften kam es aber nicht; diese Form der Kooperation war insofern am problematischsten, als in ihr der Widerspruch zwischen dem solidarischen und dem individualistischen Modus am stärksten

---

[240] *Gesov, Ivan*: Zadrugata..., S. 445-446.

[241] "Wenn ein Mitglied mit der Art und Weise der Leitung nicht zufrieden ist, hat es das Recht, sich von der Zadruga zurückzuziehen, ebenso hat auch die Zadruga das Recht, eines ihrer Mitglieder auszuschließen, wenn es ihr nicht dankbar ist" - *Gesov, Ivan*: Zadrugata..., S. 442.

[242] *Gesov, Ivan*: Naschite gradinarski druzestva. In: Periodicesko spisanie, B. 27-30, Sredez, 1888, S. 324-341; *Ders.:* Zadruznoto vladeene i rabotene v Balgarija. In: PSp, B. XXVII, S. 539-550; *Ders.:* Ovcarite v Tarnovsko i zetvarite ot Kotlensko. In: PSp, B. XXXII-XXXIII, S. 312-332.

ausgeprägt war. Der dörfliche Wirtschaftshaushalt war zugleich ein Konsumhaushalt, in dem neben der Gebrauchswertorientierung Wert- und Handlungsmuster dominierten, die nicht auf Zweckrationalität und Produktivitätssteigerung hin ausgerichtet waren, sondern vielmehr der Ansicht folgten, dass es, aufgrund der starken Naturabhängigkeit unmöglich sei, Wohlstand für alle zu erreichen woraus eine "Rationalität der Risikominimierung" resultierte. Diese klare Gegenposition zu den Leitprinzipien der Genossenschaften, die Effizienzsteigerung zu ihrem Ziel erklärten, führte zu einer spannungsgeladenen Konstellation.

Der Wirtschaftshaushalt konnte sich nicht als Grundlage der Genossenschaften durchsetzen. In der wirtschaftswissenschaftlichen Literatur Bulgariens stellte das Thema Familie einen Teilaspekt der Auseinandersetzung um die Genossenschaften dar. Die Veröffentlichung zahlreicher Schriften über die Genossenschaften in verschiedenen europäischen Ländern um die Jahrhundertwende in Bulgarien zeugt vom Interesse an den Formen des wirtschaftlichen Zusammenschlusses in Hinblick auf die Entwicklung Bulgariens. Darin wurden sowohl allgemeine Fragen und Grundsätze, verschiedene Organisationsformen, Traditionen und Funktionen der Genossenschaften bzw. Kooperativen abgehandelt als auch praktische Hinweise zu deren Gründung - einschließlich Musterformularen - und Tätigkeiten gegeben.[243]

Die Gründung von Genossenschaften setzt eine gebildete Dorfintelligenz und das Eindringen der Medien voraus und/oder eine stärkere soziale Differenzierung innerhalb des Dorfes, wobei in diesem Fall die Initiative zur Genossenschaftsbildung in der Regel von den größeren Dorfproduzenten ausgeht. Als Antwort auf die geänderten Markt- und Geldbeziehungen entstanden, die das Dorf vor neue Herausforderungen in Hinblick auf das Agieren und Wissen stellte, trugen die Genossenschaften ihrerseits durch die Erweiterung der kommunikativen Funktionen wesentlich zur stärkeren überlokalen Einbindung des Dorfes bei.

Auf die Frage, wie sich die Genossenschaften in Bulgarien auf dem Dorf konkret durchsetzten, welche exogenen und intern-lokalen Entwicklungen dabei - und unter Berücksichtigung der regional stark ausgeprägten Unterschiede – zusammenwirkten, kann hier nicht näher eingegangen werden. Immerhin bildete der genossenschaftliche Sektor in der bulgarischen Wirtschaft bis 1944 einen Hauptfaktor: Im Jahr 1944 gab es 3.158 Genossenschaften, darunter 2.232 Agrarkreditgenossenschaften, 432 Verwertungsgenossenschaften, 117 Volksbanken, 51 gewerbliche Genossenschaften

[243] Ausführlich dazu: *Preshlenova, Rumjana*: "Europa"..., S. 113-139.

und 6 Wohnbaugenossenschaften mit rund 1,5 Millionen Mitgliedern. Es gab eine landesweite Organisation und eine eigene genossenschaftliche Fachzeitschrift ("Kooperativno delo"). Von Seiten des Staates wurde eine genossenschaftliche Hochschule für die Ausbildung von Führungskräften errichtet, 3.600 Schülergenossenschaften sorgten für die Heranbildung des genossenschaftlichen Nachwuchses.[244]

Wichtig ist, dass in Bezug auf die Untersuchung der dörflichen Familienformen wirtschaftliche Überlegungen eine nicht unwesentliche Rolle spielten. Gesov setzte sich als Staatsmann und Wirtschaftsfachmann für eine aktive Politik des Protektionismus (Zoll-, Handels - und administrativen Protektionismus) ein. Dabei ging es um eine staatliche Stützung der Genossenschaften sowie der Landwirtschaft, des Gewerbes und der Industrie.

Die protektionistische Politik des neugegründeten bulgarischen Staates, die zugleich von einer breiten Debatte über Protektionismus - Liberalismus begleitet war[245], ist durch Faktoren der internationalen wie auch der innenpolitischen ökonomischen und sozialen Entwicklung bedingt. Die bulgarische Politik des "Wirtschaftsnationalismus" stützte sich auf die theoretischen Grundlagen der mitteleuropäischen "verspäteten Nationen" und folgte weitgehend diesem Beispiel. Im Kontext der internationalen Wirtschaft sah man in der protektionistischen Wirtschaftsphilosophie im Sinne von Friedrich List den Weg zur Modernisierung der Gesellschaft.

Bulgarien war, wie auch die anderen Balkanstaaten, auf die "europäischen" Länder als Wirtschaftspartner angewiesen. Der Zufluss ausländischen Kapitals, der neben Handels- und Verkehrsunternehmen vorwiegend die industrielle Entwicklung förderte[246], wurde in der zeitgenössischen bulgarischen Wirtschaftsdebatte einerseits befürwortet. Betont wurde die prinzipiell fortschrittliche Bedeutung des "wandernden" Kapitals und die Tatsache, dass es beiden Seiten (den kapitalexportierenden und -importierendn Staaten) nützt. Andererseits meldeten sich

---

[244] Über die Entwicklung des Genossenschaftswesens in Bulgarien: *Poppetrov, Nikolai*: Die bulgarischen Genossenschaften als politisches und wirtschaftliches Phänomen (1890-1940). In: Oberländer, Erwin/Lemberg, Hans/Sundhausen, Holm (Hg.): Genossenschaften in Osteuropa - Alternative zur Planwirtschaft? (= Schriftenreihe der Akademie Deutscher Genossenschaften, B. 10), Wiesbaden, 1993, S. 79-85.

[245] Preshlenova, Rumjana: "Europa"..., S. 113-139.

[246] *Preschlenova, Rumjana*: Bulgarisch-Österreichisch-Ungarische Wirtschaftsbeziehungen 1878 - 1914. In: Choliolcev, Christo/Mack, Karl-Heinz/Suppan, Arnold (Hg.): Bulgarisch-Österreichische Beziehungen 1878 - 1996 (=Miscellanea Bulgarica 12), Wien 1998, S. 18-29.

auch kritische Stimmen zu Wort, die die Frage nach der Interdependenz zwischen Auslandsverschuldung und politischer Abhängigkeit stellten. Auch der Handel wurde in seinen Auswirkungen nach zwei Seiten hin gesehen: Er galt als ein den Fortschritt fördernder Faktor, zugleich aber wurde die den bulgarischen Markt beherrschende Importware als Hauptursache für die chronisch negative Handelsbilanz des Landes gesehen, die die Verelendung vieler heimischer Produzenten nach sich zog. In den 90er Jahren des 19. Jahrhunderts wurde die nationale Bulgarische Ökonomische Gesellschaft mit Sitz in Sofia und mit Zweigstellen im ganzen Land gegründet, die Vertreter aller sozialen Schichten zu ihren Mitgliedern zählte. In der Zeitschrift der Gesellschaft fand die Diskussion über die Relation zwischen Eigenem und Fremdem in der Wirtschaft ausführlich Niederschlag, wobei eindeutig die Präferenz der Bevorzugung des Eigenen vor dem Fremden hervorgeht.[247]

II.5.6. "ZADRUGA"-FORSCHUNG UND RECHTSKODIFIZIERUNG

Die Anhänger der Zadruga, die auch zu den leitenden Staatsmännern ihrer Zeit gehörten, waren bemüht, die Zadruga als Basis der angestrebten Gesellschaftsordnung gesetzlich durchzusetzen.

Deshalb plädierte Gesov als Wissenschaftler und als Staatsmann für die Untersuchung der Zusammensetzung und der Funktionen der Zadruga, aber auch der Prozesse und Gründe für ihren Zerfall. Dem müsse nachgegangen werden, um effektive rechtliche Massnahmen setzten zu können.

Auch Bobcev vertritt ähnliche Positionen: Gerade die Teilung der Zadruga und die dabei entstehenden Teile, die Verantwortung für die Spaltung müsse untersucht werden, um diesen Prozessen durch eine entsprechende Gesetzgebung entgegen steuern zu können.[248]

In der Forderung nach staatlicher Unterstützung in Form einer gesetzlichen Regelung der Zadruga wird das Gewohnheitsrecht als Grundlage und Quelle herangezogen, wobei dessen Kodifizierung Resultat der Tätigkeit derselben Zadruga-Forscher war. Die Aufzeichnungen des Familien- und Erb-, des Vertrags-, Straf- und

---

[247] *Preschlenova, Rumjana*: Bulgarisch-Österreichisch-Ungarische...; *Dies.*: "Europa"..., S. 136 ff.

[248] *Bobcev, Stefan*: Balgarskata..., S. 3-4; 194.

Prozessualgewohnheitsrechts ist mit den Namen von Valtazar Bogisiz, Stefan Bobcev, Peter Odzakov, Ivan Ev. Gesov und Dimitar Marinov verbunden.[249]
In ihrem Versuch dieses Gewohnheitsrecht als Basis für die staatliche Gesetzgebung durchzusetzen, folgen die bulgarischen Forscher-Politiker ihren zeitgenössischen serbischen, kroatischen und montenegrinischen Kollegen. Bobcev führt das montenegrinische Zivilgesetz als lobenswertes Beispiel an. Charakteristisch ist, dass sowohl Gesov als auch Bobcev die kroatischen Gesetze, besonders die von 1870, 1874 bzw. 1889, kritisieren: Bobcev wendet sich, wie bereits erwähnt, gegen die Definition der Zadruga als "patriarchales Bündnis" im Gesetz von 1870 und weist in Anlehnung an den deutschen Wissenschaftler Karl Rhamm, auf die "verhängnisvollen Auswirkungen des Zerfalls der Zadruga", der durch das Gesetz von 1874 erleichtert wird.[250] Gesov kritisiert den Artikel 2 des damals aktuellen kroatischen Gesetzes von 1889, durch das die Bildung neuer Zadrugen in Kroatien verboten wurde. Nachdem Gesov als Hauptgründe für den zunehmenden Zerfallsprozess der Institution der Zadruga den allgemeinen "Geist des Individualismus" - konkret den "Egoismus der fähigeren ... und das Misstrauen der einfacheren Zadrugari" - und parallel dazu den Einfluss der Frauen benennt, beendet er sein Werk über die Zadruga mit dem Aufruf: *"Werden diese Ursachen es schaffen, das ganze System der Zadruga bei uns zu zerstören? Das wird zu einem guten Teil von unserer künftigen Gesetzgebung abhängen. Wenn auch wir ein Gesetz wie das Kroatische verabschieden, wenn auch wir die Entstehung neuer Zadrugen verbieten und das Überleben/den Fortbestand der Existierenden erschweren, so ist der Niedergang des ganzen Systems unvermeidlich. Doch wenn wir die Herausbildung und das Fortleben der Zadrugen ermöglichen/zulassen, dann werden die gegen die gemeinschaftlichen Haushalte gerichteten Einflüsse, welcher Art sie auch immer sein mögen, einen starken Gegner im Familiengeist der Bulgaren und in den unbestrittenen Vorteilen des Systems finden. Alte Zadrugen werden verschwinden, doch Neue werden sie ersetzen. Und noch lange Zeit werden Juristen und Ökonomen in Bulgarien eine Familieninstitution erforschen können, die das Glück so vieler*

[249] Außer den bereits zitierten Werken dieser Autoren sind auch die folgenden Untersuchungen zu erwähnen: *Bobcev, Stefan*: Sbornik na balgarskite juridiceski obicaj. Bd.1 Plovdiv, 1896; Bd. 2 Sofia 1902; Bd. 3 Sofia 1915; *Ders.*: Balgarsko obicajno sadebno pravo. In: SbNU, XXXIII, Sofia, 1917; *Ders.*: Balgarsko obicajno nakazatelno pravo. In: SbNU, XXXVII, Sofia, 1927.
[250] *Bobcev, Stefan*: Balgarskata..., S. 126.

Generationen bei uns hervorgebracht hat und die die Bewunderung so vieler Wissenschaftler aus Europa auf sich gezogen hat."[251]

Deutlich ist auch die Position Bobcevs, der ebenfalls ein Verfechter der rechtlich gestützten Erhaltung der Zadruga und der gemeinschaftlichen Lebensweise im Bereich der Landwirtschaft ist. Vor allem das kollektive Eigentum soll rechtlich vor der Zerstückelung bewahrt werden, indem man als Eigentümer des Gesamtbesitzes die Zadruga als juristische Person anerkennt, indem man die Teilung der Zadruga nur unter bestimmten Bedingungen zulässt u.a.m.[252]

Die wichtigsten Untersuchungen der Zadruga[253] fallen in die Periode, in der die grundlegenden Bestandteile des Rechtssystems aufgebaut werden mussten. Die Errichtung eines modernen Rechtssystems erfolgte weitgehend auf Basis des römischen Rechts.[254] Bei der Rezeption ausländischer zivil-, prozess- und strafrechtlicher Normen versuchte man die "Sitten und Gepflogenheiten" der bulgarischen Bevölkerung zu beachten. Wesentliche Anstöße dafür kamen auch von Außen. Bezeichnend ist, dass die russische Regierung in Übereinstimmung mit dem montenegrinischen Fürsten 1872 die Ausarbeitung des Zivilrechts für Montenegro dem Forscher und Juristen Valtazar Bogisic, einem leidenschaftlichen Anhänger der Zadruga, anvertraut, der nach der Ausarbeitung der Gesetze auch Justizminister Montenegros wird. Das bereits skizzierte Forschungsprogramm von Bogisic bildet auch in Bulgarien die Grundlage der Untersuchung der Zadruga. Der 1883 erstellte Fragebogen Bobcevs[255] stützt sich sowohl darauf als auch auf das Programm des russischen Gelehrten und Politikers P.A. Matveev[256], der zu jener Zeit als Ratgeber in der Justizdirektion von Ostrumelien tätig war.

---

[251] *Gesov, Ivan*: Zadrugata..., S. 448-449.

[252] *Bobcev, Stefan*: Rezensija. In: Juridiceski Pregled, II, 1906; *Ders.*: Balgarskata.., S. 4, 12, 28, 134-135.

[253] Außer den behandelten Untersuchungen sind auch die Publikationen von Peter Odzakov und Baldziev in den 90er Jahren des 19. Jahrhunderts über das Familienrecht und die Familiengemeinschaften zu nennen.

[254] Über die verschiedenen Nuancierungen: *Andreev, Michail*: Istorija na balgarskata burzoazna darzava i pravo 1878 - 1917. Sofia, 1980, S. 115-118.

[255] *Bobcev, Stefan*: Za sabiraneto i izucavaneto na narodnite juridiceski obicaj. In: Nauka, Plovdiv 1883, N 11-12.

[256] *Matveev, P.A.*: Sbornik narodnjih juridiceskih obicaev. In: Zapiski imperatorskogo Geograficeskago obschtestva. I t. St. Peterburg 1878.

Das weitgehende Zusammenfallen der wissenschaftlichen und politischen Elite ist ein wesentliches Charakteristikum der Entwicklung Bulgariens in den ersten Jahrzehnten nach der Nationalstaatsgründung.[257]
Die Stellung der führenden "Zadruga-Forscher" war umso bedeutender, da sie als Staatsmänner und Juristen aktiv am Aufbau des Rechtssystems des neu gegründeten Staates teilnahmen. In den ersten Jahrzehnten nach der Konstituierung des Nationalstaates verabschiedet der Oberste Gerichtshof (Varhoven kasazionen sad) die Verordnung, nach der "*sich die Regionalgerichte beim Fehlen ausdrücklicher Gesetze von den allgemeinen oder lokalen Bräuchen leiten lassen können, wenn die Letzteren der Gesellschaftsordnung und den guten Sitten nicht widersprechen*". Aufgrund dieser Verordnung konnten einige Regionalgerichte Beschlüsse fassen die, ausgehend von der Definition der Zadruga, das kollektive Eigentum unter Schutz stellten.[258] Zu berücksichtigen ist dabei die aktive Partizipation der Erforscher der Zadruga nicht nur bei der Verschriftlichung/Kodifizierung und Rekonstruktion des Gewohnheitsrechts, sondern auch als Organe der zentralen und regionalen Gerichtsbarkeit.
Nach 1878 ist Peter Odzakov Generalanwalt (glaven prokuror) im Obersten Gerichtshof, arbeitet als Anwalt und Richter in den Regionalgerichten von Vidin und Vratza, ist Rechtsverteidiger in Russe; Dimitar Marinov ist 1879 Abgeordneter in der konstituierenden Volksversammlung in Tarnovo, 1879-87 ist er Vorsitzender der Regionalgerichte in Lom, Russe, Silistra und Vidin.
Stefan Bobcev beginnt seine politische Tätigkeit in Ostrumelien als Vorsitzender des Regionalgerichts (1880), wird 1883 Mitglied und danach Vorsitzender des Obersten Administrativgerichtes und wird 1884-1885 zum Direktor der Justiz von Ostrumelien. Nach der Vereinigung Bulgariens 1885 ist er Volksvertreter in der Volksversammlung (in der 8., 9., 13., 14.) und wird Minister der Volksbildung in der Regierung Gesov (1911-1912). Auf größte Ablehnung seinerseits, begleitet von heftigen Reaktionen, stießen das Erbgesetz von 1890, nach dem Töchter und Söhne als gleichberechtigte Erben anerkannt wurden (und die Scheidung geregelt wird) und das Gesetz über die persönlichen und Eigentumsbeziehungen in der Familie, nach dem der Ehefrau Eigentumsrechte am gemeinsamen Besitz (Gut) zuerkannt

[257] *Kassabova, Anelia*: Die Politik in der Volkskunde - die Volkskunde in der Politik. In: Dressel, Gert/Rathmayr, Bernhard (Hg.): Mensch-Gesellschaft-Wissenschaft. Versuche einer Reflexiven Historischen Anthropologie. Innsbruck, 1999, S. 112-115.
[258] *Bobcev, Stefan*: Balgarskata..., S. 28, Anm. 1.

wurden.[259] Diese Gesetze wurden von ihm als "Schlag gegen die Zadruga, der ihr die Grundlage entreißt"[260] bewertet.
Interessant ist, dass die "Theorie der Krise der Familie" selbst im Frankreich des 19. Jahrhunderts aktuell war: Die "Zerrüttung" der Familie sah man als Folgeerscheinung des revolutionären Code civil. Der Staat mit seiner Gesetzgebung wurde für die Dekadenz der Familie und für den sich durchsetzenden Individualismus verantwortlich gemacht: Als Ursachen werden die Erbgesetze, das Scheidungsrecht, die Schwächung der väterlichen Autorität genannt. Diese Sichtweisen wurden sowohl von katholischen Theologen (Louis de Bonald, Auguste Comte) als auch von Soziologen (Frederic Le Play) vertreten. Die Instabilität der Arbeiterfamilie beklagend, hebt Le Play die Notwendigkeit einer staatlichen Unterstützung für die Rückkehr zur Stammfamilie hervor, die die patriarchale Autorität gewährleistet und die Kontinuität der Werte über Generationen sichert.[261]
In Frankreich und in Deutschland, wo analoge Einstellungen verbreitet waren, kam es nicht zu Änderung der Erb- und Familiengesetze. Obwohl sich in Bulgarien prinzipiell das Zivilrecht durchsetzte, das auf dem römischen Recht in der damaligen Variante des italienischen Codice civile gründete, konnten dank der aktiven juristischen und Popularisierungsarbeit der Familienforscher zwei Novellierungen des bulgarischen Erbgesetzes von 1890 verabschiedet werden – im Jahr 1896 und im Jahr 1906[262]. Den Novellierungen nach dürften die weiblichen Nachkommen die Hälfte dessen, was die männlichen bekamen, erben – diese Regelung bezog sich auf die nicht bedeckten Immobilien, sowie auf die Mobilien, die als zugehörig zum landwirtschaftlichen Gut galten. In der Debatte über den Patriarchalismus und über die unterschiedlichen Familienmodelle, eine Debatte, die heute erneut an Aktualität gewinnt, wird der Ausschluss der Töchter vom Miteigentum mit der patrilokalen Heiratsordnung verbunden und als ein kulturell begründetes Prinzip der patrilinearen,

---

[259] Erbgesetz von 1890 - DW, N 20, 25.1. 1890.
[260] *Bobcev, Stefan:* Balgarskata..., S. 135.
[261] Dazu: *Segalen, Martine*: Die Familie. Geschichte, Soziologie, Anthropologie. Frankfurt/New York. 1990, S. 22-24, 40-41; *Le Play, Frederic*: L'Organisation de la famille. Paris, 1884, (Aufl. 1971, S. 8).
[262] Zakon sa dopalnenija v Zakona sa nasledstvoto ot 17.12. 1889 – DV N 29, 6.2.1896
Zakon sa ismenenie I dopalnenie na njakoi clenove ot Zakona sa nasledstvoto – DV N 29, 7.2.1906 Ausführlicher über die Novellierungen im Erbgesetz – *Kassabova-Dintcheva, Anelia*: Ot obicaj kam zakon? In: Balgarska Etnologia, 2002/2 (im Druck)

komplex strukturierten Familie erhoben.[263] Bei der Erklärung dieser Norm in der ersten Hälfte des 20. Jahrhunderts muss die Bedeutung des kodifizierten Rechtes in Betracht genommen werden – die im offiziellen Recht fixierten Normen bewirkten ein bestimmtes Rechtsbewusstsein. Bei der Interpretation der Gesetze muss man in der Analyse auch die Wirkung der Tätigkeit der Wissenschaftler-Rechtsschreiber miteinbeziehen. Machtwirkungen übt eine diskursive Praxis in mehrfacher Hinsicht aus, etwa in Gestalt leichten Zugangs zu den Medien, Verfügung über grössere Ressourcen, durch die Institutionen etc. Betonen möchte ich noch einmal, ist ich diesen dominierenden Diskurs nicht auf verzerrte Wirklichkeitssicht oder notwendig falsche Ideologie reduzieren möchte. Er stellt eine eigene Wirklichkeit dar, die gegenüber der 'wirklichen Wirklichkeit' keineswegs nur Verzerrung ist. Indem aber ein begrenztes 'positives' Feld beschrieben wurde, blieben dadurch mögliche andere Aussagen, Fragestellungen, Blickrichtungen, Problematiken usw. weitgehend ausgeschlossen.
Man bewegte sich vom Modell zur Realität und versuchte, vor allem über das Bildungs- und Rechtssystem, die konstruierten Strukturen zu verdinglichen. All diese Faktoren, die auch mit Rechtskodifizierung verbunden waren, führten dazu, dass sich diese einflussreichen Theorien auch als kollektive Vorstellungen durchsetzen konnten.

II.5.7. FÜHRENDE METHODEN DER ZEITGENÖSSISCHEN FAMILIENFORSCHUNG

Die Gründe für das Interesse der führenden bulgarischen Forscher an der Zadruga entsprachen dem zeitgenössischen internationalen Stand der Wissenschaft, sie waren durch die allgemeine Gesellschaftsentwicklung bedingt und sind Ausdruck bestimmter Einsichten über die nationale wirtschaftliche und soziale Entwicklung. In dieser Familienform sah man eine Stütze in den unruhigen und unsicheren Zeiten zunehmender Urbanisierung und Industrialisierung. Das Bild der Zadruga als eine - gemeinschaftlich orientierte - Alternative zur Moderne sollte der nationalen Homogenisierung dienen. Zugleich suchte man gerade durch diese spezifische

---

[263] *Mitterauer, Michael*: Historisch-anthropologische Familienforschung. Fragestellungen und Zugangsweisen. Wien-Köln-Weimar 1990, 92-94; 112-115; *Kaser, Karl:* Familie und Verwandtschaft auf dem Balkan. Analyse einer untergehenden Kultur. Wien-Köln-Weimar 1995,347 ff; *Ders.*: Macht und Erbe. Männerherrschaft, Besitz und Familie im östlichen Europa 1500-1900. Wien-Köln-Weimar.

Konstruktion der Institution Familie die Modernisierung des politischen und wirtschaftlichen Lebens zu ermöglichen und zu erleichtern.

Analog zur gesamten Volkskulturforschung im südost-, ost- und mitteleuropäischen Raum, sind Familienuntersuchungen in Bulgarien den Methoden nach vergangenheitsorientiert.[264] So endet Bobcev seine Anleitungen für den Sammler mit folgender Anweisung zu den notwendigen Quellen: "*1. Er (der Sammler) muss erfahrene Greisen (starzi), Grossmütter und andere Menschen befragen, die etwas über die Rechtsbräuche wissen oder sich an etwas erinnern können; 2. Sie müssen alle Sprüche und Märchen aufschreiben, die in Zusammenhang mit Handelsbeziehungen, Streitigkeiten, Verlöbnisse und Zurückweisungen von Heiratsanträge, Heirat und Scheidung, Erbschaft, mit dem Teilen etc. stehen; 3. Alle Entscheidungen aufschreiben, die von den Weisen (starej) schriftlich oder nicht schriftlich zu verschiedenen Streitigkeiten gefällt worden sind, unlängst oder vor langem.*"[265]

Die Bemühungen einen älteren, nicht aktuellen Zustand zu rekonstruieren, expliziert auch Dimitar Marinov, dessen Materialien über die Zadruga in Nordwestbulgarien die höchste Anerkennung der nächstfolgenen Volkstums- und Familienforscher gefunden haben; sie gelten als "authentisch" und bilden die Grundlage späterer Interpretationen. Im Vorwort zum sechsten Band seiner Sammlung mit dem bezeichnenden Titel "Lebendiges Altertum" schreibt Marinov 1907 in Bezug auf die Rechtsbräuche: "*(...) Da ihm (unserem Volk - A.K.) das eigene Staatsleben entzogen war (Osmanenherrschaft - A.K.), und es von jeder direkten Teilnahme an der Staatsorganisation und vom Staatsleben des fremden Herrschers fern gehalten worden war, hat es diese fremde Staatsorganisation verachtet und, beschützt durch sein Familien- und Dorfleben, weiterhin Gesellschafts- und Familienbeziehungen und Auseinandersetzungen auf Grund seiner alten Rechtsbräuche geregelt, die als wertvolles Erbe von unserer glorreichen Vergangenheit geblieben sind.*"[266]

Bei aller Gewissenhaftigkeit seiner ausführlichen Untersuchungen der Volkskultur, ist die Tendenz zur "Veralterung", zur "Archaisierung" der Phänomene deutlich sichtbar. Als Beispiel dafür werden in einer neueren Publikation seine Methoden zur Beschreibung und Bewertung des Levirats in Bulgarien dargestellt: Die

[264] *Ivanova, Radost:* Die bulgarische Ethnologie..., S. 37-42; *Benovska-Sabkova, Milena:* Die Ethnologie – ein Abbild..., S. 65-75.

[265] *Bobcev, Stefan*: Za sabiraneto..., S. 10-11.

[266] *Marinov, Dimitar*: Balgarsko..., B.2, S. 3.

Interpretationen gründen auf Einzelaussagen, dabei indirekten, sowie auf Legenden und Volksliedern. Abweichungen - etwa von den Heiratsnormen - werden als Regel präsentiert.[267]

Der vierte Band der Reihe ist dem Zivilrecht gewidmet und bildet die eigentliche Untersuchung der Zadruga.[268] Die Darstellungsweise enthält keine Hinweise auf die Quellen und auf die methodische Vorgangsweise - außer, dass alte Menschen - Männer wie Frauen - interviewt worden sind. In Antwort auf die Fragen wurden dann von Dimitar Marinov verallgemeinerte Beschreibungen und illustrative Beispiele gegeben. Legenden, Sprüche, Volkslieder und -märchen werden oft als Beweis herangezogen. Die wertende Einstellung des Autors, der besonders in den Einflüssen der neuen Ausbildung durch Schule und Armee die Ursachen für das Verderben der guten und "demokratischen" patriarchalen Sitten sieht[269], wird dabei deutlich sichtbar. Unsichtbar jedoch bleibt die gesamte Interaktion zwischen ihm und den befragten Personen.

Im Unterschied zur knappen Erstdefinition von Vuk Karadzic ("Mehrere Familien in einem Haus") liefert Marinov, in Kenntnis der zeitgenössischen wissenschaftlichen und gesetzlichen Formulierungen über die Zadruga, eine ziemlich detaillierte Definition dieser Familienform: "*Mehrere Familien, die in einem Hof wohnen, gemeinsam arbeiten, gemeinsam verdienen, gemeinsam essen und gemeinsam verwaltet werden. Diese Familien sind untereinander durch nahe Verwandtschaft verbunden.*"[270]

Dimitar Marinov untersuchte die Region Nordwestbulgaiens und sammelte seine Materialien in über 238 damaligen Dörfern und Kleinstädten. Im Zuge der Definition der Zadruga und unter der Annahme, dass man ab einer Anzahl von mehr als neun Mitgliedern eine Familie als Zadruga bezeichnen kann, gibt Marinov in seinem Werk über die Zadruga (Band 4) für die gesamte Region 18 Beispiele für typische Zadruga-Familien. Wenn man dazu noch jene Beispiele zählt, die als Zadruga angegeben werden, bei denen aber die Verwaltung und die Vertretung nach außen nicht dem Ältesten (was seines Erachtens der Tradition entspräche), sondern dem Sohn zukommt - 16 Fälle, und die weiteren drei angeführten Fälle von Zadruga-Familien,

---

[267] *Benovska-Sabkova, Milena*: Die Etnologie - ein Abbild der Welt. In: Beitl, Klaus/Johler, Reinhard (Hg.): Bulgarisch-österreichisches Kolloquium Europäische Ethnologie an der Wende: Perspektiven - Aufgaben - Kooperationen. Ethnographisches Museum Schloss Kittsee, 2000, S. 65-76.

[268] *Marinov, Dimitar*: Balgarsko..., B. 1, Sofia, 1995 (1. Aufl. 1894).

[269] *Marinov, Dimitar*: Balgarsko... , B. 1, S. 52-53; 60 ff.

in denen ein jüngerer Bruder Hausherr wird, so gibt das insgesamt 37 Fälle. Sogar für Dörfer, für die diese Familienzusammensetzung und -organisation als typisch bezeichnet wird, sind nicht mehr als drei Beispiele pro Dorf verzeichnet.[271] Seine Angaben im Band zwei - "Lebendiges Altertum" - über einen bis zu 39 Zadruga-Haushalten je Dorf in der Region um Vidin, Lom, Kula, Kutloviza, Berkovitza, Pleven und Bratza sind die höchsten Ziffern über die Zadruga in Bulgarien, auf die sich viele weitere Wissenschaftler stützen. Obwohl Dimitar Marinov ein quantitatives Merkmal als Definitionskriterium annimmt, ist seine Untersuchungsmethode eine qualitative. Dennoch bleiben sowohl die Vorgangsweise, die Interaktion zwischen dem Forscher und den Erforschten, als auch das prozentuelle Verhältnis zwischen den verschiedenen Familientypen weitgehend unklar.

Eine ähnliche ist die Verfahrensweise von Ivan Gesov: Nachdem er schreibt, dass "man mir (Ivan Gesov) versichert hat, dass im heutigen Makedonien die Zadruga nicht nur in den Dörfern sondern auch in den Städten vorzufinden ist", untersucht Gesov drei Bezirke in Westbulgarien (Sofia, Tran, Kjustendil). Er beginnt mit dem Dorf Gorna Banja - mit der Beschreibung einer Zadruga. In dem Dorf gäbe es "circa 20" Zadruga-Familien (bei einer Zahl von 74 Häusern). In den zwei Nachbardörfern war seinerzeit keine Zadruga mehr vorhanden. In Dragalevzi findet er zwei Zadrugen (bei 114 Häusern). "*Am linken Ufer des Iskar-Flusses trifft man die Zadruga öfters an; am rechten ist sie selten vorzufinden. Im Dorf German hätte es eine gegeben, (...) aber auch sie hat sich neulich geteilt.*"[272]

Um trotzdem die Regelhaftigkeit der Zadruga zu beweisen, stützt sich Gesov, Interpretationen von Konstantin Irecek folgend, auf die Dorfnamen, die der Endung nach (-ovzi, -evzi) von den Eigennamen der ersten Stammväter hergeleitet sein könnten. In seiner Reisebeschreibung Bulgariens vermerkt Irecek in Bezug auf die Zadruga: "*Das gemeinsame Wohnen von einigen Brüdern mit ihren Kindern und Enkelkindern (serb. Zadruga, österr. Militärgrenze genannt Hauskommunion) unter der Leitung eines Alten (starej), das unter den Serben, Kroaten und Albanern früher überall normal gewesen ist, aber in unserem Jahrhundert, besonders in Fürstentum Serbien, schnell verschwindet, ist in Bulgarien nur in einigen Überresten erhalten geblieben. Vorwiegend hat der Hausherr (domovladika, stopanin, djado) in seinem*

[270] *Marinov, Dimitar*: Balgarsko..., B. 1, S. 50.
[271] *Marinov, Dimitar*: Balgarsko...,B. 1, S. 50-55.
[272] *Gesov, Ivan*: Zadrugata..., S. 435.

Haus nur seine Kinder, von denen die meisten sich außerhalb des Vaterherdes einrichten. Sogar das gemeinsame Wohnen von einigen Brüdern mit ihren Kindern (celjad) ist selten anzutreffen. In den kleineren Städten in Sredna Gora (z. B. Koprivschtiza) gibt es Familien, die fast 40 Mitglieder zählen, aber sie leben in keinerlei juristisch vereinten Gesellschaft und wohnen auch nicht zusammen."[273]

Auf die theoretische Schwierigkeit ein Modell eher auf Basis von Ausnahmen denn von Regelfällen aufzubauen, weist die Auseinandersetzung Bobcevs mit einschlägigen statistischen Daten hin. Parallel zur Ausfertigung seines Fragebogens, 1883, unternimmt Bobcev eine Studie der Zadruga in der Hissar-Region (Westbulgarien). Die Resultate fasst er auf folgende Weise zusammen: "*In Bulgarien ist der Großhaushalt eine Seltenheit und sicher irrt sich jener, der ihn als Gesamtregel wahrnimmt. Er muss in alten Zeiten existiert haben, weil man in einigen Liedern und Märchen sieht, dass sich der Hausherr mit seinem großen Haushalt geehrt hat (Bobcev stützt sich auf den russischen Volkslieder-Sammelband von Kacanovski - A.K.). Gemäß der Behauptung von Zinzivov in seiner Erzählung "Vergangenheit" hätte es in der Region um Prilep (Makedonien) große Haushalte gegeben. Wir zweifeln an der Glaubwürdigkeit der Angaben von Bogisic über Ljaskovez, über den Schopen und Polenzen in Bezug auf die Großfamilie.*"[274]

Aufbauend auf die statistischen Angaben (Zensusdaten) verweisen die Forscher auf Probleme mit der Definition der Zadruga. "*Nach der Statistik der Bevölkerung in Nordbulgarien, zählt bei uns 1881 (der erste Zensus - A.K.) der Haushalt 5,9 Mitglieder. Ausgehend von der Tatsache, dass es damals bei uns viele leere türkische Häuser gegeben hat, bin ich geneigt zu glauben, dass beim ersten Zensus bei uns der bedeutsame Fehler eingetreten sind, dass unsere Bulgaren ihre Kinder verborgen haben: wenn für Russland pro Haus 9,1 Personen angegeben werden und für Deutschland 7,7 (Mulhall's Dictionary of Statistics, p. 235), wie kann es möglich sein, dass in Bulgarien bei unseren Familienverhältnissen nur 5,9 Personen auf ein Haus kommen?*"[275]

Die Probleme mit den verschiedenen Kriterien und unterschiedlichen Verfahren bei der Durchführung und Ausfertigung der Zensuslisten, was einen Vergleich auf Basis statistischer Daten erschwert und in Frage stellt, spricht auch Bobcev an.[276]

[273] *Irecek, Konstantin*: Knjazestvo..., B. 1, S. 86.
[274] *Bobcev, Stefan*: Materiali za balgarskoto obicajno pravo. In: Nauka, III, 1883.
[275] *Gesov, Ivan*: Zadrugata..., S. 438.
[276] *Bobcev, Stefan*: Balgarskata..., S. 47-49.

Bobcev stellt zudem die Frage nach der Größe des Haushalts als Kriterium beim Definieren der Zadruga: *"Ab welcher Anzahl der Mitglieder eines Haushalts kann man annehmen, dass er eine Zadruga ist?"* und weist darauf hin, dass verschiedene Wissenschaftler eine unterschiedliche Zahl als Kriterien annehmen - von über sechs bis über zehn Mitglieder.[277]

Für Bobcev ist die Anwendung der statistischen Methode eine "unverlässliche" (nenadezden), da die Größe des Haushaltes nur ein relatives und kein bestimmendes Kriterium ist.

Er selbst teilt die Familie in Bulgarien in drei Typen: *"1/ Gewöhnliche - bestehend aus Vater und Kindern, in der das Eigentum in Privatbesitz des Vaters ist; 2/ Gemeinschaftliche (zadruzna) (mit gemeinsamen Eigentumsrecht - A.K.)", die er unterteilt in: "A) Einfache, in der serbischen Terminologie inokosna, die aus Vater und seinen Kindern besteht und B) Erweiterte oder volle, echte Zadruga, die aus einigen Familien (celjadi) zusammengesetzt ist. Letztere können ihrerseits minderzahlig oder zahlreich sein (...).Eine volle Zadruga, die wir auch 'echte' nennen würden, kann nicht unter 10-12 Mitglieder zählen. Wenn wir annehmen, dass alle Haushalte mit mehr Mitgliedern volle Zadrugen sind, so werden wir 31.070 Zadrugen haben. Bei dieser Anzahl in Relation zu allen Haushalten 663.976 + 281.403 (nach der Statistik von 1900 und 1906 - A.K.) kann man nicht nicht annehmen, dass sie (die Zadruga - A.K.) eine Seltenheit ist."*[278]

Um der behaupteten Dominanz der Institution Zadruga in Westbulgarien nachzugehen, unternimmt Bobcev 20 Jahre nach der Untersuchung dieser Region durch Gesov eine eigene Forschung. Seinen Resultaten nach sind außer zwei alle anderen von Gesov namentlich erwähnten Zadrugen in dieser Periode zerfallen.[279]

Trotzdem nennt Bobcev die Zadruga die Grundfamilienform in Bulgarien. Dafür greift er auf eine bereits bei Bogisic angelegte Interpretation zurück: nämlich die Deutung und die Definition der Zadruga als Prozess. *"Nach der Teilung der alten Zadruga, halten die neu gegründeten kleinen Familien die Traditionen, die Bräuche, die Charakterzüge der alten Zadruga-Mutter aufrecht. Sogar die Einsamen (samzi), sogar getrennte Ehefrauen und -männer betrachten ihr Ehebündnis, losgelöst vom alten Haus, als eine künftige Zadruga, das heißt als ein Bündnis, das sich zuerst im gemeinschaftlichen Haushalt, danach in echter Zadruga entwickelt." Als Beispiel*

[277] *Bobcev, Stefan*: Balgarskata..., S. 49.
[278] *Bobcev, Stefan*: Balgarskata..., S. 50.
[279] *Bobcev, Stefan*: Balgarskata..., S. 50f.

dafür gelten Bobcev Neuentstehung von Zadrugen (zitiert werden für Westbulgarien 19 Fälle). So kommt Bobcev zum bereits zitierten Schluss, dass "das Gemeinschaftliche/Kooperative ein notwendiges Element des Bauernhaushaltssystems in Bulgarien ist".[280]

II.5.8. DIE KONSTRUIERTE "TRADITION" IN DER ZADRUGAFORSCHUNG

Beim Versuch der Begründung dieses spezifischen "Familiensystems" und "Familiengeists" spielt die Berufung auf "die Tradition" eine führende Rolle. Einerseits geht man von "der Tradition" aus, um den zeitgenössischen Zadruga-Geist zu begründen, zugleich beweist man durch das Existieren solcher Familienformen in der zeitgenössischen Gegenwart ihre "Traditionalität" und "Altertümlichkeit". Die Zadruga wird als eine alte Gesellschaftsform gedeutet, deren kollektivistische Normen und Werte unverändert durch die Jahrhunderte weitergegeben wurden und ihr Beibehalten bedingen. Ihr Vorhandensein in der Gegenwart ist der Hauptbeweis für ihre Verbreitung auch in früheren historischen Epochen.

Im selben Maß, indem die Darstellung der Zadruga als Grundform der zeitgenössischen Familienstruktur ein wissenschaftliches Konstrukt ist, ist auch die sogenannte Tradition ein wissenschaftliches Konstrukt. Der Konstruktcharakter wird deutlich, wenn man Methoden und Quellen analysiert. Hauptmethode ist das Extrapolieren gegenwärtiger ethnographischer Daten auf frühere geschichtliche Epochen.

Ein markantes Beispiel um diese Vorgehensweise zu veranschaulichen: Nachdem er bemerkt, dass er selbst keine Quellen über die Zadruga in Bulgarien vor der Zeit der Osmanenherrschaft finden kann, schreibt Gesov: "*Ich traf nur auf ein Wort, das mir zu beweisen scheint, dass im 12. Jahrhundert die Zadruga zumindest unter den makedonischen Bulgaren existiert hat: Das ist das Wort δροδγγος das Michail Akominat für die Bezeichnung einer Institution gebraucht. Da sie (diese Institution - A.K.) keine militärische oder zivile zu sein scheint, könnte sie vielleicht ein Familieninstitution sein.(...) Könnten wir in Hinblick darauf, dass sich die Zadruga auch heutzutage am zahlreichsten in Makedonien bewahrt hat, worüber Michail Akominat schreibt, nicht vermuten, dass δροδγγος hier gemeinschaftlicher Haushalt Zadruga bedeutet?*"[281]

---

[280] *Bobcev, Stefan*: Balgarskata..., S. 51-54.
[281] *Gesov, Ivan*: Zadrugata..., S. 432-433.

Ausgewählte Volkslieder, Legenden, Sprüche und Märchen wurden - wie erwähnt - oft als Beweismaterial für die Existenz komplexer Familienformen und als Zeugnis für die tiefen historische Wurzeln eines immanenten kollektivistischen "Volksfamiliengeistes" herangezogen. Dabei wurde nicht berücksichtigt, dass diese Quellengruppen eine späte Realität widerspiegeln, und dass auch sie durch dieselbe selektive Suche gesammelt wurden wie die Familienbräuche selbst.

Als Grundbeweis für das Existieren der Zadruga schon im Mittelalter gilt die Gesetzgebung der mittelalterlichen Staaten. Der Vergleich mit und das Auffinden von Analogien zu anderen mittelalterlichen Staaten zeichnet sich dabei als führende Methode ab. "*Vom alten bulgarischen Staat haben wir kein gesetzliches Denkmal, das direkt über die Familienorganisation, gemeinschaftlicher oder anderer Art, Angaben macht (...). Deshalb sind wir gezwungen, mit der vergleichenden Untersuchung zu arbeiten und einige Daten von anderen südslawischen und allgemein slawischen Gesetz- und Rechtsdenkmälern zu entlehnen (...).*"[282]

Die Forschungsstrategie bestimmt den Kontingenzbereich der Sammlung und Produktion von Datenmaterial, indem sie Zugänge und Perspektiven zugleich eröffnet und verschließt. Die systematische Datenproduktion und das kontrollierte Einbeziehen von Datenmaterial ist immer eine Folge von Forschungsaktivitäten und keine forschungsunabhängige "objektive" Größe.

Die spezifische Vorgangsweise konstituiert das analysierte Phänomen durch die selektive Ausgrenzung und Bearbeitung desselben. Weitenteils hängen die Ergebnisse von der Strukturierung des Forschungsprozesses ab. Der Forschungskontext lässt sich nicht aus der Erkenntnistätigkeit wegdefinieren, weil das "Produkt" immer durch den Kontext konstituiert und geformt wird.[283] Das bedingt die Notwendigkeit, die Arbeit des Wissenschaftlers, seine aktive Positionierung im sozialen Feld auch explizit einzubeziehen. Genauso wie jedes anderes Datenmaterial sind auch die Produkte wissenschaftlicher Arbeit zu behandeln, wobei die Autoren oft ihre Selektivität offenlegen, was eine Analyse, eine Einordnung erleichtert.

Die gesellschaftlich-politischen Beweggründe und Motive des Forschungsinteresses definierten die Konzentration auf eine bestimmte Form der Familienorganisation (die Zadruga), die selektive Auswahl zeitgenössisch bekannter Quellen (sowie eine gleichermaßen selektive Produktion von Datenmaterial). All' das läßt sich sicher

---

[282] *Bobcev, Stefan*: Balgarskata..., S. 26.

[283] *Lueger, Manfred*: Grundlagen..., S. 36.

nicht als gezieltes Ignorieren oder Falsifizieren deuten. Vielmehr ist es Ausdruck der historischen Rahmenbedingungen der Produktion wissenschaftlichen Wissens.

II.5.9. FAMILIENBILDER-POPULARISIERUNGSARBEIT

Das Konstrukt sollte Teil der gegenwärtigen Kultur werden und mit seiner Propagierung wurde ein ausgeprägtes pädagogisch-erzieherisches Ziel verfolgt: Die Verinnerlichung gewisser Wert- und Normvorstellungen, so dass sie in einem fortschreitenden Prozess schließlich zu Kräften der Selbstmotivierung und Zielen des eigenen Handelns mögen werden.

Diesem Zweck diente breite Popularisierungsarbeit und das Heranziehen der lokalen Intelligenz zur Mitarbeit. Bereits das 1874 in bulgarischer Übersetzung erschienene Fragebogenprogramm von Bogisic wurde vom bulgarischen Übersetzer, Juristen und Popularisatoren Odzakov mit der Inschrift versehen: "*Wage niemand dieses Buch zu verkaufen, es muss kostenlos jedem Lehrer und den wissbegierigen Bulgaren ausgeteilt werden.*"[284]

Sowohl Gesov als auch Bobcev teilen ihr Bedauern mit, dass trotz ihrer Bemühungen und den Bemühungen ausländischer Wissenschaftler (wie Kanitz und Laveleye) wenige "gebildete Bulgaren" Informationen über die Zadruga gegeben haben. Sie selbst wenden sich an "Freunde, Lehrer, Priester, Bürgermeister und andere entwickeltere Personen in Bulgarien" und gründen auf den Materialien, die von Angehörigen dieser Sozialschichten gesammelt wurden, ihre Aussagen.

Der Fragebogen von Bobcev wird im ganzen Land versandt. Dass die Aktion auch einem Staatswunsch entsprach, bezeugt das 1893 veröffentlichte und verbreitete offizielle Programm über Volksrechtsbräuche des Ministeriums der Volksausbildung (narodnoto prosvestenie). Damit bezweckte man, die Sammel- und Popularisierungstätigkeit zu aktivieren.[285]

Will man die zeitgenössischen wissenschaftlichen Untersuchungen über die Rechtsbräuche einordnen, so sind sie zugleich Fach- (rechtshistorische, an die zeitgenössische Jurisprudenz gerichtete), Lehr- (den Zwecken des Unterrichts und der Selbstbildung dienende) und Massenpublikationen (an die Masse der Leser gerichtet).

---

[284] *Odzakov, Peter*: Upatvane za opisvane pravovite obicaj, koito zivejat u naroda. Praga, 1874, Umschlagseite.

[285] Vaprosnik za izdirvane balgarskite pravni obicaj. Ministerstvo na narodnoto prosvestenie. Sofia, 1893.

Die breite Veröffentlichungsarbeit diente dem Ziel, die Zadruga als gesellschaftliches Leitbild durchzusetzen: Peter Odzakov gibt die Zeitschrift "Altes und neues Bulgarien" (Drevnaja i novaja Balgarija) heraus; Ivan Gesov ist Leiter und Redakteur der Zeitung "Mariza"; Stefan Bobcev redigiert und leitet die Zeitung "Stara planina", die Zeitschriften "Juristischer Überblick" und "Bulgarische Sammlung" und andere. Er ist Mitarbeiter bei über 20 periodisch erscheinenden Publikationen; Dimitar Marinov gibt seine Zeitschrift "Lebendiges Altertum" in der Periode von 1891-1914 heraus und initiiert als erster Direktor des 1906 gegründeten Ethnographischen Museums ein Jahr später die Herausgabe des ersten Bandes der Reihe "Mitteilungen des Ethnographischen Museums in Sofia".

Die Konstruktion der Zadruga als das grundlegende Familienmodell in Bulgarien diente bestimmten innergesellschaftlichen Zielen. Mit der Verbreitung der marxistischen Ideen verschärften sich die politischen Kontroversen um die kommunale Familienform.

Bei diesen Auseinandersetzungen wurden keine neue Untersuchungen der Familienformen unternommen, die Autoren stützten sich auf die bereits behandelten Grundwerke. Es blieben der wertende Aspekt, wie auch ein ausgeprägter "Psychologismus", die Suche nach der "Volksseele", die eine oder die andere Gesellschaftsform mit sich bringt.

Auf die Familie wurde eine Vielfalt gesellschaftlicher Ängste projiziert, die Ausdruck tiefgreifender struktureller Veränderungen waren und mit einer dynamischen Entwicklung des familialen Systems verbunden waren. Doch dadurch, dass sich die Kontroversen vor allem auf diese Familienform konzentrierten, wurde das breite Spektrum anderer paralleler Familienformen sowie die Dynamik der Entwicklung auch des erweiterten und komplexen Familienhaushaltes ausgeblendet.

Gleichzeitig war das Thema Zadruga auch mit der wissenschaftlichen Repräsentation nach außen verbunden: Wie angedeutet war in der internationalen wissenschaftlichen Debatte das Problem der komplexen Haushalte ein breit diskutiertes Thema, wobei verschiedene Positionen und Sichtweisen zum Ausdruck kamen.

In seinen Publikation über die Zadruga von 1906/1907 betont Bobcev, von der damals dominierenden Evolutionstheorie ausgehend, dass "die Zadruga keine originär bulgarische, südslawische oder slawische Institution" ist. Die Hervorhebung des gesamteuropäischen Zusammenhangs fällt hier besonders auf. "*Zadruga hat es bei allen Völkern gegeben, zumindest bei allen der arischen Rasse. (...) In Europa ist die Zadruga in Überreste in einigen Teilen Österreichs, Frankreichs, Italiens vorzufinden. Unter den slawischen Völkern ist sie bei Polen, Tschechen und Slowenen bereits verschwunden, erhalten ist sie unter den Südslawen: Bulgaren, Serben, Kroaten, Bosnier, Herzegowiner, Montenegriner als auch teilweise unter den Slowaken und den Russen. Interessant ist, dass auf der Balkanhalbinsel die Zadruga außer unter den Slawen auch unter Albanern und Zinzaren heute lebendig ist.*"[286]

In der Untersuchung Bobcevs von 1896 zu den bulgarischen Rechtsbräuchen geht aus den Antworten aus verschiedenen Teilen des Landes die Vielfalt der Familienformen deutlich hervor.[287] Auch lokale Untersuchungen einiger Autoren unterstreichen das Überwiegen der Kern-/Kleinfamilien. So betont Vassil Decov in seiner Publikation über das Hirtentum in den Zentralrhodopen: "*In den Zentralrhodopen lebt die Bevölkerung in kleinen, selbständigen Haushalten. Die Zadruga existiert nicht, da sie sich nicht entwickeln kann. Nur unter der muslimischen Bevölkerung kann man hier und da Zadrugas finden, aber auch sie zerfallen schnell. (...) Das erste Ideal aller Männer und Frauen in den Rhodopen ist, sich vom Elternhaushalt zu trennen, ein eigenes Haus zu bauen und selbständig zu leben.*"[288]

Selbst Bobcev hebt das statistische Überwiegen der nuklearen Familie hervor (nach den Zensuslisten 1887, 1892 und 1900 - unter acht Prozent liegt die Marke der Haushalte mit mehr als zehn Mitgliedern[289]), trotzdem aber schreibt er in seiner auch in französisch und serbisch erschienen Publikation:

"*Die Bauern: Freie und abhängige. Sie haben ihre Gemeinden gehabt, haben vor allem in der Zadruga gelebt unter der Anführung ihrer Ältesten (starei). Die Zadruga ist ein großer Familienhaushalt (celjad), der oftmals 50-60 und sogar 100 Mitglieder gezählt hat, die ihren Besitz gemeinsam hatten, niemand war getrennt, das ganze Eigentum ist Gemeinsames gewesen (u kup), niemand konnte sagen 'das ist mein' (...)*".[290]

---

[286] *Bobcev, Stefan*: Balgarskata..., S. 191.

[287] *Bobcev, Stefan*: Sbornik na balgarskite juridiceski obicaj. B. 1, Plovdiv, 1897, B. 2, Sofia, 1902.

[288] *Decov, Vassil*: Srednorodopskoto ovcarstvo. In: Izbrani sacinenija. Plovdiv, 1968, (1. Ausg. 1903 in SbNU, Bd. 19) S. 200-201; s. auch *Popkonstantinov, Christo*: Iz Rodopite. In: Periodicesko Spisanie, Sredez, 11, 28, 1899, S. 582-601.

[289] *Bobcev, Stefan*: Balgarskata..., S. 48.

[290] *Bobcev, Stefan*: Coup d'oeil sur le regime juridique des Balkans sous le regime ottoman, I-ere anee, In: Revue Internationale des Etudes Balkaniques, 1934 t.II.; in Serbisch - Pogled na pravno urecene Balkana pod turezkom upravom. In: Kniga o Balkanu, 1, Beograd, 1936; in Bulgarisch - Darzavno-pravnijat i

Ivan Ev. Gesov beginnt 1887 seine Untersuchung über die Zadruga auf bulgarisch mit den Sätzen: "*Zadruga! Wie viele von den Lesern dieser Zeilen wissen die Bedeutung dieses Wortes! Wie viele von den bulgarischen Schriftstellern (spisateli) haben keine Zeit gefunden, vor lauter Politik und Kritik, sich mit der Untersuchung dieser bulgarischen Familieninstitution und insgesamt des bulgarischen Lebens zu beschäftigen?*"; und er betont weiter, dass er das nicht bulgarische Wort benutzt, da es sich in der internationalen Literatur durchgesetzt habe.[291] Weniger als zwanzig Jahre später erscheint auf Französisch die Arbeit Gesovs "Les associations agricoles et ouvrieres en Bulgarie", in der er seine Ansichten über die Zadruga als dominierendes bulgarisches Familienmodell äußert.[292]
Die Publikationsstrategie ist Teil des wissenschaftlichen Produktionsprozesses, in der die Rezeption in der scientific community mitbedacht werden muss. Entsprechend dem Publikationsforum erscheinen jeweils verschiedene Aspekte der Darstellung als besonders berücksichtigungswürdig, während andere als vernachlässigbar gelten oder sich gar als Hemmnis der Akzeptanz erweisen.
So - durch die Wahl des Gegenstandes der Familienforschung und durch die Wahl der Methoden, mit denen es erforscht wurde - trugen die bulgarischen Familienforscher wesentlich zur Herausbildung der Vorstellung über die Zadruga in der internationalen Fachliteratur bei. Diese Vorstellung stellte die Zadruga als für Bulgarien (und für den Balkan) typische und spezifische Familien- und Haushaltsform dar, wobei freilich die bulgarischen Forscher ihrerseits von in der internationalen Wissenschaft und Politik bereits existierenden Theoriemodellen ausgingen.

II.6. SOZIAL-WIRTSCHAFTICHE ENTWICKLUNG

Mit der Konstituierung eines nationalen bulgarischen Staates wird Bulgarien ein Land mit überwiegend freien Kleinbauern. Der Anteil der bäuerlichen Bevölkerung hielt über Jahrzehnte um die 75 bis 80 Prozent.[293] Doch die gesellschaftlichen

---

obschtestven stroj v Balgarija prez vreme na osmanskoto vladicestwo. In: Godisnik na Sofijskija universitet 1936. Sofia, 1937.

[291] *Gesov, Ivan*: Zadrugata..., S. 426.

[292] *Ghechov, Ivan*: Les associations agricoles et ouvrieres en Bulgarie. Budapest, 1904.

[293] Statisticeski godischnik na Carstvo Balgarija. Sofia 1942; zit. auch in *Roth, Klaus*: Großstädtische Kultur und dörfliche Lebensweise. Bulgarische Großstädte im 19. und 20. Jahrhundert. In: Kohlmann,

Veränderungen fanden auf allen Niveaus statt: Die Erweiterung des Innen-, in einigen Fällen auch des Außenmarktes, schufen die Voraussetzungen für den Beginn der Intensivierung der Landwirtschaft. Dazu zählt vor allem der Übergang von der Zwei- zur Dreifelderwirtschaft, der bereits in den ersten Jahren nach der Nationalstaatsbildung begann und bis zur Jahrhundertwende im ganzen Land durchgeführt wurde; dazu gehört auch die Tendenz zum Übergang auch zum Mehrfelderwirtschaft- (plodosmenna) System, das sich - wegen den damit verbundenen erheblichen Investitionen - erst nach der Jahrhundertwende allmählich und langsamer durchsetzte, wie die zunehmende Marktorientierung einiger und die Einführung neuer Kulturen (Kartoffel, Rosenöl, Baumwolle) oder die Einführung neuer landwirtschaftlicher Technik etc.

Die Gründung des Nationalstaates brachte massive Veränderungen in der Viehzucht mit sich. Die Tendenz zur Migration aus den Bergregionen und der Ansiedlung in Städten und Dörfern des Flachlandes ist bereits ab den 30er Jahren des 19. Jahrhunderts deutlich sichtbar. Sie ist Resultat der Reformen des Osmanenreiches und der Migrationsbewegungen während der russisch-türkischen Kriege. Mit der Festlegung der neuen Staatsgrenzen und den damit verbundenen neuen Zolltaxen wurde die Schafweidewirtschaft in den Gebirgsregionen stark reduziert. Die praktizierten Formen des transhumanten Pastoralismus wurden weiter eingeschränkt durch die zunehmende Transformation von Weideland in bebaubares Land (stark ausgeprägt z. B. in Süddobrudza), so dass bereits zwei Jahrzehnte nach 1878 die pastorale Schafweidewirtschaft eher nur noch als Relikt erhalten geblieben war.[294]

Immerhin blieb Bulgarien für die Zeit bis 1944 ein Agrarland, das auf den Export seiner landwirtschaftlichen Produkte angewiesen war. Die Priorität der Wirtschaftspolitik lag dennoch auf Industrialisierung und Urbanisierung.

Die Modernisierung Bulgariens verlief im System bereits existierender Industriestaaten. Deshalb sind die dortigen Modernisierungsprozesse nur im Rahmen internationaler Wirtschaft und Politik zu untersuchen. Einerseits sah man in der Industrialisierung die Grundlage, die die nationale Selbständigkeit in der Wirtschaft und damit auch in der Politik schaffen und sichern konnte. Andererseits war die

---

Thomas/Bausinger, Hermann (Hg.): Großstadt. Aspekte empirischer Kulturforschung, Berlin, 1985, S. 368.

[294] *Germanov, Peter*: Statisticeski izsledvanija varhu semedelceskite i skotovadnite bogatstwa na Balgarija i glavnite semedelski strani v sveta. Sofia, 1897, S. 13 ff.; *Dicev, Peter*: Iz balgarskoto zemedelie. Sofia, 1898, S. 85 ff.

Politik der intensiven Industrialisierung durch die vielseitigen Verflechtungen mit der internationalen Wirtschaft bedingt. Die Außenkreditierung - auf die Bulgarien bei der Modernisierung der Wirtschaft, für den Aufbau des Verkehrsnetzes, des Ausbildungssystems, des Staatsapparats und Heeres angewiesen war -, die Einbindung Bulgariens im internationalen Markt, die Möglichkeit zur Nutzung der internationalen wirtschaftlichen Erfahrung gehören zu den wichtigsten Faktoren der beschleunigten Entwicklung Bulgariens jener Zeit. Zugleich bedingten sie auch die Schwerpunkte der Wirtschaftsentwicklung: Industrie-, Verkehrs- und Handelsunternehmen waren Bereiche, in denen ausländisches Kapital angelegt wurde und die als Prioritäten der bulgarischen Wirtschaft kreditiert wurden.[295]

Weit verbreitet im 19. Jahrhundert in Bulgarien bis zur Nationalstaatsbildung war ein System, in dessen Rahmen die Landarbeiter handwerkliche Heimarbeit verrichteten. Das konnte sich im äußeren Rahmen der erweiterten häuslichen Gemeinschaft entwickeln, immerhin aber war es mit einer Veränderung ihrer Funktionen verbunden. Die Fragen danach, wie sich die zunehmende Einbindung in Geld- und Tauschbeziehungen, obwohl auch zunächst nur durch den lokalen Markt, auf die familialen Strukturen und innerfamilialen Verhältnisse auswirkte, wurden von den damaligen Untersuchungen nicht erfasst. Bestimmte Zweige der Manufakturproduktion waren vorwiegend auf Frauenarbeit aufgebaut (z. B. die Textilmanufakturen), was zweifelsohne Auswirkungen auf die Inter- und Intragenerations- sowie die Geschlechterbeziehungen gehabt hat.

Dieserart Veränderungen vertieften sich mit der Gründung des Nationalstaates und der Vereinigung Bulgariens 1885. Einige Zahlen mögen einige Tendenzen veranschaulichen: Nach den offiziellen statistischen Daten wächst die Anzahl der Fabriken von 20 vor 1878 auf 72 im Jahr 1894 und steigt bis 1900 weiter an auf 103.[296] Diese Zahlen enthalten nicht jene Fabriken, die von den protektionistischen Gesetzen nicht erfasst wurden, und auch nicht Fabriken, die sich in Staatseigentum befanden. Immerhin vermitteln sie einen gewissen Eindruck von der Dynamik der Entwicklung. Für bestimmte Zweige der Industrieproduktion (Textil - und Lebensmittelerzeugung) war charakteristisch, dass sie einige Organisationsprinzipien

---

[295] *Lampe, John/Jackson, Marvin*: Balkan Economic History, 1550-1959. From Imperial Borderlands to Developing Nation. Bloomington, 1982, S. 231 ff.; *Preschlenova, Rumjana*: Bulgarisch-Österreich-Ungarische..., S. 18-29.

[296] *Popov, Konstantin*: Stopanska Balgarija. Sofia, 1916, S. 313; *Georgiev, Georgi*: Osvobozdenieto..., S. 32-33.

der Manufaktur beibehielten: So z. B. umfassten die Textilfabriken in Gabrovo 350 ArbeiterInnen und 500 Heimarbeiterinnen, die auf Bestellung arbeiteten; die Baumwollfabriken in Sliven beschäftigten 1.300 ArbeiterInnen in den Fabrikhallen und 1.500 Heimarbeiterinnen.[297] Andere Zweige entwickeln sich erst nach der Nationalstaatsbildung: die Produktion von Baumaterial, die Porzellan- und Glasproduktion etc. Der Bergbau, dessen Anfänge vor 1878 liegen, wurde erst später beschleunigt entwickelt, er bildete die Basis für die Industrieentwicklung.

Die Jahrzehnte von der Nationalstaatsgründung bis zum Ersten Weltkrieg sind jene Zeit, in der eine neue Infrastruktur aufgebaut wurde. Einerseits wurde das existierende Straßensystem erweitert und umgebaut: Als Zentrum fungierte nunmehr die Hauptstadt, von der aus Hauptstraßen in die verschiedenen Richtungen führten. Parallel wurden auch Straßen errichtet, die Nord- und Südbulgarien verbanden aufgebaut. Ab Mitte der 1880er Jahre begann auch der Bau von Straßen, die Dörfer mit den Zentralstraßen verbinden sollten. Der Aufbau eines Eisenbahnlinien-Netzes war der zweite Hauptakzent in der Entwicklung der Infrastruktur. Die existierenden Linien wurden durch solche erweitert, die das bulgarische Eisenbahnsystem mit dem mitteleuropäischen zusammenschlossen, sowie die Hauptstadt mit der Donau verbanden. In dieser Periode wurden die Schwarzmeerhäfen in Burgas und Varna aufgebaut und einige der Donauhäfen erweitert und modernisiert. Der Aufbau des Verkehrssystems führte zum Wandel der Siedlungsstruktur und war mit bedeutsamen Migrationsbewegungen verbunden.

Unbestritten in der gegenwärtigen Historiographie von innen, wie von außen, ist "die im europäischen Vergleich ungewöhnlich stürmische Entwicklung der Volksbildung und der Kultur" sowie die Entstehung einer "vorbildgebenden bürgerlichen Schicht".[298]

Das Problem der Urbanisierung Bulgariens, die verhältnismäßig langsame Zunahme der Stadteinwohnerzahl, muss unter Berücksichtigung der gesellschaftlichen Spezifika angegangen werden.

Mit der Gründung des Nationalstaates nimmt der Emigrationsprozess der türkischen und teilweise auch der griechischen Bevölkerung in Bulgarien stark zu und umfasst besonders die Stadtbewohner. Das führt, besonders zu Beginn dieses Prozesses, zur Verringerung der Gesamteinwohnerzahl in den Städten, obwohl die

---

[297] *Blagoev, Dimitar*: Sacinenija. B. 2, Sofia, 1957, S. 191; *Georgiev, Georgi*: Osvobozdenieto..., S. 32-33

[298] *Roth, Klaus*: Großstädtische..., S. 368-369, 372-373. Siehe dort auch zitierte statistische Angaben über das Tempo der Alphabetisierung.

Stadtbevölkerung in Vergleich zur Dorfbevölkerung und zur Gesamtbevölkerung wesentlich schneller als Tempus zunimmt.[299]

Einige der Städte, denen während der Osmanenzeit wegen ihrer Schutzfunktion relative Autonomie zugestanden worden war und die sich zu Gewerbe- und Handwerkszentren etabliert hatten, verloren diese ihre Funktionen und stagnierten in den letzten Jahrzehnten des 19. Jahrhunderts. Teile ihrer Bevölkerung migrierten in jene Zentren, die sich zusehends als in politischer und ökonomischer Hinsicht führend durchsetzten. Dem Wesen nach ist das ein Prozess der Umverteilung der Stadtbevölkerung. Er führt zwar nicht zur Zunahme der Stadtbevölkerung als Ganzes, doch zu einer schnellen Zunahme der Bevölkerung bestimmter Zentren.

In der Tabelle über die Großstädte Europas führt die Europäische Historische Statistik 1750-1975 Städte an, die 1900/1901 über 250.000 Einwohner zählten und für 1960/1961 mehr als 500.000.[300] Für die Periode um die Wende vom 19. ins 20. Jahrhundert wird von den bulgarischen Städten nur Sofia, und nur weil sie eine Hauptstadt ist, zu den Großstädten gezählt.

Obwohl sie den europäischen statistischen Standards für Großstädte nicht entsprachen, kann man mindestens vier bis fünf Städte Bulgariens als Träger von Urbanisierungstendenzen nach europäischen Kriterien bezeichnen:

Unmittelbar nach der Nationalstaatsgründung übertrifft Russe die Hauptstadt als Handels-, Finanz- und Kulturzentrum. Die leitende Rolle von Russe im Stadtleben des Fürstentums Bulgarien ist Anlass dafür, dass 1880 die Idee diskutiert wird, sie zur Hauptstadt zu ernennen.[301] Dank seiner Lage behält Russe als Donauhafenstadt seine führende Wirtschaftsposition bis in das erste Jahrzehnt des 20. Jahrhunderts.

Plovdiv war schon seit der Osmanenzeit bedeutender Handelsplatz und Kulturzentrum. Infolge des San-Stefano-Vor-Friedens wurde Plovdiv zur Hauptstadt Bulgariens erkoren und wird Mittelpunkt der Okkupationsmächte und zahlreicher bulgarischer Intelligenz. Als Hauptstadt von Ostrumelien entwickelt sich Plovdiv dank der Vorteile als administrativ-politisches Zentrum besonders schnell, verliert aber mit der Vereinigung Bulgariens 1885 einen Teil seiner Perspektiven. Mit der Nationalstaatsgründung entwickelt sich beschleunigt auch Varna, die als

---

[299] Statistische Daten in *Georgiev, Georgi*: Osvobozdenieto ..., S. 23, Anm. 15.

[300] European Historical Statistics 1750-1975. London, 1981, S. 86-89.

[301] *Irecek, Konstantin*: Balgarski dnevnik 1879-1884. B.1, Sofia, 1930, S. 156; neuere Untersuchung darüber: *Vassilieva, Darija:* Inteligenzijata v golemite balgarski gradove ot Osvobozdenieto do nacaloto na vojnite. Etnografski aspekti. Sofia, Diss., 1991.

Schwarzmeerhafenstadt Zentrum vieler Handels- und Kreditunternehmen wird. Dem Tempo der Bevölkerungszunahme nach, zählt zu den sich rasant entwickelnden Städten auch die Schwarzmeerhafenstadt Burgas, deren Bevölkerung 1900 im Vergleich mit 1885 um 100,1 Prozent angewachsen war.[302]

Diesem Kriterium nach, entwickelte sich Sofia am schnellsten. Unmittelbar nach der Gründung des Nationalstaates war Sofia in einer ungünstigen Situation. Zwar lag die Stadt an einer der wichtigen Heeres- und Handelsstraßen von Istanbul nach Belgrad und Wien, ihre Verkehrsverbindungen waren aber bis zum Aufbau der Eisenbahnlinien, die sie mit dem mitteleuropäischen Eisenbahnnetz und mit der Donau verbanden, erschwert. Als administrativ-politisches Zentrum wird Sofia besonders schnell auch zum kulturellen und wirtschaftlichen Mittelpunkt. Das geht einher mit einer dynamischen demographischen Entwicklung: Von 20.800 Einwohnern 1880 steigt die Bevölkerungszahl 1900 auf 67.800, was eine Zunahme von circa 300 Prozent bedeutet.[303]

All diese grob skizzierten Makroprozesse waren mit einer tiefgreifenden sozialen Differenzierung verbunden.

Umfassten bis in die 80er Jahren des 19. Jahrhunderts die Migrationsbewegungen in die Städte vorwiegend jene Schichten, die sich im Verwaltungs- oder Handelsbereich realisieren konnten, nahm die Dorf-Stadt-Migration, der massenhafte Zuzug von Landflüchtigen in die Städten mit fortschreitender Industrialisierung und sozialer Differenzierung innerhalb des Dorfes zu.

Zwar kann man die Urbanisierung und Industrialisierung Bulgariens aus heutiger Sicht und in einem eher quantitativen Vergleich mit damals führenden Industriestaaten als "gescheitert" bewerten[304], aber immerhin handelte es sich um tiefgreifende Transformationsprozesse, denen Veränderungen der häuslichen Einheit vorangegangen waren und die zu weiteren kulturellen und sozialen Veränderungen führten.

Doch gerade diese Prozesse wurden von der damaligen Familien-Wissenschaften (Soziologie und Ethnographie) nicht erfasst. Sogar der Versuch, die Zadruga als dörfliche Familienform mit gemeinsamem ungeteiltem Eigentum und spezifischer

[302] *Georgiev, Georgi*: Osvobozdenieto ..., S. 23, Anm. 18.

[303] Statisticeski godischnik na Zarstvo Balgarija. Sofia, 1942, zit. auch in: *Roth, Klaus*: Großstädtische..., S. 368.

[304] Als ein Versuch "zur Kritik der Kritik" habe ich meine Meinung diesbezüglich in *Kassabova, Anelia*: Die Politik..., geäussert.

Innenordnung in gewissem Masse als statisch unveränderliche Größe zu behandeln, und sie als Gesellschaftsleitbild und auch als offizielle Rechtsnorm durchzusetzen, zeigt an sich schon die Kluft zur Realität der Familie. Die Annahme der Konstanz von Verhaltensmustern war Großteils ein Wunschbild, bedingt gerade durch die Dynamik der Veränderungen. Der Wunsch, das Zadruga-Bild als eine familiale Gruppe, die in ihrer Umgebung fest verwurzelt ist und ein sicheres Leben über Generationen führt, zu vermitteln, war Ausdruck der Instabilität der häuslichen Gemeinschaft bei wachsender geographischer und sozialer Mobilität. Zugleich war die große Flexibilität der Familie und des Haushalts hilfreich bei der Anpassung an neue ökonomische Bedingungen.

Die Zadruga-Forscher betonen einerseits den Prozess zunehmenden Zerfalls der komplexen Familienhaushalte, geben andererseits Beispiele von Neugründungen erweiterter Haushalte in Dörfern wie in Städten, die sie als Wiederbeleben der traditionellen Formen interpretieren. Darin wiederum sehen sie einen Ausdruck der Stabilität der Volkskultur insgesamt. Im bäuerlichen Milieu, wo Haushalts- und Produktionsstätte weiterhin eine Einheit bildeten, konnten die wirtschaftliche Bedingungen das Zusammenleben mehrerer Generationen bedingen.

Der Grundmodell einer "ländlichen Produktionsfamilie" konnte zwar beibehalten werden, gleichzeitig konnte die Familie durch ausgesprochen flexible Reaktionsweisen die Veränderungen der Lebensbedingungen ermöglicht haben.

Mehrgenerationenhaushalte und ein Familientyp, der auf die erweiterte Verwandtschaft aufgebaut ist, können auch als Reaktion auf neue Erfordernisse gedeutet werden, wobei sie auch neue Funktionen übernehmen (was mit einer Transformation der Funktionen verbunden ist). Die Zusammensetzung der Mitglieder des Haushaltes kann sich je nach den Bedürfnissen des jeweiligen Familienzyklus oder als Folge äußerer Faktoren verändern.

Ein differenzierter Zugang ist notwendig, so dass man die Unterschiede in der Familien- und Haushaltszusammensetzung und den innerfamilialen Beziehungen in den verschiedenen Regionen (Berg- oder Flachlanddorf, Kommunikationsmöglichkeiten, Markteinbezogenheit etc.) unter Berücksichtigung der dominierenden Wirtschaftsform und unter Berücksichtigung der sich vertiefenden sozialen Schichtung im Dorf gerecht wird.

Die Familie/Verwandtschaft wurde zunehmend in Konkurrenz zu anderen sozialen Institutionen - vor allem durch die Stellung des Staates - gesehen.

Der rasche Aufbau des Ausbildungswesen, die Ausbreitung des Schulsystems in den Städten und - wenn auch langsamer - in den - Dörfern, führte dazu, dass die neuen öffentlichen Erziehungseinrichtungen einerseits die Familie von verschiedenen Funktionen entlasteten, doch andererseits mit verschiedenen neuen Funktionen "belasteten".

Vom Staat, von verschiedenen Wohltätigkeitsorganisationen und durch private Initiative wurden verschiedene soziale Institutionen und Einrichtungen gegründet (Kindergärten und Kinderkrippen, Kinderspitäler, soziale Küchen, Waisenhäuser, Altenhäuser), doch sie konnten den Bedarf nicht decken.[305]

Bis zum Ersten Weltkrieg wurden einige Sozialgesetze verabschiedet (z. B. für die Frauen- und Kinderarbeit 1905), doch der Aufbau und die Durchsetzung eines wirksamen Sozialsystems benötigt mehrere Jahrzehnte.

Auch die Industrialisierung konnte das Verwandtschaftssystem aktivieren. Die wirtschaftlichen Zwänge der industriellen Arbeit: Wohnungsnot, der Zwang für Mütter einer Erwerbsarbeit nachzugehen, die Schwierigkeit der Beaufsichtigung von Kleinkindern - Faktoren wie diese können zu erweiterten Formen des Zusammenlebens auf verwandtschaftlicher Basis führen. Die erweiterte Familie (oder die Verwandtschaft) konnte ihren Mitgliedern die Anpassung an den neuen Umständen erleichtern, indem sie ihnen Arbeit und Unterkunft beschaffte und moralische Unterstützung in kritischen Situationen bot. Zugleich übte die Familie eine gewisse Kontrolle auf den täglichen Arbeitsablauf aus, so dass sich auch für die Fabrikunternehmer eine Politik der Anwerbung von Arbeitern auf Verwandtschaftsbasis als rentabel erweisen konnte: Einsparungen bei der Unterbringung ergaben sich; durch den Zusammenhalt der Verwandtschaftsgruppe konnte der Personalnachwuchs gesichert, stärkere Kontrolle ausgeübt und das individuelle Protestpotential eingeschränkt werden. Doch darüber fehlt es in Bulgarien an konkrete Untersuchungen.[306]

---

[305] Daten darüber in: *Georgiev, Georgi*: Osvobozdenieto..., S. 89-91; *Cakarov, Nikola* (Red.): Istorija na obrazovanieto i pedagogiceskata misal v Balgarija. Bd. 2, Sofia, 1982, S. 95 ff.; *Popova, Kristina*: Nazionalnoto dete. Blagotvoritelnata i prosvetna dejnost na Sajuza za zakrila na dezata v Balgarija 1925 - 1944, Sofia, 1999, S. 66-91.

[306] Beispiele auf Grund Lokalstudien darüber, wie man sich im Rahmen einer patriarchalischen Ideologie in der Sozialisierung von Arbeitern auf die Verwandtschaftsnetzwerke stützen versuchte - eine Strategie/Politik, die um die Jahrhundertwende von vielen Industrieunternehmen, Banken und Versicherungsgesellschaften in verschiedenen Staaten Europas sowie in den USA angewandt wurde - in:

Die ökonomischen Notwendigkeiten gegenseitiger Hilfe, die Erfordernisse besonders in Zusammenhang mit der Betreuung von Kindern und älteren Menschen können eine strukturell zusammenhängende Familienform bedingen.
Jedenfalls wäre das Phänomen dann nicht mit tief verankerten kulturellen Verhaltensmustern zu erklären, vielmehr wäre es Ausdruck geänderter Umstände.
All diese Probleme - die Transformierung der Landwirtschaft und Viehzucht, wie die Auswirkungen der Industrialisierung auf die Dorf-Stadt-Beziehungen konkret in Bezug auf die Verwandtschaftsnetzwerke, auf die Haushaltszusammensetzung, auf Inter- und Intragenerations- und Geschlechterbeziehungen in Bulgarien - verlangen auch heute noch konkrete lokale Untersuchungen.
Dazu kommt das damalige Fehlen einer Stadtsoziologie, obwohl die Forscher selbst der städtisch-bürgerlichen Schicht angehörten.
Auch in den sich herausbildenden Bourgeoisieschichten, unter Handels-, Bank- und Fabrikunternehmern konnten die Netzwerke der Verwandtschaft und die erweiterten Verwandtschaftsgruppen in die Geschäftskontakte einbezogen werden, obwohl diese Kontakte und Aktivitäten weit über die Verwandtschaft hinausgingen. Konkretes Beispiel dafür sind etwa die Handels- und Bankunternehmen der Brüder Gesovi. Zunächst von Ivan Gesov (1770-1842) gegründet, wird das Handelsunternehmen von den zwei älteren Söhnen (einer davon der Vater des Zadruga-Forschers Evstrati Gesov) übernommen, später erweitert sich ihre Handelstätigkeit durch den Anschluss der beiden jüngeren Brüder. 1834 wurde das Handelsunternehmen unter dem Namen "Brüder Gesovi" in Plovdiv gegründet, dazu gehörten Zweigstellen in Wien, Istanbul und Manchester. Dieses Unternehmen wurde an die Nachkommen der zweiten Generation (unter ihnen der Zadruga-Forscher und Staatsmann Ivan Evstratiev Gesov) weitergegeben und von ihnen erweitert. Verwandtschaftsbeziehungen durch Heirat spielten eine wesentliche Rolle für die Ausdehnung der Handels- und Banktätigkeit. Parallel dazu erweiterten sich die Nachbarschafts-, Freundschafts- und Berufsnetzwerke. (Eine Untersuchung der juristischen Vereinbarungen bezüglich des Güterstandes könnten die Verstrickung der Familienstrategien mit den wirtschaftlichen Plänen bei diesen großen Industrieunternehmern zeigen.)
Aus der Autobiographie Ivan Evstratiev Gesovs wird ersichtlich, dass das Teilen des Wohnraumes und der gemeinsame Haushalt mit Verwandten eine wichtige Strategie in verschiedenen Lebensphasen bildete, besonders während der Migration

---

Hareven, Tamara: Family Time and Historical Time. In: Daedalus 106, 1977, S. 57-70; *Dies.*: Family Time and Industrial Time. New York, 1982; *Segalen, Martine*: Die Familie..., S. 104-112.

(Auslandsaufenthalte). Doch die Idealvorstellung von einem familialen Zusammenwirken und von einem verwandtschaftlichen Familienethos war nicht in Widerspruch mit der Vorstellung von einer "Intimsphäre der Familie", die allmählich - zunächst in städtisch-bürgerlichen Schichten - gesellschaftlich wirksam wurde. Diese Veränderungen gründeten auf der Entlastung der städtischen Familie von vielen ihrer Produktionsfunktionen. Die Transformierung des Haushaltes von einem Arbeitsplatz und einem sozialen Zentrum hin zur privaten Wohnsphäre fand auch architektonisch-räumlichen ihren Ausdruck.[307]
In den städtischen Mittel- und Oberschichten war der Wandel der Familie mit der Ideologie der "weiblichen Häuslichkeit" verbunden. Diese wiederum führte zu den Anfängen der Frauenemanzipationsbewegung, wobei am Anfang die Problemen der Frauenbildungs- und Berufsmöglichkeiten im Mittelpunkt standen und das Ziel einer politischen Gleichberechtigung später hinzukam.[308]
All' diese Prozesse in ihren Auswirkungen auf Familienzusammensetzung, auf die Beziehungen zwischen den Generationen und auf geschlechtsspezifische Rollenmuster wurden nicht untersucht und sind - weitgehend - bis in die Gegenwart ungenügend erforscht geblieben.

II.7. MOBILITÄT UND FAMILIENBILDER

Die komplexen Zusammenhänge zwischen Familie und sozialem Wandel sind mit dem Problem der Mobilität verflochten. Zum einen ist hier die bereits angedeutete soziale Mobilität gemeint, die wachsende soziale Schichtung auf dem Land und in der Stadt. Sie hängt mit der zunehmenden geographischen Mobilität eng zusammen. Die Nationalstaatsgründung führte zu gravierenden Umstrukturierung der Migrationsbewegungen.
Die wirtschaftlichen Veränderungen, die Erweiterung des Innenmarktes und der Ausbau des Verkehrsnetzes führten zu neuen Migrationsbewegungen: von einem Agrargebiet zu einem anderen, hier war besonders bis zur Jahrhundertwende die Migration von den Gebirgsregionen ins Flachland stark ausgeprägt. Interessantes, doch nicht einziges Beispiel ist die Region Zlatija in Nordwestbulgarien: vor 1878 nur spärlich besiedelt, mit einzelnen Dörfern vor allem an den Flüssen, verwandelte

---

[307] Darüber: *Georgiev, Georgi*: Osvobozdenieto...; *Vassileva, Darija*: Inteligenzijata...
[308] Über die Frauenbewegung: *Daskalova, Krassimira:* Zenskoto dvizenie v Balgaria prez prizmata na edin zivot (Dimitrana Ivanova). In: Istoriceski pregled 1998/5-6/204-217.

sich die Region innerhalb der darauffolgenden zwei Jahrzehnte in eine der am dichtesten besiedelten landwirtschaftlichen Regionen.[309]

Eine andere Art der Innenmigration sind die vorhin schon beschriebene Bevölkerungsbewegungen von einem Stadtzentrum zum anderen.

Die in der Periode der Osmanenzeit verbreitete Schafweidewirtschaft und die damit verbundene saisonale Migration von Bevölkerungsgruppen (Pastoralismus) wurde mit der Festlegung der Staatsgrenzen (siehe oben) stark eingeschränkt.

Durch die Intensivierung des Bergbaus wurde der Einsatz von Holzkohle eingeschränkt, deren Herstellung und Verkauf mit saisonalen Wanderungsbewegungen verbunden war. Starke Auswirkungen auf das Familienleben hatte auch die sich entwickelnde Textilindustrie. Einerseits wurde dadurch die saisonale Männerarbeitswanderung der abadziji, die bis nach Kleinasien reichten, beschränkt; andererseits wurden in den Textilfabriken immer mehr Frauen beschäftigt.

Andere saisonale Wanderungen nahmen hingegen zu: der Straßen- und Eisenbahnlinienbau, sowie die intensive Bautätigkeit in den Städten hatten massive saisonale Bauarbeiterbewegungen zur Folge, die auch in ständige Niederlassungen übergehen konnten.

Diese verschiedenartigen und tiefgreifenden Veränderungen auf der Makroebene, die eindeutig mit Wandel auf der Ebene der Familie einher gingen, wurden von den Familienforschern nicht erfasst. Kennzeichnend ist, z. B., dass in der Untersuchung von Dimitar Marinov über Nordwestbulgarien die wichtigen Veränderungen und Bevölkerungsbewegungen in dieser Region, nach der Ernennung Sofias zur Hauptstadt und durch den Bau der Eisenbahnlinie zur Donau (Lom) oder durch massive Innen- und Außenmigrationsbewegungen, keinen Niederschlag gefunden haben. Ganz im Gegenteil, in (durch die) der Vergangenheitsorientierung wurde das Bild einer statischen traditionellen Agrargesellschaft vermittelt. Bedeutsames konstitutives Element war dabei die konstatierte Ortsgebundenheit der lokalen Bevölkerung.

Die Migrationsbewegungen wirkten sich auf die Intra- und Intergeschlechter- und -generationsbeziehungen aus. Geldwirtschaft und Lohnarbeit (auch Frauenlohnarbeit) in bezahlter Außen- oder Heimarbeit, Männer- und Frauensaisonarbeit sind Faktoren, die der Ausbildung umfassender Familienverbände eher entgegenwirken.

Doch die Bedeutung der Verwandtschaft durch und im Prozess der Migration wuchs, wobei sich im Zuge dessen die Funktionen veränderten. Wie sich die

[309] *Georgiev, Georgi*: Osvobozdenieto..., S. 21-22.

Verwandtschaftsbeziehungen in der sich ändernden Konstellation Stadt-Land konkret transformierten, ist eine im Rahmen des Problems von Wandel in den Bezügen und in den Wechselwirkungen zwischen Sozialem, Ökonomischem und Symbolischem Großteils noch nicht untersuchte Frage.

Wenn ich jetzt den Wandel akzentuiere, so nicht, um den Eindruck eines radikalen Umbruchs zu vermitteln - sicher gab es die "Kontinuität im Wandel". Doch auch diese Kontinuität kann als Antwort auf einen Wandel innerhalb der komplexen soziokulturellen Formation gesehen werden. Durch die Stilisierung einer bestimmten Erscheinungsform der Familienstrukturen konnte man schwer einer Erklärung ihres "Wesens", ihrer spezifischen Konnotationen näherkommen.

Die Fixierung auf Kontinuitäten war gesellschaftlich bedingt und hatte ihre gesellschaftlich-politischen Funktionen. Da die bäuerliche Kultur zum Fundus eines angestrebten nationalen Selbstverständnisses gehörte, ging es zunächst um eine Bewertung und Übersetzung dieser Kultur oder genauer - ausgewählter Elementen dieser Kultur - für ein bürgerliches Umfeld. Zugleich wurde durch das breite Einbeziehen nicht nur von Fachvertretern, sondern auch von Laienforschern (lokale Intelligenz) im ganzen Land eine Rück-Übersetzung dieses Wissens in das ländlich-bäuerliche Milieu ermöglicht. Die Umsetzung des politisch-ideologischen Konstruktes in eine realitätsstiftende Faktizität benötigte fixierte Begriffe und Bilder.[310] Jegliche Veränderungen wurden als Bedrohung wahrgenommen.

Die Bedeutung des Familienbildes im Rahmen dieser Konzeptionen ist auf eine weitere Ebene mit dem Problem der Mobilität verbunden. Der Zadruga-Familienbegriff entspricht den Prinzipien einer stationären Gesellschaft. Die sich verstärkende Mobilität versuchte man durch dieses einbindende, auf die Wurzeln orientierte Leitbild einzudämmen. Das ist in Bezug auf die zunehmende Innenmigration, als auch vor dem Hintergrund einer wachsenden Auswanderung zu sehen.

Die erste Generation der Trägerschicht der nationalkonsolidierenden Ideen formierte sich vor allem in der bulgarischen Diaspora. In den Kolonien in Zentren wie Bukarest, Braila, Istanbul, Smirna, Thessaloniki, Moskau, Odessa, Wien und anderen wurden die nationalen Differenzierungen gebildet und entwickelten sich jene

---

[310] Darüber im deutschsprachigen Raum: *Jeggle, Utz*: Volkskunde im 20. Jahrhundert. In: *Brednich, Rolf* (Hg.): Grundriss der Volkskunde. Einführung in die Forschungsfelder der Europäischen Ethnologie. Berlin, 1988, S. 51-72; *Johler, Reinhard*: Kultur, Folklore, Herrschaft: Zur Definitionsgewalt über das "Fremde". In: Kuckuck, 7,1,1992, S. 37-40; *Ders.*: Das Ethnische..., S. 69-101; *Ders.*: Volkskultur:

national-ideologischen Strömungen, die die späteren einheimischen nationalen Befreiungsbewegungen und Aufstände vorbereitet haben.

In diesen Kolonien gehörten die Vorläufer der nationalen Bewegung meistens zur Schicht der Handelsbourgeoisie. Die Handelsunternehmen, die zunächst zum Großteil auf Verwandtschaftsbeziehungen gründeten, sich durch strategische Eheschließungen erweiterten und Lokalcharakter hatten, pflegten später internationale Beziehungen. Unabhängig von der breiten ökonomischen Zusammenarbeit unter den Vertretern verschiedener ethnischer Gruppen, ging die Initiative für die Formierung und Organisation von Gemeinschaften auf ethnischer Basis von diesen ökonomisch gehobenen/starken Schichten aus (was auch mit dem Ziel der Stärkung ihrer eigenen Positionen und ihres Einflusses verbunden war). Angehöriger dieser Schicht befinden sich auch unter den Gründern von Schulen, Kirchen und Kulturorganisationen auf ethnischem Prinzip.

Beispiele dafür sind die Handelsunternehmen und die gesellschaftliche Tätigkeit von Rakovski (Vater und Sohn), sowie das zunächst auf Verwandtschaftsbasis aufgebaute Handels- und Bankunternehmen der Gesovi. Dimitar Ivanov Gesov - Vertreter der zweiten Generation der Gesovi und Onkel von Ivan Ev. Gesov - leitet das Handelsunternehmen in Istanbul von 1852 bis 1877. Aktives Mitglied der bulgarischen Gemeinde in Istanbul, gehört er zu den Begründern der bulgarischen Kirche "Sv. Stefan", initiiert die Gründung der dortigen bulgarischen Kulturorganisation (citalischte - Lesehalle) und trägt wesentlich zur Veröffentlichung und Verbreitung bulgarischer Bücher und Zeitungen bei.

In der zweiten Hälfte des 19. Jahrhunderts vereinigt sich die bulgarische Emigrationsbourgeoisie in verschieden Organisationen, die breite Wohltätigkeits-, Ausbildungs- und Veröffentlichungstätigkeit beginnen: das bulgarische Komitee (nastojatelstwo) in Odessa; die "Dobrodetelna druzina" in Bukarest (1862); der 1869 gegründete Verein der bulgarischen Händlern in Wien "Fortschritt" (Napredak); der bulgarische Literaturverein in Braila (BKD) etc.

Auf die Bedeutung der bulgarischen Ausbildungsmigration wurde schon hingewiesen. Interessant diesbezüglich ist der Briefwechsel zwischen Lord Strangford und Ivan Ev. Gesov, veröffentlicht in der "Pall Mall Gazette" im September 1866. Ausgehend von der Annahme genetischer ethnischen Identitäten kritisiert Lord Strangford das mangelnde ethnische Selbstbewusstsein der Bulgaren,

---

Ideologien und Visionen. In: Sommerakademie Volkskultur 22.Aug.-4. Sept. 1992 Altmünster. Wien, 1992, S. 27-31.

und führt sie als Beispiel für politisch (durch die Politik Griechenlands, Serbiens und Russlands) manipulierbare Identitäten an. Interessant ist die Antwort von Gesov - er argumentiert die Differenz der Bulgaren zu den Serben und Russen mit "der völlig verschiedenen Sprache und Geschichte". Dabei betont er, dass gerade die bulgarischen Ausbildungs-Emigranten in Serbien, Russland und Griechenland die *"tapfersten Kämpfer für die These, dass wir ein selbständiges Volk sind (otdelen narod) sind, sie sprechen und schreiben viel richtiger/besser (cisto) Bulgarisch als die Anderen".*[311]

In der Situation der Migration *"formierten sich erneut Identitäten, die trotz aller vermutlichen Verbindungen mit einer traditionellen Nationalkultur, neue kulturelle Systeme darstellen, die notwendig für die Gruppenbildung und deren Integration im Feld der Gesellschaftsverhältnisse waren. Diese Systeme wurden nicht unverändert aus der Heimat übertragen, sondern sind nach neuen Regeln, durch das Zusammenwirken des Gedächtnisses mit der neuen Umgebung hergestellt worden."*[312]

Zur Ausbildung des Nationalbewusstseins in der Situation der Migration trugen verschiedene Faktoren bei, unter ihnen waren auch die rechtlichen und sozialen Bedingungen im Aufnahmeland bestimmend. Wenn etwa Studenten sich bei ihrer Inskription einer juristischen Klassifizierungen unterziehen mussten, bei der Unterscheidungsmerkmale wie Religion, (Mutter-)Sprache, Herkunftsort und Nationalität/Vaterland angewandt wurden, kam es damit auch zu einer sprachlichen, religiösen und nationalen Identifizierung der Immigranten in einem multinationalen Milieu. (Z. B. in Wien in der zweiten Hälfte des 19. Jahrhunderts.) Die Möglichkeiten, die den Zuwanderern vom jeweiligen Aufnahmestaat in Bezug auf Religion, Schulen, kulturelle Organisationen gegeben wurden, waren bei der Formierung einer Nationalidentität mit prägend.

Kennzeichnend ist etwa, dass die Ausbildung und Durchsetzung der Begriffe "Vaterland" (otecestwo), "Fremder/Ausländer (cjuzdenez, cjuzdestranez)" in der nationalen Bedeutung in erster Linie mit der Tätigkeit der Bourgeoisie- und Bildungsmigration verbunden waren.

Das Fernsein und Getrenntsein vom Vaterland wird emotional beladen, weiterentwicket wurden die Vorstellungen über die Anziehungskraft des Heimatortes

---

[311] *Gesov, Ivan*: Spomeni..., S. 39.

[312] *Katsiardi-Herring, Olga*: Migrazija na naselenieto v Jugoiztocna Evropa ot 15. do nacaloto na 19. vek. In: Balkanisticen forum, 1-3, 1999, S. 22.

als genetisch bedingt, was einherging mit der moralischen Beurteilung aller, die während der Migration von Sprache und Sitten abtreten.

Nach der Gründung der Nationalstaaten im multi-ethnischen Balkanraum kehrt ein wesentlicher Teil der Migrationseliten in die jeweiligen Staaten zurück und bildet dort die intellektuelle, politische und ökonomische Führungsschicht. Die Migration wird zum Forschungsgegenstand der nationalen Historiographie und das bestimmt die Perspektive auf diese Prozesse.

Die politische Befrachtung des Heimatbegriffs und die Verbreitung des Terminus Heimweh lassen sich an einem Beispiel veranschaulichen. Der Schriftsteller und Politiker Ivan Vazov, wegen seinen Verdiensten in Bezug auf die Nationalbewusstseinsbildung offiziell zu "Patriarchen der bulgarischen Literatur" ernannt (sein viertes Staatsjubiläum wurde dieses Jahr (2000) gefeiert), schreibt 1880: *"Ein Jahr Nostalgie (Trauer nach der Heimat) überfiel mich in Berkovitza, wo ich Beamter des unlängst gegründeten Kaisertums Bulgarien war. Ostrumelien! Südbulgarien! Dort war ich geboren am Fuß des Gebirges Stara planina und nach dort sehnte sich mein Herz. Ich reichte meinen Rücktritt ein und flog zu diesem vom Berliner Kongress abgeschnittenen Teil des bulgarischen Vaterlandes."*[313]

Die Mythisierung des Geburtsortes, die Vorstellung, dass man mit diesem Stück Erde schicksalhaft verbunden sei und seelisch in seiner Gewalt stehe, weist auf den Zusammenhang von Familie (Geburt) - Territorium - Heimat. Die Bindung an "Heimat" konnte nicht auf ein bestimmtes Territorium beschränkt bleiben, sondern dehnte sich gemäß der nationalen Politik aus.

Die Vereinigung Bulgariens, die das Kaisertum Bulgarien, Ostrumelien sowie Makedonien, die Westrandgebiete und Norddobrudza (= San-Stefano-Bulgarien) einschließen sollte, und die Stiftung bzw. Festigung der bulgarischen Nationalidentität unter den Bevölkerungsgruppen, die außerhalb der politischen Grenzen des Kaisertums Bulgarien und Ostrumeliens geblieben waren, bildeten die Hauptakzente der bulgarischen Außenpolitik. Dabei verknüpfte man die Inhalte von Familie und Heimat/Vaterland und übertrug sie auf das "Volk", um den Anspruch auf diesen Raum als "Heimat"/"Vaterland" zu begründen.

Dazu kam als national-politisches Problem eine wellenförmig auftretende Auswanderung.

---

[313] *Vazov, Ivan*: In Ostrumelien. Erinnerungen. Sofia, 1880.

Sie begann mit der saisonalen Arbeitsmigration, die auch vor der Nationalstaatsgründung weit verbreitet war. Sie war regional und nach Berufen spezialisiert. Hier nur als Beispiele erwähnt etwa: die saisonale Männermigration der Gärtner aus bestimmten Regionen Nordbulgariens - Tarnovo, Russe, Schumen oder Razgrad - mit den Hauptzielrichtungen Rumänien, Russland, Ungarn, später Österreich-Ungarn. Das Weißmeergebiet zog Gruppen von männlichen Bauarbeitern für saisonale Bauarbeit an. Eine Form saisonaler Frauen- und Kinderarbeitsmigration bildete die Baumwoll- und Erntearbeit.[314]

Einige Formen dieser saisonalen Migration gingen besonders ab der zweiten Hälfte des 19. Jahrhunderts in Niederlassungen mit Familienzusamenführung bzw. -gründung über.

In den letzten Jahrzehnten des 19. Jahrhunderts und besonders um die Jahrhundertwende kommt es zu einer verstärkten Auswanderung in die USA und nach Canada. Diese Migration begann auch als saisonale und/oder zeitlich begrenzt geplante Arbeitsmigration, änderte sich aber wegen den größeren Raumdistanzen schnell in Auswanderung, was auch mit der Immigrationspolitik dieser Staaten zusammenhing. Erst ab den 30er Jahren des 20. Jahrhunderts wurde in den Statistiken die Rubrik "Außenumsiedlung" geführt, die die Emigrations- und Immigrationsbewegungen ausweisen konnte. Dazu kommt die, von verschiedenen Faktoren bedingte, nicht eindeutige Definition nach dem nationalen Kriterium, die starke illegale Emigration, das Fehlen von Organisationen in den Aufnahmestaaten, die die neu angekommenen Landsleute abrechnen konnten, so dass das statistische Erfassen der Migrationsbewegungen (Außen- wie Innenmigration) aus nationaler Sicht schwierig ist. Heute wird die bulgarische Emigration allein für die USA und Canada bis 1907 auf circa 50.000, bis Ende 1911 auf ca. 80.000 geschätzt, wobei ein wesentlicher Akzent auf die politische Emigration besonders aus Makedonien gelegt wird.[315]

Es kann sich wohl um überhöhte Ziffern handeln, aber das Ausmaß der Emigration und die Betroffenheit wichtiger Agrargebiete führte jedenfalls dazu, dass die Auswanderung zum brisanten Thema der Innen- und Außenpolitik wurde.

---

[314] *Gesov, Ivan*: Zadruznoto vladenie i rabotanje v Balgarija. In: PSp, 28-30, 542-561; *Ders.*: Naschite gradinarski...; *Koleva, Tatjana*: Zensko i detsko gurbetcijistvo (iscilak) v Razlozko i Blagoevgradsko prez 1856-1912. In: INEM, Bd. 7, 90-111.

[315] *Gardev, Kostadin*: Balgarskata emigrazija v Canada. Sofia, 1994, S. 22.

Im ersten Jahrzehnt des 20. Jahrhunderts versuchten die bulgarische Regierungen die zunehmende Landflucht und Außenmigration durch gesetzliche Maßnahmen einzudämmen - durch ein Verbot ausländischer Speditionsgesellschaften, die Werbung für Auslandsmigration durchführten, und durch die Einschränkung der Ausgabe von Auslandspässen (1904); 1906 wurde das Emigrationsgesetz durch Einführung des Vetorechtes des Innenministers auf Passausgabe und durch die Verschärfung der Sanktionen gegen die Speditions- und Schiffsgesellschaften erweitert; 1922 wurde ein neuer Emigrationsgesetzesentwurf eingereicht, nach dem das Auslandsspeditionswesen vom Staat monopolisiert wird, ein eigenes Emigrationsoffice im Innenministerium wurde eröffnet, die Familienauswanderung stark eingeschränkt und so weiter.

Das Innenministerium initiierte Enqueten und Untersuchungen zu Ursachen, Motiven, zu Zusammensetzung und Auswirkungen der Migration auf die Nationalwirtschaft. Um das Auswandererproblem, das als "Übel", "gefährliche Wunde für Bulgarien, die entschieden und effektiv geheilt werden muss"[316] bewertet wurde, entfalteten sich heftige Auseinandersetzungen in der Presse.

In der Debatte welche Auswirkungen die Migration auf die einheimische Wirtschaft habe, gab es widersprüchliche Meinungen. Die Regierungsmaßnahmen zur Einschränkung der Migration gingen von der offiziellen These aus, dass die Landwirtschaft durch den Verlust an arbeitsfähigen jungen Männern geschwächt würde, und dass die Auswanderung negative Auswirkungen auf die militärische Stärke Bulgariens hätte. Dagegen wurde argumentiert, dass die Migration von großem Nutzen für die Modernisierung und Intensivierung der heimischen Landwirtschaft, des Bauwesens und der Lebensweise insgesamt sei. Die politische Linke nutzte die Migrationsdiskussion, um auf soziale Missstände und innenpolitische Defizite aufmerksam zu machen und soziale Forderungen zu stellen: darunter Steuerminderung, staatliche Unterstützung der Landwirtschaft etc.[317]

Aus Sicht des Nationalstaates wurde jene Migration, die zur Auswanderung führte, zum Hauptproblem. Eine planmäßige Kolonisation war in die außenpolitischen Konzepte nicht einbezogen, dazu fehlten auch die entsprechenden politischen und wirtschaftlichen Voraussetzungen. Deshalb befürchtete man eine "Entnationalisierung". Als Zeugnis einer nationalromantischen Haltung, die

---

[316] "Vecerna poschta"; *Tabakov, S.*: Naschata emigrazija. In: Svobodno mnenie, N 14, 30. Nov. 1913, 6-8, zit. nach *Gardev, Kostadin*: Balgarskata..., S.15, 45.

[317] *Gardev, Kostadin*: Balgarskata..., S. 10-78.

Anpassung ablehnt und für geschlossene Siedlungen und Erhaltung des Bulgarentums eintritt, ist die Einstellung von Ivan Ev. Gesov zu werten. In dem er die Arbeitsassoziationen der Gärtner in den Mittelpunkt seiner Studie stellt, hebt Gesov hervor, dass die Leitprinzipien dieser Vereinigungen strukturell weitenteils mit den Grundcharakteristika der Zadruga übereinstimmen: gemeinschaftliche Arbeit, Konsum, gleichberechtigte Verteilung, nicht auf dem Geldprinzip basierend und egalitäre Verhältnisse nach innen. Die Produktion werde nicht vom Prinzip des ökonomischen Nutzens, sondern von der Sittlichkeit reguliert. Die Rolle der Leiter dieser Assoziationen vergleicht er mit der Rolle des Vaters in der Familienstruktur, wobei er mögliche Missstände stets auf eine subjektive Ebene zurückgeführt. Gesov hebt den wirtschaftlichen Nutzen der saisonalen Arbeitsmigration hervor - durch Verrechnungen über die möglichen Investitionen in Bulgarien, durch die Einführung von moderner Technik und neuer Methoden der Landbearbeitung durch die Gärtner etc. Zugleich betont er, dass gerade das gemeinschaftliche Prinzip sie bewahrt habe, so dass diese Bulgaren dank *"den Kooperationen Krisen und Kriegen widerstehen konnten, jenem principle of degeneration, dem Prinzip der Entwurzelung ("Entstammung")/izrodjavane, das nach W. Stanley Jevons die Menschengesellschaften verpfuscht (izhabjavat) (...)."*[318] Das drohende Phänomen der Entwurzelung sieht er vor allem bei denen, die sich im Ausland niedergelassen hatten. Gesov vertritt die Meinung, dass der Staat die Arbeitsmigration durch Gründung von landwirtschaftlichen Schulen unterstützen müsse, dass er sie durch gesetzliche Mitteln nicht einschränken solle, sondern die Bedingungen für Aus- und besonders Einreise erleichtern müsse.

Seine Arbeit beendet er mit einem moralischen Aufruf an die Gärtner: *"Schön ist, Brüder Gärtner, unser Bulgarien. Schön ist auch eure kooperative Organisation. Wandert nicht endgültig aus Bulgarien aus; gebt nie eure Organisation auf. Entzieht nicht eurem Vaterland seine guten Söhne, nehmt nicht euren Söhnen ein schönes Vaterland, in dem das Leben und die Leute auch Mangel haben können, doch wo eure Kinder leichter jene Arbeitsamkeit, jenes gemeinschaftliche Arbeiten und jene Haustugenden erlernen können, die ihnen Glück bringen können, so wie sie euer Glück geschaffen haben. Verlasst nicht unser Bulgarien, verlasst nicht eure kooperative Organisation, wenn ihr wollt, dass Gottes Segen (blagodat) auch die Euren (celjadi) nicht verlässt."*[319]

---

[318] *Gesov, Ivan*: Naschite..., S. 340-341.

[319] *Gesov, Ivan*: Naschite..., S. 341.

Die gemeinschaftliche Familien- und Assoziationsform sollte somit die Verbindung zwischen individuellem kleinräumigen Erfahrungsbereich und dem politischen System darstellen. Um eine Identifizierung mit dem Vaterland zu erzielen, wurden die Gefühlswerte von Familie und Dorf in Zusammenhang mit den Begriffen Vaterland, Nation, Staat gestellt.

Die familiäre Gemeinschaft wird als Voraussetzung, als Grundlage für die Entwicklung des Heimatgefühls eingestuft. Das Ausdehnen des Verbundenheitsgefühls vom Familienbegriff auf jenen des Vaterlands zielt darauf ab, ein erweitertes Heimaterlebnis zu stiften. Die Gefühle des Geliebtwerdens und Geborgenseins in der Familie werden somit auf die Heimat übertragen und nicht zuletzt auch religiös begründet.

Mit der ständigen Verwendung des überhöhenden Begriffs Familie verfolgte man auch die pädagogische Absicht, den Willen zum Dienst an der Gemeinschaft zu stiften bzw. zu stärken: in Friedens - wie in Kriegszeiten.

In seiner Untersuchung über die Familien - und Assoziationsformen der Gärtner schreibt Gesov über diese "friedlichen Eroberer, die im Falle der Notwendigkeit die Hacke mit dem Gewehr tauschen konnten": "*Wenn ein Mensch Held in der Arbeit ist, so ist er Held auch im Kampf. Viele Gärtner haben auch an unseren Aufständen (gegen das Osmanenjoch -A.K.) teilgenommen.*"[320]

Der Krieg an sich wird aus universal-ethischen Gründen als inhuman bewertet. Doch der Krieg eines "Volkes für seine Freiheit" erfährt eine heilbringende religiöse und moralische Überhöhung.

Ivan Evstratiev Gesov ist Premierminister und Minister für Außenangelegenheiten in der Periode von März 1911 bis Juni 1913. Er unterschreibt die bilateralen Bulgarisch-serbischen und Bulgarisch-griechischen Verträge, durch die der Balkanbund gebildet wurde. Unter seiner Regierung wurde der Balkankrieg 1912 bis 1913 geführt. Nach dem Londoner Friedensvertrag 1913 gibt er seinen Rücktritt bekannt, seine Regierung wird nach den Balkankriegen vor Gericht gestellt.

Während dieser Kriege wurden alle männlichen Emigranten, die nicht zurückkehrten, um am Krieg teilzunehmen, vom Staat als Deserteure klassifiziert.

Die führende nationale Idee eint Intellektuelle, die verschiedene politische Richtungen vertraten. Als Ausdruck eines Bürgerbewusstseins wahrgenommen, nahm die Intelligenz aktiv am gesellschaftlichen Leben in der Kriegszeit teil, nicht

[320] *Gesov, Ivan*: Naschite..., S. 327.

nur durch direkte Teilnahme am Krieg, sondern vor allem durch aktive Gesellschaftstätigkeit und intensive Veröffentlichungsarbeit, die die Popularisierung bestimmter Themen, besonders aus historischer Sicht bearbeitet, im In- und Ausland erreichen wollte.[321]

Die Kriegsursachen sind in dem widersprüchlichen Geflecht von nationalen und internationalen wirtschaftlichen und politischen Interessen zu sehen. Zweifellos hat der Nationalismus neben anderen Faktoren zum Ausbruch der Balkankriege beigetragen. Die von den Humanwissenschaften popularisierten Bilder von Familie (familiale Gemeinschaft) - Volk - Heimat hatten eine große Mobilisierungskraft. Durch Geschichte, besonders durch Herkunft und Volkskultur, wurden territoriale Ansprüche begründet und legitimiert.

Grundsätzlich dient die Nationsbildung der gesellschaftlichen Homogenisierung. Daß aber in Bulgarien (und in den anderen Balkanstaaten) die Form der Ethno-Nation gewählt wurde, analog zum deutsch-skandinavischen Raum, ist historisch und gesellschaftlich-politisch bedingt. Mit der Rolle der Wissenschaft, speziell der Folkloristik und der Volkskunde, in diesen Prozessen müssen wir uns als Wissenschaftler in den jeweiligen Staaten kritisch auseinandersetzen - auch um unserer gegenwärtigen Verantwortung gewahr zu werden.

Die Ethno-Nation ist mit all' ihren charakteristischen Merkmalen und Durchsetzungsverfahren aber keine Balkan-Erfindung und kein Balkan-Spezifikum, das zeigt die Geschichte anderer europäischer Staaten. Ein Beispiel aus dem Ersten Weltkrieg: Zum Zeitpunkt der bulgarischen Kriegserklärung an Rumänien[322], am 1. September 1916, erließ Zar Ferdinand ein Manifest an die bulgarische Nation, in dem es unter anderem hieß: *"(E)s gelang ihm (dem Staat Rumänien - A.K.) auch infolge des Friedens von Bukarest, uns zu demütigen und uns unsere fruchtbare, teure Dobrudza, den Mittelpunkt unseres ersten Königreiches, zu entreißen (...) ich befehle unserer tapferen Armee, die um den Preis so vieler Opfer verwirklichte Einheit des*

[321] Reiches empirisches Material über Formen und Inhalte der Tätigkeit der bulgarischen Intelligenz in der Kriegszeit bietet die Untersuchung von *Koleva, Rumjana*: Goljamata sreschta na balgarskija narod. Kulturata i predizvikatelstwata na vojnite 1912-1918. Sofia, 1995.

[322] Laut dem Berliner Vertrag 1878 blieb Süddobrudza bulgarisch, Norddobrudza kam an Rumänien, 1913 wurde in Folge des zweiten Balkankrieges auch Süd-Dobrudza rumänisch.

bulgarischen Volkes zu sichern und unsere Brüder in der Dobrudza von der Knechtschaft zu befreien (...)."[323]

Um beim selben Beispiel zu bleiben - der deutsche Generalfeldmarschall von Hindenburg forderte in seinen Richtlinien für einen Friedensvertrag 1916:

"Der Sereth könnte die Grenze zwischen Österreich-Ungarn - Rußland sein. Die Walachei müßte in irgendeiner Form - etwa im Sinne einer alten römischen Provinz - für Deutschland nutzbar gemacht werden. Czernawoda-Constanza müßten in deutscher Verwaltung stehen, Constanza auch Freihafen für Bulgarien sein. Diesem könnte die Dobrudza zufallen. Rußland darf sich nicht zu beiden Seiten der Donau-Mündung festsetzen."[324]

III. GESELLSCHAFT UND WISSENSCHAFT IN DER ZEIT ZWISCHEN DEN BEIDEN WELTKRIEGEN

III.1. WIRTSCHAFTLICH-POLITISCHE ENTWICKLUNG

Daß die Nationalidee abhängig ist von der jeweiligen gesamten politisch-ökonomischen Situation, wird auch durch die Entwicklung in Bulgarien in der Zwischenkriegszeit deutlich. Neben Deutschland, Österreich, Ungarn und der Türkei gehörte Bulgarien zu den Verliererstaaten des Ersten Weltkrieges. Die Konsequenzen der Niederlage waren hohe Reparationsforderungen (ca. 20 Prozent des seinerzeitigen Nationalkapitals des Landes); der Verlust wichtiger Gebiete - Süd-Dobrudzas, Westthrakiens und der westlichen Randgebiete (das heißt ca. ein Zehntel der Gesamtfläche und ca. ein Siebtel der Bevölkerung), die von großer wirtschaftlicher Bedeutung waren (als Kornkammer, reich an Holz und Bodenschätzen und mit dem Zugang zum Ägäischen Meer). Die schweren Belastungen aus der Kriegsniederlage und den Bestimmungen der Friedensverträge führten bald zu wirtschaftlichen und sozialen Krisen (von Hyperinflation bis zu Massenarbeitslosigkeit und starken Migrationsbewegungen). Beim Wiederaufbau der Wirtschaft war der Staat dem Willen der siegreichen Entente und ihrer kleinen Verbündeten, die auch die unmittelbaren Nachbarstaaten waren (Griechenland, Jugoslawien, Rumänien), angewiesen. Die ökonomische Entwicklung blieb

---

[323] *Stiefler, Brigitte*: Die politischen Beziehungen zwischen Österreich-Ungarn und Bulgarien 1915-1918, Wien (Univ. Diss.), 1970, S. 116. Zit. nach: *Bihl, Wolfdieter*: Zur Dobrudza-Frage im Ersten Weltkrieg. In: Choliolcev, Christo/Mack, Karl-Heinz/Suppan, Arnold (Hg.): Bulgarisch-Österreichische, S. 39-54, S. 40.

[324] Zit. nach *Bihl, Wolfdieter*: Zur Dobrudza..., S. 41.

wesentlich durch die Wirtschaftspolitik der Großmächte beeinflusst, mit der Intention, Bulgarien (und den Balkan insgesamt) als Absatzgebiet ihrer Industrieerzeugnisse zu erhalten, unter anderem durch das Investieren in bestimmten Bereichen (vorwiegend in Handelsunternehmen und auf dem Sektor der Leichtindustrie). Eine große Rolle spielte auch die Abhängigkeit Bulgariens vom Export seiner landwirtschaftlichen Produkte, die Auswirkungen der Weltwirtschaftskrise Ende der 20er Jahren des 20. Jahrhunderts in diesem Bereich waren schwerwiegend.

Ein weiterer Faktor ist von Bedeutung: Die Umbildung der politischen Karte nach dem Ersten Weltkrieg infolge des Zusammenbruchs der Habsburger- und Romanov-Monarchien und das damit verbundene Entstehen mehrerer neuer Staaten (35 Staaten im Vergleich zu 26 Staaten vor 1914) bewirkte eine Verunsicherung im gesamteuropäischen Plan hinsichtlich der Möglichkeiten kleiner Staaten zur selbständiger Existenz. Abgesehen von innerstaatlichen (politischen, sozio-ökonomischen und kulturellen) Konsequenzen, führte dies zunehmend zu einer negativen Einstellung gegenüber der "Kleinstaaterei". Warum dieser Prozeß ausschließlich mit dem Balkan verbunden wurde, wo doch in dieser geographischen Region in Folge der Balkankriege 1912/1913 nur Albanien als neuer Staat entstanden war, bleibt unklar. Wie aber "Kleinstaaterei" mit "Balkanisierung" gleichgesetzt wurde, so dass beide Begriffe zum Wortschatz politischer Beleidigung gehör(t)en[325], und wie - erstens - mit diesen Stigmatisierungen Ideologie und Politik betrieben wurde, und wie - zweitens - dieses Konstrukt in den Balkanstaaten verinnerlicht worden ist und zu einer Selbststigmatisierung geführt hat, stellt Maria Todorova detailliert dar.[326]

Die erschwerte ökonomische Selbständigkeit führte zu einem verstärkten Zweifel an der wirtschaftlichen Lebensfähigkeit sowie zur Einsicht, dass bei der immer stärker zunehmenden Internationalisierung und Verzahnung der Wirtschaft jede Beeinträchtigung einer nationalen Wirtschaft auch der internationalen Wirtschaft schadet.

Die Zwischenkriegsperiode kann man bei allen wirtschaftlich-politischen Problemen nicht als Zeit der sozial-ökonomischen und politischen Stagnation bezeichnet werden - die Modernisierungsprozesse, verbunden mit zahlreichen Innovationen, entwickelten sich weiter. Merkmal sind etwa die Debatten über die wirtschaftliche

---

[325] Vgl. *Hobsbawm, Eric*: Nationen..., S. 44.

[326] Vgl. *Todorova, Maria*: Imagining...

Entwicklung Bulgariens, in denen Gelehrte und Praktiker versuchten, den Platz Bulgariens in der internationalen Wirtschaft zu finden - sie suchen das Nützlichste fremder Erfahrung und strebten keine blinde Nachahmung fremder Vorbilder an. Dabei wurde Bulgarien nicht mit den Großmächten verglichen, sondern mit Ländern, die über ähnliche sozio-ökonomische Strukturen und eine ähnliche geopolitische Position verfügten - für die Reparationen wurde das Beispiel Österreichs herangezogen, für die Genossenschaftsbewegung das Beispiel Dänemarks, für die Sozialgesetzgebung das Vorbild Belgiens und der baltischen Staaten.
Die Debatte über die Notwendigkeit des Protektionismus, den man mit der Leitparole "Bevorzugt das Eigene!" verband, der theoretische Streit Protektionismus kontra Liberalismus erhielt neue Dimensionen in Hinsicht auf die politische und wirtschaftliche Zerteilung Europas nach dem Ersten Weltkrieg, die eine Reihe von Staaten nach Autarkie und hohen Zollschranken streben ließ.[327] Dabei kann man nicht von einer während der gesamten Periode einheitlichen Wirtschaftspolitik sprechen - stärkere protektionistische Maßnahmen wechselten je nach internationalen wirtschaftspolitischen Umständen und innenpolitischer und sozialer Situation mit einem liberalisierenden Kurs der entsprechenden Regierungen. Allgemein läßt sich sagen, dass "trotz zentralistischer Tendenzen in der zweiten Hälfte der dreißiger Jahren die bulgarische Wirtschaft keiner staatlichen Lenkung unterlag, sondern die Mechanismen des freien Marktes dominierend waren".[328]

III. 2. GESELLSCHAFTSLEITENDE IDEEN

Nur im Rahmen des komplizierten Wechselspiels von politischen und wirtschaftlichen inneren und äußeren Kräften ist die Geschichte der Geisteswissenschaften zu verstehen. Mit den Begriffen "Krise" und "Katastrophe" wurde die unmittelbare Nachkriegssituation in zeitgenössischen Texten beschrieben. Die grundlegende mentale Verunsicherung führte zu in einer verstärkten Identitätssuche - als Stütze für eine "andere" Zukunft. Der Zusammenbruch der "nationalen Ideale" und der Verlust wichtiger "ethnischer" Territorien führte zum Bestreben, die Einheit der Gemeinschaft im geistigen Bereich zu finden. Der

---

[327] Ausführlicher darüber - *Grozev, Kostadin*: Europäische Seitenblicke im Wirtschaftsdenken Bulgariens in der Zwischenkriegszeit. In: Heppner, Harald/Preshlenova, Rumjana (Hg.): Die Bulgaren und Europa von der Nationalen Wiedergeburt bis zur Gegenwart. Sofia, 1999, S. 195-207.
[328] *Grozev, Kostadin*: Europäische..., S. 207.

Auseinandersetzung mit den Fragen der Nation kam dabei eine wichtige Bedeutung zu. Das Gefühl der zerrissenen bulgarischen Einheit rief die Sehnsucht nach einer neuen bulgarischen "Wiedergeburt" hervor, die Hoffnungen wurden mit der Wiederherstellung und Bewahrung einer "authentischen" bulgarischen Kultur verbunden.[329]

Keineswegs aber kann man die Zwischenkriegszeit als eine soziale, wirtschaftliche und mentale "Krisenzeit" betrachten, sie wurde auch von den Zeitgenossen nicht nur als solche wahrgenommen.[330] Nicht nur die Prozesse zunehmender Industrialisierung und Urbanisierung setzten sich fort, vor allem wurde auch das Dorf weiter modernisiert und die Kooperationen zwischen Dorf und Stadt intensiviert. Die staatliche Politik sowie die Tätigkeit verschiedener bürgerlichen Organisationen richtete sich bereits ab den 1920er Jahren auf den Ausbau der Institutionen abseits der Stadt-Zentren: Das Ausbildungssystem in den ruralen Gebieten wurde weiter ausgedehnt, Gesundheitsämter und Kooperativen bezogen die bäuerliche Bevölkerung nicht nur als modernisierungsbedürftige Objekte, sondern als aktive Teilnehmer ein. Auch der Anteil des bürgerlichen Sektors in der Provinz wurde erweitert. Vielfach wurden Zweigstellen verschiedener Bildungs-, Wohltätigkeits-, Rotkreuz- und anderer Organisationen und Gesellschaften gegründet. Auch die Wirtschaftsstruktur der ländlichen Regionen unterlag einer ständigen Entwicklung. Zwar kann man diese Prozesse kaum bezogen auf das ganze Land verallgemeinern, denn sie verliefen unterschiedlich in den einzelnen Regionen und Dörfern, doch allgemein erhöhte sich der Anteil der Intensivkulturen in der Landwirtschaft und der Stallfütterung in der Viehzucht.[331] Bezeichnende Merkmale dieser Modernisierungsprozesse stellen die zunehmende Differenzierung und

---

[329] Interessant diesbezüglich ist die öffentliche Debatte um die Frage der Beziehung zwischen Gegenwart und Wiedergeburtszeit: *Michalcev, Dimitar*: Moze li dnesna Balgarija da se varne kam duha na naseto Vazrazdane? In: Filisofski pregled 3, 1939, S. 330-342; *Mutafciev, Peter*: Dnesna Balgarija i duhat na naseto Vazrazdane In: Prosveta 10, 1940, S. 1169-1181; *Elenkov, Ivan*: Rassovite belezi na "balgarskoto" v tarsene na balgarska kulturna identicnost mejdu dwete swetovni vojni. In: Natev, Atanas (Hg.): Aneignung und Emanzipation. Einleitende Forschungen über deutsche Kultur in Bulgarien. Sofia, 1997, S. 305-318.

[330] *Vodenicarov, Peter/Popova, Kristina/Paschova, Anastasija*: Moeto dosie, pardon, biografija. Balgarskite modernizazii (30-te i 60-te godini) - ideologii i identicnosti. Blagoevgrad, 1999; *Popova, Kristina*: "Narodnostno obedinena, duhovno samobitna, stopanski samostojna i voenno moschtna". Planovete za badeschteto sred mladeschta i idejata za nazionalno obedinenie v nacaloto na 40-te godini). In: Balkanisticen forum, 1-2/1996, S. 193-201; *Dies.*: Nazionalnoto dete...

[331] *Ludzev, Dimitar*: Drebnata burzoazija v Balgarija (1944 - 1958). Sofia, 1985, S. 22 ff.

Professionalisierung der Dorfwirtschaft, die Erweiterung existierender Handwerke und Gewerbe und die Verbreitung neuer Berufe und Geschäftszweige wie Elektrotechnik, Schneiderei, Fotoateliers und so weiter nicht nur in der Stadt, sondern auch in den Dörfern.[332]

"Die Berufsidee, die mit der Realisation in sozial abgesicherten Institutionen verbunden war, enthält die Tendenz einer stärkeren gesellschaftlichen Solidarität, die mit allen Mitteln durch das Erziehungssystem und vom Staat unterstützt wurde. (...) (D)er Kult der nationalen Vergangenheit ist Teil des Staatsinstrumentariums nach 1925, eingesetzt mit dem Ziel, die Spannung in der bulgarischen Gesellschaft zu mildern, positive Verhaltensnormen und optimistische Perspektiven zu zeichnen, indem man die nationalen Grundlagen der bulgarischen Bürgern festigt."[333]

So bleibt die nationale Vergangenheit/Geschichte als ein Mittel zur Vereinheitlichung und zur Stärkung der gesellschaftlichen Solidarität in Zeiten der Modernisierung. Wesentlich dabei ist, dass "die Suche nach dem Bulgarentum" zwar auch den Charakter antiliberaler Utopien annehmen konnte[334], doch vor allem und gerade Ausdruck der Modernisierung war und den Modernisierungszielen dienen sollte.

Die Intensität, mit der die Modernisierung als Thema und Problem das gesellschaftliche Leben Bulgariens beherrschte, wird aus den Zeugnissen jener Zeit spürbar: Die Debatten um das Für und Wider der Modernisierung fanden ihren Niederschlag in der Presse, in den spezialisierten Wirtschafts-, Literatur-, Philosophiezeitschriften, in den juristischen, pädagogischen und demographischen Ausgaben, in Memoiren und in belletristischer Literatur.

Die Kritik an der Modernisierung war teilweise auch an eine anti-europäische Haltung geknüpft. Diese Haltung läßt sich zum Teil aus den Folgen der Balkankriege und des Ersten Weltkrieges für Bulgarien erklären - die Friedensverträge, besonders jener von Neuilly (1919) verstärkten die Angst vor einer Abhängigkeit Bulgariens von den europäischen Großmächten und führten zu einem indirekten Protest gegen die "europäische Tyrannei".

---

[332] *Popova, Kristina*: Bog li gi besche sazdal takiva. Mazete ot 20-ti nabor v selo Teschevo. In: Vodenicarov, Peter/Popova, Kristina/Paschova, Anastasija: Moeto dosie..., S. 277-279; Diess.: "Narodnostno..., S. 193-201; *Dies.*: Nazionalnoto...

[333] *Popova, Kristina:* "Narodnostno... S. 197-198.

[334] Darüber: *Elenkov, Ivan*: Anti-Europäismus: Bulgarische Kritik an der Modernisierung in der Zwischenkriegszeit. In: Heppner, Harold/Preslenova, Rumjana (Hg.): Die Bulgaren und Europa von der Nationalen Wiedergeburt bis zur Gegenwart. Sofia, 1999, S. 182-194.

III.3. BÄUERLICHE SYMBOLE IM RAHMEN DER MODERNISIERUNGSPROZESSE

Doch die Befürworter der Modernisierung dominierten das gesellschaftlich-politische Leben. Gegner gleichwie Befürworter der Modernisierungsprozesse stützten sich in ihren Argumentationen auf eine sogenannte nationale Bauernkultur, was mit der Mehrdeutigkeit der bäuerlichen Symbole zusammenhängt.

In der Zwischenkriegszeit kam es zur vollen Entfaltung des volkspsychologischen Diskurses. Er wurzelt in der vorangegangenen Periode der Auseinandersetzung mit dem Volksgeist. Diese Richtung wurde besonders von Volkskundlern, Philosophen und Literaten verfolgt[335]. Einerseits wurde in der Bauernkultur eine vitale Kraft gesehen, die zum Entstehen eines "neuen", erdverbunden-starken Menschen führen konnte. Der "Bulgarismus" wurde zum Leitbild, um "die soziale Ordnung in die Formen nationalen Geistes zu bringen". Diese Orientierungen entsprachen allerdings parallelen Strömungen im "Westen". Autoren wie Spengler oder Moeller van der Bruck übten mit ihrer Nachkriegskritik an der Moderne und ihren Thesen rund um das "Recht der jungen Völker" und der Idee vom "Dritten Reich" starken Einfluss. Das hing mit der vergleichbaren politischen Situation und ähnlichen wirtschaftlichen Problemen Bulgariens und jenen Deutschlands, Ungarns oder Österreichs als Verliererstaaten zusammen.[336]

Die Modernität wurde einerseits mit Rationalismus, Atomisierung und Individualisierung gleichgesetzt; auf der Suche nach den eigenen Wurzeln spielte andererseits die Auseinandersetzung mit der Familie eine große Rolle. Im Rahmen dieses Zugangs und dieser Interpretationsverfahren wurde die Zadruga als einer der wichtigsten Faktoren für die Erhaltung der Bulgaren/des Bulgarentums gegen den Assimilationsdruck, gegen die Uniformierung der Kultur und die Vereinsamung des Menschen durch die Moderne bewertet. Angesichts der extremen Existenzbedrohung während des Krieges und in der krisenhaften Nachkriegszeit konnte die Berufung auf familiale Werte, die Hinwendung zum Gemeinschaftlichen dem Einzelnen Halt und Stütze geben.

---

[335] Vgl. *Sejtanov, Nikola*: Balgarski swetogled. In: Prosveta 4, 1942, S. 201-210; *Strasimirov, Anton*: Poznanie na nasija narod. Sofia, 1942; *Chadzijski, Ivan*: Bit i duschevnost na nasija narod. 3 B., Sofia 1940, 1945, 1946 (Neudruck: Sofia 1995).

[336] *Elenkov, Ivan*: Rassovite..., S. 305-318; *Elenkov, Ivan*: Anti-Europäismus..., S. 190-191; *Grozev, Kostadin*: Europäische..., S. 195-207.

Das Gemeinschaftliche sollte zugleich die Gemeinschaft des "Volkes" festigen. Die Zadruga bildete die Grundlage und "formte" den Volkscharakter, den spezifischen kollektiven Volksgeist. So wird es auch wörtlich ausgedrückt: "Patriarchal-traditionelle, gemeinschaftlich-familiale (zadrugarska) Psyche der Bulgaren".

In seinem 1934 erschienen Buch "Der heldenhafte Mensch" schrieb Janko Janev: "*Warum wollen wir nicht sein, wie wir sind? (...) Warum wollen wir nicht stolz und heldenhaft leben? Unsere gesamte Politik nach der Befreiung, unser Geistesleben, unser administratives Nachahmen, unsere theoretische Bildung, unser Staat, unsere Bücher und unser Bauwesen haben nichts gemeinsam mit der Herrlichkeit unseres Geistes, den die europäische Demokratie bis heute verhöhnt, indem sie versucht, ihm die Spontaneität zu rauben und ihm ein soziales und politisches Programm aufzuerlegen, das sowohl Briten als auch Negern (...) gleichermaßen auferlegt werden könnte. Soll unser affengleiches Nachahmen weitergehen? Wir sind Heiden; unser Staat und unsere Staatlichkeit müssen von hier ausgehen. Vom Leben des Stammes anstatt von den Satzungen internationaler Doktrinen; von der Kraft des bulgarischen Glaubens an die Erde anstatt vom Dogma des Jenseits; vom Halleluja-Charakter des Tragischen anstatt von der erniedrigenden Schicksalsergebenheit und Unterwürfigkeit. Unsere Demokratie ist ein fremdes Werk, unsere Verfassung entlehnt; unsere Polizei ist uniformiert und vaterlandslos; unsere Politik des Geistes ist eine Politik der westlichen Universität; unsere Schule ist heimatlos, blutlos, abstrakt: In ihr könnten Kinder aller Völker lernen. Mit einem Wort, wir sind Anti-Bulgaren. Wir alle sind in eine fremde Landschaft eingebettet. Wir sprechen eine fremde Sprache, denken mit fremden Gedanken. Das ist unsere historische Sünde.*"[337]

Andererseits blieb die Mythologisierung der bäuerlichen Kultur als Träger einer Kontinuität seit Antike und Mittelalter, das Bestreben, die nationale Geschichte durch Abstammungsbilder zu veranschaulichen und eine Einstellung zur Identifikation mit dem Heroischen zu kultivieren Bestandteil der staatlichen Nationalpolitik und der national orientierten Geschichtswissenschaften. Diese Politik intendierte die Solidarisierung und Mobilisierung der Nation durch die Betonung der Kontinuität und des Gemeinschaftlichen.

Im Rahmen der von den tiefgreifenden Veränderungen verursachten Hinwendung zum "Leben der Familiegeschlechtes" wurde die patriarchale Großfamilie als die

---

[337] *Janev, Janko*: Geroicnijat covek. Sofia 1934, S. 105-106. Übersetzung zit. nach: *Elenkov, Ivan*: Anti-Europäismus..., S.191.

Institution bewertet, die den Kern der interpersonellen Beziehungen bilde, als Institution in der die Grundlagen des sozialen Lebens gelegt würden.
Resultat des "patriarchal-traditionellen sozialen Lebens" ist die spezifische Gestalt der "traditionellen Persönlichkeit". Die wesentlichen Charakteristika dieser Persönlichkeit ergaben sich aus verschiedenen Merkmalen: der "Kollektivismus" wurde stets als wichtigstes hervorgehoben. Im Zuge solcherart ausschließlich positiver Bewertung wurde Kollektivismus in Verbindung mit geistig-psychischen Qualitäten wie Egalitarismus, Achtung und Toleranz gegenüber der Meinung des Anderen, Erziehung zu hoher Arbeitsamkeit aus "rein ethischen Gründen, nicht für Gewinn" und Respekt vor der Arbeit jedes Mitglieds der Familie, "poetische Liebe zu Erde/Boden" und ähnlichem gebracht.[338]
Oftmals wird das Bild der Liebe zur Erde, die Metapher der Verwurzelung in Grund und Boden durch das Familiengeschlecht/durch die Väter verwendet. Damit bezeichnet man das "traditionelle" Element und konstruiert Zugehörigkeit zu einer Gemeinschaft beziehungsweise Bindungen an sie über Gefühle des Geborgenseins.
Auf diesem Wege erzeugte Eintracht und Einmütigkeit, interpretiert als wesentliche Charakterzüge des "patriarchal-traditionellen Bulgaren", werden (erneut) mit der Entwicklung der politischen Organisationen in Zusammenhang gebracht.[339] Hier war die politische Orientierung des jeweiligen Autors maßgebend. Symptomatisch ist diesbezüglich ein Vergleich der bulgarischen Zadruga mit der russischen Gemeindeorganisation "mir" - angestellt durch einen offensichtlichen Russophoben: *"Der bulgarische Kollektivismus hat nichts mit dem russischen "mir" oder "skhod" gemein, der in Wahrheit eine despotische Tyrannei der Mehrheit über die Minderheit ist, der Alten über die Jungen; ganz im Gegensatz herrscht hier (im Falle Bulgariens) eine wunderbare harmonische Kombination zwischen Kollektivismus und dem freiesten Individualismus: Der Bulgare kann Tyrannei nicht dulden, er selbst kann Tyrannei nicht ausüben."*[340]
Der "bulgarische Kollektivismus" wurde außer in Apotheosen wie dieser, auch kritisch gesehen. In seinem dreibändigen Werk "Die Lebensweise und die Mentalität unseres Volkes" betrachtet der Philosoph, Jurist und Soziologe Ivan Chadzijski das Volk nicht als homogenen Körper: *"Wir müssen eigentlich die Lebensweise und die*

[338] *Petkanov, Kiril*: Harakterni certi na balgarina. In: Filosofski pregled, 1930, N 4, S. 353-355.
[339] *Strasimirov, Anton*: Narod i poet. Sofia, 1922, S. 40-45.
[340] *Panov, Todor*: Psihologija na balgarskija narod. Sofia, 1914, S. 422

Mentalität der gesellschaftlichen Gruppen Bulgariens in ihrer historischen Entwicklung betrachten, in ihren gegenseitigen Beziehungen und ihren Kämpfen."[341]
Chadzijski nutzt unterschiedliche Quellengattungen (wie Lieder, Sprüche, Volksweisheiten, auch Speisekarten, Glossen, Zunftstatuten und Rechnungen, literarische Beschreibungen und eigene Fragebögen), um die Probleme der Handlungsmöglichkeiten, Zeit- und Raumkonzeptionen, dem Selbst- und Weltbild der Menschen, ihrer Einstellung zu Familienleben etc. anzugehen.
Obwohl Chadzijski die verschiedenen sozialen Schichten untersucht und die Entwicklung der "Modernität" in seiner Untersuchung mit einbezieht (z. B. mit dem Problem der Beschleunigung der Zeit), geht er dennoch von der Existenz eines "traditionellen Bulgaren" aus, wobei diese "Traditionalität", seiner Meinung nach, nicht nur die Bauern, sondern auch alle anderen sozialen Schichten tief prägt.
Das kollektive Familienleben bedinge seines Erachtens eine Unterentwicklung der Persönlichkeit, die Nicht-Unterscheidbarkeit der Person von der Gemeinschaft. Diese mangelnde Individualisierung führe zur Standardisierung und Stereotypisierung der Vorstellungen und Erlebnissen und Äußere sich in Unselbständigkeit und Unsicherheit. Der traditionelle Bulgare fühle sich nur sicher, wenn seine Handlungen unzweifelhaft in Einklang mit den allgemein anerkannten Normen und Werten seien. Das ende in einer aktiven Selbststandardisierung. Die Unterentwicklung der Persönlichkeit komme auch im Fehlen eines Intimlebens zum Ausdruck, in der Unfähigkeit, eigene Verantwortung übernehmen zu können und in einer Nachrangigkeit des eigenen "Ichs".[342]
Chadzijski vertritt die Meinung, dass in der "patriarchal-traditionellen Gesellschaft" die Traditionen als etwas Äußerliches, Unveränderbares und Unzugängliches über die Menschen walten. Zugleich sieht er in der Gemeinschaftlichkeit das schöpferische Wirken und die Vitalität der Volksseele.[343]
Chadzijiski geht so wie die anderen "Volkspsychologen" von einem unhinterfragt gelassenen Begriff von "Tradition" aus. Zwar wurde betont, dass seit dem 18. und im 19. Jahrhundert "die traditionelle Zadruga" als Grundfamilienform zunehmend von Prozessen des Zerfalls betroffen wäre, verursacht vom Eindringen der "Geld-Waren-Verhältnisse" (Geld- und Marktwirtschaft). Die zeitgenössischen Familienformen aber wurden trotzdem ausschließlich in Bezug auf diese vermutliche Tradition

[341] *Chadzijski, Ivan*: Bit..., B.1, (2. Ausg., Sofia, 1966), S. 23.
[342] *Chadzijski, Ivan*: Bit.., B.1, S. 75-89.
[343] *Chadzijski, Ivan*: Bit...,B.1, S. 32-34; 76-77.

analysiert. Als Bezugspunkt wurde die "große ungeteilte Familie" herangezogen - der nach der heutigen Klassifikation sowohl erweiterte, als auch komplexe Familienformen entsprechen. Hauptkriterium und Unterscheidungsmerkmal bildete das Eigentumsrecht: Der Übergang vom kollektiven Eigentumsrecht bei der Zadruga zum Privateigentum (des Vaters oder der zusammenlebenden Brüder). Diese Familienstrukturen wie die individuelle Kleinfamilie und die "gesellschaftliche Psyche des Stadtbürgers" seien aus der Zadruga und aus der Psyche der bäuerlichen Gesellschaft hervorgegangen und trügen deshalb, obwohl modifiziert, deren wesentliche Charakterzüge weiter.

Man stütze sich hierbei auf die bereits existierenden volkskundlichen und rechtshistorischen Untersuchungen des Familienlebens aus der vorangegangenen Periode (auf die Arbeiten Marinovs, Gesovs, Bobcevs und anderer). Das Konstrukt der Zadruga als dominierende Familienorganisation wurde unhinterfragt als Basis angenommen, dadurch das "Zadruga"-Bild erneut reproduziert. Weder über die Familienformen des ausgehenden 19. und 20. Jahrhunderts, noch über Strukturen der Familie im Mittelalter wurden eigenständige neue Untersuchungen im Rahmen dieses volkspsychologischen Diskurses unternommen. Ganz im Gegenteil, um den "bulgarischen Geist", der weitenteils mit dem "Zadruga-Geist" zusammenfiel, oder als von letzterem hervorgebracht gedacht wurde, zu konstruieren, mußte man ihm die Kontinuität der Geschichte verleihen.

Das neuralgische nationale Problem führte in der zweiten Hälfte der 30er Jahre, am Vorabend des Zweiten Weltkrieges, zur Rassismusdebatte[344]. Diese Debatte trugen vor allem Philosophen (Kiril Christov, Metodi Popov, Stefan Konsulov) aus. Befaßt man sich mit dem Rassismus in Bulgarien, sollte man beachten, daß er nicht einem einheitlichen Konzept folgte, sondern eher fragmentarisch war und als Ausdruck einer politischen Konjunktur zu interpretieren ist. Die Etablierung des Rassismus als konsequentes System, interpretiert als auf der Basis des Sozialdarwinismus entstanden und sich unter vorwiegend deutschem Einfluß entwickelnd, erfolgte durch mehrere Opponenten - an erster Stelle ist Dimitar Michalcev, ein Anhänger des

[344] Verschiedene Standpunkte zum Rassismus siehe bei: *Kapriev, Georgi*: Balgarskijat spor za rassizma prez 30-te godini na 20. vek: filosofski i obstokulturni perspektivi. In: Natev, Atanas (Hg.): Aneignung und Emanzipation. Einleitende Forschungen über Deutsche Kultur in Bulgarien. Sofia, 1997, 329-342; *Denkov, Dimitar*: Kam istorijata na ideologiceskite modi v Balgarija: Rassizmat. In: Natev, Atanas (Hg.): Aneignung und Emanzipation. Einleitende Forschungen über Deutsche Kultur in Bulgarien. Sofia, 1997, S. 343-354; *Kjossev, Alexander*: Rassisam in potentia. In: Natev, Atanas (Hg.): Aneignung und Emanzipation. Einleitende Forschungen über Deutsche Kultur in Bulgarien. Sofia, 1997, S. 355-368.

historischen Materialismus, zu nennen.[345] Im Unterschied zum Rassismus in Deutschland vertraten die bulgarischen "akademischen Rassisten" aber die Auffassung, daß die Existenz reiner Rassen unmöglich ist und reduzierten das Problem auf Rassenhygiene und Eugenik.[346] Der bulgarische Rassismus wirkte aber kaum identitätsstiftend; auch war er nicht mit Antisemitismus verbunden und führte nicht zu aktivem Fremdenhaß.

Typisch ist, dass für die Interpretation der Vergangenheit, die den nationalpolitischen Zielen nützen sollte, schon vorher im Rassismus angelegte ideologischen Interpretationsmodelle angewandt wurden. Die Konstruktion einer Kontinuität seit dem Hellenismus und der Römerzeit und das Herausstreichen der ethnischen Komponente als staatstragende Eigenschaften der bulgarischen Nation (die protobulgarische staatsführende Rolle und die slawobulgarische Einheit bei der Grenzverteidigung), waren bereits durch die wissenschaftliche Tätigkeit - auch im Bereich der Philologie und Volkskunde - ausgearbeitet worden. Und nach der aktiven Popularisierungs- und Ausbildungsarbeit waren diese Thesen auch weitgehend öffentlich akzeptiert.

Im rassistischen Diskurs wurde das "Dörfliche", "die altertümliche Tradition", nicht zuletzt aufgrund der Konstruktionsarbeit der Volkskunde, als Quelle des Reinen und Gesunden verstanden, das die Nation auch biologisch retten könne. In der Kritik an der Vorkriegsperiode demonstrierte man eine Abkehr von der "Europäisierung", man richtete sich gegen Urbanisierung, gegen die Intelligenz, gegen ein forciertes Ausbildungswesen und die soziale Mobilität, in denen die Hauptursachen für das Verderben der Nation gesehen wurden.[347] Obwohl und weil Volkskundler nicht direkt an der rassistischen Debatte teilnahmen, hatte die Volkskunde wesentlich zur Verbreitung nationalistischer Paradigmen beigetragen. Die Hauptthemen der Volkskunde dieser Zeit (die Mythologisierung der bäuerlichen Kultur, im Vordergrund weiters das Forschungsfeld der Ethnogenesis) blieben vorwiegend unverändert; gleiches gilt für die Methoden - es blieb beim Hervorheben der "Überreste älteren Kulturlebens" und bei historisch-linguistischen Untersuchungen.

Die Popularisierungsarbeit wurde unter anderem durch verschiedene volkstümliche Ausstellungen intensiviert, durch das Engagement von Volkskundlern in der

[345] Vgl. *Denkov, Dimitar*: Kam istorijata..., S. 346f.
[346] Vgl. *Elenkov, Ivan*: Rassovite..., S. 314f; *Kapriev, Georgi:* Balgarskijat..., S. 331f.
[347] Z.B. *Kepov, Ivan*: Inteligenzija i narod. Sofia, 1925; *Petkanov, K.*: Balgarskata inteligenzija kato rozba i otrizanie na naseto selo. In: Filosofski pregled 2, 1932, S. 125-135 u.a.

zeitgenössischen Presse[348], die Bewegung für "heimatliche Kunst"[349] sowie durch die Gründung der "Bulgarischen Volkskundlichen Gesellschaft" (1925). Deren Plan war es, breite Schichten im ganzen Land zu einer aktiven Mitarbeit in der Volkskunde zu motivieren. So entstanden eine Reihe von mikroregionalen, dörflichen Untersuchungen, durchgeführt zumeist von Dorflehrern und -pfarrern, die neben geographisch-klimatologische Beschreibungen auch Informationen über das Alltagsleben und die soziale Organisation des Lebens im Dorf enthalten. Meist "können sie Ansatzpunkte für historisch-anthropologische Studien bilden"[350], immerhin muss man beachten, dass die sozialen Institutionen vorwiegend über Bräuche, Traditionen und vor allem mit dem Blickwinkel auf die Vergangenheit behandelt wurden.

Aus heutiger Position kann man sagen, daß die Volkskunde mit der Konstruktion der "traditionellen Kultur" auch eine "heilende" Funktion hatte. Durch sie wurde versucht, die Einheit und Ganzheit des "Volkes" wiederherzustellen, indem man eben diese Bilder des "Bulgarischen" hervorhob, die der katastrophalen Gegenwart der unmittelbaren Nachkriegszeit entgegenzustellen waren.

Zugleich sollte aber das Konstrukt der Volkskultur die Modernisierungsprozesse der 1920er und 30er Jahren begleiten - als Mittel zur Stärkung des gesellschaftlichen Verantwortungsgefühls.

Über die Schulen, und damit ausgerichtet auf die junge Generation, wurde der "Kult" der nationalen Geschichte vom Staat gefördert. Führend dabei war die Idee der nationalen Prosperität, verbunden mit den Ideen einer beruflichen Realisierung und eines bürgerlichen Bewusstseins. Stark verinnerlicht, wurden sie zum wichtigen Modernisierungsantrieb in Stadt und Land. In neuen mikrohistorischen Untersuchungen wird aufgrund verschiedener Quellen - autobiographischer Aufzeichnungen, Pressedebatten, Unterrichtsmaterialien und Aktivitäten verschiedener Organisationen und Gesellschaften - die hohe Modernisierungskapazität der Nachkriegsgenerationen aufgezeigt. Eine Bereitschaft zur Modernisierung, die in den Absichten und Pläne dieser Generationen zum Ausdruck kommt, obwohl sie nicht immer "objektiviert" werden konnte, vor allem

---

[348] In Zeitschriften wie "Ucilisten pregled" (Schulübersicht), "Balgarski ezik" (Bulgarische Sprache), "Rodina" (Heimat), "Zlatorog" u. a.

[349] *Avramov, Dimitar*: Za dvizenieto "Rodno izkustvo" v balgarskata zivopis. In: Problemi na izkustvoto 4, 1971, S. 5-16.

wegen des Ausbruchs des Zweiten Weltkrieges und der politischen Umbruchsituation nach dessen Ende.[351]

Die ausführlichen Informationen aus Presse, Memoiren und Literatur geben viele Anhaltspunkte für die Untersuchung der Trasformationsprozesse und der Veränderungen im Bereich der Familien- und Gesellschaftsbilder, Geschlechter- und Generationsidentitäten und -beziehungen. So zum Beispiel führten die tiefgreifenden Veränderungen in den 1920er und 30er Jahren in Bulgarien, wie in ganz Europa, zur breiten gesellschaftlichen Debatte über die Generationen und Generationskonflikte, die wiederum mit einer Auseinandersetzung um Stadt und Land verbunden war. Gesellschaftlich genauso breit wurden die Probleme der Kindererziehung und der -fürsorge diskutiert, was mit der Institutionalisierung der Kinderwohltätigkeit einherging, die von den Städten ausgehend sukzessive die Dörfer erreichte.[352] In Bezug auf die Geschlechterbeziehungen ist etwa eine Artikelreihe aus den 1930er Jahren, veröffentlicht in der einflußreichen Zeitschrift "Philosophische Übersicht" (Filosofski pregled), mit Titeln wie: "Die sexuelle Schüchternheit des Bulgaren", "Liebe und Ehe", "Soziologie der Untreue", "Was hat die Frau gewonnen und was hat sie mit der Emanzipation verloren", "Psychologie des Altweibs" repräsentativ. Auch die Entwicklung der gesellschaftlichen Frauenbewegung (Frauenwahlrecht; Forderungen zum gleichberechtigten Zugang zur Ausbildung und Beruf etc.), die mit der gesamteuropäischen Entwicklung in Zusammenhang stand, hatte ihre bedeutsame Einflüsse auf das Familienleben.[353]

Konkrete Familienforschung zu dieser Periode steht aber großteils immer noch an: Das betrifft Fragen nach Familienstruktur und -organisation, auch Probleme der Inter- und Intragenerations- und Geschlechterbeziehungen verlangen nach konkreten familiensoziologischen Untersuchungen.

Vielleicht bedingt gerade die enorme Fülle und Vielfalt dieser dynamischen Zeit, daß sie besonders schwer zu untersuchen ist: Kriege und Krisen, politische Transformationen und Umbrüche im gesamteuropäischen Kontext laufen parallel zu verstärkten Modernisierungstendenzen. Neuere Untersuchungen zeigen die

---

350 *Brunnbauer, Ulf*: Historische Anthropologie in Bulgarien. Die schwierige Geburt eines neuen Konzepts. In: Historische Anthropologie 6, 1999, S. 129-145.

351 *Vodenicarov, Peter/Popova, Kristina/Paschova, Anastasija*: Moeto dosie...; *Popova, Kristina*: "Narodnostno..., S. 193-201; *Dies.*: Nazionalnoto dete... u. a.

352 *Popova, Kristina*: "Narodnostno..., S. 193-201; *Dies.*: Nazionalnoto...

353 *Vodenicarov, Petar*: Zenite, ezikat i vlastta. Diskursiven analiz na balgarskite modernizazii 30-te i 60-te godini. In: Vodenicarov, Peter/Popova, Kristina/Paschova, Anastasija: Moeto dosie..., S. 229-273.

Fruchtbarkeit mikrohistorisch-anthropologischer Forschungen, bei denen die historisch wandelbaren Deutungen des Menschen von sich selbst wie Deutungen der sozialen, räumlichen und politischen Umwelt und ihrer Zusammenhänge zum Ausdruck kommen. Auch können hier die Wechselwirkungen zwischen den Elitendiskursen und den Wahrnehmungen und Deutungen verschiedener sozialer Gruppen und Individuen erschlossen werden. Solche Mikrostudien lenken die Aufmerksamkeit auf Fragen nach der "Innenseite", nach subjektiven Erfahrungen und der kulturellen Ausgestaltung historischen Alltagslebens.
Auf diese Weise kommt die hohe Wandlungs- und Anpassungsfähigkeit auch der - oder gerade der - Familie hervor sowie die aktive Beteiligung der ländlichen Schichten an den historischen Modernisierungsprozessen. So läßt sich der Gefahr begegnen, in den (besonders in den ländlichen) Familienstrukturen und -beziehungen einen Ausdruck der Starrheit und Statik der "Volkskultur" zu sehen.

IV. FAMILIENFORSCHUNG IM SOZIALISMUS

IV.1. DER "KALTE KRIEG"

Im Zuge der Verhandlungen und Friedenskonferenzen kurz vor und nach dem Ende des Zweiten Weltkrieges wurde dem Verliererstaat Bulgarien seitens der Alliierten einen Platz in der Einflusssphäre (politischen, wirtschaftlichen und kulturellen) der Sowjetunion zugewiesen. In den offiziellen Verlautbarungen wurde dafür der Begriff „Befreiung" verwendet. Bis zur In-Kraft-Tretung des Friedensvertrages von 1947 bemühte sich die bulgarische Regierung um die Wiederaufnahme des wissenschaftlichen und kulturellen Austausches mit „Westeuropa". Mit der Zuspitzung des Kalten Krieges wurden diese Versuche unterbrochen. Der Aufbau von militärischen Blöcken in „Ost“ und „West“ ging parallel mit einer Politik zum Schutz vor kulturellen und psychologischen Einflüssen des gegnerischen Systems.
Die Gründung des Kominform setzte den Akzent auf den kommunistischen Internationalismus, kulturelle und wissenschaftliche Beziehungen konnten nur mit anderen Ostblockstaaten aufgebaut werden. Zugleich sollten die Staaten im sowjetischen Machtbereich tiefgreifende radikale Umgestaltungen durchführen. In der Wirtschaftspolitik legte man den Akzent auf eine forcierte Industrialisierung um dem Machtkampf mit den „Westen" standzuhalten.
Um die Bevölkerung zu mobilisieren, wurden bestimmte Fremd- und Selbstbilder konstruiert. Den „Verfall des Kapitalismus" und „der westlichen Kultur" begründete

man mit deren sozialen und kulturellen Nachteilen im Vergleich zu einem sozialistischen System. Führend bei der Beschreibung und Beurteilung des „Westens" waren Begriffe wie Individualismus, Entfremdung, Chauvinismus. Die Vorzüge der „sozialistischen Gemeinschaft" fasste man mit Begriffen wie Kollektivismus, Gemeinschaftssinn, Solidarität zusammen.

IV.2. FAMILIEN- UND GENERATIONSPOLITIK

Die Konstituierung einer neuen Familien- und Generationspolitik[354] war diesem Diskurs immanent. In den ersten Jahrzehnten der Machtübernahme seitens der bulgarischen kommunistischen Partei wurden die Grundprinzipien einer Familienideologie und -politik (fast) unverändert von der Sowjetunion übernommen. Marx' These über das gemeinschaftliche Eigentum über die Produktionsmittel als eines der wichtigsten Charakteristika der künftigen kommunistischen Gesellschaft war mit der Einstellung verbunden, dass auch die Familie über keine privaten Produktionsmitteln verfügen wird. Die Befreiung der Familie von den wirtschaftlichen Funktionen könnte die Abhängigkeiten in der Familie - der Ehefrau vom Ehemann, der Kinder von den Eltern - aufheben und den Übergang zu einer neuen Form Familie als eine von allen materiellen Zwängen freie Beziehung zwischen freien Individuen sichern. Das Manifest der Kommunistischen Partei postuliert, dass die Familie von der Verpflichtung, Kinder zu erziehen, befreit sei. Diese Funktion solle vielmehr von der Gesellschaft übernommen werden, so dass die nächsten Generationen den gesellschaftlichen Bedürfnissen entsprechend geformt werden können.[355]

Um dieses Ideal zu verwirklichen, waren nach der russischen Revolution 1917 von den sowjetischen Regierungen Strategien entwickelt worden. Der Vergesellschaftung der Hausarbeit kam dabei große Bedeutung zu. Zunächst wurde sie als Arbeit und

[354] Bei der Skizzierung einiger Aspekte der kommunistischen Familienideologie und -politik hatte ich die Möglichkeit die Untersuchung damals noch in Manuskriptform von *Iliev, Ilija*: Familie, Ideologie und Politik. Die Großmutter in der städtischen Familie nach 1945. In: *Brunnbauer, Ulf/Kaser, Karl (Hg.):* Vom Nutzen der Verwandten. Soziale Netzwerke in Bulgarien (19. und 20. Jahrhundert). Wien-Köln-Weimar 2001, 89-114 zu benutzen. Dafür und für die vielen Anregungen möchte ich ihm herzlichst danken. Über die Veränderungen im Familienzyklus - *Ilieva, Nikolina/ Oshavkova, Vera*: Changes in the Bulgarian family cycle from the end of the 19th century to the present day. In: Cuisenier, Jean/Segalen, Martine: The family life cycle in European societies. Mouton/Hague/Paris, 1977, S. 381-392.

[355] *Marx, Karl/Engels, Friedrich*: Sabrani sacinenija. Sofia, 1978, S. 126-127; *Iliev, Ilija*: Familie...

nicht als „Verpflichtungen im Haushalt" anerkannt, so dass sie auf öffentliche Dienstleistungsbetriebe übertragen werden konnte. Frauen sollten aus der Familienwirtschaft herausgenommen und in die Volkswirtschaft integriert werden. Auch eine zentralisierte Umverteilung der hergestellten Güter, einschließlich Kochen, Waschen, Bügeln, war vorgesehen.

Jene Politik, mit der die Familie von ihren wirtschaftlichen und erzieherischen Funktionen entbunden werden sollte, fiel in Bulgarien mit der Anfangsperiode der Kollektivierung, Industrialisierung und der damit verbundenen raschen Urbanisierung zusammen. Das wichtigste Argument für die Vergesellschaftung der Kinderbetreuung und -erziehung war, dass auf diese Weise die junge Generation „richtig" erzogen werden konnte und nicht dem „falschen" Einfluss der Familie ausgesetzt war. Dieses Misstrauen bezog sich vor allem auf die älteren Familienmitglieder - mit ihren „bürgerlichen Ansichten, religiösen Haltungen, ihrem Idealismus und Subjektivismus und ihren reaktionären politischen Ansichten". Das ging mit einer Generationspolitik der kommunistischen Partei einher, die auf eine Isolierung der alten Generation und eine massive politisch-ideologische Erziehung und Ausbildung der jungen Generation abzielte. Durch die öffentlichen Institutionen - Kindertagesstätten, Schule, Kinder- und Jugendorganisationen - sollte die junge Generation zu Bürgern der neuen Gesellschaft erzogen werden. Die so erzogene Generation sollte einen rückwirkenden Einfluss auf die Eltern- bzw. Großelterngeneration ausüben.

Interessant ist, dass jene Politik, die der Familie die Erziehungsfunktionen entzog, mit den Begriffen „Kollektivismus", „Einheitlichkeit von Individuum und Gesellschaft", „Gleichsetzung der gesellschaftlichen und der eigenen Interessen" legitimiert wurde.[356]

Mit den selben Begriffen begründete man die veränderte Parteipolitik seit Ende der 50er-Jahre und insbesondere ab den 70er-Jahren. Doch diesmal argumentierte man, dass der Geist des „Kollektivismus", der zur „Einheitlichkeit zwischen Individuum und Gesellschaft" führen soll, gerade von der Familie getragen werde. Der Familie wurde quasi die Erziehung der Kinder „zurückgegeben" und man wandte sich erneut „alten" gemeinschaftlichen Familienbildern zu. Der Wandel der Familienideologie und -politik ist im Rahmen der gesellschaftlichen Entwicklung zu sehen, wobei verschiedene Faktoren zusammengewirkt haben. Die Bourgeoisie und der nichtkommunistische Teil der bulgarischen Intelligenz waren bis zum Ende der 50er-

Jahre physisch oder psychisch durch verschiedene Repressalien (Verlust der Arbeitsstelle, Gefängnis oder Einweisung in Arbeitslager) vernichtet oder gefügig gemacht, die sozialistischen Werte waren von der jungen Generation weitgehend internalisiert worden.

In den Städten „scheiterte" der Versuch zur Vergesellschaftung der Familienfunktionen: Familien verzichteten oft auf die öffentlichen Dienstleistungen im Bereich der Kinderbetreuung und -erziehung. Die Verteidigung der Privatsphäre gegen die Versuche des allgegenwärtigen Staates,. alles unter öffentlicher Kontrolle zu stellen, kann man als eine Schutz- und Abwehrreaktion der Bevölkerung deuten.[357] Obwohl das funktionierende Sozialsystem die ökonomische Abhängigkeit der Generationen für die Subsistenzsicherung in weitem abschwächte, stieß der Aufbau eines quantitativ und qualitativ effektiven Dienstleistungssystems, das die Haushalts- und Erziehungsarbeit entlasten sollte, im Zuge der raschen Urbanisierung und Industrialisierung auf erhebliche Schwierigkeiten. Die Verwandtschaft behielt ihre Bedeutung sowohl auf der Ebene des „sociability and psychological support" als auch für verschiedene Dienstleistungen.

Darüber hinaus trat ab Ende der 50er-Jahre ein weiterer wesentlicher Faktor hinzu: Es kam zu einer verstärkten nationalen Orientierung der führenden BKP, ohne jedoch in einen offenen Gegensatz zum kommunistischen Internationalismus überzugehen. Der 10. Parteitag der BKP, 1971, beschloss ein Programm, das einer „patriotischen Erziehung" außerordentliches Gewicht beimaß und einen „unermüdlichen Kampf sowohl gegen den Nationalismus als auch gegen den nationalen Nihilismus" ankündigte.

In Bezug auf die Familienpolitik führte dies dazu, dass in offiziellen Texten die Hauptfunktion der Familie in der Reproduktion gesehen wurde.[358] Diese pronatalistische Politik des Staates wurde u.a. mit Slogans „für das dritte Kind" und „Mütter-Heldinnen" verkündet. Das Modell der „sozialistischen Frau" mit ihren drei Rollen - Arbeiterin, gesellschaftlich aktive Funktionärin und Mutter – wurde modifiziert; die Mutterrolle rückte in den Vordergrund. Um der Tendenz der sinkenden Geburtenrate entgegenzusteuern, wurden verschiedene Maßnahmen zur Förderung der Ehe, insbesondere einer frühen Ehe, gestartet, z.B. der so genannte

[356] Über die diesbezügliche soziologische Debatte: *Iliev, Ilija*: Familie,..

[357] *Iliev, Ilija*: Familie,...

[358] Familienrecht 1985, §1,4 In: Darzaven vestnik, 28.5. 1985, N41, S.1-2.

Ehekredit (mladozenski zaem) und die Möglichkeit, einen vorderen Platz in der „Wohnungswarteliste" zu bekommen. [359]

Grundsätzlich war der Wandel in der Familienideologie durch die sozialwirtschaftliche Situation der bulgarischen Gesellschaft bedingt. Auch der massive Bau von „Panellghettos" konnte den zunehmenden Bedarf an Wohnungen in den wachsenden Städten nicht decken. Dazu kam das nicht adäquate Sozialsystem, das ein Zusammenwohnen mehrerer Generationen und Verwandten bedingte. Die in kleinen Wohnungen zusammengedrängten Menschen sollten nun von den „Vorteilen" dieser Situation überzeugt werden. Nicht nur Großeltern, auch andere nähere Verwandte würden bei so einem Zusammenleben an der Erziehung der Kinder teilhaben, und „gerade diese kollektive Einwirkung formiert jene Eigenschaften des zukünftigen Menschen, die für die sozialistische Lebensweise grundlegend sind: den Kollektivismus und die Menschenliebe."[360]

Einmal mehr sollte ein (unscharfer) Gemeinschaftsbegriff von den kleinen sozialen Einheiten (Familie und Dorfgemeinschaft) auf große Zusammenhänge wie „Volk" und „Kultur" übertragen werden, um bei Bauern, Arbeitern und der „fortschrittlichen Intelligenz" wieder ein Zugehörigkeitsgefühl zum bulgarischen „Volk" zu stiften.

IV.3. NEU-KONSTRUKTIONEN VON ALTEN FAMILIENBILDER

Diesem Ziel dienten verschiedene „Neu-Konstruktionen des Historischen"[361], die in volkskundlichen, volkspsychologischen, rechtshistorischen, linguistischen und soziologischen Untersuchungen angestellt wurden. In den ersten Jahren kam vor allem der Soziologie die Aufgabe zu, die (aus marxistisch-leninistischer Sicht) notwendige Auflösung der Grenzen zwischen Individuum, Familie und Kollektiv

---

[359] Zenata v NRB – sozialno-ikonomiceski pridobivki. Spravocnik. Sofia 1989; Neuere Untersuchungen: *Spasovksa, Liljana*: Promenjastijat se brak v Balgarija. Sofia 2000; *Brunnbauer, Ulf:* Sozialisticeskite semejstva v Balgaria: mezdu ideologia i praktika. Edin izsledovatelski proekt. In: Balgarska etnologia, 2001/2, 40-65; *Luleva, Ana*: ‚Zenskijat vapros' v sozialisticeska Balgaria – ideologia, politika, realnost (im Druck); *Krasteva-Blagoeva, Evgenija*: Balgarkata i sozialismat (im Druck).

[360] *Nesev, Kiril:* Nravstvenoto vazpitanie i semejstvoto. In: Vicev, Vasil (Hg.): Formirane i vazpitanie na licnostta. Sofia, 1987, S. 225-244. Auch in Gesetztexten wurden die „besonderen Beziehungen" zwischen Großeltern und Enkelkindern geregelt - die Großeltern erhielten die gleichen Rechte wie ein geschiedener Elternteil, Großeltern erhielten das Recht den Mutterschafts- und Erziehungsurlaub in Anspruch zu nehmen etc. – s. *Iliev, Ilija*: Familie...

[361] *Köstlin, Konrad:* Wissenschaftliche Orientierungen und gesellschaftliche Entwicklungen. In: Dressel, Gert/Rathmayr, Bernhard (Hg.): Mensch-...S. 143.

wissenschaftlich zu legitimieren. Ab Ende der 50er-Jahre konzentrierten sich die soziologischen Diskussionen dann auf die Familie und deren Funktionen. Neben der Zeugung von Kindern wurde auch die spezifische „emotionale" Funktion der Familie hervorgehoben. Während zuvor die Familie und besonders die ältesten Familienmitgliedern noch als eine „Gefahr" gesehen worden waren, wurde besonders in den 70er Jahren die Geborgenheit und Sicherheit von Familie hervorgehoben. Analog dazu wurde nun auch die Frage gestellt, inwieweit sich der Staat in die Privatsphäre bzw. in die Familie (direkt) einmischen soll.[362] Fast völlig konträr zu zuvor wurde nun auch die Rolle der Großeltern bewertet; gerade das Zusammenleben von drei (oder mehreren) Generationen gewähre die notwendige sozialistische kollektivistische Erziehung. Dabei berief man sich besonders darauf, dass das Zusammenleben mehrerer Generationen und die Betreuung der Kindern durch die Großeltern zu den „Traditionen des bulgarischen Volkes" gehöre.
Interessant sind in diesem Zusammenhang die Versuche, das marxistische Konzept über die führende internationale Rolle der Arbeiterklasse mit Vorstellungen von einer „traditionellen" bäuerlichen Kultur („traditionelle gemeinschaftliche Psychik", „Stammfamiliengedächtnis") in Einklang zu bringen. So charakterisiert der Soziologe Michail Draganov die Periode des Kapitalismus: *„Die Arbeiterklasse, die sich vor allem aus dem Dorf rekrutiert hat, hat die Neigung zu einer traditionell-patriarchalen Gesellschaftspsychik behalten, aber unter den neuen (kapitalistischen - A.K.) Umständen kann sie diese nicht verwenden und äußern."* Im Gegensatz dazu würden die *„alten traditionellen Tugenden wie Menschlichkeit, Opferbereitschaft, Kollektivismus" im Sozialismus weiterentwickelt. Die stürmische Migration vom Dorf zur Stadt führe aber „zu einem derartigen Bruch mit den alten Traditionen, Bräuchen, Sitten, Gepflogenheiten, zu solch einem Wandel der Lebensweise, der beinahe einem ‚ethnischen Wandel' gleichzusetzen ist. Die Kontinuität zwischen den alten und jungen Generationen im Alltag ist zerstört worden und hat sich bis zu einem kritischen Maß verringert. Das Stammes-, Familiengedächtnis hat in vieler Hinsicht aufgehört zu funktionieren. Es sind Elemente des nationalen Nihilismus aufgetaucht, die unter bestimmten Schichten der Jugend die Form der Anbetung alles Fremden angenommen haben."*[363]

---

[362] In deutscher Sprache eine Zusammenfassung dieser Debatten: *Iliev, Ilija*: Familie,...
[363] *Draganov, Michail*: Kam sozialno-psihologiceskata harakteristika na balgarina. In: Ethnografija na Balgarija, B. 1, Sofia, 1980, S. 275-277.

Familienforschung, Volksbrauchtum und Abstammungsuntersuchung und -suche rückten ins Zentrum der Humanwissenschaften. Zur Begründung der neuen Familienpolitik wurde gerade die Ethnographie herangezogen, die den „spezifischen kollektiven Familiengeist" erneut bezeugen sollte. So kam es vor allem ab der zweiten Hälfte der 50er-Jahre zu einer Entfaltung der sozialistischen ethnographischen Familienforschung.

In den ersten Jahrzehnten war der kommunistische Internationalismus noch deutlich ausgeprägt. In den Geschichtswissenschaften (zu denen ab 1959 auch die Volkskunde gehörte) begann eine Kritik an den „bourgeoisen Ideologen". Kritisiert wurden v.a. Historiker und Archäologen wegen ihrer Erkenntnisse über den geringfügigen Beitrag des Slawen für die Kultur des bulgarischen Volkes und die Überbetonung des Kulturerbes der Protobulgaren. Die Ethnographen wurden vor die Aufgabe gestellt, in Zusammenhang mit historischen Disziplinen aktiver an ethnogenetischen Fragen zu arbeiten, um die slawische Abstammungsgemeinschaft zu untermauern. Systematisch wurden Kontakte mit den sowjetischen Geschichtswissenschaftlern aufgebaut. Zugleich wurde das gesamte Wissenschaft- und Kulturgeschehen Bulgariens unter der Kontrolle der KPB gestellt durch die Gründung des Komitees für Wissenschaft, Kunst und Kultur. Die Kontakte zum „westlichen" Ausland, die diesem Komitee zugehörten, wurden gänzlich unterbrochen mit der Begründung dass „Wissenschaft und Kunst in den kapitalistischen Ländern keine feste wissenschaftliche Basis haben, die Erfahrung, die wir daraus gewinnen könnten, eigentlich eine negative Erfahrung wäre".[364]

Die nationalen Legitimations- und Intergrationsfunktionen der Familienforschung sollten und konnten nicht dem Prinzip des kommunistischen Internationalismus widersprechen. Dahingehend erwies sich die Vorstellung von der bäuerlichen Familienform als Zadruga als besonders geeignet. Die Zadruga mit ihren spezifischen „Kollektivgeist" verstand man als „völlig verschieden" zu der individualistischen Kleinfamilie des Kapitalismus. Fußend auf diesem Modell konnte man die slawische Gemeinschaft (besonders die der Ostslawen) markant hervorheben und letztlich konnte die Zadruga-Familie auch in einer nationalen Perspektive als „Trägerin der Traditionen des bulgarischen Volkes" bewertet werden. *„Die Traditionen, die mit*

---

[364] CDIA, f.143, op. 5, a.e.149, I.13; a.e. 1,I.71-71a zit. nach *Kalinova, Evgenija*: Das kommunistische Regime und die westeuropäische Kultur in Bulgarien (bis zum Ende der fünfziger Jahren). In: Heppner, Harald/Preslenova, Rumjana (Hg.): Europa und Europa von der Nationalen Wiedergeburt bis zur Gegenwart. Sofia, 1999, S. 228.

der gemeinschaftlichen Familienform verbunden sind, zeigen große Stabilität und gehören zu den typologischen Merkmale der traditionellen sozio-normativen Kultur des bulgarischen Volkes."[365]

Damit zeichnet sich ein Wandel hinsichtlich des Forschungsobjekts ab: Zunächst hatte es im Kontext eines historischen Materialismus auch Ansätze zu einer Diskussion neuer Problemfelder der Ethnographie gegeben; obwohl man von einer „traditionellen Kultur" ausgegangen war, war man zu Analysen der gegenwärtigen Kultur und aktueller gesellschaftlicher Prozesse übergegangen: Industrialisierung und Urbanisierung, Agrarkooperierung. Ab Ende der 50er-Jahre rückte jedoch erneut die bäuerliche Volkskultur in den Mittelpunkt des wissenschaftlichen Interesses.

Besonders bezeichnend in Bezug auf die Begründung einer slawischen Gemeinschaft, die auf spezifischen Familienstrukturen und bestimmten Charakteristiken eines Familienlebens basieren würde, ist die Untersuchung von Zvetana Romanska „Die slawischen Völker". In der Einleitung stellt die Autorin die Ziele ihrer Arbeit auf folgende Weise dar: *„Die slawischen Völker zeichnen sich unter den anderen europäischen Völkern sowohl durch ihre Sprache als auch durch die Besonderheit ihres Volkslebens, ihrer Kultur und Weltsicht als eine klar/hell (jarko) abgesonderte ethnische Gemeinschaft aus. Die ausgeprägt gegenseitige Beeinflussung, die sie vereinigt, hat ihre Wurzeln in ihrem gemeinsamen Ursprung in der Tiefe der Geschichte und in ihrem gemeinschaftlichen Leben in ihren ersten Siedlungen, bevor noch jedes einzelne slawische Volk auf den Weg seiner selbständigen Entwicklung aufbrach. In ihrer jahrtausendlangen Existenz bewahren die Slawen das Gefühl ihrer Nähe und Vertraulichkeit, die sich in gemeinsamen Namen und in den unzählbaren Gemeinsamkeiten ihres Lebens und Kultur zeigt, die von wahrer Demokratie durchdrungen ist, von Humanität und Sinn für soziale Gerechtigkeit. Diese ihre Charakterzüge äußern sich auch in ihren Beziehungen zu den anderen Völkern."*[366]

Interessant ist das Kapitel „Gesellschaftliche Ordnung, Familienleben (Volksbräuche und -sitten) und Volksfestkalender". Als Grundlage der altertümlichen sozialen Ordnung der ganzen indoeuropäischen ethnokulturellen Gemeinschaft wird die vaterrechtliche „Sippe" (rod) verstanden. Dabei geht die Autorin bei der Charakterisierung dieser Familiengemeinschaft, bei der Darstellung der Zusammensetzung, der Rechte und der Pflichten der einzelnen Mitglieder, zwischen

---

[365] *Peseva, Rajna*: Semejstwoto i negovoto istoricesko razvitie. In: Etnografija na Balgarija, Bd.1, S. 286.

[366] *Romanska, Zvetana*: Slavjanskite narodi. 2. Ausg. Sofia, 1977, S. 5.

denen Blutsverwandschaft bestanden hätte, von Beschreibungen des 19. und 20. Jahrhunderts aus; sie untermauert ihre Ansichten vor allem mit Verweisen auf Valtazar Bogisic, Stefan Bobcev und Dimitar Marinov, Christo Vakarelski und Rajna Peseva. In einer ausgeprägt evolutionistischen Sicht zeichnet sie den Prozess eines „Verfalls" der Sippengemeinde nach. Demzufolge habe sich die „einzelne Familie" abgesondert. Diese sei ehemals *„Bestandteil der territorialen oder Dorfgemeinde (gewesen), die eine Gemeinschaft von Sippengemeinden und einzelnen Familien war, die durch nachbarschaftliche Interessen verbunden waren (...). Infolge der spezifischen historischen und ökonomischen Entwicklung sind bei ihnen (den slawischen Völkern - A.K.) in verschiedenem Maße einzelne Formen der alten Gemeindeorganisation mit dem ihr eigenen Demokratismus erhalten geblieben. (...) Festgestellt wird, dass bei den Südslawen Überreste der Sippen- und Stammesverhältnisse, auch die der Familien- und Dorfgemeinde, am längsten bewahrt geblieben sind. Bei allen Slawen sind bis zur neuesten Zeit einige Formen der kollektiven gegenseitigen Hilfe (...) als lebensfähige Überreste der Gemeindeorganisation erhalten geblieben." Am Ende diesen Teils wird eine Brücke zur sozialistischen Gegenwart gebaut. „Bei den meisten slawischen Völkern treten heute als ökonomische Grundeinheit die landwirtschaftliche Produktionsgenossenschaften auf (TKZS in Bulgarien, bei den Ostslawen die Kolchose), die sich auf der Basis der gemeinschaftlichen Arbeit, eine immer höhere Technik und Mechanisierung weiter entwickeln."*[367]

Die hergestellte Verbindung einerseits mit dem gemeinsamen und gemeinschaftlichen slawischen Altertum und andererseits mit den aktuellen sozialistischen landwirtschaftlichen Produktionsgenossenschaften macht deutlich, warum die Familien-(=Zadruga-)Forschung mit kaum veränderten Methoden und mit der Quellenbasis der vorherigen Periode auch im sozialistischen Bulgarien weiterbetrieben wurde. Das Buch ist v.a. als Lehrbuch für die Universitäten – für die Studienrichtungen Ethnographie, slawische Philologie und Geschichte - gedacht: Es spiegelt die Hauptrichtungen in der Wissenschaft wider und formuliert die Leitlinien für künftige Forschungsarbeiten.

1956 wurde eine komplexe interdisziplinäre Forschungsexpedition in Nordwestbulgarien mit dem Ziel einer „umfassenden Erforschung des Volksschaffens und -lebens in der Vergangenheit sowie des gegenwärtigen Aufbaus

---

[367] *Romanska, Zvetana*: Slavjanskite..., S. 170-181, 271.

der landwirtschaftlichen Produktionsgenossenschaften (TKZS)" unternommen[368]. Ein entsprechender Aufsatz ist im 1958 erschienenen Sammelband „Stammfamilienüberreste und Familienleben in Nordwestbulgarien" von der Mitarbeiterin des Ethnographischen Institutes in Sofia, Rajna Peseva, geschrieben worden.

In dieser Untersuchung trifft die Autorin eine nicht immer klare terminologische Unterscheidung zwischen Familienstamm, Zadruga und Familie. *„Die Familienstämme (rod) konstituieren sich aus den Nachkommen der einzelnen Zadrugen. Sowohl die Zadruga als auch die Familienstämme haben einen streng patriarchalen Charakter. Zum Familienstamm gehören nur die Söhne, Enkel, Urenkel und die nächstfolgenden Generationen männlicher Seite mit ihren Familien."* Zugleich betont sie: *„Die Haupteinheit des Familienstammes ist die grosse patriarchale Familien-Zadruga gewesen, die auf Familienbeziehungen sowie auf kollektive Nutzung und gemeinsamen Eigentum der Produktionsmittel aufgebaut war."* Über die Produktionsmitteln wird gleichzeitig bemerkt, dass *„die Wissenschaft bedauerlicherweise nicht über ausführliche Daten hinsichtlich der Familienstammverhältnisse im Bereich der Produktion verfügt". „In der Periode der kapitalistischen Entwicklung, mit dem Verfall der geschlossenen, naturalen, patriarchalen Landwirtschaft und mit der Entwicklung der neuen wirtschaftlichen Geld-Waren-Verhältnisse, nach dem Zerfall der Zadruga als kollektive Familienwirtschaftsorganisation kommt die individuelle Familie (semejstvo) der Ehepartner, die auf dem Privateigentum der Produktionsmitteln gründet. (...) Anstatt des Familienstammes entwickelt sich eine neue gesellschaftliche Einheit: die Familie (familijata), die sich aus einigen Familien (semejstva) zusammengesetzt hat, die von einem gemeinsamen Vorvater abstammen und durch nähere Verwandtschaftsbeziehungen miteinander verbunden sind. Bis der Familienstamm (rod) fünf bis sechs Generationen von einem Stammvater vereinigt hat, besteht die Familie (familijata) gewöhnlicherweise aus bis zu drei Generation: die Familien der Brüder, die Cousinen ersten Grades und ihre Kinder. Die Haupteinheit der Familie wie auch des Familienstammes ist die individuelle Familie (semejstwo)."*[369]

Die terminologische Widersprüchlichkeit ist vor allem ein Definitionsproblem bezüglich Zadruga und Familienstamm. Für die Zadruga, die als dominante Familienstruktur für das altslawische Altertum und für den Feudalismus angesehen

---

[368] Kompexna naucna ekspedizija v Severozapadna Balgarija prez 1956. Dokladi i materiali. Sofia, Bulgarische Akademie der Wissenschaften, 1958, S. 3.

[369] *Peseva, Rajna*: Rodovi ostatazi i semeen bit v Severozapadna Balgarija. In: Komplexna..., S. 11-12.

wird, werden keinerlei Quellen angegeben. Im Evolutionismus stützt sich Rajna Peseva auf Louis-Henry Morgan und Friedrich Engels. Doch auch die Definition von „Familija" (am ehesten mit Großfamilie zu übersetzen) ist offensichtlich nicht minder problematisch. Als Hauptbelege werden die Namen einiger Dorfbezirke angegeben (ein indirektes Argument bereits bei Konstantin Irecek). Auch die Familiennamen, die an männlichen Nachkommen weitergegeben wurden, werden als „Beweis" für die patriarchale Großfamilie angeführt, obwohl das sicher keine Spezifik ist. Interessant ist, dass gerade Familiennamen mit einer Endung auf -in, die von Fraueneigennamen hergeleitet werden, von anderen WissenschaftlerInnen als Beweis für eine ehemalige mutterrechtliche Gesellschaftsordnung der Slawen interpretiert werden.[370]

Rajna Peseva stellt aufgrund angeblich gemeinsamer Kulturmerkmale auch die Frage nach einer eventuellen gemeinsamen Ethnogenesis dieser Bevölkerung mit den Ostslaven.[371] Deutlich hervorgehoben wird die Verbindung mit der sozialistischen Gegenwart. Als Besonderheit der Region bezeichnet sie die „lange Erhaltung von Übergangsformen zwischen der Zadruga und der individuellen Familie". Insgesamt werden vier Beispiele für einen gemeinsamen Haushalt von Brüdern mit ihren Familien und/oder mit ihrem Vater in 23 Dörfern und fünf Städte angegeben, wobei zwei von den angegebenen gemeinsamen Haushalten zur Zeit der Untersuchung bereits in nukleare Familienhaushalte getrennt gewesen sind.

Zum Unterschied zur alten Zadruga des Feudalismus und im Zuge der kapitalistischen Entwicklung, seien die erhaltengebliebenen Übergangsformen, die sie „kleine Zadruga" nennt, von neuen Charakteristika geprägt worden. Während alte Zadruga als eine „patriarchale Form der Familie unter der vollen Herrschaft des Vaters" bewertet wird, sei die zeitgenössische „Klein-Zadruga vom Fehlen der Herrschaft des Vaters, einer verhältnismäßig ökonomischen Unabhängigkeit der Söhne und einem größeren demokratischen Charakter der Familienverhältnisse" gekennzeichnet. Besonders unterstrichen werden die neuen Generations- und Geschlechtsverhältnisse. Durch die Kooperierung in den landwirtschaftlichen Produktionsgenossenschaften seien die autoritären Positionen der älteren Generation geschwächt worden, „das Einbeziehen der Frau in die gesellschaftliche Produktion

[370] *Peseva, Rajna*: Rodovi...., S. 19-20; *Romanska, Zvetana*: Slavjanskite..., S. 170.

[371] *Peseva, Rajna*: Rodovi..., S. 7, 51.

(...) befreit sie von der Macht der Schwiegermutter, des Schwiegervaters und macht sie zu einem gleichberechtigten Mitglied der Familie."[372]

Die Kapitalismuskritik und das Sozialismuslob gehen einher mit einem romantischen Diskurs über das Volksbrauchtum. Die Integration der Familienforschung in die Volkstumsforschung, das Nachzeichnen ausgeprägter Verbindungen zwischen sozialer Ordnung und (Familien-)Bräuchen und -Sitten, die Betrachtung des Alltags unter dem Blickwinkel eines durch Bräuche und Feste rhythmisierten Jahreslaufs - all das „wurzelt" als Forschungsmethode in der Anfangsperiode der Volkskulturforschung.

Den entscheidenden Grund dafür bringt Rajna Peseva auf dem Punkt: *„Während im ökonomischen Bereich mit dem Niedergang der feudalen Produktionsverhältnisse auch die wirtschaftlichen Familienstammbindungen verschwinden, so sind die Letzten im Bereich der Ideologie unter der Form verschiedener Überreste, die ihren ursprünglichen Sinn/ verloren haben, erhalten geblieben."* Die fast einzigen zeitgenössischen „Belege" für die Existenz einer patrilinearen Stammfamilienorganisation sind eben Bräuche, oder genauer gesagt: „Überreste von Bräuchen", die als Träger eines Ahnenkultues interpretiert werden konnten, beispielsweise die Hauspatronenbräuche Slava (Heiliger/Svetez und Obrok).

Dabei stützt Rajna Peseva sich auf Untersuchungen des Hauspatronenfestes seit der Mitte des 19. Jahrhunderts. Nicht nur bei der Beschreibung der Grundelemente des Festes folgt sie der Darstellungen von Dimitar Marinov, auch die Methodik wird beibehalten: In der Suche nach den Relikten dieser Bräuche gründet sie ihre Schlussfolgerungen lediglich auf indirekte Quellen: Auf die Aussagen eines hundertjährigen Mannes, auf den indirekten Erzählungen „alter Großmütter und Großväter " darüber, was sie über die Vergangenheit gehört haben sowie auf Legenden. So sind in ihrer Beschreibung Ausdrücke wie „vermutlich" und „wahrscheinlich" sowie Konjunktivformen wie „in der Vergangenheit habe man (...) gemacht oder geglaubt"[373] dominant.

Die aktuellen Funktionen der Bräuche, bei denen weder die erweiterte Verwandtschaft im Vordergrund steht noch die Ehrung des Vorahnens, werden angedeutet: „Jede Familie lädt (heute) die nächsten Verwandten (wobei nicht definiert ist, wer dazu gehört - A.K.) und Freunde an einem der christlichen

[372] *Peseva, Rajna*: Rodovi..., S. 22-26.
[373] *Peseva, Rajna*: Rodovi..., S. 14-19.

Heiligentage"[374], doch die zeitgenössischen Zusammenhänge werden nicht näher angegangen. Bei der Interpretation sucht sie nach heidnischen Elementen. Die christlichen Elemente werden zwar angegeben: Die bulgarische Bezeichnung des Festes ist „Heiliger" (svetez) und es wird auch an einem Heiligentag begangen. Ebenso enthalten die „Kultgegenstände und Kulthandlungen" eine Reihe von christlichen Elementen: Ein Pfarrer muss das Festmahl weihen und nur wenn es unmöglich ist, kann das der Hausälteste durchführen; das Festbrot oder die Festbröte (nach Marinov) tragen die Namen „Gottes- und Heiligenbrot" und werden in der Form eines Kreuzes durchbrochen; ein wesentliches Element ist der Weizen etc.

Trotzdem wird das Fest als Relikt einer archaischen Vergangenheit interpretiert, wobei in diesem Fall der Vergleich nach Morgan mit dem römischen Altertum ausschlaggebend ist. Die Suche nach dem heidnischen Hintergrund des Rituals folgt zudem der Fachtradition: Bereits 1886 erschien eine der ersten Untersuchungen über die serbische „Slava" und das damit korrespondierende Ritual des „Svetac" bzw. „Sluzba" in Makedonien. Mit dieser Studie sollte eine ethnische Zugehörigkeit begründet werden.[375] Darauf folgte eine ganze Reihe von Untersuchungen über Familienfeste, die in einer breiteren komparativen Perspektive die heidnische Wurzeln des Hauspatronenfestes herauszuarbeiten versuchten, wobei - je nachdem - entweder die slawischen, thrakischen Elemente oder die Einflüsse der griechisch-römischen Antike in der Interpretation hervorgehoben wurden.[376] Die Bewahrung „authentisch heidnischer" Traditionen wurde als kulturelle Eigenartigkeit hochgeschrieben.

Markant ist, dass das Volksbrauchtum im Mittelpunkt der Familien- und Gesellschaftsstrukturenanalysen stand. Dabei wurden die Haus- oder Familienbräuche und die Kalenderbräuche als „Hauptbeweise" bei der Re-Konstruktion einer spezifischen Familien- und dadurch auch Gesellschaftsorganisation angeführt. Auch im Gebiet der Rechtsgeschichte - Familien-, Ehe-, Erb- und insgesamt das ganze Bürger-

---

[374] *Peseva, Rajna*: Rodovi..., S. 16.

[375] *Yastrebov, I.S.*: Objicaj i pesni turezkih serbov. Sankt Petersburg 1886.

[376] *Marinov, Dimitar*: Narodna vjara i religiozni narodni obicaj. 2. Fototyp-Ausg. (1. Ausg. 1914), Sofia, 1994, S. 713-723; *Selishcev, A.M.*: Semejnata sluzba (kurban) v Balgarija i Makedonija i srabskata „slava". In: Makedonski pregled 5 (1929), 2; *Miletic, Ljubomir*: Izdiganeto na kravaja v semejnata „sluzba" i „slava". In: Makedonski pregled, 6 (1931), 1; *Arnaudov, Michail*: Ocerzi po balgarskija folklor, Bd.2, Sofia, 1969; *Teodorov, Emil*: Drevnotrakijskoto nasledstvo v balgarskija folklor, Sofia, 1972 u.a.
Über die gegenwärtige Kontroversen: *Todorova, Maria*: Slava und Zadruga. In: Historische Anthropologie, 1, 1993, S. 123-129; *Kaser, Karl*: Ahnenkult und Patriarchalismus auf dem Balkan. In:

und Strafrecht - wurde mit Bräuchen und Sitten argumentiert. Diese wissenschaftliche Tradition, die bereits in der Anfangsperiode der Familienforschung angelegt war, wurde auch während der sozialistischen Zeit weiterentwickelt. Dabei stützte man sich direkt auf die Interpretationen der vorherigen Periode, die unhinterfragt als „Quellen" wahrgenommen und weitergedeutet wurden. Beispielhaft seien die Untersuchungen von Michail Andreev über das Familien- und Erbgewohnheitsrecht[377], sowie die repräsentative Zusammenfassung in deutscher Sprache von Christo Vakarelski genannt.[378]

Bei der retrospektiven Rekonstruktion waren als Hauptmethoden das Fragebogeninterview und die Anketen führend. Dabei löste man einzelne Kulturelemente aus dem jeweiligen Kontext heraus und übertrug einzelne Informationen auf die gesamte Gruppe bzw. das ganze Kultursystem. Diese Methode war mit der Annahme verbunden, dass „das Dorf" eine homogene und statische soziale Einheit sei. In einer solchen repräsentativ-statischen Zugangsweise blieben wirtschaftliche, soziale und politische Transformationen unbeachtet.

Noch ein weiterer Aspekt der Familienbrauchforschung ist zu betonen. In diesem Zusammenhang kehre ich zu den Familienfesten und der Untersuchung von Rajna Peseva zurück, deren Interpretationen für die gesamte Volksbrauchtumsforschung signifikant sind. Durch die Betonung des Vorchristlichen sollte eine ungebrochene (ethnische) Kontinuität bewiesen werden, zugleich entsprach die „Minimierung" der christlichen Elemente der atheistischen kommunistischen Politik. Charakteristisch ist etwa die Auseinandersetzung von Rajna Peseva mit der Rolle der gesellschaftlichen Organisationen, insbesondere der landwirtschaftlichen Produktionsgenossenschaften, in der Gestaltung der (bäuerlichen) Feiertage: So kritisiert sie, dass diese Organisationen ein nur geringes Interesse am Hochzeitsritus zeigen und mit ihren

---

Historische Anthropologie, 1, 1993, S. 93-122; *Mitterauer, Michael*: Eine patriarchale Kultur? Funktionen und Formen der Familie auf dem Balkan. In: Beiträge zur Historischen Sozialkunde, 3, 1994, S. 72-83.

377 *Andreev, Michail*: Balgarskoto obicajno pravo i negovoto razvitie prez poslednite desetiletija na turskoto igo. Istoriceski Pregled, 1956, H.6, S. 58-71; *Ders.*: Semejno i nasledstweno pravo. In: Etnografija na Balgarija. Bd.1, Sofia, 1980, S. 335-341; *Ders.*: Dogovorno pravo. In: Etnografija na Balgarija. Bd.1, Sofia, 1980, S.342-350; *Ders.*: Nakazatelno i prozesualno pravo. In: Etnografija na Balgarija. Bd.1, Sofia, 1980, S. 350-356; *Andreev, Michail:* Das bulgarische Gewohnheitsrecht in den letzten Jahrzehnten des Türkenjochs. In: Jahrbuch für Geschichte der UdSSR und der volksdemokratischen Länder Europas.Bd. VI, Berlin 1962; *Andreev, Michail/Angelov, Dimitar*: Istorija na balgarskata feodalna darzava i pravo. Sofia, 1972 u.a.

378 *Vakarelski, Christo*: Bulgarische Volkskunde. Berlin 1969, S. 253-338.

Vertretern nicht daran teilnehmen würden. Das führe dazu, dass sich alte und junge Generationen trennen und die altertümlichen Sitten nicht gepflegt und weitergegeben und sogar verdorben würden. *„Während der Hochzeit im Dorf Kireevo haben sich die Jugendlichen von den Älteren abgesondert und begannen auf der Wiese modernes Tanzen zu spielen, während die Älteren unter den Weindämpfen einschliefen. Nur ein kleiner Teil begann das Hochzeits-Choro (Volkstanz - A.K.) zu spielen. In dieser Hinsicht muss man ernsthafter darüber nachdenken - sowohl seitens der gesellschaftlichen Organisationen als auch seitens der Jugend, um den Volksbräuchen einen neuen Inhalt zu geben, so dass man sie mit den neuen Verhältnissen und mit den neuen Bedingungen verbindet und einige ihrer positiven Seiten erhält."*[379] Diesem praktischen Ziel widmet die Autorin auch verschiedene weitere Publikationen: „Die wissenschaftliche und praktische Bedeutung der ethnographischen Problematik für die gegenwärtige Arbeiter- und Bauernfamilie", „Veränderungen in der Lebensweise des gegenwärtigen bulgarischen sozialistischen Dorfes", „Die Familie als Erziehungsmilieu".[380]
Die Tendenz zur staatlichen Regelung des Brauchtums durch die BKP, begonnen bereits in den ersten Jahrzehnten nach der Machtübernahme, entfaltete sich voll in den 70er Jahren. Unter den Aufgaben des 10. Parteitages 1971 wird neben und parallel zur Aufgabe der patriotischen Erziehung die Aufgabe der „Erziehung des neuen Menschen, der befreit sein soll von den religiösen Vorurteilen, von den schädlichen Überbleibsel in den Verhaltensweisen, in den Bräuchen und in der Weltsicht" hervorgehoben.[381] Durch verschiedene weitere Parteibeschlüsse wird die Bedeutung von wissenschaftlichen Untersuchungen für die Praxis betont, "für die Ausrüstung der führenden Partei- und Staatsorgane mit Ideen, Konzeptionen und Prognosen zur Lösung der sozial-ökonomischen, politischen, ideologischen und kulturellen Probleme der gesellschaftlichen Entwicklung".[382]

---

[379] *Peseva, Rajna*: Rodovi..., S. 29.

[380] *Peseva, Rajna*: Naucnoto i prackticeskoto znacenie na etnografskata problema za savremenntoto balgarsko rabotnicesko i selsko semejstwo. In: Slavjanska etnografija, B. 5, Sofia, 1963, S. 258-266; *Dies.*: Izmenenija v bita na savremennoto balgarsko sozialisticesko selo. In: Soziologiceski problemi, 3, 1969, S. 46-58; *Dies.*: Semejstvoto kato vazpitatelna sreda. Sofia, 1975.

[381] Deseti kongres na BKP. Dokladi. Resenija. Sofia, 1973, S. 214.

[382] *Lilov, Alexander*: Da izdignem ideologiceskata rabota na visotata na zadacite, postaveni ot 10. Kongres na BKP i novata Programa na partijata za izgrazdane na razvitoto sozialisticesko obstestvo. Sofia, 1974, S. 24.

Zu den wichtigen Aufgaben von Volkskunde und Soziologie gehörte auch die Mitarbeit beim Schaffen sozialistischer Rituale, die auf dem Prinzip der Kontinuität zwischen „traditioneller", „authentisch-bulgarischer" und der gegenwärtigen sozialistischen Kultur basieren sollten. Dahingehend wurde eine Variante von Volkskultur, die von christlichen Elemente „befreit" ist, stilisiert. Den nationalen Traditionen kam eine Schlüsselbedeutung im Konzept des Aufbaus der nationalen Identität zu. Zur kulturellen Konstruktion von „Bürgern" - oder in unserem Fall „Kameraden"! - nutzte der Nationalstaat alle zur Verfügung stehende Mittel: Schule, Medienapparate und Museen. Das alte Kulturkonzept der Volksnation, dem neue Funktionen zukamen, war mit positivistischen Sammel- und Rettungsmethoden von Bruchstücken vergangener „Volkskultur" verbunden - gesammelt und ausgestellt in Archiven und volkskundlichen Museen bzw. in den ethnographische Abteilungen der historischen Museen im Lande. Ausgehend von einem einheitlichen nationalen Kulturmodell wurden die regionalen Spezifika beschrieben und in Nationalatlanten eingeordnet.

Die breite Popularisierungstätigkeit äußerte sich in der Herausgabe einer in vierzehn Bände konzipierten „Geschichte Bulgariens" (bis 1989 erschienen sechs Bände, die die Zeit bis 1878 darstellten); in der Herausgabe einer dreibändigen „Ethnographie Bulgariens" sowie in verschiedenen populärwissenschaftlichen Reihen. In diesem Zusammenhang sind auch die Gründung von verschienenen Vereinen für Volkskultur auf lokaler und nationaler Ebene und die Abhaltung regionaler und nationaler Volksschaffentreffen (sabori) („Koprivschtiza", „Pirin singt" u.a.) zu nennen. Volkskultur wurde nicht nur erforscht; sie sollte weitergegeben werden. Bezeichnend ist weiters der Name der Organisation „Zadruga der bulgarischen Meister", die auf nationalem Niveau die zahlreichen lokalen Organisationen für Volkshandwerk vereinigte. In den Schulen entwickelte man altergerecht Zirkel für Volksmusik, -tanz, -kunst, und -brauchtum.

IV. 4. INSTITUTIONALISERUNG DER GENEALOGIE-FORSCHUNG

Um den Kreis Abstammungssuche - Brauchtumsforschung - Familienuntersuchung zu schließen, möchte ich kurz auf die Entwicklung der genealogischen Untersuchungen in der sozialistischen Zeit zurückkommen. In den 70er Jahren wurde erneut die Abstammungssuche aktiviert. Einerseits wurden zahlreiche wissenschaftliche Publikationen über die Methodik der genealogischen Forschung

herausgegeben.[383] Das dabei die politischen Motive eine wesentliche Rolle spielten, zeigen z.B. die Anweisungen für die Stammbaumsuche von Ivan Platikanov: Er gibt in seiner Beispielmethodik an, dass bei der Erklärung und Beschreibung der Abstammung die *„Namen und Verdienste ausgeprägter Vorväter der Aufklärungszeit, Kämpfer (gegen das „Osmanenjoch" - A.K.), Opalcenzi (Freiwillige im Russisch-Türkischen Krieg 1877/78), führende gesellschaftliche Personen, Kommunisten, Mitglieder der Agrarpartei und der Nationalfront (OF), aktive Teilnehmer des RMS (kommunistische Jugendbewegung - A.K.), Teilnehmer der internationalen Brigaden, Partisanen und deren Helfer (jatazi), politische Häftlinge (freilich nicht jene der sozialistischen Zeit - A.K.), die so genannten aktiven Kämpfer gegen den Faschismus und Kapitalismus(...) aufgezählt werden sollen".*[384]
Erwähnenswert in diesem Zusammenhang ist, dass eine solcherart Genealogie Hand in Hand ging mit staatlichen Maßnahmen, die Nachkommen ersten Grades solcher „verdienter" Personen förderten (z.B. privilegierter Zugang zu Elitengymnasien- oder Hochschulausbildung sowie Vorteile bei der Wohnungsverteilung). Zugleich kam es zu Repressalien gegen Nachkommen der „Feinde des Volkes". Dies führte wiederum zu vielerlei Verzehrungen und Verheimlichungen, bis hin zur Absage von entsprechenden Eltern oder Großeltern und umgekehrt: indem offiziell anerkannte aktive Kommunisten Enkelkinder adoptierten.
Heute ist die Suche nach den Abstammungswurzeln in der Aufklärungszeit erhalten geblieben, doch die gesellschaftliche Umbewertung der sozialistischen und kapitalistischen Zeit führt zur „Umdrehung" in der Bewertung und daher auch in der Aufzeichnung von Verwandten, die führende Positionen in der kapitalistischen bzw. sozialistischen Zeit gehabt haben.
Die lokalen Intelligenzen führten im ganzen Land genealogische Untersuchungen durch und sammelten Stammbäume. Diese Stammbäume wurden nach verschiedenen Methoden ausgefertigt. Dominierend waren die vertikalen Aufzeichnungen, wobei entweder aus dem gemeinsamen „Familienstamm" - der vermutete Gründer des Lineages - die „Zweige" der nächstfolgenden Generationen hervorgingen oder umgekehrt: Im „Stamm" wird der Name dessen, der nach seinen Vorahnen sucht,

---

[383] *Prodanov, Peter/Dzagarov, Ivan*: V pomost na rodoizsledovatelja. Gabrovo, 1976; *Spasov, Kiril*: Rodoslovie. Metodika za rodoslovni izsledvanija. Kjustendil, 1980; *Platikanov, Ivan*: Rodoznanie. Primerna metodika za rodovi izsledvanija. Sofia, 1984; *Carakciev, Nikola/Karadzova-Carakcieva, Hristina*: Izsledvane na rodovi vrazki. In: Istoriceski pregled, 1984, N1, S. 89-96.
[384] *Platikanov, Ivan*: Rodoznanie..., S. 31.

eingeschrieben und die „Zweige" verfolgen danach die Eltern, Großeltern, Urgroßeltern etc. Charakteristisch ist auch, dass bei dieser Laienabstammungsforschung zahlreiche Legenden und mündliche Überlieferungen gesucht und aufgeschrieben wurden, so dass eine große Anzahl von diesen Stammbäumen mit Legenden über den Widerstand gegen die Osmanen beginnen bzw. enden. Leitend dabei war der Gedanke die Biographie des einzelnen Lineages mit der Biographie des Volkes zu verbinden. Die Abstammungssuche wurde popularisiert durch die zahlreichen Veröffentlichungen konkreter Erzählungen mit genealogischem Charakter in den National- und Regionalmedien.[385] Die Popularisierung diente auch der Integration dieser Art Sammeltätigkeit in die Ausbildungs- und Erziehungsarbeit. Dafür zeugen solche Titel wie „Das bulgarische Familiengeschlecht - mit jahrhunderttiefen Wurzeln (rod vekovecen)", „Die Familienstammforschungs- und -untersuchungsarbeit - wirksamer Faktor für die patriotische Ausbildung der Bevölkerung in der Region Smoljan", "Kenne Dein Familiengeschlecht" u.a.[386]

Eine interessante „Mischung" zwischen Wissenschafts- und Popularisierungstätigkeit sind die so genannten „Familiengeschlechtslesungen" (rodovi cetenija). Bei dieser Form treten Genealogen und Familiengeschlechtsforscher, die gemeinsam einen oder nahe Lineages untersuchen, gemeinsam öffentlich vor einem breiten Publikum auf, um die Forschungsresultate, -probleme und -fragen darzustellen.[387] Um die Abstammungssuche in ein „Massengenealogiehobby" zu verwandeln, wurde 1977 das Nationale Laienzentrum für genealogische Untersuchungen gegründet, das die zahlreichen Genealogie-Forscher im ganzen Land vereinigte. Unter der Tätigkeit dieses Zentrums wurden viele neue Vereine für genealogische Forschung in Dörfern wie in Städten gegründet.[388]

1984 wurde auf die Notwendigkeit einer „zielorientierten Verwaltung des „Familiengeschlechtswissens" (rodoznanie), der Zentralisierung der Methodologie, der Propaganda und des Archivs" hingewiesen. Damit wurde die Einrichtung eines

---

[385] Bibliographie in: Rodoznanie, 1991/2-3.

[386] Rodoizsledovatelskata i rodoproucvatelskata dejnost - dejstwen faktor za patrioticnoto vazpitanie na naselenieto v Smoljanska obschtina. Smoljan, 1989; Balgarskijat rod - rod bekovecen. Smoljan, 1991; *Zajkov, Ivan*: Znaj svoja rod. Sofia, 1983.

[387] Darüber: *Hadzinikolov, Vesselin*: Za rodovite cetenija i za njakoj tehni problemi. In: Rodovi cetenija, 1992, N1.

[388] Über die Geschichte und Tätigkeit dieser Stammbaumforschungszentren in Sofia und im Land - Rodoznanie, N1-4, 1991.

nationalen Stammbaum-Informationszentrums sowie die Unifizierung der Stammbaum-Schemen legitimiert.[389] Dem entspricht der 1990 gegründete nationale Bulgarische Genealogie-Verein „Rodoznanie" („Familiengeschlechtskenntnis") mit seiner gleichnamigen Publikationsreihe.

IV.5. Die Genealogie-Aufzeichnungen und die Migration

Als ein Grundprinzip der Stammbaumuntersuchung wird angegeben, die Migrationswege (im Innern wie nach Außen) der einzelnen Mitglieder des Lineages wie auch die Faktoren, die die Migration bewirkt haben, nachzuzeichnen. *„Jeder bulgarischer Emigrant ist ein ‚Blutsteil' von einem Familiengeschlecht und seine Anwesenheit auf dem Stammbaum ist verbindlich. In seinem Privatarchiv könnte man Informationen finden auch über andere Verwandten, die in Bulgarien geblieben sind oder in andere Staaten emigriert sind."*[390]

Während des kommunistischen Regimes waren die legalen Emigrationsmöglichkeiten für bulgarische Staatsbürger seitens des Staats (und allgemein des „sozialistischen Lagers") bis zum Minimum eingeschränkt. Das Recht eines jeden Menschen zum Verlassen seines Staates und zur Rückkehr in ihn, das mit der „Allgemeinen Erklärung der Menschenrechte" 1948 von den Vereinigten Nationen verabschiedet wurde, war nicht gewährleistet.

Es gab kein direktes Verbot; die Gesetzte, die die Visa- und Pässeprobleme regelten (1948 und 1969) schlossen allgemeine Formulierungen ein, wie etwa: *„Reisepässe und Ausgangsvisa werden den Bürgern nicht herausgegeben, deren Fahrt zwecklos oder schädlich für das Land ist."*[391] Oder: Auslandspässe wurden jenen verwehrt, die strafrechtlich verurteilt worden waren; „denen, deren Fahrt ins Ausland den Interessen des Staates nicht entspricht."[392] Gesetzlich wird auch die Forderung verankert, dass sich jeder bulgarischer Bürger im Ausland in der bulgarischen Botschaft oder im Konsulat melden und einschreiben muss. Diese schwammigen Formulierungen machten subjektive Entscheidungen und Willkür möglich und führten dazu, dass es kaum eine legale Emigration in westeuropäische und

[389] *Carakciev, Nikola, Karadzova-Carakcieva, Hristina*: Izsledvane..., S. 93.

[390] *Zaprjanova-Todorova, Antoaneta*: Kak da izsledvame svoja rod? Genealogija. Biblioteka „Nov den-5". Sofia, 1994, S. 47-48; *Platikanov, Ivan*: Rodoznanie....

[391] Darzaven vestnik, N69, 25. Mart 1948, Ukaz N 425 na Prezidiuma na NC, §3.

[392] Darzaven vestnik, 25. Noemvri 1969, Zakon za zadgranicnite pasporti, §7.

außereuropäische nichtsozialistische Staaten gab. Illegal Emigrierte wurden als „Nichtwiederkehrer" (nevazvraschtenzi) klassifiziert, was mit Eigentumsenteignung verbunden war und Folgen auch für nahe und ferne Verwandte, die im Land geblieben waren, haben konnte.

In der ersten Periode nach dem Ende des Zweiten Weltkriegs wurden die bulgarischen Studenten im westlichen Ausland zur Rückkehr nach Bulgarien aufgefordert, eine Aufforderung, die nur teilweise befolgt wurde. Das Finanzierung des Studiums bulgarischer Staatsbürger in nichtsozialistischen Staaten durch den bulgarischen Staat wurde unterbrochen. Mit der Auflockerung des „Kalten Krieges" in der zweiten Hälfte der 50er Jahre wurden die politischen, wirtschaftlichen, wissenschaftlichen und kulturellen Beziehungen mit dem „westlichen" Ausland wieder aktiviert, was die Möglichkeiten zur Migration ein wenig erweiterte.

Reaktiviert wurde auch die Tätigkeit von Berufs- und Kulturvereinen in westeuropäischen Staaten sowie in den USA, Kanada etc., die bereits vor dem Zweiten Weltkrieg gegründet worden waren; darüber hinaus wurden neue Vereine und Organisationen auf ethnischer Basis gegründet, die freilich stark unter Partei- und Staatsaufsicht standen. Unter diesen Bedingungen verstärkten sich die Bemühungen die Bindungen jener Bulgaren, die im Ausland lebten, mit ihrem Vaterland zu stärken.

In diesem Kontext ist schließlich jene politische Entwicklung interessant, in dessen Verlauf der den Internationalismus sukzessive durch eine nationale Politik ersetzt wurde: So wurde das staatliche „Slawische Komitee", dem die Beziehungen und Untersuchung der Bulgaren im Ausland unterlagen, in „Komitee für die Bulgaren im Ausland" umbenannt, die Zeitschrift „Slawen" hieß nun „Rodoljubie" (Patriotismus). Die Volkskultur, insbesondere Brauchtum, Tracht und Volksmusik, spielten in der Konstituierung und Festigung einer bulgarischen nationalen Identität in Verbindung mit Sprache und Religion eine führende Rolle. Wanderausstellungen zu Volkstracht und -brauchtum, Auftritte von Folkloregruppen, die Inszenierung (sozialistischer) Volksbräuche vor Ort gehör(t)en zu dieser Politik. Von der beabsichtigten Wirkung solcher Veranstaltungen zeugt die Meinung eines Besuchers, der 1951 im Gästebuch einer Ausstellung schrieb: „Ich ging als Bürger hinein und verlasse die Ausstellung als Bulgare."[393] Natürlich steht diese Repräsentationspolitik in Wechselwirkung mit

[393] *Koev, Ivan*: Zehn Jahre bulgarische Ethnographie. In: Wissenschaftliche Informationen zur Volkskunde, Altertumskunde und Kulturgeographie aus dem östlichen Europa, H.5, München 1959, S. 15; *Johler, Reinhard*: Die „kleinen"..., S. 60.

dem jeweiligen Interesse an einer musealischen Darstellung von fremden kulturellen Ausdrucksformen im jeweiligen Gastland. Oft wurden und werden gerade für ein „Publikum, dessen Lebensführung in den Sog der Entstandardisierung geraten ist und zu deren Lebensstil es gehört, die Kulturen der Anderen zu konsumieren", die fremden Kulturen (besonders die der Migranten) vom Gastland her als vormodern und traditional konzeptualisiert.[394]

Empfohlen wurde die Gründung von bulgarischen genealogischen Vereine in den verschiedenen europäischen und außereuropäischen Ländern und die Pflege regelmäßiger Kontakte und eines Informationsaustauschs zwischen den Vereinen und einzelnen Genealogieforschern sowie die Organisation von periodischen Treffen der Lineages in Bulgarien.

Auf ein konkretes Beispiel aus meinem Wienaufenthalt möchte ich hingewiesen: In den 31 lebensgeschichtlichen Interwievs, die ich in Wien durchführen konnte, kam das Thema "eigener Stammbaum" selten aus eigener Initiative der Erzählenden zur Sprache. In dem meisten Fällen stellte ich im zweiten oder nächstfolgenden Gesprächen gezielt die Frage nach der Vornamengebung, wodurch diese Problematik angesprochen wurde.

Nur in zwei Fällen reichte das Abstammungsgedächtnis tiefer als die dritte Generation zurück. Sein eigenes Stammbaum hatte ein 67-jähriger Mann aufgeschrieben, der berufsmässig slawistische und historische Untersuchungen durchgeführt hat. Ein Stammbuch besaß auch G.B. vom Lineage B. aus dem „Gärtner"-Dorf Draganovo, Bezirk Veliko Tarnovo. Das Stammbaumbuch, das 285 Männer- und Frauennamen enthält, wurde vom Kulturverein „Vereinigung (Saedinenie)" im Dorf 1989 angefertigt. Das Buch wurde vom Verein den männlichen Namenträger jeder Nuklearfamilie geschenkt und trägt auf der Titelseite die Inschrift „(.....Den konkreten Namen) - Um die Traditionen des Familiegeschlechtes zu folgen und das Geschlechtsgedächtnis zu bewahren".[395] In den Stammbaumaufzeichnungen nach der vertikalen Methode wird die männliche Linie verfolgt, durch die der Familienstammname erhalten wird. In der schriftlichen Aufzählung aller Mitglieder, die kurze Angaben über Geburtsdatum, Ausbildung, Familienstand, Beruf, Wohnort und Migrationsweg enthalten, werden gleich beide Linien verfolgt und Ehefrauen und Töchter miteingeschlossen. Die Darstellung der

[394] Darüber: *Welz, Gisela*: Inszenierungen..., S.120.

[395] Für die Möglichkeit, dieses persönliche Stammbaumbuch zu nutzen, möchte ich Herrn G. B. meine tiefste Dankbarkeit aussprechen.

Geschichte des Familiengeschlechtes beginnt mit zwei Legenden, die den Stammvater und -gründer im Kampf gegen die Osmanen einbinden. Bei jedem einzelnen Mitglied werden dort, wo sie es gibt, die gesellschaftlich-patriotische und gemeinschaftsnützliche Tätigkeit unterstrichen. Vom Verein wurden auch jährliche Treffen dieser und anderen Lineages im Dorf organisiert

Gesellschaftspolitisch - und damit auch wissenschaftshistorisch gesehen - war die Abstammungssuche im Konnex mit der Familienforschung in die Volkstumsuntersuchungen eingebunden. Dies mit dem Ziel, die Vorfahren des Einzelnen (des Ego-s) mit den nationalen Vorfahren zu verbinden, das Zugehörigkeits-, Solidaritäts- und Verantwortungsgefühl bei Erben und Nachfolgern bzw. Enkeln als bestimmte gemeinschaftliche nationale Traditionen zu festigen. Die Verwandtschaftsterminologie - horizontale (Bruder-Schwester-Begriff) wie vertikale, orientiert an den Ahnen - wurde auf die Nation ausgeweitet und bekam gerade deshalb besonders hohe emotionelle Bedeutung.

IV.6. DIE TRADITIONELLE ERFORSCHUNG DER "TRADITIONELLEN KULTUR"

Die Betonung der Kulturforschung mit Akzent auf altertümliche Bräuche und Riten, die (auch institutionelle) Trennung von geistiger und materieller Kultur zielte darauf ab, Kultur als eigene Sphäre zu begreifen und damit abgesondert von Staat, Politik und Wirtschaft zu konstruieren. Das war gerade in einer Gesellschaft, in der Staat und Partei allgegenwärtig waren, von besonderer Bedeutung. Durch Kultur konstruierte man das Bild von Einheit, Homogenität und Stärke der Nation und zugleich gab man den Intellektuellen, die dieses Bild konstruierten, das Gefühl einer Autonomie von Staat und Politik.

In diese „Falle" bin auch ich hineingetappt: Als ich mich als Studentin der Geschichte spezialisieren sollte (1981), wählte ich Ethnographie, da ich möglichst fern von „der Politik" sein wollte. Das war ein durchaus persönlicher Fehler, denn sicher gab es gewisse Spielräume und Alternativwahlmöglichkeiten. Zumindest aber blieb bis zum Ende der 80er-Jahre als vorherrschendes Paradigma die Überbewertung der „alten Bauernkultur", in der wir nach Relikten der slawischen, protobulgarischen und, besonders ab den 70er Jahren, auch der thrakischen Kulturen suchten. Vor allem die Resultate der vergleichenden Linguistik wurden einbezogen, besonders häufig war die Übernahme von Ideen des sowjetischen Strukturalismus (v.a. aus der Semiotik). Wir beschäftigten uns mehr mit symbolischen und semiotischen Fragen als mit Sozialinstitutionen, Machtverhältnissen und materiellen Bedingungen. In den 80er-Jahren wurde die in ihrem Wesen ahistorische Zugangsweise durch den Einfluss des französischen Strukturalismus modifiziert und gestärkt. In Anlehnung an Levi-Strauss' Einteilung ordneten wir selbst unsere „traditionelle Kultur" zu den „sociétés froides", die dank ihres angeblich geschlossenen Charakters mit erstarrten Strukturen Überreste älterer Kulturepochen in sich bewahrt hätten. Leitend waren oder blieben die Begriffe „Kontinuität", „Sitte", „uralt" usw.

Die Kontinuitätssuche hatte auch eine kompensatorische Funktion - bei der damaligen (und gegenwärtigen) Ab- und Ausgrenzung brauchte man (obwohl verklärend und selbstverklärend) eine Identitätsstütze, die Selbstbewusstsein nach dem Motto „Auch wir haben etwas zur Weltgeschichte beigetragen" verleihen konnte.

Das war gesellschaftlich bedingt: Besonders in Bezug auf die unübersehbaren Krisenmomenten verstärkte sich der politische Instrumentalisierungsdruck zur kulturellen Verklärungsstrategie.

Es gab auch Ausnahmen, etwa die Untersuchungen von Georgi Georgiev. Dabei ging er dem Wandel der materiellen und sozio-normativen Kultur in den ersten Jahrzehnten nach der Gründung des Nationalstaates 1878 nach. Seine weitgefassten Fragestellungen - die Entwicklung der Familienstrukturen, die Veränderungen der Geschlechts- und Generationsbeziehungen, der Wandel der Welt- und Selbstsicht, die Formierung des bürgerlichen Ritualsystems u.a.- beantwortet er auf Basis eines multifaktoriellen Modells, das von einem komplexen Zusammenspiel politischer, wirtschaftlicher, sozialer und kultureller Parameter ausgeht. Durch die Verwendung und Interpretation unterschiedlichster Quellengattungen (demographische und wirtschaftliche Statistiken; Rechtsquellen [normative Akten und Gerichtsmaterialien], Pressematerialien, Memoiren, Umfragen etc.) entwirft er das Bild einer dynamischen Epoche.

Doch auch Georgiev geht bei der von ihm entworfenen Entwicklung der Familie von der Annahme einer traditionellen Familienstruktur und eines traditionellen gewohnheitsrechtlichen Systems aus. Dabei lehnt er sich bei der Rekonstruktion dieser traditionellen Kultur als System an den Untersuchungen von Stefan Bobcev, Ivan Gesov, Marinov, Friedrich Krauss, Rajna Peseva u.a. an. Ebenso setzt er voraus, dass die große Hausgemeinschaft „Zadruga" die dominante Familienstruktur der vorherigen Jahrhunderte gewesen sei: *„In ihrem Ursprung weit zurück in den*

Jahrhunderten, hatte die Zadruga Jahrhunderte lang existiert und war eine eigenartige Struktur der patriarchalen Familie."[396] Die Zadruga wird als wirtschaftliche Institution der „naturalen oder halbnaturalen geschlossenen Wirtschaft" interpretiert, wobei diese traditionelle Form als typisch für das gesamte Land angenommen wird. Ihre Lokalisierung in bestimmten Regionen Bulgariens (v.a. Westbulgarien) wird mit den Prozessen ihren Zerfalls unter den Bedingungen der Geld-Waren-Verhältnissen erklärt. Als Zwischenform der Familienorganisation in der Entwicklung von der Zadruga mit unteilbaren, gemeinsamen Eigentum zur Kleinfamilie werden die „große, ungeteilte Familie" mit privatem Eigentumsrecht, teilbarem Besitz und der gemeinsame Haushalt ungeteilter Brüder betrachtet. Die Prämissen seiner eigenen Forschung gründen auf den vorherigen Untersuchungen. Aufgrund der Zensuslisten aus der Nationalstaatsperiode (Zensus 1888, 1893, 1900) wird angeführt, dass bereits 1888 die Kleinfamilie statistisch deutlich überwogen hat: „Der verhältnismäßig geringe Anteil zeigt, dass die ungeteilte väterliche Familie nicht nur verhältnismäßig gering nach ihrer zahlenmäßigen Zusammensetzung war, sondern dass sie überhaupt kein Massenphänomen im Familiensystem der Bulgaren der Nachbefreiungszeit war." Ebenso verweist Georgiev auf das Fehlen vergleichbarer Daten für die Periode vor 1878. Trotzdem gelangt er zu der Schlussfolgerung: *„(D)ie Tendenz war zu deren Verringerung (der großen ungeteilten Familienstrukturen - A.K.) und zur Entwicklung der nuklearen Kleinfamilie (ednobracno semejstwo)".*[397] Daraus resultieren auch alle anderen Interpretationen - über Geschlechterrollen, Generationsverhältnisse etc. So wird z.B. von der Entwicklung zur Nuklearfamilie ausgehend auf eine Schwächung und Verringerung der Verwandtschaftsnetzwerke zurückgeschlossen.[398]

Diese evolutionistische Sichtweise bezüglich der Familienformen und den damit verbundenen inter- und intrafamilialen Beziehungen charakterisiert auch viele regionale Untersuchungen. In einer Veröffentlichung über die Familie in der Bevölkerung des Rhodopen-Gebirges wird von Tatjana Koleva dem Zusammenhang von dominanten Wirtschaftsformen und Familienstrukturen nachgegangen. Davon ausgehend erklärt sie die weite Verbreitung komplexer (als Begriff wird „große Familien" gebraucht, was die gegenwärtige Unterscheidung komplexe bzw. erweiterte Familienstrukturen erschwert) Familien unter der moslemischen

---

[396] *Georgiev, Georgi*: Osvobozdenieto..., S. 72.
[397] *Georgiev, Georgi*: Osvobozdenieto..., S. 74.
[398] *Georgiev, Georgi*: Osvobozdenieto..., S. 75ff.

Bevölkerung der Region mit der Dominanz der landwirtschaftlichen Subsistenzwirtschaft. In Vergleich dazu konstatiert sie für die christliche Bevölkerung, die vor allem im Gewerbe mit starker saisonaler Migration beschäftigt war, einen geringeren Anteil komplexer Familienstrukturen.

Aber auch Koleva geht von einem Abfolgeschema aus, bei der die Großfamilie von der Kleinfamilie abgelöst wird. Sie ortet dabei eine sozialräumlich-zeitlich Differenz: Innerhalb der christlichen Bevölkerung sei die „Großfamilie" bereits in der zweiten Hälfte des 19. Jahrhunderts zerfallen, innerhalb der moslemischen entfalte sich dieser Prozess erst um die Jahrhundertwende. Die vermutete Dominanz der „Großfamilie" bis zur Mitte des 19. Jahrhunderts unter der christlichen Bevölkerung wird quellenmäßig nicht bewiesen, auch werden neue Quellen nicht erfasst (z.B. verschiedene Haushaltsregister).[399]

Einen besonderen Akzent wird auf den Zusammenhang zwischen nationalen und regionalen Untersuchungen gelegt. Als Hauptziel einer familienhistorischen Arbeit wird angegeben: *„(V)on besonderer wissenschaftlicher und praktischer Bedeutung ist die Klärung der spezifischen Funktionen der Familie für die Erhaltung und Weitergabe (vazproizvezdane) der ethnokulturellen Information und besonders der Mechanismen der vertikalen Bewahrung der kulturellen Traditionen (von einer Generation auf die andere) (...) In diesem Sinn kommt den regionalen Merkmalen der Kultur besonderer Bedeutung zu, die trotz den Tendenzen zur Vereinheitlichung der ethnographischen Unterschiede immer noch ein wirksamer Faktor sind, der die individuell unwiederholbare Eigenart der alltäglichen kulturellen (bitovi) Prozesse in der Familie bedingt."*[400] Eine Lokaluntersuchung der Familie in den Rhodopen beginnt diesselbe Autorin 1995 mit dem Satz: *„In der historisch-kulturellen Entwicklung des Rhodopengebietes nimmt die Institution der Familie einen besonders wichtigen Platz ein mit ihrer unbestreitbaren Rolle, die sie für das ethnische und geistige Überleben der lokalen bulgarischen Bevölkerung gespielt hat."*[401]

Die regionalen Volkskulturforschungen der sozialistischen Zeit bezweckten, die (nationale) Einheit durch regionale, „ethnographische" Vielfalt und eine Vielfalt in

---

[399] *Koleva, Tatjana*: Semejstvo i semejni otnoschenija u rodopskite balgari. In: Narodnostna i bitova obschtnost na rodopskite balgari. Sofia, 1969, S. 151-169. Dazu Kritik auch in *Brunnbauer, Ulf*: Struktura na domakinstvata v srednite Rodopi (1850-1930). In: Balkanisticen forum, 3, 1997, S. 41.

[400] *Makaveeva, Ljuba*: Balgaskoto semejstvo. Etno-sozialni aspekti. Sofia, 1991, S. 5-8.

der Einheit. In den Jahren nach der politischen Wende kommt es zu einem neuen spannungsbeladenen Verhältnis zwischen Nationalismus und Regionalismus, wobei besonders die begonnenen Verhandlungen und die Prozesse der Europa-Integration regionsbezogene Ideologien unterstützen können.[402]
Die evolutionistische Sichtweise, bei der die Zadruga als kommunale und gemeinschaftliche Familienform charakteristisch für die Frühgeschichte und für den Feudalismus angenommen wurde, dominierte in weiten Teilen die Familientheorie im sozialistischen Bulgarien und wirkt sich bis heute aus. Dieser theoretische und methodologische Zugang charakterisiert auch neue soziologische Untersuchungen, die die gegenwärtigen familialen Tendenzen in den Mittelpunkt stellen.[403] Der sukzessive Zerfall der Großfamilie und die Herausbildung der individuellen Kernfamilie wurden und werden mit dem Eindringen kapitalistischer Marktwirtschaft und den Auswirkungen des Privateigentums erklärt.

IV. 7. NEUE FAMILIENFORSCHUNGSANSÄTZE

Sicher gab es in der historischen Familienforschung in Bulgarien auch Ausnahmen. So wurde bereits in den 60er Jahren das Vorherrschen der komplexen Familienformen im Mittelalter und dadurch auch die These einer kontinuierlichen Entwicklung in Frage gestellt. Mittels einer mittelalterlichen Quellenkritik wurde von Nikola Kondov gezeigt, dass man in der gleichwohl dürftigen aber existenten mittelalterlichen Quellenbasis quantitative wie qualitative Argumente für die Existenz von verschiedenen parallelen Familien- und Haushaltsformen unter der bäuerlichen Bevölkerung finden kann.[404] Kennzeichnend ist, dass der Autor die Zugangsweise und dadurch auch die Interpretationen in der Familienforschung in Bezug auf das Mittelalter in Frage stellt, den Methoden, Quellen und Aussagen für das späte 19. und beginnende 20. Jahrhundert allerdings nicht nachgeht.

---

401 *Makaveeva, Ljuba*: Rodopskoto semejstvo v perioda ot kraja na XIX do 50-te godini na XX vek. In: Balgarska etnologija 2/1995, S. 16.

402 Am Beispiel einer Region in den Rhodopen: *Gentceva, Rositza*: Evropa i sazdavaneto na regionalni ideologii. In: Soziologiceski problemi, 2000, 1-2, S. 109-127.

403 *Spasovska, Liljana*: Promenjastijat se brak...

404 *Kondov, Nikola:* Za parvicnata obstestvena ediniza pri selskoto naselenie v srednovekovna Balgarija. In: Istoriceski Pregled, 1965/1, S. 70-83.

In der Entwicklung der historischen Demographie gibt es auch Anzeichen für eine historisch-anthropologische Familienforschung.[405] Eine neue Sicht auf die Zadruga-Familienform gab Maria Todorova. Ihrer Ansicht nach *„kann davon ausgegangen werden, dass die historisch bekannte und wissenschaftlich beschriebene Zadruga lediglich ein Phänomen für die Zeit zwischen dem späten 18. und dem frühen 20. Jahrhundert darstellt, dessen Entstehung (oder Wiederaufnahme) und Verschwinden durch verschiedene, für diese Periode spezifische Faktoren erklärt werden muss (z.B. die Dezentralisierung des Osmanischen Reiches, eine mögliche Verbindung zwischen „Ciftlik"-Ökonomie und dem Aufkommen und Verbreitung der Zadruga, etc.)."* Die Komplexität und die oft konträren Einflüsse verschiedener Faktoren - demographische (Fruchtbarkeit, Heiratsverhalten und Mortalität), Erbrechtssysteme (Unteilbarkeit und freie Teilbarkeit), Arten der Haushaltsgründung etc. - wird nachgegangen, um ihre Auswirkungen auf die Größe und Struktur von Familien- und Haushaltsformen zu untersuchen. Auf Grund quantitativer Befunde von einem konkreten Beispiel äussert die Autorin die Ansicht, dass die komplexen Haushaltsformen, unter denen die Zadruga nur eine Form darstellte, auf dem Balkan nicht überwogen haben und teilt die Ansicht über mögliche Verbindung zwischen Viehzucht und Mehrfamilienhaushalte.[406]

Eine demographisch-anthropologische Richtung beginnt sich mittlerweile zu entfalten, es werden auch die Fragen nach den politischen Funktionen der Familienmythen zur Diskussion gestellt.[407]

---

[405] z.B. *Todorov, Nikolaj:* Za demografskoto sastojanie na Balkanskija poluostrov prez XV-XVI vek. In: Godisnik na Sofijskija universitet. Filosofsko-istoriceski fakultet. Bd. I-III, Sofia, 1959-1960; *Todorova, Maria*: Naselenijeto na Varna v sredata na XIX vek. In: Izvestia na darzavnite arhivi. 43, Sofia, 1982; *Dies.*: Polpulation Structure, Marriage Patterns, Family and Houshold (According to Ottoman Documentary Material from Norteastern Bulgaria in the 1860s). In: Etudes balcaniques, 19, N1, 1983 u.a.

[406] *Todorova, Maria*: Struktura na naselenieto, brachnost, semejstvo i domakinstvo na Balkanite. In: Istoriceski pregled 4 (1983), S. 85-99; *Dies.*: Brak i bracnost v Balgarija prez XIX vek. In: Istoriceski pregled 3/1988, S. 59-78; Dies.: Balkan Family Structure and the European Pattern: Demographic Developments in Ottoman Bulgaira. The American University Press. 1993; *Dies.*: Slava...; über die Verbindung Pastoralismus - komplexe Familienstruktur: *Kaser, Karl*: Familie und Verwandtschaft...; ***Ders.***: Macht und Erbe...; *Katsiardi-Hering, Olga*: Historische Familienforschung in Südosteuropa. Pluralität der Forschungstendenzen im internationalen Kontext. In: Historische Anthropologie 5, 1, 1997, S. 139-155 u.a.

[407] *Ivanova, Svetlana*: Marriage and Divorce in the Bulgarian Lands (XV-XIX c.). In: Bulgarian Historical Review 2-3/1993, S. 49-83; *Karamihova, Margarita:* Bracna snimka ot Kardzali. Kardzali 1999; *Bonceva, Zvetana*: Njakoi problemi na bracnata instituzijaim Dorf Baltadzi prez 20-te godini na 20. vek. In: Balgarska etnografija 4/1993, S. 75-90; *Diess.:* Brak i semejstvo pri balgarite-katolizi v Plovdivsko (ot

Ein starker Trend ist die gegenwärtige Hinwendung zu qualitativen Forschungsmethoden. An verschiedenen universitären Institutionen werden dabei Prozesse initiiert, in denen nach dem Muster von Geschichtswerkstätten Menschen zu autobiographischen Erzählungen animiert werden.[408]

V. DIE GEGENWART - DIE KULTURELLEN MODELLE

V.1. FUNKTIONEN DER GEGENWÄRTIGEN "WURZELSUCHE"

Weiterhin ist aber die „traditionelle", „ethnographische" Sichtweise stark ausgeprägt. So wurde z.B. 1998 vom damaligen Deputaten und Leiter der parlamentarischen Kommission für Kultur, Stojan Rajcevski, das Buch „Der Rhodopen Volkskalender" veröffentlicht, in dem er „altertümliche", traditionelle Bräuche und Rituale beschreibt, ohne sie historisch zu untersuchen. Im Vorwort zum Buches schreibt der Folklorist und Politologe Georg Kraev: *„Heute, wo wir wieder zu Europa hinschauen, können uns die Kenntnisse aus dem bulgarischen Altertum die ‚Modelle' vergangener Alltage und Feierns zeigen, mit deren Hilfe wir zurückkehren können, um unser verlorenes Europaselbstwertgefühl zurückzugewinnen. Unsere alten Fertigkeiten, das ‚Wilde' in ‚Gezähmtes' zu verwandeln, tragen in ihrem Kern die Perspektive unserer Zukunft."*[409]

Der gegenwärtige historische Bezug dient aktuellen Zielen: Es ist ein Versuch, den Weg aus der Vergangenheit in die europäische Zukunft zu finden. Sicher entspricht diese Suche verschiedenen Bedürfnissen und erfüllt verschiedene Funktionen. Bräuche und Rituale strukturieren die alltägliche Welt, gerade weil sie Dauer und dadurch Verlässlichkeit und Sicherheit imaginieren.[410] Die verstärkte Suche nach den Wurzeln, nach der „Gewissheit" der Traditionen auf regionalem und nationalem Niveau zielt darauf, sich der Gemeinschaft zu vergewissern.

Sicher kann man auch eine staatliche Kulturpolitik „dahinter" vermuten. Diese Probleme hängen mit den Prozessen der EU-Integration zusammen. In Bulgarien, als ein Staat, der in Verhandlungen über eine EU-Integration ist, führt das zu zwei

nacaloto do sredata na 20. vek). Sofia, Diss. 2002; *Benovska-Sabkova, Milena*: Politiceski prehod i vsekidnevna kultura. Sofia, 2001.

[408] z.B. die autobiographische Archive an dem Institut für Kulturologie an der Sofioter Universität (seit 1993); die Balkan-Gesellschaft für Autobiographieforschung und soziale Kommunikation mit Zentrum in Blagoevgrad u.a.

[409] *Kraev, Georg*: Predgovor. In: Rajcevski, Stojan: Rodopski naroden kalender. Sofia, 1998, S. 7-8.

[410] *Köstlin, Konrad*: Wissenschaftliche..., S. 149-150.

zusammenhängenden Prozessen. Die Bemühung der führenden Regierungsschichten, eine europäische Identität zu stiften und zu festigen, geht mit einer breiten gesellschaftlichen Debatte über die nationale Identität und die Dimensionen der „Europäisierung" einher. Zugleich bedingen die Mechanismen der Finanzierung seitens der EU (Regionen statt Staaten) eine Stärkung des Regionalismus.[411]

In der schweren wirtschaftlich-politischen Transformationsperiode im post-sozialistischem Bulgarien gibt es auch Ansätze zu verschiedenen Nationalisierungsmustern, die auch für die Wohlfahrtsstaaten charakteristisch sind: z.B. Produktions- und Konsumpatriotismus und die Entwicklung der Massen- und Unterhaltungskultur.[412] Das „in Bulgarien Hergestellte" gewinnt an Werbekraft. So bekam ich in Wien Pralinen aus Bulgarien, die als Werbung die Inschrift tragen: „Animeks-98 GmbH (OOD) stellt die Traditionen in der Handschokoladenproduktion in Bulgarien wieder her. Mit den Traditionen in der Zukunft." Solcherart Beispiele für ein „Bevorzugt das Eigene", das gerade in der Tiefe der Tradition eine Garantie für Qualität sieht, gibt es auch in Bulgarien zahlreiche.

Grundsätzlich aber reicht für die Entfaltung solcher Mobilisierungsstrategien das wirtschaftliche Potenzial - sowohl seitens des Staates als auch seitens der Privatunternehmen - nicht aus. Deshalb versucht man die „Solidaritätsgemeinschaft Nation" auch mittels der Integrationskraft einer Volkskultur zu festigen. Durch die symbolische Aufladung der Volkskultur soll die kulturelle Identität gegenüber nivellierenden Tendenzen bewahrt werden. Diese Strategie ist auch deshalb möglich, weil Kultur heute weltweit zum mächtigem Erklärungs- und Steuerprinzip avanciert.

Unbezweifelt ist die ästhetische Funktion des konstruierten Volksbrauchtums, der wie auch andernorts, in der Tourismuswerbung erfolgreich zum Spektakel umfunktioniert ist. Gleichzeitig muss man bedenken, dass eine Identitätskonzeption,

[411] *Genceva, Rositza*: Evropa...- über die Bemühungen der bulgarischen Regierung die Sicht über den ganzen Staat als eine Region in den EU-Verhandlungen zu argumentieren, was eine Prioritätsfinanzierung seitens der EU-Strukturfonds erlauben würde, parallel zur neuen Zonierung des Landes mit dem Gesetz über die regionale Entwicklung von März 1999. Den Problemen des zunehmenden Regionalismus kann hier konkret nicht nachgegangen werden.

[412] *Löfgren, Orvar*: Linking the Local, the National and the Global. Past and Present Trends in European Ethnology. In: Ethnologia Europaea, 26, 1996, S. 157-168; *Ders.*: The Nationalisation of culture. In: Ethnologia Europaea, 19, 1989, S. 5-23; *Ders.*: Die Nationalisierung des Alltagslebens: konstruktion einer nationalen Ästhetik. In: Kaschuba, Wolfgang (Hg.): Kulturen - Identitäten - Diskurse. Perspektiven Europäischer Ethnologie. Berlin, 1995, S. 114-134.

die sich aus der Vergangenheit speist, auch einen deterministischen Charakter hat: Zukunft wird als Herkunft zugleich entworfen und verstellt. Diese Selbstpräsentation präsentiert nach innen und außen eine statische Kulturform, die von der internen Kulturentwicklung überholt ist, und gibt kaum Möglichkeit zur Entwicklung. Insofern kann man sie auch als eine Gegenbewegung zur Modernisierung bewerten, falls man sie nicht als eine bewusste Mythologisierung der bäuerlichen Lebensweise als Utopie gegen eine urbane Fortschrittsideologie deutet.

In der nationalen Mobilisierung entfaltet sich auch von Neuem ein volkspsychologischer Diskurs. Das „historische Schicksal", geographische und soziale Faktoren werden als Grundlagen eines Nationalcharakters begriffen, der von Generation auf Generation gleichsam einem „genetischen Code" weitergegeben und tradiert wird. In der gegenwärtigen Auseinandersetzung mit dem „bulgarischen Nationalcharakter" spielt der Familienstamm, das Verhältnis zur eigenen und nationalen Geschichte erneut eine wesentliche Rolle. Oft wird gerade das Fehlen eines Geschlechtsgedächtnisses als Ursache für den nationalen Nihilismus angegeben. Dabei wird das „geringe Gefühl für Geschlechtssolidarität (rodova solidarnost)" als Folge und Resultat des „osmanischen Joches" interpretiert.[413]

Während man „außerhalb" „den Balkan" (auch angesichts des Immigrationsproblems) kollektiv begreift, dabei die Bedeutung von Verwandtschaftsbeziehungen betont und ein „Gedächtnis des überlangen Erinnerns" konstruiert, betont man heutzutage in Bulgarien, gerade angesichts der sich rasch verstärkenden Emigration, das Fehlen eines historischen Gedächtnisses, die Schwäche der Familiengeschlechtssolidarität und den Individualismus.[414]

Eben weil dem Familiengeschlechtsgedächtnisses eine so große Bedeutung in der Stiftung der nationalen Identität zukommt, wurde nach 1989 die genealogische Tätigkeit (rodoznanie) weiter institutionalisiert und intensiviert. Der 1990 gegründete Bulgarische genealogische Verein mit seinem Organ „Rodoznanie" (Familienstammkenntnis) und der nationale Klub „Rodoljubie" (Patriotismus-Familienstammliebe) haben breite Popularisierungs- und Ausbildungstätigkeiten entwickelt. Angesichts „der massenhaften Emigration tausender junger Bulgaren in

---

[413] *Gencev, Nikolaj*: Takiva..., S. 27-28; auch *Semov, Marko*: Balgarska narodopsihologija. Razmisli varhu tova, kakvi sme bili i kakvi sme dnes. Sofia, 1999; *Kosev, Dimitar*: Srestu nazionalnija nihilizam. In: Literaturen front, 38, 1993.

[414] *Mutafcieva, Vera*: Zaschto njamame balgarsko lobi v cuvbina li? In: Balgari. Spisanie za rodova pamet i obic kam Balgarija, 3, 1992, S. 38-39.

fremde Länder" wird das Problem der Kenntnis bzgl. des eigenen Familiengeschlechtes gestellt: *„Die Familiengeschlechtskenntnis festigt die patriotischen Gefühle der Menschen, die gewöhnlichlicherweise durch die Ergebenheit zu ihrer Familie, zu ihren vorherigen Generationen und zu den berühmtesten Persönlichkeiten unter ihnen zur Heimatliebe kommen."*[415] Dem Prozess des „Zerreißens der Verwandtschaftsbindungen", der „Individualisierung und Entfremdung" versucht man entgegenzusteuern, indem man die Genealogie in der Ausbildung verankert. So wurden 1996 vom bulgarischen Ministerium für Bildung, Wissenschaft und Technologie diverse Anleitungen für den Klassenvorstand, pädagogischen Berater und für die außerschulische Tätigkeit herausgegeben.[416] Diese Anleitungen enthalten bestimmte genealogische Themen: „Meine Vorahnen" (3. Volksschulklasse), „Ich und mein Familienstamm" (1.-4. Volksschulklasse), „Mein Stammbaum" (4. Volksschulklasse). Für die 7. Klasse (in Österreich: 3. Gymnasialstufe) wird das Thema „Das Gedächtnis meines Familienstammes. Wie macht man ein Stammbaum" empfohlen. Für den Gymnasialkurs (in Österreich: 4.-8. Gymnasialstufen) sind keine genealogische Themen vorgesehen, was Kritik seitens des Bulgarischen Genealogischen Vereins hervorgerufen hat. Für die obere Gymnasialstufe werden genealogische Zirkel vorgeschlagen: Ausstellungen mit graphischen Darstellungen von Stammbäumen, genealogische Lesungen über den eigenen Stammbaum und solche berühmter Persönlichkeiten etc. Bemerkenswert ist zudem der Vorschlag, bereits in der Volksschulstufe mit der Bekanntmachung und dem Erlernen der altertümlichen Verwandtschaftsterminologie zu beginnen, weil man dadurch eine Stärkung der Verwandtschaftsbeziehungen erhofft. Und die Aktivierung der Verwandtschaftsbeziehungen soll wiederum das nationale Selbstwertgefühl und Solidarität heben helfen.[417]

Die genealogischen Untersuchungen beabsichtigen nicht nur die Stärkung eines nationalen Zugehörigkeitsgefühls der potenziellen Emigranten, sondern auch die Stiftung und Festigung einer bulgarischen Identität der bulgarischen Migranten im Ausland. So wurde 1995 das Preisausschreiben „Mein bulgarischer Familienstamm"

---

[415] *Hadzinikolov, Vesselin*: Izvanucebnata dejnost na ucenizite i balgarskite genealozi. In: Rodoznanie/Genealogia, 2, 1996, S. 7.

[416] Nasoki. Za zadarzanieto i organizazijata na dejnostta na klasnija (kursovija) rakovoditel v balgarskoto uciliste. Za organiszirane na izvanklasnata dejnost s ucenizite. Za rabotata na pedagogiceskija savetnik. Sofia, 1996.

unter Studenten und Doktoranten in bulgarischen Universitäten aus Banat, die Westrandgebiete, Makedonien, Albanien u.a. durchgeführt, um die gemeinsame Arbeit mit den bulgarischen Gemeinschaften (durch die Institutionen der Schule, Kirche, Kulturorganisationen) im Ausland zu intensivieren.[418]

V.2. MÖGLICHE SCHLUSSFOLGERUNGEN UND MÖGLICHE NEUE FRAGESTELLUNGEN

Vor diesem Hintergrund kann man das (patrilineare) Abstammungsgedächtnis nicht so sehr als ein gemeinsames fest verankertes kulturelles Grundmuster deuten, sondern eher als eine konstituierte Vorstellung, mit dem Ziel, es als Element der Zusammengehörigkeit zum Spezifikum einer kollektiven Solidarität zu erheben.

Die wissenschaftsgeschichtliche Beschäftigung mit den politischen Hintergründen der Familienforschung sowie Quellen- und Theoriekritik führt meines Erachtens zu einer notwendigen In-Frage-Stellung auch der Dominanz der Mehrgenerationsfamilie und des Mehrgenerationen-Haushalts sogar für jene Zeit und jene Regionen, für die sie als solche beschrieben worden sind. Das beharrliche Festhalten an solchen Vorstellungen lässt sich mit der Bedeutsamkeit dieser Fiktionen für die jeweilige zeitgenössische Politik erklären.

Die Mehrgenerationen-Familie der Vergangenheit wurde als eine der Grundfesten der Gesellschaft betrachtet. Man sah in dieser „Idealfamilie" eine fest etablierte Einheit, die als Einheit zwischen Individuum und Gesellschaft wirken sollte. Der Zadruga-Mythos war so stark, dass dabei übersehen wurde, dass dieses Ideal in dieser Form real nie existiert hat. Eigentlich wurden nur die Prozesse des Zerfalls dieser „Wunschfamilie" beschrieben. Von politischen Entscheidungsträgern wurde der Versuch unternommen, diese Familienform zur Norm zu erklären und sie auch als solche (gesetzlich) durchzusetzen. Phänomene und Maßnahmen der jeweiligen Gegenwart wurden oft mit dem Untergang jener idealen „bulgarischen/ slawischen/ balkanischen Familie" erläutert.

Die Mehr-Generationen-Familie der Vergangenheit wurde kontinuierlich (mit einer kurzen Unterbrechung in den ersten Jahrzehnten des kommunistischen Regimes) als die „Idealfamilie" betrachte - als jene Form, die eine Tradierung familiärer Werte ermöglichen, die familiale (und nationale) Kontinuität sichern, Generationskonflikte in Prinzip nicht kennt und die Erziehung der Kinder erleichtern würde.

---

[417] *Hadzinikolov, Vesselin*: Izvanucebnata..., S. 8-10.

[418] *Hadzinikolov, Vesselin*: Izvanucebnata..., S. 6-7.

Die zentrale Frage in der Familienforschung war die Frage nach Größe, Zusammensetzung und den innerfamilialen Beziehungen. Die dabei konstruierten Modelle der Zadruga-Familie waren eine Hypothese und gründeten auch auf einer Hypothese: auf der Hypothese von der Ablöse historischer Großfamilienformen durch die moderne „Kleinfamilie" im Zuge der Industrialisierung und Urbanisierung. Diese Hauptrichtung in der Familienforschung war mit einem ausgeprägten psychohistorischen (oder volkspsychologischen) Diskurs verbunden. Zentrales Anliegen dabei war, eine Verbindung zwischen (Volks)Mentalität, Familienform und Gesellschaftsorganisation herzustellen. Im Versuch, das Individuelle mit dem Kollektiven in Verbindung zu bringen, wurden die wissenschaftlich unscharfen Begriffe „Mentalität" und „Charakter", die der Individualpsychologie entstammen, auf das ganze „Volk" übertragen. Gleichzeitig wurden sie in einer ahistorischen Art auch auf Verhältnisse der Vergangenheit übertragen, was die Schlussfolgerungen höchst spekulativ macht.

Der Mythos von der vorindustriellen Großfamilie ist sicher keine Erfindung und kein Spezifikum der Südost- und Osteuropafamilienforschung. Die Entstehung dieses Mythos ist eher ein Resultat der Zusammenwirkung verschiedener gesellschaftlicher und wissenschaftlicher Innen- und Außenfaktoren. In Bulgarien war die Entstehung des Zadruga-Mythos wegen starker Ein- und Ausschließungspotenziale sowie wegen der horizontalen und vertikalen Kontinuitätssicherung unmittelbar und vor allem mit der Nationalstaatskonstituierung verbunden. Die Zusammenhänge mögen in den unterschiedlichen konkreten nationalen Wissenschaftstraditionen unterschiedlich gewesen sein: kulturkritische Grundhaltungen und sozialpolitisch restaurative Intentionen mögen gleichfalls Ausgangsposition für die Beschäftigung mit historischen Familienformen gewesen sein.[419] Europaweit und auch in Nordamerika hat aber der „Großfamilienmythos", der immer auch wertende Beurteilung vergangener Familienformen miteinschliesst, Auswirkungen bis in die Gegenwart.[420]

Die vorherrschende „klassische" evolutionistische Theorie einer linearen Entwicklung von Johann-Jacob Bachoven, Louis-Henry Morgan, Herbert Spencer, James Frazer oder Edward Tylor wurde revidiert, doch mit der Behauptung, die

---

[419] *Mitterauer, Michael/Sieder, Reinhard*: Vom Patriarchat zur Partnerschaft. Zum Strukturwandel der Familie. München 1977, S. 38 ff.

[420] Überblick darüber in: *Harevan, Tamara*: The History of the Family as an Interdisciplinary Field. In: Journal of Interdisciplinary History 1, 1971, S. 399-414; *Dies.*: The Family as Process: The Historical Study of the Family Cycle. In: Journal of Social History 7, 1974, S. 322-329

Industrialisierung und die Urbanisierung hätten in Westeuropa und in den USA traditionelle Verwandtschaftsnetze zerstört und die Reduktion der bisherigen „Großfamilien" zu Kernfamilien-Struktur gefördert, wurde der alte Mythos von der Soziologie gestützt.[421] Diese These ging einher mit einer Überhöhung der Bedeutung der nuklearen Familie in der Modernisierungstheorie, nach der die isolierte, mobile Kern-Familie das Charakteristikum des modernen industriellen Systems (in Westeuropa und in Nordamerika) darstelle, die nur geringe Veränderungen im Rahmen der letzten zwei Jahrhunderte durchgemacht habe.[422]

Erst in den 60er Jahren des 20. Jahrhunderts, zuerst in den USA, England und Frankreich und ab Mitte der 70er Jahre auch im deutschsprachigen Raum, begannen sich neue Richtungen der historischen Familienforschung zu entfalten. Die ganze Vielfalt der gestellten Probleme und der Zugangsweisen in Sozialgeschichte, Ethnologie, Soziologie, Demographie, Sozialanthropologie, wobei neue interdisziplinäre Überschneidungsbereiche entstanden, masse ich mir hier nicht an, anzugehen.[423]

Als Hauptrichtungen der Sozialgeschichte der Familie, die sich nach den primären Erkenntniszielen, den zugrunde gelegten Quellen und methodischen Ansätzen unterscheiden, werden die historisch-demographische Familienstrukturforschung, Mentalitäts-Untersuchungen und die Erforschung des Wandels von Familienfunktionen angegeben.[424]

Aufgrund zahlreicher partieller und lokaler Untersuchungen wurde einerseits die Mehr-Generationen-Familie für Westeuropa als ein Mythos, „classical family of Western nostalgia"[425] aufgezeigt. Das ging einher mit einer tiefgreifenden Kritik der Problemstellungen, Quellen und Zugangsweisen der älteren Familienforschung, die

---

[421] *Harevan, Tamara*: „Blended Families". Die Entwicklung in den USA. In: Mitterauer, Michael/Ortmayr, Norbert (Hg.): Familie im 20. Jahrhundert. Traditionen, Probleme, Perspektiven. Historische Sozialkunde 9, Frankfurt/Main, 1997, S. 53-64.

[422] *Parsons, Talcott*: The Kinship System of the Contemporary United States. In: American Antropologist, 45, 1943, S. 22-38.

[423] Literaturüberblick in *Harevan, Tamara*: The History...; *Dies.*: The Family as...; *Dies.*: „Blended Families"..; *Segalen, Martine*: Reconstructing, Understanding and Inventing Past Cultures. The Complex Dialogue between French Ethnology and History. In: Ethnologia Europaea 26 (1996), S. 147-156; Literaturhinweis für den deutschsprachigen Raum: *Mitterauer, Michael*: Komplexe Familienformen in sozialhistorischer Sicht. In: Ethnologia Europaea 12 (1981), (=Historisch-Anthropologische Familienforschung. Fragestellungen und Zugangsweisen. Wien-Köln, 1990, 87-131) S. 47-86.

[424] *Mitterauer, Michael*: Komplexe Familienformen..., S. 47-86 .

[425] *Goode, William*: World Revolution and Family Patterns. New York, 1963, S. 6.

nicht zuletzt mit politischen und ideologischen Hintergründen verbunden sind. Zugleich wird das Stereotyp der isolierten Nuklearfamilie in Westeuropa und in Nordamerika in Frage gestellt, indem der Rolle der Verwandtschaft und seiner Funktionen historisch im Prozess der Industrialisierung und Urbanisierung nachgegangen wird. Das erweiterte Verwandtschaftsnetz diente als Schrittmacher auch agrarischer Arbeitsintensivierung und der Etablierung einer Privateigentumsordnung - Prozessen die als wichtige Indikatoren eines Wandels zur Moderne gedeutet werden.[426]

Aufgrund detaillierter und konkreter Mikro-Untersuchungen der Verwandtschaftsstrukturen und ihren Funktionen konnte die Gefahr neuer generalisierender Modelle - wie z.B. das Konzept der „urban villagers" - vermieden werden. In der neuen Forschung wird aufgezeigt, dass es sich nicht um unveränderte Übertragung bäuerlicher Verwandtschaftsstrukturen und -funktionen im neuen Urbanumfeld handelt. Das, was als „Überreste und Fortleben vormoderner Familien und Verwandtschaftsmodelle" bewertet wurde, kann durchaus eine „moderne" Antwort auf die neuen Bedingungen sein, wobei die Verwandtschaft einer ständigen Reorganisation und Veränderung ihrer Funktionen unterliegt.

Im Zuge solcher Untersuchungen wurde die analytische Frage gestellt, ob nicht die Annahme eines einheitlichen historischen Prozesses im Übergang zur Moderne zuerst konsequent de-konstruiert werden muss, bevor sie wieder re-konstruiert wird. Es werden zunehmend die Probleme der Beziehungen zwischen der Kernfamilie und der erweiterten Verwandtschaftsstrukturen auch in den gegenwärtigen Wohlfahrtsstaaten untersucht. Allmählich rückt die Rolle der Verwandtschaft als (intermediarer) Vermittler zwischen Individuen und Nuklearfamilien und den sozialen Institutionen des Wohlfahrtsstaates ins Blickfeld.

Besonders ergiebig scheint in diesem Zusammenhang die Sicht auf Verwandtschaft als einem Prozess zu sein, mit der deutlich wird, so dass Verwandtschaft in verschiedenen Phasen des Familien- und Individuallebens verschiedene Bedeutungen zukommen können, und das stets in Verbindung mit den jeweils konkreten politischen, wirtschaftlichen und sozialen Bedingungen. Die Untersuchung von Verwandtschaft können nicht daran vorbeigehen, den verschiedenen, sich überschneidenden Netzwerken (Verwandtschafts-, Berufs/Arbeits-, Nachbarschaftsnetzwerke etc) nachzugehen sowie nach den Zusammenhängen

---

[426] z.B. *Sabean, David*: Property, Production and Family in Neckerhausen 1700 to 1870. Cambridge 1990.

zwischen Verwandtschaft und Sozialsystem zu fragen.[427] Diese Problemstellungen benötigen eine komplexe Zugangsweise, die Einordnung der Untersuchung von Familie und Verwandtschaft in größere Zusammenhänge sowie die Verknüpfung von makro- und mikroskopischen Zugangsweisen und Problemlagen.

V.3. DIE STRUKTURELLEN GROSSVERGLEICHE

Die Beschäftigung mit diesen Problemen in einem interdisziplinären Ansatz beginnt sich in Bulgarien erst jetzt zu entfalten. Eine conditio sine qua non dafür ist die produktive In-Frage-Stellung altherkömmlicher Theorien und Zugangsweisen.
Anregende Anstöße dafür geben die großen zeit- und raumübergreifenden Familienmodelle, wie jene, die von Peter Laslett und John Hajnal entworfen worden sind.[428] Die Hervorhebung von Klassifikationskriterien (Familien- und Haushaltsstruktur; Heiratsalter etc.) erlauben es, das vorhandene Wissen einzuordnen. Bei solchen großräumigen und zeitübergreifenden Modellen werden neue einheitliche Strukturkriterien herausgearbeitet, was den Vergleich der Daten ermöglicht und erleichtert. Von besonderem Interesse ist dabei die Verwendung und Typologisierung eines umfangreichen und unterschiedlichen Quellenmaterials: demographisch-statistische Daten über Heiratsalter, Natalität und Mortalität, wirtschaftliche Entwicklungen, räumliche Strukturierungen etc.
Gerade durch das Spannungsverhältnis, das der Makro-Vergleich schafft, lenkt er die Aufmerksamkeit auf wichtige Struktur- und Funktionselemente. Das Orientierungsbedürfnis der Gesellschaft, das dahinter steht und die hohe heuristische Bedeutung des Vergleichs kann heute nicht grundsätzlich in Frage gestellt werden, da damit oft auf systematische Zusammenhange aufmerksam gemacht wird. Eine

---

[427] *Litwak, Eugene*: Geographical Mobility and Extended Family Cohesio. In: American Sociological Review 25, 1965, S. 385-394; *Ders.*: Extended Kin Relations in an Industrial Society. In: Ethel Shanas/Gordon Streib (Ed.): Social Structure and the Family: Generations Relations. New York, 1965; *Harevan, Tamara:* The Dynamics of Kin in an Industrial Community. In: American Juornal of Sociology, 84, 1978, S. 151-182; *Anderson, Michael*: Family Structure in Nineteenth-Century Lancashire. Cambridge, 1972; *Moore, Wilbert*: Industrialization and Labor: Social Aspects of Economic Development. Ithaka/New York, 1965 u.a.

[428] *Hajnal, John*: European Marriage Patterns in Perspective. In: Glass, D.V./Eversley, D.E.C. (Ed): Polulation in History. Essays in Historical Demography. London 1965, S. 101-146; *Laslett, Peter/ Wall, Richard* (Ed): Household and Family in Past Time: Comparative Studies in the Size and Structure of the Domestic Group over the Last Three Centuries in England, France, Serbia, Japan and Colonial North America, with Further Materials from Western Europe. London/New York/Melbourne, 1972.

Absage an umfassender Makro-Vergleichen könnte zu einer Spezialisierung und auch zu einer Abschottung zwischen den einzelnen Forschungsbereichen (z.B. einer Nationalgeschichte gegenüber der Geschichte anderer Länder sowie jener, die sich spezifischen Perioden einer Nationalgeschichte widmen).

Dennoch impliziert der Grossvergleich verschiedene Probleme, über deren Lösung sich eine wissenschaftliche Auseinandersetzung lohnen würde. Der Strukturvergleich zwischen Familienformen und Verwandtschaftssysteme zielt darauf hin, die jeweiligen Vergleichseinheiten deutlich zu unterscheiden. Es werden verschiedene Modelle „herausgefiltert", die einen territorialen Bezug haben. Deutlich ausgeprägt ist das in Hajnals Heiratsmodell, das zwischen einem „europäischen" versus „nichteuropäischen" bzw. „außereuropäischen" strikt unterscheidet; das „europäische" mit der Grenzlinie Triest - Sankt Petersburg ist auf Nordwesteuropa konzentriert und umfasst „Scandinavian countries (inclusive Ireland, but exclusive Finland), the British Isles, the Low Countries, the German-speaking area and northern France." Dabei werden unterschiedliche Heiratstypen vom 17. Jahrhundert bis Anfang des 20. Jahrhunderts verfolgt.

Auch bei Lasletts Kategorisierung der Familien- und Haushaltsformen ist der territoriale Aspekt strukturierend: So wird der „nuclear family houshold" als gesellschaftlich dominanter Familienstrukturtyp historisch in Nordwesteuropa verortet; eventuelle Formen des „extended family houshold werden strikt vom „multiple family houshold" unterschieden. Letztgenannte Familien- und Haushaltsform wird als strukturelle Norm für ost- und südosteuropäische wie auch außereuropäische Gesellschaften angegeben. Die Ausnahme sei eher Westeuropa: mit der nuklearen Familie, einem hohen Heiratsalter, einem verhältnismäßig großen Generationsunterschied und kleinen Altersunterschied zwischen den Ehepartnern. Die differenzierte Terminologie soll auch diese Unterschiede unterstreichen: Eine „Stammfamilie" mit möglicher linealer Erstreckung auf drei zusammenlebende Generationen, einschließlich der so genannten Ausgedingefamilie, aber ohne laterale Ausdehnung und „joint family"-System, mit Möglichkeit zu linearen und zu lateralen Erstreckungsformen, werden von einer komplexen Familienstruktur, bei der Verwandtschaft als Grundlage angenommen wird, auch begrifflich unterschieden.

Die Begrifflichkeit dieser bis heute geläufigen Typisierung ist als problematisch beschrieben worden.[429] Die implizite oder explizite Teleologie dieser Modelle ist die

[429] *Mitterauer, Michael*: Familien im Spannungsfeld gesellschaftlicher Transformationen. In: Beiträge zur historischen Sozialkunde 4, 1993, S. 101-102.

eines dominanten Entwicklungsmodells von komplexen zu nuklearen Familienformen, sozusagen ein transformierter Evolutionismus.[430]
So gründet auch die zeitgenössische „Ost-West-Familienstruktur-Diskussion“ auf der schematischen Gegenüberstellung zweier idealisierter Familien-Typen: eine auf (patrilinearer) Verwandtschaft fußende komplexe Familienform einerseits und eine dominante Kernfamilienstruktur andererseits. John Hajnal beschreibt 1983 die Ziele seiner vergleichenden Studie: *„The aim of this chapter is to compare and contrast the two kinds of household formation system in quantitative terms."*[431]
Eines der Hauptproblemen dieser Modelle ist meines Erachtens die ungleiche Kenntnisbasis, auf der sie basieren. Einerseits fällt rein quantitativ das Ungleichgewicht der Quellendaten und Studien bezüglich der verschiedenen „kulturellen Räume" auf. John Hajnal gründet seine Hypothesen über die Unterschiede im Heiratsalter, konkret über Südosteuropa auf statistischen Angaben des Internationalen Statistik-Institutes von 1916. Die Statistik umfasst Zensuslisten von 1850 bis 1910.[432] So werden die Daten für Serbien für zwei Perioden differenziert: 1886 bis 1895 und 1896 bis 1905. Für Bulgarien und Rumänien sind konkrete Daten auf Grund des Zensus vom 1900 angegeben. (Wie oben angemerkt, ist der erste Zensus in Bulgarien 1888.) Diese Daten werden mit den weit differenzierteren Daten und Untersuchungen über die westeuropäische Region verglichen. Diese detaillierteren Untersuchungen umfassen zunächst die Periode ab dem 17. Jahrhundert. Zweitens werden im weiteren parallel zu den allgemeinen Staatsdaten auch konkrete Stadtdaten angeführt: z.B. über Venedig, Amsterdam, Durlach und Württemberg in Deutschland etc.[433] Peter Laslett gründet seine Aussagen über den Balkanraum v.a. auf den Untersuchungen von Joel Halpern und Eugene Hammel über das damalige Jugoslawien, insbesondere auf zwei Beispiele, das der Belgrader Stadt-Land Region und Zentralsumadija.[434]

---

[430] Kritik in Bezug auf die Konstruktion der Kernfamilie als dominantes Familienmodell in Westeuropa in den letzten 3 Jahrhunderten und Überblick in *Harevan, Tamara*: The History of the Family...; *Dies.*: The Family as Prozess...; *Dies.*: The Dynamics....

[431] *Hajnal, John:* Two kinds of pre-industrial household formation system. In: Wall, Richard/Robin, Jean/Laslett, Peter (Ed.): Family Forms in Historic Europe. Cambridge, 1983, S. 65.

[432] Institut International de Statistique. In: Annuaire International de Statistique. Vol.1, Etat de la Population (Europe). La Haye, 1916.

[433] *Hajnal, John*: European...

[434] *Halpern, Joel*: Town and Countryside in Serbia in the Nineteenth Century. Social and Household Structure as Reflected in the Census of 1863. In: Laslett, Peter/Wall, Richard (Ed.): Household and Family

Die Generalisierungen für "Westeuropa" sind heute durch zahlreiche konkrete Untersuchungen in Frage gestellt worden.[435] Das Problem der politischen Auswirkungen der wissenschaftlichen Gegenüberstellung "Westeuropa" versus "den Rest der Welt" ist auch als diskussionswürdig erhoben worden.[436]

Gerade wegen des nicht ausreichenden und ungleich verteilten Quellenmaterials sind die Modelle von Hajnal und Laslett Hypothesen, die weitere Untersuchungen benötigen würden. Das mangelnde Quellenmaterial und die Notwendigkeit von weiteren Studien werden auch von den Autoren selbst hervorgehoben. So geben sie als ein Ziel ihrer Arbeit, *„to call forth the further information which we so badly need (...) to encourage research and publication on such topics."*[437] So verstehe auch ich die Makro-Vergleiche, da sie Grundfragen stellen und einheitliche Kriterien und Merkmale ausarbeiten, als einen Ansporn dafür, detailliertere Forschungen durchzuführen.

Umgekehrt könnte die dominante Akzentlegung auf die Unterschiede zwischen Westeuropa und konkret Südosteuropa dahin führen, dass durch das Verfahren der Übertragung von einer Region auf einen ganzen Großraum übersehen wird, dass man

---

in Past Time: Comparative Studies in the Size and Structure of the Domestic Group over the Last Three Centuries in England, France, Serbia, Japan and Colonial North America, with Further Materials from Western Europe. New York, 1983, S. 401-428; *Hammel, Eugene*: The Zadruga as Process. In: Laslett, Peter/Wall, Richard (Ed.): Household and Family in Past Time: Comparative Studies in the Size and Structure of the Domestic Group over the Last Three Centuries in England, France, Serbia, Japan and Colonial North America, with Further Materials from Western Europe. New York, 1983, S. 335-374; *Laslett, Peter/Clarke, Marilyn*: Houseful and household in an eighteenth century Balkan-city. A tabular analysis of the listing of the Serbian sector of Belgrade. In: Laslett, Peter/Wall, Richard (Ed.): Household and Family in Past Time: Comparative Studies in the Size and Structure of the Domestic Group over the Last Three Centuries in England, France, Serbia, Japan and Colonial North America, with Further Materials from Western Europe. New York, 1983, S. 375-400.

Alternative Auswertung von quantifizierbaren Quellen unter Einbezug der demographischen, sozial-ökonomischen und politischen Entwicklung im osmanischen Bulgarien gibt *Todorova, Maria*: Balkan... an.

[435] *Barbagli, Marzio*: Three Household Formation Systems in Eighteenth-Century Italy. In: Kertzer, David/Saller, Richard (Ed.): The Family in Italy from Antiquity to Present. New Haven/London, 1991, S. 250-270; *Ehmer, Josef*: Heiratsverhalten, Sozialstruktur, ökonomischer Wandel: England und Mitteleuropa in der Formationsperiode des Kapitalismus. Göttingen, 1991; *Waris, Elina*: Yksissä Leivissä. Ruokolahtelainen perhelaitos ja yhteisöllinen toiminta 1750-1850. Helsinki, 1999; *Harevan, Tamara*: The History...; *Dies.*: The family...

[436] *Todorova, Maria:* Za epistemologicnata...; *Dies.:* Balkan....

[437] *Laslett, Peter*: Family and Household as Work Group and Kingroup: Areas of Traditional Europe compared. In: Wall, Richard/ Robin, Jean/ Laslett, Peter: Family Forms.., S. 513-563, hier 531.

innerhalb und zwischen einzelnen Staaten differenzieren muss. Wenn dies nicht geschieht kann es zu Vereinheitlichungen und Verallgemeinerungen führen, die das Bild einer „Kulturregion" konstruieren und vermitteln. Durch die möglichst umfassende und genaue Durchleuchtung historischer Einzelheiten und durch die Interpretation kultureller Äußerungen in ihrem sozialen, ökonomischen und politischen Kontext werden die Besonderheiten erst sichtbar.

Parallel mit der Durchsetzung einer „Mikro-Historie" als methodischem Ansatz in der Sozialgeschichte der 70er Jahre wurde aber auch auf die Gefahr hingewiesen *„a methodological unit of inquiry"* (ein Dorf, eine Region, eine Stadt oder einer sozialen Gruppe) *„by assertion into a theoretical construct"* zu verwandeln. Bei einer solchen Betrachtungsweise werden die kulturellen und gesellschaftlichen Zusammenhänge als „local microcosmos of meanings conceived as autonomous systems" dargestellt.[438]

Großvergleiche können zudem auf wichtige qualitative Unterschiede hinweisen: Zu Recht wurde die demographische Richtung der historischen Familienforschung, die auf der Auswertung von quantifizierbaren Quellen beruht, kritisiert, da die Einseitigkeit der Quellenauswahl ein „generelles Gefahrenmoment" darstellt.[439] Bei einem statistischen Vergleich muss man notwendigerweise den historischen Kontext und die Kriterien der Ausfertigung der verschiedenen Zensuslisten als Grundlage der Analyse miteinbeziehen. Auf dieses Problem verweist, bezüglich der Haushalts-Definition, John Hajnal: *„For most of the older European listings of individuals by households, whether they be general government censuses, administrative documents, taxation registers, confession books, or whatever, there is no explicit definition of what was to be taken to constitute a household."*[440]

Wie ich am Beispiel Bulgariens zu zeigen versucht habe, wurden unter „Zadruga" durchaus verschiedene Familien- und Haushaltsformen beschrieben, wobei die Definitionskriterien historisch wandelbar waren. Die Mehrdeutigkeit der Begriffe, die unterschiedlichen Phänomene, die mit dem gleichen Begriffe diffus definiert wurden, die gesellschaftliche Beweggründe, die die Auswahl bestimmter Kriterien

---

[438] *Wolf, Eric*: Europe and the People without History. Berkeley, 1982, S. 13-14.

[439] *Mitterauer, Michael*: Komplexe..., S. 89 am Beispiel der Berechnung mittlerer Haushaltsgrößen, wobei „die in den Personenstandslisten vorgefundenen Haushaltskonstellationen bereits als Familienstruktur interpretiert" wurden.

[440] *Hajnal, John*: Two kinds.., S. 104.

(Verwandtschaft) begründet haben, etc. müssen in der Untersuchung der Familienformen miteinbezogen werden.

Die Notwendigkeit der Kontextualisierung und der Kritik bezieht sich auf alle Quellengattungen. Während man auf diesem Weg das Bild einer historischen „Großfamilie" und der linearen Entwicklung zur Kleinfamilienstruktur in Westeuropa aus Sicht der neuen sozialhistorischen Familienforschungsergebnissen als „Mythos" offengelegt hat[441], wird die Entstehung und Entwicklung der wissenschaftlichen Familienbilder in Südosteuropa kaum (wenn überhaupt) thematisiert.[442]

Die Beschäftigung mit den Beweggründen der Familiengeschichtsforschung am Beispiel Bulgariens konnte zeigen, dass die Vergangenheitsorientierung und Konzentrierung auf bestimmte Familienformen nach dem Verwandtschaftskriterium gesellschaftlich-politisch bedingt war. Das war keine Falsifizierung der Daten, doch aber eine gezielte Auswahl an Fakten und ein selektives Interpretationsverfahren, das bestimmte gesellschaftliche Funktionen erfüllen musste. Dabei wurde die ganze Vielfalt von ebenso relevanten anderen Familien- und Haushaltsformen, Geschlechts- und Generationsverhältnisse etc. (familienbezogenen Daten) wissenschaftlich nicht berücksichtigt. Auch die ganze Dynamik der Entwicklung wurde nicht einbezogen, so dass Gesellschaftsentwicklung und wissenschaftliche Konstruktionen isoliert betrachtet wurden (trotz aller Rückwirkungen der Wissenschaftsbilder auf die Gesellschaft). Ohne wissenschaftsgeschichtliche Auseinandersetzungen mit den politischen Hintergründen der Familienforschung als Grundvoraussetzung für jede Beschäftigung mit Familiengeschichte könnte es dazu kommen, dass man Fiktionen als Fakten wahrnimmt. Die so entstandenen Modelle könnten ihrerseits Auswirkungen auf die nächstfolgende Familienforschung haben.

V.4. DER KULTURALISMUS

Nicht nur, dass Bilder unreflektiert reproduziert werden, vor allem könnten die verschiedenen „Objekte" mit unterschiedlichen Methoden und Zugangsweisen untersucht werden. Während man in und für Westeuropa von einer Dynamik ausgeht, sieht man in Südosteuropa eine statische Gesellschaft, in der archaische Elemente bis in die Gegenwart weiter bestehen würden. Das führt erneut zur Reliktensuche.

[441] *Mitterauer, Michael/Sieder, Reinhard*: Vom Patriarchat...

[442] Wissenschaftshistorische Ideologiekritik: *Todorova, Maria*: Balkan....

Erneut, weil das die vorherrschende Zugangsweise in der Volkskunde und Familiensoziologie des 19. und Anfang des 20. Jahrhunderts war, erneut, weil in Bulgarien als einem sozialistischen Staat aus bestimmten ideologischen Gründen ein solcher Zugang bis in die 90er-Jahre, wenn auch mit veränderten Funktionen, fast unverändert weiterbetrieben worden ist.

Und erneut wird jetzt von „Außen“ her das Forschungsobjekt als etwas dominant Dörfliches gesehen. Auch in städtischen Kontexten sieht man vor allem das Altertümliche, das „Traditionelle”, was begrifflich mit „Rurbanisation” und „Re-Traditionalisierung” ausgedrückt wird.

Dies kann schnell in einer kulturalistischen Betrachtung münden, bei der „Kultur” andere gesellschaftliche Bereiche - Politik, Wirtschaft, soziale Entwicklungen - „überwindet”. Die Kulturalismusdiskussion führte schon seit den 60er Jahren zu einem produktiven Nachdenken über das Zusammenwirken von Kultur, Gesellschaft, Ökonomie und Politik. In den 90er Jahren im Rahmen der Einwanderungs- und EU-Osterweiterungsdebatte ist erneut das Problem des „Verschwinden des Sozialen” zur Diskussion gestellt worden. Ohne Rückverweis auf die politische, ökonomische und soziale Logik kultureller Prozesse entsteht eine Isolierung und Hypostasierung des „Kulturellen”, wobei die eigentlichen Problemlagen verschleiert werden.[443]

Den offensichtlichen Gegenwartsbezug solcher kulturalistischer und vergangenheitsorientierter „Bilder” möchte ich anhand zweier konkreter Beispiele veranschaulichen. Der erste Artikel trägt den kennzeichnenden Titel „Traditionelle Wertmuster und der Krieg in Ex-Jugoslawien”.[444] 1994 thematisieren die Autoren konkret die Formen der Gewalt im damaligen Krieg in Ex-Jugoslawien. Das ist ein Ausdruck der erhöhten Aufmerksamkeit, Sensibilität, Verantwortung und Wachsamkeit gegenüber jeglichen Formen der Gewalt und als solcher eindeutig beachtenswert. Zu begrüssen ist auch die Veröffentlichung des Artikels in einer Zeitschrift für Lehrerfortbildung, wodurch man zur Ausbildung kritischen Denkens und Bewusstseins beitragen versucht.

Die Fragen, die in diesem Artikel gestellt werden, kann man als Teil der prinzipiellen Probleme über die Wirksamkeit nationaler Feindbildpropaganda im 20. Jahrhundert

---

443 *Kaschuba, Wolfgang*: Kulturalismus: Vom Verschwinden des Sozialen im gesellschaftlichen Diskurs. In: Ders. (Hg.): Kulturen - Identitäten - Diskurse. Perspektiven europäischer Ethnologie. Berlin, 1995, S. 27-46.

444 *Grandits, Hannes/Halpern, Joel*: Traditionelle Wertmuster und der Krieg in Ex-Jugoslawien. In: Beiträge zur historischen Sozialkunde 3, 1994, S. 91-102.

und über den Zusammenhang zwischen Nationalismus und konkrete Formen der Gewalthandlungen (besonders Frauenvergewaltigungen) sehen. Diese sozial-, kultur- und mentalitätsgeschichtlichen Perspektiven sind für die Militär-, Geschlechter- und Sozialgeschichte ganz neue Forschungsbereiche.[445]

Im Artikel wird das Problem über die Rolle der Wissenschaft im Prozess der Konstruktion von Nationalmythen und die Fragen der Instrumentalisierung der Geschichte zur Diskussion gestellt – Problemen, mit denen sich die Wissenschaft in den letzten Jahrzehnten zunehmend kritisch auseinandersetzt. Die Darstellung beginnt mit der wissenschaftshistorischen Bemerkung, dass *„ländliche oder dörfliche Wertemuster, aus einer urbanen, intellektuellen Perspektive betrachtet, in romantischer Weise verklärt und idealisiert wurden. Diese sollten der Nation ‚eigen' sein und als Vorbild dienen"*.[446] Leider endet aber damit die wissenschaftshistorische Analyse. Wünschenswert wäre meines Erachtens eine fundierte Quellenkritik, die die historischen politischen, wirtschaftlichen, wissenschaftlichen und allgemein gesellschaftlichen Kontext mit einbezieht.

Zweifelsohne führen solche kritische Arbeiten zu neuen und wichtigen Fragestellungen. Überzeugend wird gezeigt, wie die nationale Geschichtsdeutung – da hoch emotional internalisiert, besonders als Objekt der Identifikation – als Instrument des Dominierens und als Detonator in kollektiven Konklikten genutzt werden kann. Eine der grundlegenden Fragen ist die über die leichte Manipulierbarkeit ethnisch-kultureller Definitionen, die wegen ihrer starken Mobilisierbarkeit in Verbindung mit einem ideologischen Trägergerüst zu kriegerischem Nationalismus führen können.

Die dramatische Situation in Jugoslawien zeigt die schmerzhaften und blutigen Folgen davon. Gleichzeitig aber kann der Nationalismus auf dem Balkan ohne Beschäftigung mit den Wechselwirkungen zu äusseren Einflüssen nicht verstanden werden. Der Zerfall des ehemaligen Jugoslawiens, verbunden mit einem extremen und langjährigen Kriegszustand, kann nur im Rahmen eines internationalen

---

[445] *Hämmerle, Christa*: Militärgeschichte als Geschlechtergeschichte? Von den Chancen einer Annäherung. In: ÖZG 9, 1998, S. 124-135*; Diess.*: Von den Geschlechtern der Kriege und des Militärs. Forschungseinblicke und Bemerkungen zu einer neuen Debatte. In: Kühne, Thomas/Ziemann, Benjamin (Hg.): Was ist Militärgeschichte? Padeborn 2000, S. 229-262; *Heer, Hannes/Naumann, Klaus (Hg.):* Vernichtungskrieg. Verbrechen der Wehrmacht 1941 bis 1944. Hamburg 1995; *Seifert, Ruth:* ‚Militär und Geschlecht' in den deutschen Sozialwissenschaften. Eine Skizzierung der aktuellen Forschungssituation. In: L'Homme 2001, 1, 134-143.

[446] *Grandits, Hannes/Halpern, Joel*: Traditionelle... , S. 91.

politischen und wirtschaftlichen Kontextes analysiert werden. Die verbrecherische politische Instrumentalisierung des Nationalismus in diesem Prozess muss thematisiert werden, doch auch solche Probleme wie der Gegensatz zwischen Status quo und Selbstbestimmungsrecht, Staatsbürgerschaft und Minderheitenrechte - Probleme, die weltweit keine eindeutige Lösung haben. Viele Beispiele weltweit bezeugen, dass auf Grund v.a. ökonomischer Unterschiede regionalistische Bewegungen eine „Sprengkraft gegenüber den Einheitstendenzen entwickeln", dass die Ethnic-Identity-Ideologie zum Instrument kollektiver Unterscheidungen wird.

Gerade wegen der hohen gegenwärtigen Bedeutung dieser Problematik finde ich eine „Territorialisierung" des Zugangs, die leicht zu einem Objektivismus führen kann, diskussionswürdig. Die geographische Abgrenzung der Untersuchungseinheit ist in diesem Beispiel klar ausgedrückt: In Anlehnung an Philip Moselys Untersuchung aus den 30er-Jahren werden als Zentralregionen der patriarchal organisierten „Zadruga" die Gebirgsregionen Montenegros und Nordalbaniens angegeben, von denen aus weitere Regionen genannt wurden: Bosnien, Serbien, Teile Bulgariens, Mazedonien, das restliche Albanien, die nördlichsten Teile Griechenlands sowie die südlichen und östlichen Teile Kroatiens (primär die Gebiete der ehemaligen österreichischen Militärgrenze in Kroatien und Slawonien). Weitgehend unklar bleibt, auf welche Quellen die (Re)-Konstruktion der komplexen Familie erfolgt, die „in der Literatur zumeist als ‚Zadruga' bezeichnet" und die „als Grundlage der Lebensorganisation" bewertet wird. Der enge Zusammenhang zwischen Familie und Gesellschaftsordnung wird mehrmals betont und hervorgehoben: *„Das Leben in dieser Familienform basierte sehr stark auf patriarchalen Grundsätzen, die sich zu den fundamentalen Gesetzen von Familie und Gesellschaft entwickelten. (...) Die streng agnatisch nach ‚Lineages' und ‚Zadrugas' organisierte Gesellschaft erwies sich für Kriegsfälle besonders geeignet. (...) Der Zusammenhang von pastoraler und kriegerischer Lebensweise stand am Beginn der meisten Gesellschaften auf dem Balkan".*[447] Die Aufmerksamkeit des Lesers wird zielgerichtet auf die „Kriegserlebnisse in diesem Jahrhundert" gelenkt, da *„(s)ie (...)grossen Einfluss auf die gesellschaftliche Entwicklung (hatten), aber auch auf das Weiterbestehen traditioneller Wertesysteme."*

Die als charakteristisch gedeuteten „traditionellen Wertesysteme" werden weit in die Geschichte zurückprojiziert, wobei Ausdrücke wie *„Züge des Verhaltens (...), die*

---

[447] *Grandits, Hannes/Halpern, Joel*: Traditionelle... , S. 92-93.

über Jahrhunderte bestanden haben", „am Beginn der meisten Gesellschaften auf dem Balkan", "vom Anbeginn" als eine ahistorische Zugangsweise bewertet werden können.

Wenn man in einer wissenschaftlichen Forschung die Fragen nach den Zusammenhängen von Nationalismus – Krieg – Gewalt stellt, ist eine besondere Behutsamkeit geboten gegenüber kulturalistischen Interpretationen und dichotomisierten, vereinfachten Vergleichen. Es wird explizit darauf hingewiesen, dass bei einer Untersuchung des Zusammenhangs von traditionellen Werten einer Gesellschaft und deren Verhältnis zum Krieg äußerste Vorsicht und Skepsis angebracht sind: *„Eine der Lehren aus dem Nazi-Holocaust ist, dass man nie wieder vereinfachende Aussagen über Charakteristiken einer Gesellschaft und ihr Verhalten zur Gewalt machen kann."*[448] Umso fragwürdiger klingt dann folgender Schluss: *„Die Ereignisse der beiden Weltkriege zwangen die ehemaligen Grenzer* (als „Modell"-Beispiel wird das Dorf Orasac und die Militärgrenze gegeben - A.K.*) wieder zu einem Verhaltensmuster, das ihnen sehr vertraut war, jenem des Kriegers. Dieses war von Anbeginn eines der grundlegenden Elemente in der Entwicklung ihrer Gesellschaft"*.[449] Worin der *„klare Unterschied zwischen der legalisierten, bürokratischen Auslöschung einer Minderheit in einer zivilen Gesellschaft, wie das im Dritten Reich von 1939 bis 1945 geschehen ist, und den Opfern eines Konfliktes, in dem beide Seiten versuchen, der anderen Seite Schaden zuzufügen, wie es im Kontext des Krieges in Ex-Jugoslawien der Fall ist"*[450] besteht, bleibt unklar, wenn man bedenkt, dass man den Nationalsozialismus mit einer angeblich legalen Basis der Ausrottung einer Minderheit nicht erklären kann.

Das Heranführen als Quellen von Heldenepen, Volkslieder und –erzählungen kann zu bedeutsamen wissenschaftlichen Fragen führen. Mit Recht werden solche Quellen als „Bewahrung stereotyper Feindbilder, latenter Ablehnung und als wichtiges Medium der Konservierung der Kultur des ewigen Erinnerns" bewertet.[451] Die offizielle nationale Staatspolitik (Geschichtsschreibung, Jübiläumsfeier, Medienpolitik etc.) wird angesprochen, problematisiert wird auch das staatliche Bestreben eine Einstellung zur Identifikation mit dem individuell Heroischen zu

[448] *Grandits, Hannes/Halpern, Joel*: Traditionelle... , S. 99.
[449] *Grandits, Hannes/Halpern, Joel*: Traditionelle... , S. 97.
[450] *Grandits, Hannes/Halpern, Joel*: Traditionelle... , S. 99.

kultivieren. [452] Wenn man aber bei der Erklärung des Kriegs in Ex-Jugoslawien Ausdrücke wie *„tief verankerten Heldentumswertmuster*" und als *„Krieg von rivalisierenden Männern*", als *„Marodieren und Plündern von 'Lineages' in alter pastoraler Tradition"* benutzt, so hinterlässt das doch den Eindruck, dass es sich – den Autoren nach – um eine differentia specifica des „homo balkanicus", um ein für die „Balkankultur" spezifisches Geschichtsgedächtnis von „unten" handeln würde. Wissenschaftliche Bewertungen wie folgende: *„Die Plünderungen, Vergewaltigungen, Massaker und Verstümmelungen, die diese marodierenden Banden verüben (auf die gegenwärtige Situation bezogen - A.K.), verweisen immer wieder auf Merkmale, die bereits in früheren Konflikten auf dem Balkan zu finden waren (etwa in den massenhaften ‚ethnischen Säuberungen' in den beiden Balkankriegen von 1912/13) und die in engem Bezug zu den patriarchalen Lebenswelten dieser Gesellschaften stehen"*[453] zeigen wie leicht man heute auf überkommene Stereotypen zurückgreift und gerade dadurch zu deren Weitertradierung beitragen kann.

Stereotypen, die zu Stigmatisierungsfestigung führen können, enthalten populare Texte: *„Zwei Silben für eine Wahrheit mit x Gesichtern: Bal-kan. 'Bal' heißt Honig. Süß wie das Heimatgefühl der Kosovaren. Klebrig wie ihr Haß. 'Kan' heißt Blut. Rot wie das letzte Jahr, das vergangene Jahrzehnt und die Jahrhunderte davor. Dick wie die Bande zur Familie, zur Verwandtschaft, zum Volk. Nicht zum Kosovarischen, sondern zum eigenen Volk: Albaner oder (unterstrichen im Orig. - A.K.) Serben."*[454] Damit beginnt eine Reportage über den Kosovo-Krieg im Jahre 2000. Natürlich ist das Journalistik und nicht Wissenschaft, doch die Grenzen heute sind fließend und die Unterscheidungen zwischen wissenschaftlichen und außerwissenschaftlichen Diskursen werden immer problematischer.[455] Bei der „Ver(kultur)wissenschaftlichung des Alltags"[456] und der gleichzeitigen

---

[451] *Roth, Klaus:* Geschichtsunterricht auf der Straße. Zum Jahrmarktgesang in Bulgarien. In: Lipp, Carola (Hg.): Medien populärer Kultur. Erzählung, Bild und Objekt in der volkskundlichen Forschung. Frankfurt am Main/New York 1995, S. 277; s. auch *Ivanova, Radost*: Die bulgarische Ethnologie…S. 40-41.

[452] *Grandits, Hannes/Halpern, Joel: Traditionelle..* , S. 99-100.

[453] *Grandits Grandits, Hannes/Halpern, Joel: Traditionelle..* , S. 101.

[454] *Feist, Silvia*: Reportage. In: Allegra, 6/2000, S. 33.

[455] Über die zunehmende Verflechtung von universitärem Feld und dem Feld der Kulturproduktion - *Lindner, Rolf*: Kulturtransfer. Zum Verhältnis von Alltags-, Medien- und Wissenschaftskultur. In: Berliner Journal für Soziologie, 2, 1994, S. 193-202.

[456] *Köstlin, Konrad*: Wissenschaftliche..., S. 145.

Veralltäglichung der Wissenschaft muss man sich der entscheidenden Rolle der Deutungen von Wissenschaft und/oder durch Medien bewusst sein. *„Die rekonstruierende Wissenschaft fungiert dabei als kulturelles Gedächtnis. Sie organisiert Wissen neu und fungiert als Muster-Depot und Anreger für gesellschaftliche Praxis. (...) Wichtiger ist, (...) dass Re-Konstruktionen des Historischen gleichzeitig und immer auch Neu-Konstruktionen waren, die vom jeweiligen Heute und vom Interesse der Deutungseliten bestimmt waren."*[457] Bei aller Pluralisierung des Geschichtswissens bezieht sich das auch und besonders auf die Gegenwart, was die Notwendigkeit von wissenschaftlicher Reflexivität unterstreicht und die Frage nach Wissenschaft als kulturelle Praxis stellt.

Der als Beispiel gewählte wissenschaftliche Artikel zeigt deutlich den Gegenwartsbezug der Fragen, die an das historische Verwandtschafts- und Familiensystem in Südosteuropa gestellt werden. Er wurde auch deshalb als Beispiel gegeben, weil man dabei von Großstrukturvergleiche ausgeht. Obwohl die Familienmodelle ein Phänomen (Familie/Haushalt) im Mittelpunkt stellen, zielen sie auf Systemzusammenhänge. Durch die Konstruktion des Familienlebens versucht man die Gesellschaftsorganisation und -entwicklung zu erklären.

Große Strukturvergleiche bergen die Gefahr in sich, autonome und isolierte Analyseeinheiten „herauszupräparieren", wobei „die Kultur als ein geschlossenes Makro-Ensemble spezifischer und unverwechselbarer Lebensformen und Symbolisierungen betrachtet" wird. Der Strukturvergleich lässt sich nicht widerspruchslos mit der Beziehungsgeschichte kombinieren.[458] Die wechselseitige Beeinflussung kann dabei außer Blick geraten oder in einer simplifizierenden Weise erklärt werden. Einige Aspekte dieses Problems möchte ich anhand der gegenwärtigen Modernisierungsdebatte über Südost- und Osteuropa zur Diskussion stellen. Die Probleme der Modernisierung Südosteuropas sind von entscheidender Bedeutung für die gegenwärtige Entwicklung der post-sozialistischen Staaten und deren angestrebten EU-Integration. Das erklärt die hohe Bedeutsamkeit auch der historischen Modernisierungsforschung. Die Untersuchung der Modernisierungsprozesse in Südosteuropa in ihrer historischen Entwicklung unter Einbezug der politischen, ökonomischen, sozialen und kulturellen Faktoren beginnt sich zu entfalten, in weitem steht sie aber noch bevor.[459] Besonders weiterführend und

---

[457] *Köstlin, Konrad*: Wissenschaftliche..., S. 143, 145.

[458] *Osterhammel, Jürgen*: Zivilisationen..., S. 34-40.

[459] Neue interdisziplinäre Forschungen zu dieser Problematik: *Heppner, Harald/Preshlenova, Rumjana* (Hg.): Die Bulgaren...

fruchtbar ist dabei das Zusammentreffen zwischen „insider“ und „outsider“-Fragestellungen und Perspektiven, was mit dem erhöhten Ausseninteresse zusammenhängt und in einer Reihe von bi- und multilateralen Projekten und Publikationen ihren Ausdruck findet.

Gerade wegen der Wichtigkeit der Problematik und ohne die vielen Beiträge der auch unten zitierten Untersuchungen zu unterschätzen, möchte ich die Aufmerksamkeit auf einige vielleicht zu frühen Verallgemeinerungen hinlenken, bei denen die impliziten Vorannahmen über kulturelle Differenz, über „Patriarchalismus” und „Verwandtschaftssystem” eine führende Rolle in der Interpretation spielen.

Die Modernisierung in Südosteuropa an sich ist sicherlich kein neues Thema. *„Die Modernisierung wurde unmittelbar als einschneidend empfunden, und es gab in den Jahrzehnten nach 1880 kaum ein Thema, das mit solcher Intensität das gesellschaftliche Leben beherrschte. (...) Die Diskussion über das Für und Wider der Modernisierung fand ihren Niederschlag in der Presse, in Memoiren und in der Literatur“*, schreibt 1995 Klaus Roth, ein Historiker, der sich mit der Modernisierungsproblematik gründlich auseinandergesetzt hat.[460] Als Ziel der Modernisierung Südosteuropas von ihrem Anbeginn im 19. Jahrhundert wird die Entwicklung einer bürgerlichen Gesellschaft angegeben, einer Gesellschaft, die auf der Stadt als dem Zentrum von Bildung und Fortschritt basieren sollte.[461]

Weitgehende Übereinstimmung in der Historiographie gibt es bezüglich der führenden Ideen der Modernisierung in den südosteuropäischen Staaten: die Einrichtung eines modernen politischen Systems auf Basis des römischen Rechts, des wirtschaftlichen Liberalismus und der Verfassung. Am Beispiel Bulgariens werden die soziostrukturelle Hierarchisierung, die Herausbildung der Verwaltungsinstitutionen und das sich schnell entwickelnde Ausbildungssystem nicht in Frage gestellt. Hervorgehoben wird besonders das Bildungsstreben und die hohe Wertschätzung von Bildung und Wissen als zentrale Werte, durch die die bürgerliche Kultur auch in Bulgarien (und aufgrund dieses Beispiels verallgemeinernd in

[460] *Roth, Klaus*: Bürgertum und bürgerliche Kultur in Südosteuropa. Ein Beitrag zur Modernisierungsdiskussion. In. Gyr, Ueli (Hg.): Soll und Haben. Alltags- und Lebensformen bürgerlicher Kultur. Zürich, 1995, S. 245-260; *Ders.*: Großstädtsche...; *Ders.*: Soziokultureller Wandel im südosteuropäischen Dorf nach dem zweiten Weltkrieg. In: Grimm, Frank-Dieter/Roth, Klaus (Hg.): Das Dorf in Südosteuropa zwischen Tradition und Umbruch. München 1997, S. 64-78.

[461] *Roth, Klaus*: Bürgertum ..., S. 245, 254.

Südosteuropa) zum beherrschenden Leitbild wurde und in gleicher Weise, wie im übrigen Europa, breiteste Bevölkerungsschichten anzog.[462]
Die Resultate werden jedoch als gescheiterte Modernisierung der Landwirtschaft und der daraus resultierenden gescheiterten Industrialisierung bewertet.[463] Mehrere Gründe dafür werden genannt: Die verspätete Übernahme von außen und die Durchsetzung „von oben", der staatsbürokratische Paternalismus, der die Dichotomie zwischen Stadt und Land nicht überwand, die ungeeigneten Entwicklungsstrategien der politischen Elite, die Industrialisierung um jeden Preis anstrebt. Da bestand kein Wunsch zur Entwicklung der Landwirtschaft, sondern zu deren Überwindung"[464] - Generalisierungen, die weitere konkrete Untersuchungen benötigen, wodurch sie erst bewiesen oder revidiert werden können.
Zugleich geht man von einer a priori statisch gedachten bäuerlichen Produktions- und Lebensweise aus, die man als „Festung der Rückständigkeit und traditionsbedingten Konformität" bewertet.[465] Das Bauerntum in Südosteuropa wird als eine homogene Gruppe betrachtet, ohne die Unterschiede in Bezug auf das Verhältnis zu den Produktionsmitteln oder hinsichtlich der materiellen Lage und des Bildungsstandes und auch ohne die Entwicklungstendenzen zu beachten. Einerseits wird als wichtiges Argument für die misslungene und in Zukunft misslingende Modernisierung die zu starke Anlehnung an westeuropäische Muster hervorgehoben. Andererseits wird die Entwicklung in den Balkanstaaten als völlig geschlossen und abgesondert von der Weltentwicklung dargestellt, was der gesamten Periode des Osmanischen Reiches wie der darauffolgenden Ära der Nationalstaaten widerspricht.
Wenn man die Modernisierung als Hauptproblem angeht, ist es idealistisch, sie mit dem subjektiven Modernisierungswillen der Regierungseliten der betroffenen Staaten zu erklären und überhaupt nicht nach den Modernisierungsmöglichkeiten im Rahmen einer internationalen Wirtschaft zu fragen und das Problem der Verflechtung der inneren mit der internationalen Wirtschaftspolitik zu stellen. Die politischen und

---

[462] *Roth, Klaus*: Bürgertum ...S. 252; *Sundhausen, Holm*: Vom Vor- zum Frühkapitalismus. Die Transformation des Dorfes und der Landwirtschaft im Balkanraum vom 19. Jahrhundert bis zum zweiten Weltkrieg. In: Grimm, Frank-Dieter/Roth Klaus (Hg.): Das Dorf..., S. 29-48.
[463] *Roth, Klaus*: Bürgertum ...; *Ders.*: Soziokultureller Wandel..., S. 64-78; *Sundhausen, Holm*: Vom Vor-zum Frühkapitalismus...
[464] *Sundhausen, Holm*: Vom Vor- zum Frühkapitalismus... Das Zitat ist nach der bulgarischen Ausgabe: Ot predkapitalisam kam ranen kapitalisam. Transformazija na seloto i selskoto stopanstwo na Balkanite ot 19 vek do Vtorata svetovna vojna. In: Balgarski folklor 3-4, 1997, S. 23.
[465] *Sundhausen, Holm*: Ot predkapitalisam..., S. 9.

ökonomischen Interessen der europäischen Großmächte und deren damit zusammenhängendes Engagement in dieser Region werden kaum problematisiert. Dabei kann man natürlich nicht von einer einheitlichen ökonomischen Politik Westeuropas gegenüber dem gesamten Balkan sprechen, die unveränderlich während der gesamten Periode ab dem 19. Jahrhundert bis heute bleiben würde. Die politisch-ökonomischen Beziehungen zu den einzelnen Balkanstaaten sind nach Zeit und Staat sehr different.

Beschreibbare Konsequenzen wie die Zunahme politischer und ökonomischer Interessengegensätze zwischen Modernisierungsgewinnern und -verlierern, wodurch die Schere zwischen arm und reich noch weiter auseinander klafft, werden dethematisiert und mit „Kultur" begründet.

Damit ist eine der grundlegenden Schwierigkeiten des Großvergleichs angesprochen: die Schwierigkeit, eine Einzelgeschichte mit einer Geschichte von gleichzeitig und wechselseitig wirkenden Beeinflussungen in den Blick zu bekommen.

Dieses problematische Deutungsmodell kann man als ein kulturalistisches, letztlich als einen Kulturdeterminismus bezeichnen. Die Modernisierungsschübe kommen zwar immer nur von außen, das Scheitern der Modernisierung aber ist, dieser Auffassung gemäß, stets und nur innerkulturell bedingt.

Modernisierungsschübe können oft von außen kommen, die Untersuchung der *„spezifischen Art der Aneignung und Übernahme fremder Einflüsse und Angebote, der Verbindung von Elementen und Denkformen der eigenen Kultur mit den globalen Strukturen"*[466] ist zweifellos eine notwendige und herausfordernde wissenschaftliche Aufgabe. Fraglich ist aber, ob es zielführend ist, dabei von räumlichen, zeitlichen und sozialen Verallgemeinerungen und Vereinheitlichungen auszugehen (obwohl man theoretisch die Untersuchung der sozialen Differenzierung seit dem 19. Jahrhundert als notwendig hervorhebt), um einheitliche, kohärente und geschlossen gedachte Systeme einander gegenüberzustellen: das System der westeuropäischen Moderne gegenüber dem „System der Volkskultur Südosteuropas". Das Zusammenwirken dieser Systeme wird darin gesehen, dass in Südosteuropa einseitig materielle Innovationen aus Westeuropa übernommen worden wären. Neuerungen würden bruchlos in das scheinbar „bestehende System" eingefügt. „Die Fähigkeit zur Synthese" ginge einher mit einem „durchdringenden Traditionalismus", „Beharren auf bewährten Mustern" und einem „Unwillen zum Wandel". Analog werden die

[466] *Bausinger, Hermann*: Jenseits..., S. 237-238: „Die Amerikanisierung der Kultur in Europa hat auch einen erheblichen Modernisierungsschub gebracht."

innovativen Veränderungen (z. B. die soziale Mobilität, Ausbildung, Geschlechterbeziehungen und das Sozialversicherungssystem während des Sozialismus) immer im Gegensatz zu den Verhaltensformen diesen Innovationen gegenüber erwähnt, die als „Retraditionalisierung" oder „Regressionen" bewertet werden.[467] Dabei wird nicht klar, welche „traditionelle Volkskultur" mit den entsprechenden Verhaltensweisen als Ausgangsbasis dient, da erwähnt wird, das „sich die Volkskultur auch in der osmanischen Zeit geändert hat". Die Zukunftsorientiertheit dieser Theorie bzw. Zugangsweise wird durch die Persistenzfrage deutlich sichtbar: Die „traditionelle" Kultur ist schwer veränderbar, sie selbst wird zu einem Anpassungshindernis an veränderte Bedingungen: Einige der konstruierten typischen Wert- und Denkstrukturen könnten zwar sozioökonomischen Wandel unterstützen, „die meisten sind jedoch eher hinderlich und werden auch in Zukunft als Modernisierungshemmnisse wirken".[468]

Der Vorwurf einer geringen Innovationsbereitschaft, des Konservatismus und des moralischen Verfalls impliziert letztlich den Vorwurf, dass man selbst schuld sei. Einerseits, kann so eine Kritik die Entfaltung der selbstkritischen Potentiale in diesen Gesellschaften stark fördern. Andererseits aber wird durch die Persistenzhypothese das Selbsthilfepotenzial als sehr gering gesehen, was entwicklungspolitisch bedeuten kann, dass die Probleme dieser Gesellschaften vorwiegend über „kulturell gerichtete" und notwendigerweise auch bevormundende Maßnahmen gelöst werden müssten.

Diskussionswürdig ist der dahinterstehende Kulturbegriff an sich. Einerseits geht man von einem erweiterten Kulturbegriff aus, der Kultur als etwas auffasst, das die sozialen, ökonomischen und politischen Bedingungen formt.[469] Andererseits verwendet man – parallel dazu – Kultur in einem verengten Verständnis für „mentale Strukturen", womit eigentlich von einem determinierenden „psychologischen" Konzept ausgegangen wird. „Volksmentalität" und „psychologische Einstellungen", verstanden als „verhältnismäßig unveränderliche Merkmale, die die Modernisierung fördern oder hemmen", werden als ausschlaggebende Elemente für das „Scheitern" der Modernisierung herangezogen. Eine Reihe von Merkmalen, die sozioökonomischer Art sind und die nur auf unmittelbar einwirkende Existenzprobleme zurückzuführen sind, werden auf die Ebene eines Kulturmusters gehoben, obwohl sie in keiner Weise den Charakter von kognitiven Entscheidungs-

---

467 *Roth, Klaus*: Soziokulturellen..., S. 70f. *Ders.*: Die Volkskultur..., S. 19.

468 *Roth, Klaus*: Soziokulturellen..., S. 73.

469 *Roth, Klaus*: Die Volkskultur..., S. 19.

und Handlungsstandards haben, sondern sehr schnell reversibel sind, wenn sich die Lebens- und Umweltbedingungen auch nur in wenigen Punkten so verändern, dass eine andere Handlungsweise angebracht erscheint.[470] Die Veränderungen von Werten, Normen und Verhaltensweisen wird konkret nicht nachgegangen, sie werden als relativ unwandelbare Merkmale eines Systems dargestellt, ohne dass man das quellenmäßig und quellenkritisch begründet.

Wenn man von einem prinzipiell dynamischen und offenen Charakter von Kultur ausgeht, so ist die so genannte „Re-Traditionalisierung" „nicht die Aktualisierung vorgegebener Bestände, sondern die jeweilige Form der Lebensbewältigung in rasch wechselnden Situationen."[471] Eben diese rasch wechselnde Situationen werden aber konkret nicht berücksichtigt. Es fehlen Rückverweise auf die politische, ökonomische und soziale Logik kultureller Prozesse.

Ob man aufgrund der angeführten Quellenbasis (wissenschaftliche Werke, die wissenschaftshistorisch nicht kontextualisiert werden; ausgewählte Literatur- und Reiseberichtbeispiele über Bulgarien) folgende generalisierende Schlussfolgerung für ganz Südosteuropa machen kann, ist fraglich: *„Die bürgerliche Kultur als System ist von der weit überwiegenden Mehrheit nie essentiell (unterstrichen im Orig. - A.K.), d.h. in ihren mentalen und ethischen Grundlagen rezipiert und akzeptiert worden, so dass wir bis heute - auch in den großen urbanen Zentren - eine bürgerlich-moderne Fassade auf stark traditioneller Werte- und Verhaltensbasis vorfinden. Neuer bürgerlicher Wein in alten patriarchalen Schläuchen? Misslungene Modernisierung also doch?"*[472]

Als ausschlaggebende und spezifische Gründe für das Scheitern der Modernisierung in Südosteuropa wird *„der inhärente Konservatismus der über Jahrhunderte verfestigten Patriarchalität und der Orthodoxie"*[473] hervorgehoben. So erhebt man einen objektivistischen Realitätsanspruch ohne die als Voraussetzung notwendige

[470] Vgl. in Bezug auf die „Subkultur der Armut": *Goetze, Dieter*: Bauerngesellschaften, "Subkultur der Armut" und Marginalität. In: Giordano, Christian/Hettlage, Robert (Hg.): Bauerngesellschaften im Industriezeitalter. Zur Rekonstruktion ländlicher Lebensformen. Berlin, 1989, S. 80ff.; *Leeds, Anthony*: The Concept of the „Culture of Poverty": Conceptual, Logical and Empirical Problems with Perspectives from Brazil and Peru. In: Leacock, Eleonor (Hg.): The Culture of Poverty, New York 1971, S. 226-284.

[471] *Bausinger, Hermann*: Neue Felder, neue Aufgaben, neue Methoden. Vorbemerkungen. In: Chiva, Isac/Jeggle, Utz (Hg.): Deutsche Volkskunde - Französische Ethnologie. Zwei Standortbestimmungen. Frankfurt, New York, 1987, S. 332.

[472] *Roth, Klaus*: Bürgertum..., S. 252-253.

[473] *Roth, Klaus*: Bürgertum..., S. 258.

wissenschaftliche Quellenkritik. Obwohl die Untersuchung auf Südosteuropa beschränkt ist, werden nicht nur die innere Differenzierung und die Dynamik der Entwicklung im Rahmen des Beispielstaates (in dem Fall Bulgarien) übersehen, man vereinheitlicht die ganze Region, indem man die Interpretationen, die auf einer dürftigen Quellenbasis über ein Land gründen, auf die ganze südosteuropäische Region überträgt. Der Umstand, dass man eine „über Jahrhunderte verfestigte Patriarchalität" als etwas Spezifisches des Balkans versteht, ist im weiteren vor dem Hintergrund der weltweit, seit den 60er-Jahren geführten feministischen Debatte in den Wissenschaften, zu hinterfragen.

In dem gegenwärtigen Differenzdiskurs sucht man nach neuen Begriffen und Kriterien, nach denen neue Spezifika der Balkan-Patriarchalität erhoben werden könnten. Ein solches neues Kriterium ist die Patrilinearität[474], die aber historisch vorausgesetzt wird und von der vorhandenen Quellenbasis keinesfalls eindeutig als dominierendes Prinzip belegt werden kann. Damit möchte ich nicht grundsätzlich in Zweifel ziehen, dass ein solches Prinzip existiert, sondern hervorheben, dass historische Detailstudien notwendig sind, durch die man eine eventuelle gesellschaftliche Bedeutung von Patrilinearität untermauern oder differenzieren und relativieren könnte.

Eindeutig zu hinterfragen ist die Benutzung von wertenden Dichotomien wie „europäische Modernität" versus „Volkskultur", „Innovationszentrum" versus „peripherer marginalisierter Raum" und „primitive Wirtschaft", Vorhandensein bzw. Fehlen eines „Prozesses der Zivilisation".[475] Diese Verfahrensweise folgt den eurozentristischen Kulturvergleichen der Reiseliteratur des späten 18. und 19. Jahrhunderts (auf die man sich auch direkt bezieht). In der Gegenwart neigt diese Verfahrensweise zu einer Hierarchisierung und Segregation.

Auf Grund dieser Argumentierung wird den südosteuropäischen Gesellschaften das Potenzial für sozialen Wandel in Frage gestellt und die prinzipielle Möglichkeit zu einer vergleichbaren Modernisierung und Entwicklung von civil society bezweifelt. Das ist mit der Terminologie eines notwendigen dritten, alternativen Weges begründet, wobei ziemlich unklar bleibt welche „andere, synkretischen Formen bürgerlicher Gesellschaft und Kultur" vorgeschlagen werden.

---

[474] Kaser, Karl: Familie... ; *Mitterauer, Michael*: Komplexe...; *Ders.*: Die Terminologie der Verwandtschaft. Zu mittelalterlichen Grundlagen von Wandel und Beharrung im europäischen Vergleich. In: Ethnologia Balcanica, 4, 2000, S. 11-44.

[475] Alle Zitate nach *Roth, Klaus*: Die Volkskultur..., S. 19; *Ders.*: Bürgertum..., S. 254 - 256.

Wenn man einen Artikel mit dem folgenden „Warnsignal" beendet, bleibt fraglich, ob man dadurch zum besseren Verständnis beitragen kann: *„Wenn Südosteuropa, vor allem sein christlich-orthodoxer und islamischer Teil, stets an der Elle der westlichen Moderne gemessen und für zu kurz befunden wird, besteht die ernste Gefahr, dass die Angst vor kulturellem Identitätsverlust zu einer fundamentalistischen und militanten Abwehr eben dieser Moderne führt und die 'byzantinische Linie' wieder zu einer Europa spaltenden politischen Grenze wird."*[476]
Der Krieg in Ex-Jugoslawien wird als „kultureller Fundamentalismus mit antibürgerlicher und anti-moderner Ausrichtung gedeutet". Darüber hinaus werden nicht der Nationalismus und Regionalismus als Probleme der Gegenwart im Osten wie im Westen thematisiert, sondern einseitig „solche Tendenzen" nur auf „andere Balkanstaaten" projiziert, um „den Westen ein Warnsignal" zu geben.[477]
Mit dieser Kritik möchte ich auf die Gefahren solcher generalisierenden Abstaktionen hinweisen und mehr Behutsamkeit und tastende Aussagen empfehlen. Keinesfalls möchte ich ideologische (Abgrenzungs)-Absichten unterstellen, immerhin sind aber die politischen Auswirkungen solcher wissenschaftlichen Texte mitzudenken.
Im Vordergrund rückt die Erforschung von Diskursen und einzelnen Praxisbereichen als konstituierende Faktoren sozialer Wirklichkeiten und kultureller Repräsentationen.[478] *„Discourse is socially constitutive as well as socially conditioned - it constitutes situations, objects of knowledge, and the social identities of and relationship between people and groups of people. It is constitutive both in the sense that it helps to sustain and reproduce the social status quo, and in the sense that it contributes to transforming it."*[479]
Die gegenwärtige Gegenüberstellung der „verschiedenen Kulturen", die als unterschiedlich gedachten Kulturmodelle West- und Osteuropas, die auf dem Überdauern „vormoderner" Vorstellungen beruht, kann man als Teil eines politischen Diskurses deuten.

---

476 *Roth, Klaus*: Bürgertum ..., S. 258-259.

477 *Roth, Klaus*: Bürgertum ..., S. 259, Anm. 10.

478 Darüber *Dressel, Gert*: Reflexive Historische Anthropologie als konsequente Historische Anthropologie. Oder: Warum auch wir uns zu unseren Forschungsobjekten machen sollten. In: Dressel, Gert/Rathmayr, Bernhard (Hg.): Mensch..., S. 245-276.

479 *Fairglough, Norman/Wodak, Ruth*: Critical Discourse Analysis: An Overview. Zit. nach: *Projekt-Team „Identitätswandel Österreichs im veränderten Europa* (Hg.): Nationale und kulturelle Identitäten Österreichs. Theorien, Methoden und Probleme der Forschung zu kollektiver Identität. Wien, 1995, S. 17.

Das Konzept der kulturellen Identität in den „postmodernen Gesellschaften" Westeuropas und Nordamerikas, verbunden mit dem Regionalismus und dem Zuwanderungsphänomen, verdankt seinen Ursprung dem Respekt vor dem Anderen, dem Versuch, die historischen Formationen und gegenwärtigen Ausformungen von Kulturen in ihrem subjektiven Sinn zu verstehen und gegen Assimilation und nivellierende Globalisierung zu bewahren.[480] Durch die kulturelle Bedeutung, die man den verschiedenen Verhaltensweisen gab, versuchte man sie vor Kritik und Abwertung zu schützen. Diese Argumente wurden erfolgreich eingesetzt, um Rassismus und Ethnozentrismus, die eine Minderwertigkeit fremder kultureller Praxen und Werte behaupteten, zu widerlegen und zu bekämpfen.[481]

Die gegenwärtige Kritik an einem Kulturalismus bezieht sich auf jene Diskurse, in denen versucht wird, *„mit Hilfe eines Kulturbegriffes, der Geschichtlichkeit und Veränderbarkeit sozialer Beziehungen (zu) dethematisieren, soziale Ungleichheit in und zwischen Gesellschaften konstant zu setzen".*[482] Die Konstruktion des Balkans als einer kulturell homogenen Region und der Gebrauch von „assymetrischen Gegenbegriffen" wie „Westeuropa - Südosteuropa" = „Europa - Nicht-Europa" = „entwickelt – rückständig" u.a. birgt die Gefahr in sich, Unterschiede, die eher graduell sind, zu verabsolutieren.[483]

Bipolare Konstrukte können der Einigung, der inneren Vergewisserung und der Selbstintegration des Vereinigten (West-)Europas dienen, sie können dazu beitragen, die aktuelle Krisen zu überwinden und neue überschaubare Orientierungen in einer sich globalisierenden Welt zu stiften. Dabei handelt es sich um einen Prozess, der immer mit der Definition des Anderen und des Fremden verbunden war und heute noch ist. Sind es nicht die alten Methoden der „invention of tradition"[484], diesmal im Interesse transnationaler Vereinigungen?

---

[480] Vgl. *Bausinger, Hermann*: Jenseits..., S. 230f.

[481] *Spiro, Melford*: Cultural Relativism and the Future of Anthropology. In: Marcus, George (Ed.): Rereading Cultural Anthropology. London, 1992, S. 124-151.

[482] *Welz, Gisela*: Inszenierungen..., S. 129.

[483] *Osterhammel, Jürgen*: Sozialgeschichte..., S. 143-164; *Ders.*: Zivilisationen...
Über die historische Entstehung, Entwicklung und Verinnerlichung des Balkan-Konstruktes - *Todorova, Maria*: Imagining...

[484] *Hobsbawm, Eric*: Nationen...

Der gegenwärtige „institutionelle Ausbau der ‚Festung Europa'"[485] zeigt zudem, wie in Krisenzeiten, in denen die Unsicherheiten anwachsen, eine behauptete kulturelle Andersartigkeit zur Begründung politischer und sozialer Ausgrenzungen benutzt werden kann. Und wie schließlich *„(a)us dem ‚Lob des kulturellen Unterschieds' (...) das Verdikt der ‚kulturellen Unvereinbarkeit' wird."*[486]

Die separate Untersuchung eigentlich gemeinsamer Probleme führt meines Erachtens zu beiderseitigen Verlusten. Auf der Seite der "Untersuchten" zur unkritischen Annahme und Übertragung "westlicher" Deutungsmodelle, die noch dazu nicht selten höchst widersprüchlich sind, oder – umgekehrt - zur Abwehr der (westlichen) "Missionierung", was mit einem Rückzug auf die Traditionen der eigenen nationalen Volkskunde verbunden sein kann.

Zugleich kann die Konstruktion des Balkans als eines einheitlichen Kulturraums, die betonte Differenz zwischen Südost- und Osteuropa einerseits und Westeuropa andererseits sowie Untersuchungen, die nur auf Südosteuropa beschränkt bleiben, einen Nationalismus in Südosteuropa fördern. Die Abgrenzung der EU nach Außen verschärft die Konflikte um die Grenzen der Union. Der starke Konkurrenzkampf, wer am „Projekt Europa" mitmachen darf, führt zum Durchsetzen eigener Interessen gegen die Konkurrenz der benachbarten Nationen. Das Stigma des Balkanbildes vertieft zusätzlich die innere ethnisch-nationale Differenzierung: durch den Versuch etwa, sich als „nichtbalkanisch" zu definieren, wodurch man das „Balkan-Bild" aber festigt, oder durch die Abwälzung des Stigmas auf den Nachbarn.

Seitens der "Untersucher" läuft man, wenn man das wissenschaftliche (und politische) Interesse nur auf den "Anderen" konzentriert, Gefahr, die Sensibilität für Geschichte(n) und Strukturen der eigenen Gesellschaften zu verlieren. Da bei einer einseitigen Sicht die Gründe schwer erfassbar sind, besteht die Möglichkeit zu monokausalen Erklärungen, was eine Problemlösung zusätzlich erschwert.

Mit dieser allgemein skizzierten Gegenüberstellung möchte ich keinesfalls die Notwendigkeit und Fruchtbarkeit des Vergleichs in Frage stellen. Der Vergleich ist immer eine Herausforderung für die selbstkritische Reflexion und kann zum Abbau von stereotypen Vorstellungen beitragen.

---

[485] *Bausinger, Hermann*: Jenseits.., S. 233; *Balibar, Etienne*: Gibt es einen „europäischen Rassismus"? In: Balke, Friedrich/Habermas, Rebekka/Nanz, Patrizia/Sillem, Peter (Hg.): Schwierige Fremdheit. Über Integration und Ausgrenzung in Einwanderungsländern, Frankfurt a. M. 1993, S. 119-136.

[486] *Kaschuba, Wolfgang*: Kulturalismus.., S. 18.

Nicht das man auf die Verwendung von großen raum- und zeitübergreifenden Modelle verzichten sollte, doch sie müssten auf partiellen und lokalen wissenschaftlichen Theorien des sozialen Wandels gründen. Womöglich sind Makro-Vergleiche ein Ansporn für jene aktuellen Tendenzen in der bulgarischen Geschichtswissenschaft, sich auf Mikro-Untersuchungen zu konzentrieren. Der lokale, zumeist kleinräumige Kontext ermöglicht Untersuchungen vor Ort, die die kulturellen Äußerungen stets im Kontext sozialer und materieller Bedingungen betrachten. So gewinnen sie an Tiefenschärfe, die Ergebnisse, die aus einer globaleren Perspektive heraus formuliert worden sind, untermauern oder revidieren können. Mit einer möglichst umfassenden und genauen Durchleuchtung historischer Besonderheiten und Einzelheiten, die von einem komplexen Zusammenwirken sozialer, ökonomischer, politischer und kultureller Momente ausgeht, werden neue Einsichten in die Konstitution historischer Ereigniszusammenhänge eröffnet. Besonders relevant sind derzeit Studien in und über Südosteuropa, die sich für eine historische Dynamik interessieren, um in diachronischer Perspektive die individuellen, familialen und gesellschaftlichen Veränderungen zueinander in Beziehung zu setzen.

Ein wesentliches Problem, das in der Familienforschung miteinbezogen werde müsste, ist die zunehmende Pluralisierung sozialer Gruppenzugehörigkeiten entlang geschlechts- und generationsspezifischer, regionaler, religiöser u.a. Differenzen. Zugleich geht das mit einer Hybridisierung[487] kollektiver Zugehörigkeiten einher, nicht nur in ein und derselben Nation, sondern auch in unterschiedlichen gesellschaftliche Kollektiven, in deren Verlauf sub- und supranationale Identitäten entstehen.

Notwendige Voraussetzung für solche Untersuchungen wäre eine „Sozialgeschichte der Interpretation" - eine Reflexion wissenschaftlicher Interpretationen, die durch gesellschaftliche, institutionelle und wissenschaftsimmanente Parameter strukturiert sind und eingebettet sind in jene spezifischen Praktiken, die sie selbst wiederum hervorbringen. Als ein Schritt in diese Richtung ist auch der von mir hier vorgelegte Versuch zu verstehen.

VI. STATT SCHLUSSKAPITEL
DER "INSIDER-OUTSIDER"-DIALOG

Mit meiner Kritik an bestimmten Problembereichen in einigen „westeuropäischen" Untersuchungen ziele ich nicht darauf ab, „Insider" und „Outsider"[488] bipolar gegenüberzustellen. Vielmehr sind es meines Erachtens gemeinsame wissenschaftliche Probleme, die ich zur Diskussion stellen möchte. Das möchte ich schließlich und konsequent mit einer Kritik an meiner eigenen Arbeit illustrieren:

Prinzipiell hängt jede sozialhistorische Untersuchung von den Fragestellungen ab. Bei Untersuchungen, die v.a. auf qualitative Methoden aufgebaut sind, aber auch allgemein in jeder Forschung, besteht die Gefahr, „im Feld" das zu sehen, wonach man fragt und worauf man theoretisch vorbereitet ist. Da die einheimischen ForscherInnen, konkret die VolkskundlerInnen, zu denen auch ich durch meine Spezialausbildung und institutionell gehöre, in einer vergangenheitsorientierten Fachtradition ausgebildet worden sind, kann es leicht dazu kommen, dass man verschiedene Phänomene als „Relikte", „autochtone archaische Elemente" wahrnimmt. Das gilt umso mehr, wenn man gezielt danach sucht. So schließt sich ein Kreis von „Empirie" und „Theorie", aus den man nur mehr schwer hinauskommt.

Diesen Fehler habe auch ich gemacht: 1996 nahm ich an einem Projekt über Verwandtschaft und Familie in Bulgarien teil. Ich gründete meine Untersuchung eines bulgarischen Bergdorfes auf die Oral-History-Methode. Unkritisch ging ich von der Voraussetzung eines traditionellen patrilinearen Verwandtschaftsmodells für das ausgehende 19. Jahrhundert und Anfang des 20. Jahrhunderts aus. Dabei nahm ich die wissenschaftlichen „Zeugnisse" des 19. und beginnenden 20. Jahrhunderts unreflektiert als „Fakten" wahr, um dann die Frage zu stellen, inwieweit dieses Modell oder zumindest Überreste von ihm auch heute noch nachwirken oder präsent sind. Bei dieser verengten Fragestellung definierte ich die Kulturelemente aus der Vergangenheit und übersah die vielfältigen gegenwärtigen Zusammenhänge.

---

[487] *Hall, Stuart*: Rassismus und kulturelle Identität. Ausgewählte Schriften II, Hamburg, 1994.

[488] Die polysemantischen Begriffe Insider - Outsider werden hier für die Bezeichnung von einheimischen und auswärtigen Forschern verwendet - als Replik bestimmter Sichten. Dazu: *Niedermüller, Peter*: Ethnographie Osteuropas. Wissen, Repräsentation, Imagination. Thesen und Überlegungen. In: *Köstlin, Konrad/Nikitsch, Herbert (*Hg.): Ethnographisches Wissen. Zu einer Kulturtechnik der Moderne. Wien, 1999, S. 42-67; *Roth, Klaus*: Looking at Socialist Everyday Life from the Inside and from the Outside. In: Balgarska etnologia (im Druck); *Dressel, Gert/Kassabova, Anelia/Langreiter, Nikola*: Tagung „Sozialismus – Realitäten und Illusionen". Sofia 6.7. – 8.7. 2002. Tagungsbericht (im Druck).

Aus Sicht meiner heutigen Kenntnisse kann ich sagen, dass ich die historische Familien- und Verwandtschaftsspezifik, die ich zu interpretieren vorgab, so beschrieb, wie es die Paradigmen der eigenen Fachtradition vorgaben. Da ich noch dazu die Darstellung der Arbeit auf konkrete Lebensgeschichten gründete, die ich selektiv interpretierte, vertieft sich heute das Gefühl, dass ich diesen Leuten durch meine Publikation[489] nicht gerecht geworden bin.

Auf dieser eigenen Erfahrung gründet mein heutiges Hinterfragen von Modellen, das zur De-Konstruktion von Konstrukten führen kann. Die Kontextualisierung wissenschaftlichen Wissens, die Fragen nach der gesellschaftspolitischen Konstituierung der Wissenschaft verstehe ich heute als notwendige (Grund-)Voraussetzung jeder Forschung, auch (und gerade dann) wenn sie sich als rein positivistisch versteht, obwohl der einfache Wissenschaftsmodell von beschriebener Gesellschaftsrealität und beschreibender Wissenschaft noch in den 1960er Jahren verabschiedet worden ist. Die Geschichtsschreibung sollte nicht die Geschichtsforschung als Thema ablösen, sondern parallel durchgeführt werden. Diese Probleme sind umso wichtiger, da es gilt, die Rolle der Wissenschaft bei der Konstruktion der Wirklichkeit zu verstehen und entsprechend die Verantwortung für die eigene wissenschaftliche Position zu übernehmen.

Dass sich die verschieden akzentuierten Perspektiven nicht leicht vereinbaren lassen, zeigt auch meine konkrete Arbeit; deshalb verstehe ich sie auch als einen weiteren Schritt und nicht als etwas Abgeschlossenes. Mit dieser „in-side"-Kritik einer „Insiderin", zu der ich dank meiner geographischen „out-side"-Position (die ich wiederum „Out-sidern" verdanke) und weiters dank der Kritik und anregenden Fragen gerade von „Out-sidern" gekommen bin, möchte ich noch einige Probleme des notwendigen „Insider-Outsider"-Dialogs zur Diskussion stellen.

Prinzipiell und inhaltlich meine ich, dass der Begriff Dialog schon Gleichberechtigung beinhaltet. Dialog benötigt als Voraussetzung verschiedene, auch konträre Meinungen und erst dadurch ist er entwicklungsfördernd. Wenn man im Dialog nur sich selbst im Anderen bestätigt sehen will, so ist es eher Monolog und Herrschaft. Gerade durch die unterschiedlichen Sichten orientiert sich das Denken an dem zu Bedenkenden.

[489] *Kassabova, Anelia:* Lebenserwartungen – Lebensrealitäten. Überlegungen zur Dynamik des Familienmodells in einem Gebirgsdorf. In: *Brunnbauer, Ulf/Kaser, Karl (Hg.):* Vom Nutzen der Verwandten. Soziale Netzwerke in Bulgarien (19. und 20. Jahrhundert). Wien-Köln-Weimar 2001, 163-186.

Für mich ist das Problem „Insider-Outsider" kein rein wissenschaftliches Problem. Wissenschaftsgeschichtlich betrachtet, waren es bestimmte gesellschaftliche Bedingungen, die die wissenschaftliche Perspektive vor allem auf das Fremde oder auf das Eigene determiniert haben. Für die Völkerkunde und die außereuropäische Kulturanthropologie sind die Verflechtungen zwischen Wissenschaft und politischen und ökonomischen Interessen und Machtverhältnisse hinreichend aufgearbeitet worden. Der Kontext des europäischen Kolonialismus ermöglichte solcherart „Outsider"-Forschungen, die gleichzeitig diese Politik legitimierten.

Die volkskundliche Perspektive vor allem auf die eigene Gesellschaft ist auch historisch bestimmt. Die Konstituierungsphase der Volkskulturwissenschaft ist direkt mit der Konstruktion der eigenen Nation sowie mit einem nationalökonomischen und sozialpolitischen Engagement verbunden.

Die Grundcharakteristika des Prozess der Volksnationsformierung aller „verspäteten Nationen" in Europa - Nationen, die vor dem Nationalstaat als Nationalbewusstsein existierten - sind gemeinsame: Erinnern und Sammeln von literarischen, kulturellen und anderen Dokumenten der „gemeinsamen" Vergangenheit einer „imaginierten Gemeinschaft", die auch territoriale Kontinuität beansprucht, das Propagieren durch Ideologen der nationalen Bewegung und das Beladen der nationalen Symbole mit heiligen Gefühlen, ihre Sakralisierung, so das sich das Volk mit diesem nationalen Programm identifiziert.[490] Überall ging dieser Prozess von einer intellektuellen und politischen Elite aus: Ethnologen bzw. Volkskundler, Philologen und Literaten gehörten prinzipiell der (ethnischen) Gruppe an, die sie auch untersuchten, während sie gleichzeitig jener Sozialschicht angehörten, die ihre Aufgabe in der Untersuchung, Festigung, Verteidigung und oft auch Erfindung der „Sache" eben jener Gruppe sah. Das Problem des „doppelten Insider-Syndroms", das als einer der primären Faktoren für die Ideologisierung der volkskundlichen Disziplin auf dem Balkan betrachtet wird[491], kann bei allen nicht zu unterschätzenden Unterschieden zwischen der Entwicklung der Volkskunde in den verschiedenen europäischen Ländern, als gemeinsames Spezifikum der Gesellschafts- und Fachentwicklung betrachtet werden.

Die Outsider-Perspektive durch Reisebücher und Texte europäischer Politiker und Wissenschaftler, konkret auf Bulgarien und auf den Balkan insgesamt, war ambivalent: Die nationale Bewegung wurde als modern bewertet, diese Perspektive

---

[490] *Hosbawm, Eric*: Nationen...: 23 ff.

[491] *Naumovic, Slobodan*: Romanticists..., 101 ff.

trug aber zur „Balkanisierung" des Balkans bei, zur Herausbildung der Vorstellung eines archaischen Kulturraumes, besiedelt von einer rückständigen agrarischen Bevölkerung. Die Konstruktion der „exotischen Zeitinsel" Osteuropa war Teil der Selbstdefinition und der Selbstidentifikation Westeuropas. Dass das volkskundliche Interesse am Balkan auch politisch motiviert war und dass man beim politischen Einflussstreben von einem linearen eurozentrierten Evolutionismus ausging, ist in der Wissenschaftsgeschichte als Problem gestellt worden.[492] Historisch gilt genauso, dass das „Balkan-Bild" unter Balkanwissenschaftler verinnerlicht wurde, dass die Beherrschten gleichzeitig an ihrem Beherrschtwerden wirkten. Die Genese dieser Verinnerlichung ist in der Korrespondenz zwischen Position und Machtverhältnisse zu suchen.

Dass das Problem „Insider-Outsider" heutzutage erneut gestellt wird, ist meines Erachtens eher wieder nicht rein wissenschaftlich bedingt. Aus wissenschaftstheoretischer Sicht dürfte es zwischen In- und Outsidern keinen wesentlichen Unterschied geben. Eine methodische Forderung jedweder ethnologischen Forschung ist die Kompatibilität von „verstehender Methode" und jener der „Verfremdung". Und das bezieht sich sowohl auf die Erforschung der „eigenen" als auch auf die Analyse der „anderen" Kultur.

Im Zuge der Auseinandersetzungen um methodische Fragen sind seit den 70er und 80er Jahren die permanente Reflexion der eigenen Wissenschaftspraxis zum Prinzip des ethnologischen Interpretationsverfahren erhoben worden. Das bedeutet, dass man jene gesellschaftlichen Faktoren, die den Wissenschaftsdiskurs beeinflussen, reflektieren sollte.[493] Die Position des Beobachters – im gesellschaftlichen Feld generell und im intellektuellen Feld im besonderen - muss der gleichen kritischen Analyse unterzogen werden, mit der man auch an sein Objekt herangeht.

In Bezug auf die Entwicklung der Wissenschaft(en) in Südosteuropa meine ich prinzipiell, dass es in der schweren ökonomischen Situation vor allem Außenfinanzierung und gemeinsame Projekte sind (dank des institutionellen und auch persönlichen Engagements seitens „Outsidern"), die eine wissenschaftliche Tätigkeit von „Insidern" erst recht ermöglichen können. Und das kann nur Vorteile für die Forschung haben:

Die Kritik an den verengten Problemfelder von Außen her hat wesentlich zu einer Umorientierung der ethnologisch-antropologischen Disziplinen in Osteuropa

[492] *Todorova, Maria*: Imagining...

[493] *Dressel, Gert*: Reflexive Historische Anthropologie.., S. 249.

beigetragen. Viele bisher nicht genügend, wenn überhaupt, erforschte Probleme der Sozial-, Wirtschafts- und Kulturgeschichte werden erst durch Ansporne von Außen gestellt.[494] Die internationalen Kontaktinitiativen führen zur Überwindung der fachlichen und nationalen Isolation der Kultur- und Sozialwissenschaften in Südosteuropa und geben Möglichkeit zu einem fundierten konkreten Vergleich. Solche Initiativen eröffnen Möglichkeiten zur Finanzierung von Veröffentlichungen osteuropäischer Untersuchungen in einer westeuropäischen Sprache, was auch von großer Bedeutung ist, denn die Position der Sprachen ist unterschiedlich und erst durch solche Publikationen kommen osteuropäische Forschungen in internationalem „Umsatz".[495]

Als einige dieser Initiativen sind zu nennen: eine Untersuchung der Alltagskultur des sozialistischen Dorfes, begleitet mit internationalen Konferenz und Veröffentlichungen in bulgarischer und in deutscher Sprache[496]; die Gründung und die Tätigkeit der „Balkan Anthropological Association"; Konferenzen über die Probleme der Migration, der Ideologien in Südosteuropa; der seit 1995 jährlich in Bansko stattfindenden historisch-anthropologischen Kurs mit Veröffentlichung von thematischen Sammelbänden.[497] Bezüglich der Familienforschung sind es auch Anstöße von außen, die zu einer wesentlichen Umorientierung und zu neuen

---

494 *Roth, Klaus*: Die Volkskultur.., S. 22ff.; Die Winterseminare in Bansko - s. die Veröffentlichungsreihe Balkanisticen forum; das bulgarisch-österreichische Kolloquium „Europäische Ethnologie an der Wende" und die gleichnamige Publikation in der Veröffentlichugsreihe des Ethnographischen Museums Schloss Kittsee „Kittseer Schriften zur Volkskunde" und v.a.

495 Als neue Ausgaben neben den in der vorherigen Periode existierenden z.B. *Heppner, Harold/Preslenova, Rumjana*: Die Bulgaren...; *Roth, Klaus/Benovska-Sabkova, Milena* (Hg.): Ethnologia balcanica - eine Schriftenreihe, die seit 1997 jährlich erscheint.

496 *Grimm, Frank-Dieter/Roth, Klaus*: Das Dorf...; In bulgarischer Sprache In: Balgarski folklor, 1997, 3-4.

497 Predzi i predtetci. Mitove i utopii na Balkanite. Hg. von: Mezdunaroden universitetski seminar za balkanistitcni proutcvanija i spezialisazii. Blagoevgrad, 1997; *Vodenitcarov, Petar Assenov* (Red.): Darove i sakrovista. Duhovna priemstvenost na Balkanite. Hg. von: Mezdunaroden universitetski seminar za balkanistitcni proutschwanija i spezialisazii - Jugozapaden universitet „Neofit Rilski" Blagoevgrad. Blagoevgrad, 1998; *Balkanite*. Nie sred drugite i te sred nas. Jubileen sbornik v cest na 70-godisninata na Prof. Ilija Konev, Doktor na filologitceskite nauki. Hg. von: Mezdunaroden universitetski seminar za balkanistitcni proutcvanija i spezialisazii pri JZU „Neofit Rilski" - Blagoevgrad. Sofia 1998; *Dressel, Gert/Hopf, Gudrun* (Hg.): Von Geschenken und anderen Gaben. Annäherungen an eine Historische Anthropologie des Gebens, Frankfurt a.M. u.a. 1999.

Fragestellungen geführt haben: durch Publikationen, Projekte und Konferenzen, die Ausgangsbasis für weitere Untersuchungen und Kooperationen sind.[498]

Die Öffnung der nationalen Volkskunden in Ost- und Südosteuropa und das Zusammenführen der Perspektiven und Potenziale von WissenschaftlerInnen aus „Ost" und „West" ist zweifelsohne eine Notwendigkeit und kann viele neue Chancen bringen.

Immerhin kann man dem Problem nicht umhin, warum der Blick von Ost- und SüdosteuropäerInnen auf „westliche" Gesellschaften nicht gefragt ist. Südosteuropäische WissenschaftlerInnen gelten, der Eindruck entsteht leider häufig, lediglich als „Eingeborene" kompetent (hinsichtlich der eigenen Gesellschaft oder Region – des „Balkan", des sozialistischen Systems oder den jeweils eigenen MigrantenInnengruppen im Ausland). Wenn „Insider" nicht auch einmal „Outsider" sein können (und umgekehrt), drängt sich die Frage auf, ob die praktizierte Verwendung dieses Begriffspaars nicht vielmehr ein Legitimations- und Machtinstrument, denn hilfreiche analytische Kategorie ist. Permanente Rückgriffe auf ein „Innen" und „Außen" perpetuieren die problematische Territorialisierung von Objekt und Subjekt von Forschung noch einmal. Wenn schon von „Insidern" und „Outsidern" die Rede ist, dann genügt es nicht, sie nur auf ein Phänomen (nämlich auf das geographisch-politische) zu reduzieren. Sie sind als Spannungsfeld zu begreifen, in dem WissenschaftlerInnen je nach dem einmal mehr das eine oder mehr das andere sind, und als komplexes Geflecht, das sich aus vielen Kategorien zusammensetzt.[499]

Immerhin möchte ich meine wissenschaftskritische Arbeit damit beenden, indem ich eine konkrete Mikro-Untersuchung eines „Outsiders", nämlich Ulf Brunnbauer, über eine konkrete Region in Bulgarien, die Rhodopen, als positives Beispiel hervorhebe.[500] Auf Grundlage verschiedener quantitativer (kirchliche

---

[498] Hervorzuheben ist das österreichisch-bulgarische Forschungsprojekt zum Thema „Verwandtschaft in Bulgarien: historische und gegenwärtige Perspektiven", initiiert 1997 von Karl Kaser und Michael Mitterauer.

[499] Dressel, Gert/Kassabova, Anelia/Langreiter, Nikola: Tagung „Sozialismus – Realitäten und Illusionen. Sofia 6.7. – 8.7. 2002. Tagungsbericht. (im Druck)

[500] *Brunnbauer, Ulf*: Das Gebirge und die Haushalte. Familienstrukturen unter Moslems und Christen in den Rhodopen, circa 1830 bis 1930. Graz phil. Diss.1988, *Ders.*: Struktura na domakinstwata v Srednite Rodopi (1850-1930). In: Balcanisticen forum, 1997, 3, S. 39-57; *Ders.*: Za edna istoriceska antropologija na planinata na Balkanite. Njako razsazdenija. In: Balcanisticen forum, 1999, 1-2-3, S. 171 - 181. Meine Meinung gründet auf die Veröffentlichungen des Autoren.

Haushaltsregister, Register des Bürgerstandes [registar za grazdanskoto sastojanie], statistische Daten über die Bevölkerungsbewegungen) und qualitativer Quellen (vorhandenes ethnographisches Material und eigene Feldforschungen) untersucht der Autor die Haushaltsstruktur in einer ethnisch-religiös heterogenen Gebirgsregion Bulgariens. In seiner historischen Analyse stellt Brunnbauer die Familie in einen breiten Kontext von Ökologie, Ökonomie und Kultur. Konkret historisch werden einerseits die Unterschiede in der Familienstruktur in Zusammenhang mit Rechtsstatus, Wirtschaft und Marktverhältnissen, Mobilität, Ausbildung etc. zwischen der christlichen und moslemischen Bevölkerung in ihrer Entwicklung in verschiedenen Perioden in der Region dargestellt. Andererseits werden auch die Parallelen hervorgehoben, die der Autor als Resultat der Anpassung an einer gemeinsamen ökologischen und wirtschaftlich-politischen Existenz deutet. Das erlaubt ihm auch die Schlussfolgerung, dass „bei der Formierung der sozialen Organisationen das Ethnische keine oder eine sehr begrenzte Rolle gespielt hat".[501]
Hervorzuheben ist auch der methodologische Zugang Brunnbauers. Aufgrund seiner lokalen bzw. regionalen Begrenzung zielt er nicht auf territoriale Verallgemeinerungen ab, etwa über ganz Bulgarien oder gar den gesamten Balkan. Die konkrete Gebirgsregion untersucht er vielmehr als „Anthropologie des Gebirges". Dank seiner breiten historiographischen Kenntnissen werden die Probleme in einen umfassenden internationalen Kontext gestellt. Für die untersuchte Gebirgsregion und Periode wird ein verhältnismäßig niedriges Heiratsalter nachgewiesen, was das „Hajnal-Modell" stützen würde; doch die Vorstellung über eine geschlossene und statische Gesellschaft, die auf sich kaum verändernden kulturell bedingten patrilinearen Verwandtschaftsstrukturen aufbauen würde, wird letztlich revidiert.
In Bezug auf jeden Dialog finde ich das wohlgemeinte Feedback äußerst wichtig, egal ob es von einem „Insider" oder „Outsider" kommt. Eben auf dieser Ebene kommt es vermehrt zu Debatten, die keinesfalls entlang der Linie „Insider-Outsider" verlaufen. Die Pluralisierung der Interpretationen und Zugangsweisen kennzeichnet die Entwicklung der Wissenschaften in Südosteuropa in eine demokratische Richtung und durchzieht den interdisziplinären Dialog in Osteuropa wie in Westeuropa.
Solche Debatten, bei denen man sicher eine Kultur der Kritik- und Konfliktaustragung permanent erarbeiten, erlernen und vollziehen muss, kann ich nur

---

[501] *Brunnbauer, Ulf*: Za edna..., 179.

als produktiv ansehen, um überkommene nationale und fachliche Antagonismen überwinden zu können und die Entstehung neuer nicht zuzulassen.

Auf diese Weise möchte ich auch meine Arbeit verstehen - nicht als einen „Rundumschlag"[502] gegen eine Reihe einheimischer und auswärtiger WissenschaftlerInnen, sondern als eine Suche nach den vielen vergessenen, verlorenen und verdrängten Vergangenheiten und Gegenwarten, um - mit Dorle Drackle und Waltraud Kokot - „begründbare Wahrheiten für bestrebenswerte Veränderungen"[503] zu finden - wissenschaftlich wie gesellschaftlich.

---

[502] So ein „Ziel" wurde mir in Bezug auf meine Publikation „Die Volkskunde in der Politik, die Politik in der Volkskunde" In: Dressel, Gert/Rathmayr, Bernhard: Mensch...unterstellt, deshalb benutze ich dieses vorher für mich unbekannte Wort.

[503] *Drackle, Dorle/Kokot, Waltraud*: Neue Feldforschungen in Europa. Grenzen, Konflikte, Identitäten. In: Kokot, Waltraud/ Drackle, Dorle (Hg.): Ethnologie Europas. Grenzen - Konflikte - Identitäten. Berlin, 1996, S. 8.

СЕМЕЙСТВО И МИГРАЦИЯ.

ИЗСЛЕДВАНЕ НА СЕМЕЙСТВОТО И ПОЛИТИКАТА

"Един дълъг път" – така започвам настоящата работа, посветена на изследването на семейството в България. С това заглавие на увода имам предвид, от една страна, безкрайният път на науката зад и пред нас. Необходимостта да поставяме отново стари въпроси, въпреки или именно поради невъзможността да достигнем до крайна, абсолютна истина.
Същевременно с "дългия път" изразявам собствения си дълъг път към конкретната тема.
Първоначално изследването ми бе конципирано като квалитативно социално проучване, основаващо се в основната си част на методите на теренното проучване и включеното наблюдение. Централен метод, подходящ при такова изследване, е създаването на типови конструкции. Анализът на повече случая трябваше да изведе до основни типове, чрез които да бъдат изтъкнати определени централни характеристики.
Освен и успоредно на неформалните контакти, търсех – предимно чрез институциите – достъп до "ключови личности", които от своя страна да ми съдействат за по-нататъшни контакти. За да създам едно по-високо доверие, доколкото в началото бях посрещната с определена резервираност, се включих в дейността на повечето български организации. В един момент самата аз получих възможността да преподавам български език в Българо-австрийското училище за занимания в свободното време и това ме превърна в един вид "ключова личност" – училището, успоредно на църквата и културните организации, е една от най-важните институции за създаване и укрепване на националната идентичност.
Някои от спецификите на диаспората се откроиха ясно при работата ми в училището. Преподавах на деца от предучилищна до трети клас. Учебниците за тези класове започват с стихотворения и песни, с които ние всички сме изсраснали – за нашата родина, за майчиния ни, роден език и за бащиния род: "Език свещен на моите деди" или "Реч на мама и на татко, реч що мълвя всеки ден". Но аз стоях пред класове, в които българският език в много редки изключения бе реч на мама и на татко, в някои случаи той беше "реч на мама", в други – само на татко, нередки бяха и случаите, когато български бе езикът на баба и/или дядо. Много малка част от децата бяха от моно-национални семейства, но дори и в някои от тези случаи корените на родословните им дървета бяха широко разклонени. Към така да се каже "класическото" би-национално семейство – майка или баща, българин, православно

вероизповедание и съответно баща или майка австриец, католик – се прибавяха редица варианти. Например: майка католичка австрийка с един клон в Гърция и православието по бащина линия или майка българка, православна, от немски произход по майчина линия или баща австриец от чешки произход, католик и съпругата му австрийска гражданка, българска арменка по произход, протестантка. Съвсем не рядко имаше и "хибриди" като православно вероизповедание и зен-будизъм или австрийско национално самосъзнание и православнно вероизповедание.

Това наблюдение ме постави пред аналитичния проблем за дефинирането и съотношението между "правило" и "изключение". Дали и доколко в днешно време тези изключения са "изключения", кога и поради какви причини определени случаи са били дефинирани като правило или изключение. Така или иначе, пред себе си имах една пъстра смесица – етническа, национална, религиозна - с корени, отвеждащи далеч назад. Това затрудни задачата ми да представя България и българския език като "език свещен на нашите деди", но пък ми даде възможност да започнем съобразено с възрастта разговори за "своето" и "другото", за родината в единствено и в множествено число. Същевременно на преден план излезе проблемът за факторите, които играят водеща роля при създаването на идентичност.

Собствената ми миграция във Виена (макар и временна) ми позволи и "поглед от вън", една перспектива, която ми помогна да видя сложното взаимодействие между вътрешни и външни фактори.

През втората година на престоя ми във Виена проведох основната част от биографичните интервюта. Много хора – мъже и жени – се отзоваха на молбата ми да споделят с мене спомените за своя живот, тук бих искала отново най-сърдечно да благодаря на всички мои събеседници и приятели. От многобройните разговори записах 31 жизнени интервюта с мъже и жени на различна възраст, с различно образование и различен социален статус. Многообразието трудно можеше да се обхване в типови конструкции. Не само методическата трудност да се обхване с квалитативни методи /жизнено интервю/ една група по национален признак, която е социално крайно диференцирана, при това в средата на един световен град, стремящ се да провежда космополитна политика, доведоха до промяна в целите и методите на изследването ми.

Определящи за тази промяна бяха следните научни и обществено-политически причини: Подчертаването и дори извеждането на преден план на сравнението между културата, от която идват мигрантите и културата на обществото, в което отсядат, е водещ методически принцип в редица съвременни изследвания на миграцията. Този метод цели да подчертае развитието и да доведе до по-дълбоко разбиране на двете култури и на техните взаимодействия.

Миграция и семейство. Изследване на семейството и политиката.

Концепцията за културната идентичност в "постмодерните общества" на Западна Европа възниква като израз на уважение пред "другия", като опит да се разбере субективния смисъл на историческите формации и съвременните култури и те да бъдат предпазени срещу нивелиращото влияние на глобализацията.[1] Водена от този принцип стигнах до големите структурни сравнения на семейни модели, разглеждащи дълготрайни тенденции на развитие в широки географски райони. Продуктивното напрежение, което създават тези модели (като примери привеждам моделите на Ласлет и Хайнал) бе основният подтик за написването на тази работа. Водещ въпрос за мен бе върху каква теоретично-методическа основа, върху кое познание от и за Югоизточна Европа се изгражда представата за комплексната семейна форма, изградена върху принципите на партилинеарно родство като типична за Балканите/Югоизточна Европа. Определено предизвикателство бе за мен и тезата, извеждана както за миналото, така и при обяснението на актуални събития и процеси, за тясна взаимовръзка между семейни форми, обществена организация и обществено развитие.

Това бяха основните въпроси, които ме накараха да се върна отново от една различна гледна точка върху представите за семейство и родство в България като една балканска държава. "Картината", която създаваме и представяме за самите нас е тясно свързана с представите на "другите" за нас – както в миналото, така и днес.

Ако сега отразявам собствения си път към темата, то е защото зарядът на цялата разработка е да се подчертае като основна методическа необходимост необходимостта от постоянна научна саморефлексия. Всяка наука и всяко научно изследване е свързано с времето и обществото, в което се създава. "Както личността на учения, така и научния инструментариум /методи и въпроси/, с който се описва и интерпретира научния обект, са част от конкретна история, общество и култура."[2] Позитивистичната представа, според която ученият може (безпристрастно или пристрастно), във всеки случай обективно да наблюдава и анализира реалността (история, култура, общество), считана също за обективна, днес трудно издържа критика.[3] "Упражнението се състои в

---

[1] Срв. *Bausinger, Hermann*: Jenseits des Eigensinns: Kulturelle Nivelierung als Chance? В: Kaschuba, Wolfgang (Hg.): Kulturen - Identitäten - Diskurse. Perspektiven Europäischer Ethnologie. Berlin, 1995, 230 сл.

[2] Dressel, Gert: Reflexive Historische Anthropologie als eine konsequente Historische Anthropologie. Oder: Warum wir uns zu unseren Forschungsobjekten machen sollten. В:Dressel, Gert/Ratmayr, Bernhard (Hg.): Mensch-Gesellschaft-Wissenschaft. Versuche einer reflexiven historischen Anthropologie. Innsbruck 1999, 249.

[3] Bourdieu, Pierre: Satz und Gegensatz. Über die Verantwortung des Intellektuellen. Frankfurt a.M. 1993, 41.

това, да се осветли по такъв начин собствената история, както бихме го направили с историята на други."[4]
Като краен резултат бих определила работата си като критично историографско изследване на проучванията на семейните форми и структури в България, един вид социална история на интерпретациите. В рамките на един широк международен политически, икономически, социален контекст разглеждам факторите, които определят научното развитие и проблематизирам ролята на науката в процеса на конструиране на действителността, ролята на учените за създаване на определена реалност. Изходна точка е теоретичната и методическата необходимост да се контекстуализират всички извори. Научните изследвания разглеждам като извори, които подлежат на критичен анализ, чрез който да се разкрият рамковите условия на тяхното създаване. Проблемът за въпросите, методите и целите на научните изследвания на семейните форми доби за работата ми особена евристична стойност. Един от централните проблеми е въпросът за възникването на мита за задругата и развитието на представите за семейството в обществения дискурс като резултат от взаимовлиянието на различни обществени и научни фактори в и извън България. Митът за задругата притежава силен потенциал за включване, респективно изключване и възможност за вертикално и хоризонтално осигуряване на приемственост. Обосноваването и развитието на този мит в България е свързано непосредствено с процеса на конституиране на национална държава. Това определя времевия обхват на изследването – от Възраждането до днес.
С изследването си за историческото развитие на изследванията на семейните форми изхождам, а и целя съвременноста. Често поради липса на критично разглеждане на обществения контекст на изследванията върху семейството като необходима предпоставка за всеки следващ анализ се стига до това фикции да се приемат за факти (както "отвътре", от местни учени, така и "отвън", от чужди учени). Изградените върху такива факти модели оказват влияние върху следващите научни изследвания (въпроси, методи), както и върху обществения дискурс. Разграничаването на научния от обществения дискурс е по принцип проблематично, особено днес при трайното и дълбоко навлизане на науката във всекидневието.
Накрая на изследването ми се върнах обратно към културалисткия метод, за да покаже не само шансовете, но да обърна внимание и на "опасностите" при един такъв подход.

---

[4] Nora, Pierre: Vorwort. B: Същ. (Hg.): Leben mit der Geschichte. Vier Selbstbeschreibungen. Frankfurt a.M. 1987, 9.

Съвременната критика на "културализма" се отнася за дискурси, при които с помощта на понятието култура историчността и промяната на социалните отношения остават извън изследователския интерес, социалните различия вътре в рамките на едно общество и между различни общества се представят като постоянни и непроменими.[5]
Конструирането на Балканите като единен, културно различен регион и прокарването на асиметрични сравнения като "Западна Европа/Югоизточна Европа = Европа/Не-Европа" крие в себе си опасността от абсолютизиране на различията. Това е винаги проблематично, дори и да не съдържа експлицитно оценъчния аспект "развит/изостанал", тъй като дефинирането на разликите зависи от специфичните интерпретационни интереси.
Освен чисто научните цели, работата ми има и един по-широк обществен мотив – чрез самокритичната научна рефлексия да се поставят под въпрос определени стереотипни представи.
Изследването е разделено в 5 глави по хронологически принцип.

НОВОТО РАЗБИРАНЕ ЗА НАЦИЯ

Николай Генчев, ректор на СУ през 1992 г.: "Историческата съдба е регулирала по-нататък и отношението на българина към чуждия свят. От превратностите на своята история българинът е приучен да се придържа към вековните традиции, дълбоко е привързан към земята и Балкана, към наследството от деди и бащи. Той не вярва на дърво без корен, не е готов да умре в чужда земя, да тръгне в дърги и опасни авантюри, дори и да стане пират. Българският Одисей след кратки митарства до Бяло море и най-много до Божи гроб бърза да се върне в родния край. Това също е част от рефлекса за самосъхранение, изработен във вековната борба и мъка за просъществуване, израз на страха от големия, непознатия и пълен с опасности свят. Това е продукт и проява на патриархалния консерватизъм, спасил може би България от затриване и изчезване."[6]
Вътрешното напрежение в този текст изразява комплексността и поради това сложността на съвременната ситуация – проблемите при дефинирането на себе си и на другия, напрежението между национална държава и световна интеграция.
Аргументирането с вековната традиция и дълбоките корени, с патриархалния консерватизъм има своята ако не многовековна, то поне приблизително

---

[5] *Welz, Gisela*: Inszenierungen kultureller Vielfalt. Frankfurt a.M. und New York City. Berlin 1996 , 129.
[6] Генчев, Николай: Такива ли сме наистина? В: Българи. Списание за родова памет и обич към България. 2, 1992, 27.

двувековна история. Тя е свързана с процеса на консолидиране и възникване на национални държави и съвременната модерна идентификация с национални категории.

Социалноикономическото развитие на Балканите през XVIII век, процесите на модернизация на Османската империя и интензивирането на отношенията със Западна и Централна Европа водят до възникването на една нова интелигенция, която поема идеите на Просвещението. Концентриран израз на новото български национално самосъзнание е "История славяноболгарска" на Паисий Хилендарски. Емоционалният апел на Паисий чрез историята, чрез познаването на историята да се развие национална идентичност е свързана с идеята за еманципиране на българите чрез извоюване на самостоятелна държава. В хода на политическото развитие на XVIII и XIX век националната държава се налага като основен критерий за "цивилизованост".

Идейната база за разгръщането на национализма на Балканите са възгледите, свързвани основно с Йохан Готфрид Хердер въз основа на които днес се разграничава т. нар. "културна нация".[7] Само един цитат, който да го онагледи: "Трябва ли да останем живи умрели?" – програмна статия на първия български вестник "Български орел" от 1846 г. Апелът започва с думите: "Всичките народи около нас си извдигнаха главата и виждат по светът що става и какво трябва да правят." Като пример се дават власите, сърбите и гърците, които "затичат под покриват на тяхната едвам станала слобода, за да са сличат с другите европски народи с наука, с просветение, с тарговтиа и със занаят, за да захванат при другите христиенски народи едно достойно за почето място..." Подчертава се, че ако не се развива и предава езика и народнината от деди и прадеди, българският народ ще остане "чюждинец" сред християнските и славянски народи.

Тези задачи на социалната практика водят до развитие на генеалогични изследвания, чрез които да се покажат дълбоките корени на историческите образци и които да служат като доказателствен материал за националната история. Две са основните тенденции в това развитие, обусловени от липсата на съвременна аристокрация: от една страна се изследва генеалогията на средновековните царски династии като пример и доказателство за националното величие. Историята на царете се представя като история на прародители, за да почувстват читателите "какових славних прародителей сте внуци". Историята се представя като биография на собствения народ. Успоредно върви и записването на биографиите на политически и духовни

[7] Делението на "културна" и "държавна" нация е условна научна конструкция, двата разграничени типа исторически се променят и реално съществуват по-скоро в смесени форми.

водачи на Възраждането, като всички те се героизират като предци на българския народ. Произходът придобива особено високо национално-символично значение.

Генеалогията при нас се развива като историята на индивидуалния род се свързва с историята на на-рода. Думата “род” добива първостепенно значение – тя е в основата на народ и на родина, от нея се извеждат прилагателни като роден, единородни, образуват се думи като любородец, родолюбец.

Понятията са важни, защото създаването на нови понятия отразява определено обществено развитие, същевременно те влияят обратно на общественото развитие, тъй като са силно емоционално натоварени и целят да предизвикат съответните чувства към родината.

Интересен пример е развитието на етимологията на “отечество” – от “отчина/бащина/отчество” в един конкретен правен аспект на имот, предаван по наследство, който може да бъде и обект на покупко-продажба (далеч на всеки е притежавал “отчество”) до абстрактното, емоционално понятие “отечество”.

В процеса на създаване на национално самосъзнание рано се разкриват и използват функциите на епическите песни. Епосът се използва като основен извор за историческото минало, чрез него се развива историческо съзнание и съзнание за общност на основата на общата борба срещу стилизирания враг – турците. Значението на епическите песни е голямо и поради факта, че те служат за основа на националния литературен език.

В духа на съвременните теории основните характеристики на народа се търсят и в обредите.

Революционерите, които са едновременно и публицисти, учени и учители, оценяват самите себе си като “спасители” на старите обичаи и вярвания. Събирането на материалите става основно по предварително подготвени въпросници, търсят се преди всичко реликти, които се откъсват от съвременния им социален контекст. Селото, селската култура се издига като основен стожер на българския език и култура. Подчертава се, че само “селяните са останали истински българи”, за разлика от гражданите, които са податливи на чужди влияния – така се оценяват бурните промени в градската култура, започващи и развиващи се по онова време.

Носител на национално-консолидационните идеи е градската интелигенция. Основните усилия на интелигенцията от този период се насочват към образованието и училището – учители, публицисти, ученици се привличат в широката събирателска и популяризаторска работа, за да допринесат за “събуждането на нашите българи от невежеството и летаргията”.

Това води до бурно развитие на светското образование, чието обществено значение рязко нараства.

В своята автобиография "Спомени за години на борби и победи", публикувана 1916 г., Иван Евстратиев Гешов /завършил класното училище в Пловдив/ пише: "'Нормален продукт на официалното ни образование, аз, когато свърших гимназията, бях пантеист и републиканец'. С тая изповед почва Бисмарк своите *Мисли и спомени*. Нормален продукт на доосвободителното ни образование, и аз, когато свърших пловдивското училище, бях националист."
Разгръщането на национализма, развитието на националната идея е съвсем съзнателно при познаване и във взаимодействие с водещите европейски идеи на онова време.

НАЦИОНАЛНАТА ДЪРЖАВА 1878 - 1914 И РАЗВИТИЕТО НА ИЗСЛЕДВАНИЯТА НА СЕМЕЙСТВОТО

В рамките на общоевропейския контекст се разглежда политическото развитие до 1878 г.
При отпадането на балканските провинции от османската империя не се стига нито до национални държави по етнически принцип, нито до балканска или дунавска федерация или до силна, реформирана османска империя с административна автономия на различните народи или до дуална държава. Резултатът е накъсаност и малки държави. Това едва ли може да бъде обяснено само и предимно с модела на етническата културна нация, нито пък е резултат на обособено развитие на балканските народи. Границите и формата на управление, дори съществуването на балканските държави се определят от доста противоречивите интереси на отделните велики сили по правилата на политиката на "европейско равновесие".
След създаването на национална държава през 1878 г. основните проблеми са, от една страна, въпросите на държавното управление и на политическия живот и, от друга страна, проблемът на цялостното държавно обединение по етнически признак. Основен критерии на българската външна политика – включително до влизането на България във Втората световна война – е отношението по решаването на българския национален териториален въпрос. Външнополитическите доктрини продължават да се градят въз основа на принципите на общ език, култура и произход. Това определя и държавния интерес към народоуката, която е призвана да конструира и повдига националното самосъзнание. Израз на този държавен интерес е и институционализирането на народоуката – създаденото в Браила БКД се преустройва в БАН, създава се университета в София.
През този период се институционализира и изследването на семейството. Изследванията върху семейните форми в България започва около средата на XIX век. Подтиците идват първоначално отвън. През XIX век се развива

историческата правна наука. Доминиращата концептуално-теоретична основа през това време е еволюционизмът. Без да се спирам в детайли на отделните автори и разработки, може да се обобщи, че от гледна точка на повечето представители на еволюционизма развитието на семейството протича линеарно от комплексно семейство с колективна собственост към нуклеарно семейство и частна собственост. Прогресивното развитие от този вид характеризира цялото човечество, но при т.нар. "културни" народи началните фази са отдавна преодолени. Само при т.нар. "природни" народи могат да се открият все още тези семейни форми. На преден план се извежда сравнителният метод, за да може чрез изучаването на т.нар. "примитивни", "праисторически" общества да се стигне до познание на ранните стадии в развитието на човечеството. Чужди учени търсят и откриват в славянското пространство "етнографския/народоучния музей", в който се съхранява материал за отминали исторически епохи. Дефинирането на това, кое е значимо за науката, оказва съществено влияние както върху начина, по който се възприемат чуждите общества, така и върху местната наука. Балканските учени, в опита си да събудят международния научен интерес и да получат признание, поставят в центъра на своите разработки онова, което международната общност е признала за научно значимо. Търсенето на старината, на "автентично" славянското сред местните учени/общественици е с цел еманципиране спрямо европейската наука.

В славянското пространство еволюционизмът получава и едно допълнително значение: в най-старите семейни и правни форми се открива – във връзка с идеите на Хердер за равноправно и самостоятелно развитие на народите – израза на специфичния народен дух. Възгледите за демократичния, колективистичен славянски дух, запазен в голямото семейство, който да послужи за основа на една демократична държавна система, се развиват от различните течения на руските славянофили (народници, разночинци).

Аналогично на изследването на обичайно-обредната система и на фолклора, интересът на изследователите на семейството се насочва към селската култура. При това целенасочено се търси определена семейна форма и свързаните с нея обреди и обичаи - разшireното или комплексно структурираното домакинство - като израз на по-ранни стадии на развитие и като носител на специфичен народен дух.

Конкретно показвам защо е била избрана задругата, проследявам дебатите около различните термини за обозначаване на "голямото семейство", търсенето на положително натоварено понятие. Многозначността на отделните понятия, разликите в дефиниционните критерии у отделните изследователи ми дават основание за извода, че под понятието "задруга" са били описвани различни семейни и домакински форми. Съвсем схематично тук бих искала да подчертая,

че е била търсена аналогията със схващанията за немската "Hauscommunion"/"Großfamilie"/"Hausgemeinschaft", както и съпоставимост с френските представи и термини за разширено семейство.
Така създаденият научен семеен идеал служи на практико-политическата цел да се натоварят с положително значение традицията и общността, да се засили груповата идентичност и тя да се превърне в патриотична добродетел. Ако трябва да се определят научните изследвания от онова време, то те са едновременно учебни материали (за целите на преподаването и за самообразование), публикации за широката публика и специализирани издания, насочени към съвременните правораздавателни органи.
Стимулирани от външния интерес от една страна и от друга страна от вътрешното стопанско-политическо развитие, което поставя държавните органи пред необходимостта от създаване на модерна правна система в новите национални държави, славянските проучватели се насочват към проучване на правните аспекти на семейната система. Реликтите от народните правни обичаи и институции се определят като предшестващи модерното време. Същевременно обичайното право се оценява като основа за създаването на модерно, специфично национално законодателство.
Изискването да се съблюдават "особените български условия" определя в значителна степен дискусиите около стопанското развитие, като тази особеност в част от случаите се свързва с народните обичаи: "Не ни остава нищо друго освен да видим какво са направили другите народи, за да ни изпреварят и след това да изберем – не най-хубавото или най-модерното, а това, което най-вече отговаря на нашите обичаи и сили."[8] Макар дефинирането на задругата да включва различни критерии при различните изследователи, общото в повечето дефиниции е, че тази семейна форма се описва като стопанска общност с неделени имоти. Идеализиращият поглед върху голямото семейство, на което се приписват здрави морални норми, солидарност и общност, характеризира подхода на водещите изследователи на семейните форми у нас, които в тълкуванията си се опират на международни социологически, правно-исторически и етнологични изследвания. Подчертават се икономическите, моралните и политическите предимства на задругата. Именно колективната собственост може да предпази селяните от пролетаризиране и срещу бедността. Изтъкват се икономическите предимства на задругата, разбирана като

[8] Начович, Г. Няколко страници по земеделието в България и странство. София, 1902 цит. по Preshlenova, R. "Europa" in der bulgarischen Wirtschaftsliteratur (1878 - 1918). B: Heppner, Harald/Preshlenova, Rumjana (Hg.). Die Bulgaren und Europa von der Nationalen Wiedergeburt bis zur Gegenwart. Sofia, 1999, 136.

кооперативно дружество за обединяване на капитал и работа, осигуряващо за селското стопанство възможност за ефективно разпределение на труда. Задругата се интерпретира като древна, автохтонна социална форма на кооперацията. Опирайки се на теориите, разработени в съвременната социология, изследователите на задругата виждат в нея стадии от обществената организация, продиктуван от “нуждите на живота”.

И по отношение на политическото развитие се подчертава значението на задругата. Само един пример – Иван Евстр. Гешов за политическия аспект на задругата: “Като посредница между индивидуума и общината задругата учи на самоуправление. Въртенето на задружната челяд в дребно прилича на управлението из една община, на едно анонимно дружество. Задругата се явява като начало на парламентарний режим и приготовлява членовете си за упражняването на техните обществени и политически права.”[9]

В опита да се обоснове специфичния семеен дух и определена наследствена система, позоваването на традицията играе водеща роля. От една страна се изхожда от традицията, за да се докажат съвременните явления, същевременно съществуването на примери на задруга и съответните форми на наследяване доказва тяхната традиционност и древност. Задругата се тълкува като древна обществена форма, чиито норми и ценности се предават непроменени през вековете и определят нейното съхранение. Наличието на такива примери в тогавашното време е основното доказателство за разпространението им и в по-ранни исторически епохи. Основен метод е екстраполирането на съвременни етнографски данни върху по-ранни исторически епохи.

Освен активното популяризиране на нормите и ценностите на задругата, проучвателите й използват събраните от тях материали по обичайно право като база за държавното законодателство. При този опит българските изследователи и политици следват или полемиризират със съвременните им сръбски, хърватски, черногорски колеги. Като особено похвален пример се привежда черногорското гражданско законодателство, създадено от Богишич, което укрепва голямото семейство, а се критикуват хърватските закони от 80-те години, които затрудняват създаването на нови задруги и узаконяват частната собственост. Привържениците на задругата са полагали усилия да я наложат като база на обществения ред чрез съответното законодателство. Така усилията им се насочват към една консервативна социална политика. Целта е да се запази чрез правни мерки срещу раздробяване колективната собственост. Като основа за правното подкрепяне на задругата служи обичайното право. Селективното записване на това обичайно право е свързано основно със същите имена – Валтазар Богишич, Петър Оджаков, Стефан Бобчев, Иван Ев.

[9] Гешов, Иван: Задругата в Западна България. ПСп 21-22, 446.

Гешов, Димитър Маринов и др. В България не се стига до законодателно признаване на задругата като юридическа личност, макар и в тази насока да са правени опити. Успешна е съпротивата на изследователите на разширеното семейство по отношение на закона за наследството. Този закон, както и закона за имуществените отношения в семейството, според който на жената се признават права на собственик, се определят от Бобчев като "удар срещу задругата, който й отнема основата".[10] Активната юридическа и популяризаторска работа на привържениците на задругата допринася съществено за промените в закона за наследството, направени в края на XIX и началото на XX век.

Обществено-политическите мотиви определят изследователския интерес и дефинират концентрирането му върху определена семейна форма и система на наследяване. Изследователската стратегия определя обхвата и подбора на материалите, като едновременно отваря перспективите за едни проблеми, а ги затваря за други. Систематизираното събиране на определени факти/данни е винаги резултат от изследователската активност, а не независима от изследователя "обективна" величина. Специфичният подход конструира анализираните проблеми чрез селективния подбор и обработка.

Това не би трябвало да се квалифицира като съзнателно игнориране на другите успоредно съществуващи форми на семейство и наследяване. Още по-малко би могло да се определи като "фалшифициране", доколкото разширени и комплексни семейни форми, както и принципът на изключване на низходящите от женски пол от наследяването безспорно са съществували. Извеждането им обаче като единствени или поне доминиращи форми е израз на специфичните исторически условия.

Водеща в този процес е националната перспектива. Основните атаки срещу задругата в България идват от страна на първите социалисти, които застъпват принципите за интернационализъм на работническото движение. Така например задругата се оценява от Д. Благоев като семейна форма, която утвърждава консервативна традиционна социална структура и не допуска развитието на модерни социални движения. Авторитарният патриархализъм ограничава развитието на индивидуална инициатива, поощрява робски манталитет и води до ксенофобия.[11] Коренно противоположна е оценката на представители на национално-социалистическите идеи, които виждат в

---

[10] Бобчев, С. Българската челядна задруга в сегашно и минало време. Историко-юридически студии. В: СбНУ, т. 22-23, София, 1906-1907, 135.

[11] Благоев, Димитър: Разлагане на старите основи на народния живот. В: Избрани исторически съчинения. Т.2, София 1985, 208-226; *Същ.:* Що е социализъм и има ли той почва у нас?. Търново, 1891. В: Благоев, Димитър: Съчинения. Т.1, София, 1957, 437-532.

задругата "най-чистата форма на колективизма", която ще изведе обществото от егоизъм към алтруизъм, от експлоатацията към справедливостта .[12]
Интересно е да се отбележи, че "теорията за криза на семейството" е актуална през XIX век и в една държава като Франция: "Разбиването" на семейството се оценява като следствие от революционния Code civil. Държавата с нейното законодателство се обявява за отговорна за кризата на семейството и за налагащия се индивидуализъм. Като конкретни причини се посочват законите за наследството, правото на развод, отслабването на авторитета на бащата. Тази теза се споделя както от католически теолози (Луи дьо Бонал, Огюст Конт), така и от социолози (Фредерик Льо Плей). Като оплаква нестабилността на работническото семейство, Льо Плей подчертава необходимостта от държавна подкрепа за връщане обратно към "родовото семейство", което съхранява патриархалния авторитет на бащата и осигурява континюитет в предаването на ценностите и нормите.[13] Във Франция и в Германия (където се развиват аналогични схващания) не се стига до законодателни промени в тази насока.[14]
Специфична характеристика на развитието на България в първите десетилетия след създаването на национална държава е съвпадането на научния с политическия елит. Позицията на водещите изследователи и поддръжници на задругата е от особено значение, доколкото като държавници и юристи те активно участват в изграждането на правната система на новата държава. Така научната дейност, преплетена тясно с популяризаторска и законодателна активност, оказва съществено влияние върху обществената реалност.
Картината на голямото семейство е свързана с процесите на модернизация. Процесите на нарастваща социална диференциация, засилването на географската и социална мобилност, промените в стопанската структура и свързаната с тях урбанизация водят до разтърсване на предишното чувство за сигурна принадлежност у хората. На голямото семейство, на рода като основна

---

[12] Цитатът е от Svetozar Markovic, един от основателите на сръбския социализъм, цит. по *Halpern, Joel/Kerewski-Halpern, Barbara*: A Serbian Village in Historical Perspectives. Prospect Heights, 1972, 18, виж и Тодорова, Мария: За епистемологичната стойност на семейните модели: Балканите в европейския контекст. В: Балканистичен форум, 3, 1996, 62.

[13] Le Play, F. L'Organisation de la famille. Paris, 1884, 8.
Segalen, M. Die Familie. Geschichte, Soziologie, Anthropologie. Frankfurt/New York. 1990, 22-24, 40-41.

[14] Kramer, D. Die politische und ökonomische Funktionalisierung von "Heimat" im deutschen Imperialismus und Faschismus - Diskurs 6-7, 1973, 3-22; Weber-Kellermann, I. Kontinuität und Familienstruktur. W.H. Riehl und das Problem der Geschichtlichkeit von Primärgruppen. В: Bausinger, Hermann/Brückner, Wolfgang (Hg.): Kontinuität, Geschichtlichkeit und Dauer als volkskundliches Problem. Berlin, 1969, 143-153; Bastian, A. Der Heimat-Begriff. Eine begriffsgeschichtliche Untersuchung in verschiedenen Funktionsbereiche der deutschen Sprache. Tübingen, 1995; Köstlin, Konrad: Anmerkungen zu Riehl. В: Jahrbuch zur Volkskunde 1984, Neue Folge 7, 81-96.

социализираща група се придава особено значение. От една страна в задругата се вижда автохтонна институция, която би могла да запази културната идентичност срещу чуждите влияния на модернизацията. Същевременно в разширеното семейство се вижда именно онази институция, която би могла да направи поносими последиците от модернизацията в социалната област. Смята се, че чрез присъщия й демократичен характер задругата би могла да проправи пътя на новия социален ред и да направи модернизацията възможна.

Макар България през този период да остава страна с преобладаващо земеделско население, трансформационните процеси са дълбоки и на всички нива и безспорно са свързани с промени в семейните и домакински структури. Динамиката на развитие, промените в стопанската структура, процесите на урбанизация, възникването на буржоазни слоеве, разширяването на образователната мрежа и отражението на тези процеси върху семейните структури, върху отношенията между поколенията и върху представите за полови роли в значителна степен остават извън вниманието на изследователите на семейството, поради концентрирането на дискусиите основно около въпросите "за" и "против" задругата.

Изграждането на нова инфраструктура, създаването на пътно-транспортна мрежа води до промяна в селищната структура и е свързано със значими миграционни движения.

Първите поколения изследователи на народната култура, включително на семейните форми, принадлежат към интелигенцията, получила основно образование в чужбина. До голяма степен емигрантската буржоазия, стимулирана от външните фактори, става носител на националните идеали. След създаването на национални държави в Югоизточна Европа значителна част от емигрантските елити се завръщат в съответните държави и образува интелектуалния, политически и икономически водещ слой. Миграцията става предмет на изследване на националната историография и това определя перспективата върху тези процеси.

Външната миграция започва като сезонна работна миграция, регионална, специализирана по професии /градинарите, строителите в Беломорска Тракия, памукоберачите/. Някои форми на тази сезонна миграция преминават особено от втората половина на XIX век в трайно усядане. Към това се прибавя вълнообразно развиващата се около началото на XX век емиграция към САЩ и Канада. От гледна точка на националната държава именно тези форми на миграция, които водят до трайно емигриране, се оценяват като основен проблем. Около проблемите на миграцията – причини, мотиви, отражение върху националното стопанство - се инициират редица изследвания и се разгръща широк обществен дебат, в който се поставят и редица социални проблеми.

При липсата на политически и икономически предпоставки за провеждането на колонизационна политика, във външната емиграция се вижда опасност от денационализиране, поради което през първите десетилетия на XX век се приемат редица закони и наредби, целящи ограничаването й. На стремежа да се ограничи както вътрешната, така и засилващата се външна миграция служи и популяризирането на един идеал, насочен към корените. В тази насока са митологизирането на мястото на раждане; представата, че човек е свързан съдбовно с родната земя; идеята за "дърво без корен". Задругата като семейна форма отговаря на принципите на едно стационарно общество. Като израз на национално-романтичната позиция за затворено заселване и запазване на българщината разглеждам позицията на Иван Евстр. Гешов: работните обединения на градинарите Гешов разглежда като структурно съвпадащи с основните характеристики на задругата. Именно колективният принцип е препазил тези българи, така че "техните дружества са могли, през кризи и през войни, да противостоят не само на оня principle de degeneration, принцип на изродяване, който, според W. Stanley Jevons исхабява човеческите общества, но още и на такива политически и економически катастрофи, които са помели много хорски наредби и много хорски занятия."[15]

Апотеозът на голямото семейство ("задружното работение, домашни добродетели, трудолюбие") цели да се създаде и респ. засили волята за служба на общността – в мирно и във военно време. Войната се оценява от универсално-етични позиции като нехуманна. Но войната на един народ за своята свобода се издига в религиозен и морален култ. По време на Балканските войни всички мъже-емигранти, които не се връщат, за да участват във войната, се класифицират от държавата като дезертьори.

ОБЩЕСТВО И НАУКА МЕЖДУ ДВЕТЕ СВЕТОВНИ ВОЙНИ

Тежките условия от мирните договори водят до стопански и социални кризи (от хиперинфлация до масова безработица и силни миграционни движения). Политическото прекрояване на европейската карта след първата световна война (35 държави в сравнение с 26 преди 1914) засилва несигурността в общоевропейски план по отношение на възможностите на малките държави за самостоятелно съществуване.

Същевременно междувоенния период при всичките икономико-политически проблеми не може да бъде разглеждан като време на социално-икономическа и политическа стагнация. Модернизационните процеси продължават на всички

[15] Гешов, Иван: Нашите градинарски дружества. В: ПСп 27-30, 1888, Средец, 340-341.

нива – засилва се урбанизацията, интензивират се връзките между града и селото, което води до задълбочаване на модернизационните процеси и на село.
Непосредствената следвоенна ситуация се описва с понятията "криза" и "катастрофа". Несигурността засилва търсенето на идентичност – като опора за едно "друго" бъдеще. Чувството за разкъсано единство на българския народ води до копнежи по едно ново българско "Възраждане". Надеждите в това отношение се свързват основно с възстановяването и съхранението на "автентичната" българска култура.
Националната история и селската култура остават средство за единение и за засилване на общностната солидарност. Макар "търсенето на българщината" да приема и характера на антилиберални утопии, важно е да се подчертае, че то е преди всичко израз на модернизацията и е обслужвало предимно модернизационни цели.

ИЗСЛЕДВАНЕ НА СЕМЕЙСТВОТО ПРЕЗ СОЦИАЛИЗМА

Изграждането на военните блокове "Изток" и "Запад" върви успоредно с една политика на предпазване от вредните културни и психологически влияния на противниковата система.
В икономически план акцентът пада върху форсираната индустриализация, за да се издържи противоборството със "Запада".
За да се мобилизира населението, се конструират определени представи за себе си и за другите. Упадъкът на капитализма се обосновава със социалните и културни недостатъци в сравнение със социализма. Водещи при оценката на Запада са понятия като индивидуализъм, отчуждение, шовинизъм. Предимствата на социалистическата общност се описват с термини като колективизъм, солидарност.
Новата семейна политика се приема почти без промени от Съветския съюз. Тезата на Маркс за обществена собственост върху средствата за производство е свързана с възгледа, че и семейството не трябва да разполага със собствени средства за производство. Освобождаването на семейството от стопанските му функции трябва да доведе до премахване на зависимостите в него – на жената от мъжа, на децата от родителите и да осигури отношенията между съпрузите като отношения между свободни индивиди. Според "Манифестът на Комунистическата партия" семейството трябва да бъде освободено от задължението да възпитава децата. Тези функции трябва да се поемат от обществото, така че следващите поколения да бъдат формирани според обществените потребности. Тази политика съвпада с началния период на колективизация и индустриализация и бърза урбанизация.

Генерационната политика на комунистическата партия в социалистическата държава цели изолирането на възрастното поколение и масирано политико-идеологическо възпитание на подрастващите. Чрез обществените организации – детски градини, училище, детски и младежки организации – трябва да се възпита младото поколение като граждани на новото общество, като след това това поколение окаже обратно влияние върху поколението на своите родители и респ. баба/дядо.

Интересно е, че в политиката, която цели да се отнемат на семейството функциите по възпитанието, се аргументира с понятия като "колективизъм", "единство между индивид и общество". Със същите понятия се легитимира и променената партийна и държавна политика от края на 50-те и особено от 70-те години. Но този път духът на "колективизъм", на "единство между индивид и общество" трябва да бъде предаден именно чрез семейството. На семейството един вид се "връщат" възпитателните функции. Тази промяна е свързана с общественото развитие – буржоазията и некомунистическата част от интелигенцията е физически или психически ликвидирана и направена "послушна", социалистическите ценности до голяма степен са вече интернализирани от младото поколение.[16]

В градовете се проваля опитът да се обобществят семейните функции – не само като опит за противодействие от страна на семейството на опита на държава и партия за контрол над всичко и всички, но и поради факта, че форсираното изграждане на ефективна система на услуги се проваля в количествено и качествено отношение.

Още един фактор е от значение – от края на 50-те години се засилва националната ориентация на БКП, без разбира се да се стига до открито противоречие с принципите на комунистическия интернационализъм.

В областта на семейната политика променените условия водят до това в официалните текстове като основна функция на семейството да се изтъква репродуктивната. Пронаталистичната политика на държавата се води под девиза за трето дете и майката-героиня. Моделът на социалистическата жена с нейните три роли – работничка, общественичка и майка – се модифицира като майчинската роля излиза на преден план. Като реакция на спадащата раждаемост се предприемат редица мерки за стимулиране на ранния брак.

Промяната в семейната идеология е продиктувана и от социално-икономическото развитие. Дори масивното строителство на панелни гета не успява да задоволи увеличаващите се нужди от жилища в бързо нарастващите

---

[16] Iliev, Ilija: Familie, Ideologie und Politik. Die Grossmutter in der städtischen Familie nach 1945. B: Brunnbauer, Ulf/Kaser, Karl (Hg.): Vom Nutzen der Verwandten. Soziale Netzwerke in Bulgarien (19. und 20. Jahrhundert). Wien-Köln-Weimar, 2001, 89-114.

градове. Съществуващата социална система също обуславя съвместното живеене на повече поколения и роднини.

През 70-те години на XX век се активират отново генеалогичните изследвания – издават се редица научни публикации върху методиката на генеалогията. Безспорни са политическите мотиви в указанията за събиране на генеалогични сведения и изработването на родословно дърво – в редица методически ръководства се съдържат конкретни указания за записване на имената на видни възрожденци, опълченци, активни общественици, комунисти, членове на аграрната партия и на ОФ, участници в международни бригади, партизани и техните ятаци, политически затворници (разбира се, не тези от социалистическия период!), т.нар. активни борци против фашизма и капитализма и т.н.[17] В генеалогичните изследвания, особено силно стимулирани в райони със смесено в етническо отношение население, доколкто чрез тях се цели доказване на българския корен на тези групи, се привлича локалната интелигенция от цялата страна. Целта е събирачеcката дейност да се интегрира в образователната и възпитателната работа. Само няколко заглавия: "Родоизследователската и родопроучвателскта дейност – действен фактор за патриотичното възпитание на населението в Смолянска община", "Българският род – род вековечен", "Знай своя род".[18]

Успоредно се провеждат държавни мерки за стимулиране на наследниците от първа степен на "заслужилите" личности, както и на репресии спрямо наследниците на "враговете на народа". Това от своя страна влияе върху генеалогичните записи, води до многобройни укривания, дори до официален отказ от родители или баба/дядо, както и обратно - официално признати за активни борци осиновяват внуците си.

Разширеното семейство се оказва отново подходяща формула. Голямото семейство с неговия специфичен колективистичен дух се представя като коренно различно от индивидуалистичното малко семейство на капитализма. Задругата се оказва един много гъвкав образ - при издигането ѝ като основен традиционен модел се подчертава от една страна славянската общност (особено тази със източните славяни), същевременно от национална перспектива тя се тълкува като "носител на традициите на българския народ".

Макар в изследванията върху семейството през социализма доминиращ да е еволюционизма, развиват се и нови подходи, особено в областта на

[17] Проданов, Петър/Джагаров, Иван: В помощ на родоизследователя. Габрово, 1976; Спасов, Кирил: Родословие. Методика за родословни изследвания. Кюстендил, 1980; Платиканов, Иван: Родознанние. Примерна методика за родови изследвания. София, 1984.

[18] Родоизследователската и родопроучвателскта дейност – действен фактор за патриотичното възпитание на населението в Смолянска община. Смопян 1989; Българският род – род вековечен. Смолян 1991; Зайков, Иван: Знай своя род. София, 1983.

историческата демография. Така още през 60-те години на XX век се поставя под въпрос доминирането на комплексните семейни форми през средновековието, а чрез това и тезата за последователно, еволюционно развитие.
Демографско-антропологичното направление в изследването на семейните форми се развива особено силно след политическия преход от 1989 г.

КУЛТУРНИТЕ МОДЕЛИ

Съвременното търсене на корените и интересът към народната култура служат на съвременни цели – доколкото светът е разделен все още на национални държави, то те следват определени национализиращи стратегии. В България има наченки на национализиращи стратегии, които са характерни и за високоразвитите държави – например т.нар. "потребителски патриотизъм": произведеното у нас засилва позициите си. Но за тези мобилизиращи стратегии все още - в условията на тежки стопанско-политически трансформации – не достига икономическия потенциал.
Затова обръщането към народнта култура е опит да се солидаризира нацията. То е израз и на световни тенденции. Символичното положително натоварване на народната култура е опит да се намери пътя от миналото към европейското бъдеще. Изследванията на народната култура отговарят на редица потребности и изпълняват различни функции. Ритуалите и обичаите структурират всекидневието именно поради това, че съдържат идеята за надеждност и сигурност. Засиленото търсене на корените, търсенето на опора в традициите както на регионално, така и на национално ниво цели утвърждаване и укрепване на общността. Безспорни са и естетическите функции на конструираните народни обичаи, които в туризма успешно са трансформирани в спектакли.
Същевременно една концепция за идентичност, която се опира основно на миналото има определен детерминистичен характер: такова самопредставяне представя "навън" и "навътре" една статична културна форма.
Критичното разглеждане на теориите и подходите към традиционната народна култура и към семейните структури и форми започва да се разгръща в България. Особено резултатни са интердисциплинарни изследвания, които разкриват различното значение на роднинството в различни фази на семейния и индивидуалния живот, като тази променяща се роля е в зависимост от конкретните политически, стопански и социални условия.
При изследването на роднинството се поставя проблема за различните взаимопреплитащи и взаимовлияещи се мрежи – роднинска, колегиална, приятелска, съседска и други; разглеждат се и въпросите за взаимовръзката

между роднинството и социалната система. Поставянето на тези проблеми изисква комплексен подход, съчетаване на макро- и микроисторически методи. Силен изследователски тласък дават големите семейни модели, обхващащи големи исторически периоди и пространства. Като пример привеждам моделите, разработени от П. Ласлет и Дж. Хайнал.[19] Извеждането на класификационни критерии (семейна и домакинска структура, брачна възраст и др.) позволяват класифицирането на съществуващото познание. Благодарение на тези мащабни модели са изработени нови единни структурни критерии, които позволяват и улесняват сравнението. Безспорен принос е използването и типологизирането на обширен и разнороден изворов материал: демографско-статистически данни за брачна възраст, раждаемост и смъртност, стопанско развитие и т.н. Макросравненията насочват изследователския интерес към важни структурни и функционални елементи и имат висока евристична стойност. Отказ от широки макро-сравнения би довел до изолиране и затваряне на различните изследователски полета.

Същевременно макро-сравненията поставят и редица проблеми, които също заслужават научното внимание. Структурното сравнение между семейни и роднински системи цели ясното разграничаване на сравняваните единици. Различните "филтрирани" модели се свързват географски с определени територии. Този аспект е ясно откроен в изследванията на Хайнал, в които се прави разлика между "европейски" и "неевропейски", респ. "извъневропейски" брачен модел. "Европейският" с граничната линия Триест – Санкт Петербург е концентриран в Западна Европа, обхваща Скандинавските страни, включително Ирландия (без Финландия), Британия, Холандия, немскоезичното пространство и северна Франция. Проследяват се различните брачни типове от 17. век до началото на 20. век. И в класификацията на Ласлет на семейните и домакински форми териториалният аспект е структуриращ: "нуклеарното семейство/домакинство" ("nuclear family houshold") като обществено доминираща семейна структура се локализира в Северозападна Европа, формите на "разширено семейство/домакинство" („extended family houshold") се разграничават ясно от комплексното семейство („multiple family houshold). Последната семейна форма се разглежда като структурна норма за източно- и югоизточноевропейските, както и за извъневропейските общества. Според тази теория, изключението е по-скоро Западна Европа: с нуклеарно семейство, със сравнително висока брачна възраст, относително голяма възрастова разлика

[19] *Hajnal, John*: European Marriage Patterns in Perspective. B: Glass, D.V./Eversley, D.E.C. (Ed): Polulation in History. Essays in Historical Demography. London 1965, 101-146; *Laslett, Peter/ Wall, Richard* (Ed): Household and Family in Past Time: Comparative Studies in the Size and Structure of the Domestic Group over the Last Three Centuries in England, France, Serbia, Japan and Colonial North America, with Further Materials from Western Europe. London/New York/Melbourne, 1972.

между поколенията и малка между съпрузите. Диференцираната терминология цели да подчертае разликите: "родовото семейство" („Stammfamilie") с възможно линеарно разширяване върху три съвместно живеещи поколения, но без латерално разширяване и "разширената семейна система („joint family") с възможно линеарно и латерално разширяване се рагранччават и понятийно от комплексната семейна структура, чиято основа е роднинството.

Терминологията на тази и днес широко използвана класификация е подлагана на научна критика.[20] Доколкото имплицитната или експлицитна телеология на тези модели разглежда развитието от комплексни към нуклеарни семейни форми, то те биха могли да бъдат определени като трансформиран еволюционизъм.[21]

Така в голяма степен в съвременните дискусии по отношение на семейните форми и структури се изхожда от схематичното противопоставяне на две идеализиране семейни форми – комплексното семейство, основаващо се на патрилинейно родство и доминиращо нуклеарно семейство. Хайнал описва през 1983 г. по следния начин целите на своето сравнително изследване: *„The aim of this chapter is to compare and contrast the two kinds of household formation system in quantitative terms."*[22]

Един от основните проблеми на тези модели, според мен, е нееднаквата изворова база, на която са изградени. Чисто количествено прави впечатление неравновесието на изворовия материал и на изследванията по отношение на различните "културни пространства". Хайнал основава хипотезите си за разлики в брачната възраст конкретно по отношение на Югоизточна Европа върху данните на Международния статистически институт от 1916. Статистиката обхваща преброяванията от 1850 до 1910.[23] Данните за Сърбия са диференцирани в два периода: 1886 до 1895 и 1896 до 1905. За България и Румъния са приведени конкретни данни въз основа на преброяването от 1900. Тези данни се сравняват с далеч по-диференцираните данни и изследвания за западноевропейския регион. Детайлираните изследвания за Западна Европа

---

[20] *Mitterauer, Michael*: Familien im Spannungsfeld gesellschaftlicher Transformationen. В: Beiträge zur historischen Sozialkunde 4, 1993, 101-102.

[21] *Hareven, Tamara:* The Dynamics of Kin in an Industrial Community. В: Amerrican Journal of Sociology, 84, 1978, 151-182; *Същ.*: The Family as Process: The Historical Study of the Family Cycle. В: Journal of Social History 7, 1974, 322-329; *Същ.:* The History of the Family as an Interdisciplinary Field. В: Journal of Interdisciplinary History 1, 1971, 399-414; *Същ.:* Family Time and Historical Time. В: Daedalus 106, 1977, S. 57-70; *Същ. :*Family Time and Industrial Time. New York, 1982.

[22] *Hajnal, John:* Two kinds of pre-industrial household formation system. В: Wall, Richard/Robin, Jean/Laslett, Peter (Ed.): Family Forms in Historic Europe. Cambridge, 1983, 65.

[23] Institut International de Statistique. В:Annuaire International de Statistique. Vol.1, Etat de la Population (Europe). La Haye, 1916.

обхващат периода от XVII век. Успоредно на данните за цели държави се привеждат и данни за конкретни градове: например за Венеция, Амстрердам, Дурлах и Вюртенберг в Германия и др.[24] Ласлет основава тезите си за балканското пространство предимно върху изследванията на Халперн и Хамел за тогавашна Югославия, основани върху два примера – градско-селския район около Белрад и централна Шумадия.[25]

Генерализациите за "Западна Европа" днес са поставени под въпрос чрез многобройни конкретни изследвания.[26] За дискусия е поставян и проблемът за политическото отражение на научното противопоставяне на "Западна Европа" срещу "целия останал свят".[27]

Поради недостатъчния и неравномерно разпределен изворов материал моделите на Хайнал и Ласлет са хипотези, които изискват по-нататъшни изследвания. Оскъдният изворов материал и необходимостта от нови изследвания се изтъкват и от самите автори. Като една от целите на работата си те дават: *„to call forth the further information which we so badly need (...) to encourage research and publication on such topics."*[28] По този начин приемам макро-сравненията – като подтик за детайлирани изследвания.

В противен случай, при акцентирането върху разликите между Западна Европа и в случая Югоизточна Европа при метода на пренасянето от един район върху цял регион се пропуска необходимото диференциране както между различните държави, така и в рамките на отделните общества. Липсата на такова диференциране води до обобщения, които конструират и предават картината на единен културен регион. Едва чрез пълно и точно осветляване на историческите особености и чрез интерпретирането на културните прояви в

---

[24] *Hajnal, John*: European...

[25] *Halpern, Joel*: Town and Countryside in Serbia in the Nineteenth Century. Social and Household Structure as Reflected in the Census of 1863. В: Laslett, Peter/Wall, Richard (Ed.): Household..., 401-428; *Hammel, Eugene*: The Zadruga as Process. В: Laslett, Peter/Wall, Richard (Ed.): Household..., 335-374; *Laslett, Peter/Clarke, Marilyn*: Houseful and household in an eighteenth century Balkan-city. A tabular analysis of the listing of the Serbian sector of Belgrade. В: Laslett, Peter/Wall, Richard (Ed.): Household ..., 375-400.

[26] *Barbagli, Marzio*: Three Household Formation Systems in Eighteenth-Century Italy. В: Kertzer, David/Saller, Richard (Ed.): The Family in Italy from Antiquity to Present. New Haven/London, 1991, 250-270; *Ehmer, Josef*: Heiratsverhalten, Sozialstruktur, ökonomischer Wandel: England und Mitteleuropa in der Formationsperiode des Kapitalismus. Göttingen, 1991; *Waris, Elina*: Yksissä Leivissä. Ruokolahtelainen perhelaitos ja yhteisöllinen toiminta 1750-1850. Helsinki, 1999; *Harevan, Tamara*: The History...; *Dies.*: The family...

[27] Тодорова, Мария*:* За епистемологичната...; Същ..*:* Balkan....

[28] *Laslett, Peter*: Family and Household as Work Group and Kingroup: Areas of Traditional Europe compared. В:Wall, Richard/ Robin, Jean/ Laslett, Peter: Family Forms.., 513-563, тук 531.

техния социален, икономически и политически контекст се открояват различията.

Успоредно на развитието на микро-историята като метод в социологията през 70-те години на XX век бе обърнато внимание на опасността да се превърне *„a methodological unit of inquiry”* (село, регион, град или социална група) *„by assertion into a theoretical construct”*. При такъв подход културните и обществени взаимовръзки се предават като „local microcosmos of meanings conceived as autonomous systems”.[29]

Големите структурни сравнения насочват вниманието освен към количествените и към основополагащи качествени различия: С основание се обръща внимание на опасностите на чисто демографското направление и използването на количествени данни в историческото изследване на семейството.[30] При статистическото сравнение е необходимо в анализа да се отчитат историческия контекст и критериите за класифициране на различните данни от преброяванията. Върху този проблем обръща внимание самият Хайнал: *„For most of the older European listings of individuals by households, whether they be general government censuses, administrative documents, taxation registers, confession books, or whatever, there is no explicit definition of what was to be taken to constitute a household.”*[31]

В изследването си се опитвам въз основа на българския материал да покажа, че под термина “задруга” са били описвани различни семейни и домакински форми, дефиниционните критерии са се изменяли конкретно исторически. Това прави необходимо отчитането в анализа на многозначността на понятията, на различните явления описвани с еднакви термини, на движещите обществени мотиви, определили избора на конкретни критерии (напр. роднинството). Необходимостта от контекстуализиране и критика се отнася към всички видове извори. Именно въз основа на такава критика се разкрива, че представата за “голямото семейство” („Großfamilie”) и за линеарно развитие към нуклеарна семейна структура в и за Западна Европа е мит – “класическия мит на западната носталгия”.[32] За Югоизточна Европа възникването и развитието на научните изследвания и представите, които предават за семейните структури рядко се тематизират от такава гледна точка.[33]

---

[29] *Wolf, Eric*: Europe and the People without History. Berkeley, 1982, 13-14.

[30] *Mitterauer, Michael*: Komplexe Familienformen in sozialhistorischer Sicht. In: Ethnologia Europaea 12, 1981, (=Historisch-Anthropologische Familienforschung. Fragestellungen und Zugangsweisen. Wien/Köln, 1990, 47-86, тук 89.

[31] *Hajnal, John*: Two kinds..., 104.

[32] *Mitterauer, Michael/Sieder, Reinhard*: Vom Patriarchat zur Partnerschaft. Zum Strukturwandel der Familie. München, 1977.

[33] *Todorova, Maria*: Balkan....

Надявам се с разработката си за движещите мотиви при изследването на семейството да съм успяла да покажа, че ориентацията към миналото и концентрирането на вниманието върху определени семейни форми са били обществено-политически обусловени. В никакъв случай не става въпрос за фалшифициране на данни, а за целенасочен избор на факти и селективен анализ, който е изпълнявал определени обществени функции. Голям спектър от също толкова значими семейни и домакински форми, отношения между половете и поколенията в значителна степен остават извън научното внимание. Стилизирането на културата от края на XX – началото на XX век като цялостна традиционна система, класифицирането ѝ като "студена култура", която благодарение на затворения си характер е запазила редица основополагащи елементи от архаичните култури оказва безспорно влияние върху следващите изследвания, в случая конкретно върху проучванията на семейството. По този начин не само се репродуцират без необходимата научна критика стари представи, основният проблем, според мен е, че това води до различни въпроси и различни методи при изследване на различните обекти. Докато за "Западна Европа" се изхожда от динамиката на развитието и се търсят именно промените, то в Югоизточна Европа все още често се вижда едно статично общество, в което продължават и до днес да съществуват архаични елементи. Като подход това води отново до търсене и изследване на реликти – както основно в селското пространство, така и в града. От своя страна това води до "културализъм", при който извън обсега на научния анализ остават политическите, стопанските, социалните измерения на културните явления. Дискусията около "културализма" се разгръща през 60-те години на XX век и води до ново дефиниране на взаимоотношенията между култура, общество, икономика, политика. През 90-те години на XX век основно в рамките на дискурса около имиграцията в Западна Европа и в рамките на обществено-политическите дебати около разширяването на ЕС отново възникна проблема за "изчезването на социалното" и за преувеличаването и изолирането на културния фактор.[34]

Въз основа на конкретни примера показвам насочеността към съвременността на някои изследвания на исторически явления: Първата статия, избрана като пример, носи показателното заглавие "Традиционни норми и войната в бивша Югославия".[35] В разработката си, публикувана през 1994 г., авторите тематизират войната и формите на насилие в бивша Югославия. Това е израз на

[34] *Kaschuba, Wolfgang*: Kulturalismus: Vom Verschwinden des Sozialen im gesellschaftlichen Diskurs. B:Ders. (Hg.): Kulturen - Identitäten - Diskurse. Perspektiven europäischer Ethnologie. Berlin, 1995, 27-46.

[35] *Grandits, Hannes/Halpern, Joel*: Traditionelle Wertmuster und der Krieg in Ex-Jugoslawien. B:Beiträge zur historischen Sozialkunde 3, 1994, 91-102.

повишено внимание, чувствителност, отговорност и бдителност спрямо всички форми на насилие. Положително може да бъде оценено публикуването на статията в списание, предназначено за квалификация на учители, доколкото по такъв начин се стимулира култивирането на критично съзнание и мислене.
Въпросите, които се поставят, са част от принципните проблеми за влиянието на националната пропаганда през XX век, за взаимовръзката между национализъм и определени форми на насилие (например масови изнасилвания на жени). В рамките на социалната, военната, културната история това са съвсем нови изследователски полета. [36]
В статията се поставя и въпроса за ролята на науката при конструирането на национални митове и за инструментализирането на историята – проблеми, на които през последните десетилетия е посветена значителна литература. Изложението започва с научната забележка, че селските норми и стойности са били изведени на преден план от една градска, интелектуална перспектива и са били по романтичен начин идеализирани с цел да послужат като модел за собствената нация.[37] С това обаче за съжаление приключва историографският анализ, липсва задълбочена критика на изворите, която да включва историческия политически, икономически, научен контекст.
Безспорно критични разработки като тази поставят нови и важни проблеми. Убедително се показва, как националното тълкуване на историята – тъй като се интернализира силно емоционално – може да бъде използвано като инструмент за доминиране и като детонатор при колективни конфликти. Един от основните въпроси е за лесната манипулируемост на етнично-културните дефиниции – те притежават силна мобилизираща сила и при използването им от определена идеология могат да доведат до войнстващ национализъм. Драматичната ситуация в бивша Югославия показва болезнените и кървави последици от такова инструментализиране. Същевременно обаче национализмът на Балканите не може да бъде обяснен обособено извън международния политически и икономически контекст. Важно е поставянето на проблемите за противоречието между Status quo и правото на самоопределение, между граждански и малцинствени права – проблеми, които в световен мащаб не са намерили еднозначно решение. Многобройни примери от цял свят,

---

[36] *Hämmerle, Christa*: Militärgeschichte als Geschlechtergeschichte? Von den Chancen einer Annäherung. В: ÖZG 9, 1998, 124-135; *Същ.*: Von den Geschlechtern der Kriege und des Militärs. Forschungseinblicke und Bemerkungen zu einer neuen Debatte. В: Kühne, Thomas/Ziemann, Benjamin (Hg.): Was ist Militärgeschichte? Padeborn 2000, S. 229-262; *Heer, Hannes/Naumann, Klaus (Hg.)*: Vernichtungskrieg. Verbrechen der Wehrmacht 1941 bis 1944. Hamburg 1995; *Seifert, Ruth*: ‚Militär und Geschlecht' in den deutschen Sozialwissenschaften. Eine Skizzierung der aktuellen Forschungssituation. B:L'Homme2001, 1, 134-143.
[37] *Grandits, Hannes/Halpern, Joel*: Traditionelle... , 91.

включително от Западна Европа и Северна Америка, показват как въз основа предимно на икономически разлики регионалистични движения развиват центробежни сили, как идеологията на етническата идентичност се превръща в инструмент за колективно разграничаване. Именно поради значимостта на тези явления, намирам "териториализирането" на подхода за проблематично. Географското отделяне на изследователския обект е ясно изразено в разглеждания пример. Позовавайки се основно на проучванията на Ф. Мозли от 30-те години на XX век като център на патриархално организираната "задруга" се посочват "планинските райони на Черна гора и Северна Албания, както и Босна, Сърбия, части от България, Македония, Албания, северните части на Гърция, както и южните и източните части на Хърватска" (основно областите на бившата австрийска военна граница в Хърватска и Словения). До голяма степен неясно остава въз основа на какви извори става ре-конструирането на комплексните семейни форми, които „в литературата са обозначени най-често като ‚задруга'" и които се оценяват като „основа на организацията на живот". Многократно се подчертава и изтъква тясната взаимовръзка между семейни форми и обществена организация: *„Животът в тази семейна форма се основава на патриархални принципи, които се развиват във фундаментални закони на семейството и обществото (...) Строго агнатично организираното общество по "родове" и "задруги" се оказва особено подходящо за случаи на война (...) Взаимовръзкатаа между пасторален и военен начин на живот се открива в основата на повечето общества на Балканите"*.[38] "Традиционните норми" се екстраполират далеч назад в историята, изрази като *„черти на поведението (...), просъществували през вековете", „в началото на повечето общества на Балканите", "от самото начало"* онагледяват един по-скоро аисторически подход. Вниманието на читателя целенасочено се води към „военните събития през този век (XX век – бел. А.К.), тъй като *"те (...) са оказали голямо влияние върху общественото развитие и са допринесли за съхранението на традиционните системи от норми"*.

Когато в научно изследване се поставят въпросите за взаимовръзките между национализъм – война – насилие, то безспорно е необходимо особено внимание към дихотомни, опростени сравнения. С основание авторите посочват, че при изследването на традиционните норми на едно общество и отношението им към войната е необходима изключителна предпазливост: *„Една от поуките на наци-холокоста е, че не бива да се правят опростени изказвания за характеристиката на едно общество и отношението й към насилието."*[39] Това прави следното заключение особено спорно: *„Резултатите от двете*

[38] *Grandits, Hannes/Halpern, Joel*: Traditionelle... , 92-93.

[39] *Grandits, Hannes/Halpern, Joel*: Traditionelle... , 99.

световни войни принуждават жителите около бившата граница (като пример-модел се привежда село Орешак и военната граница - А.К.) *към един начин на поведение, който им е близък – поведението на воини. То още от самото начало е един от основополагащите елементи в развитието на обществото*".[40] В какво се състои "*ясната разлика между легализираното, бюрократично изтребване на едно малцинство в едно гражданско общество, каквото е това в Третия райх между 1939 и 1945 и жертвите на един конфликт, в който всяка една от страните се опитва да причини вреда на другата, както е в контекстна на войната в бивша Югославия*"[41] остава неясно, тъй като и националсоциализма в Германия трудно може да бъде сведен единствено до легализирано изтребване на едно малцинство.

Привеждането на епически народни песни и разкази води до основни научни въпроси. С право се обръща внимание на факта, че при високото значение на епоса за формирането на самосъзнание, такива песни допринасят за запазване на стереотипни представи за "врага", за латентно отхвърляне и функционират като важен посредник при утвърждаването на културата на вечното спомняне.[42] Засяга се въпросът за ролята на официалната националистическа държавна политика (писана история, честване на годишнини, медийна политика и т.н.), проблематизира се държавния стремеж да се култивира (основно чрез училището и масмедиите) идентифициране с индивидуално героичното.[43] Същевременно използването при обяснението на войната в бивша Югославия на изрази като „*дълбоко вкоренени представи за героизъм*", „*война на воюващи мъже*",„*мародиране и плячкосване на родове като стара пасторална традиция*" поражда впечатлението, че според авторите причините за войната се коренят в differentia specifica на „homo balkanicus" и че става въпрос за специфична за балканската култура историческа памет "отдолу". Научни оценки като следната: „*Плячкосванията, изнасилванията, осакатяванията, които извършват тези мародиращи банди (*конкретно – войната в Босна - А.К.*), указват отново и отново върху характеристики, които могат да бъдат открити и в по-ранни конфликти на Балканите (например в масовите етнически прочиствания през двете балкански войни от 1912/13) и които са в*

[40] *Grandits, Hannes/Halpern, Joel*: Traditionelle... , 97.

[41] *Grandits, Hannes/Halpern, Joel*: Traditionelle... , 99.

[42] *Roth, Klaus:* Geschichtsunterricht auf der Straße. Zum Jahrmarktgesang in Bulgarien. B: Lipp, Carola (Hg.): Medien populärer Kultur. Erzählung, Bild und Objekt in der volkskundlichen Forschung. Frankfurt am Main/New York 1995, 277 („Bewahrung stereotyper Feindbilder, latenter Ablehnung und als wichtiges Medium der Konservierung der Kultur des ewigen Erinnerns").

[43] *Grandits, Hannes/Halpern, Joel: Traditionelle..* , 99-100.

тясна връзка с патриархалния начин на живот в тези общества"[44] показват колко лесно и днес се използват стари стереотипи.

Този подход критикувам като културалистичен, подход, който съзнателно или несъзнателно може да доведе до стигматизиране на цели общества, особено при трайното навлизане на науката във всекидневието и влиянието й върху обществения дискурс. *„Реконструиращата наука има ролята на културна памет. Тя организира наново познанието и действа като "депо" и като подтик за обществената практика (...) Основното е, (...), че реконструкциите на историческото едновременно и винаги са нови конструкции, определяни от съответното "днес" и от интересите на водещите елити."*[45]

Избраната като пример статия показва, че въпросите пред историческото изследване на семейството винаги изхождат, а и целят съвременността. В тази разработка авторите се опират на големите структурни модели. Макар семейните модели да поставят в центъра едно определено явление (структурата на семейството и домакинството) те целят чрез конструирането на семейния живот да обяснят обществената организация и развитие.

Големите структурни сравнения крият опасността да представят разглежданите единици като автономни и изолирани, културата се дефинира като „затворен макро-ансамбъл от специфични и уникални форми на живот и символизации"[46]. Структурните сравнения трудно се съчетават с изследването на историята на взаимодействието между общества и култури. Контактите и взаимовлиянията при такъв подход често остават извън научния интерес или се обясняват опростено. Някои аспекти на този проблем поставям въз основа на примера на съвременните дебати около модернизацията на Източна и Югоизточна Европа. Тези проблеми са от решаващо значение за развитието на пост-социалистическите общества и за тяхната евроинтеграция. Това обяснява и голямото значение на историческото изследване на модернизациите. Изследването на модернизационните процеси в Югоизточна Европа с привличане на политическите, икономическите, социалните и културни фактори започна да се разгръща особено през последните 10 години. В работата си обръщам внимание на някои обобщения, при които водещи в интерпретацията са предварителни тези за културно различие, за „патриархализъм" и „патриархална родствена система". Доколкото опит за "критика на критиката" по отношение на модернизацията в България съм

---

[44] *Grandits, Hannes/Halpern, Joel: Traditionelle..* , 101.

[45] *Köstlin, Konrad*: Wissenschaftliche..., 143, 145.

[46] *Osterhammel, Jürgen*: Zivilisationen..., 34-40.

изложила и в други публикации[47] тук ще отбележа накратко и изострено само някои от според мен спорните проблеми. След разпадането на социалистическата система през 90-те години се засилва интересът към модернизационните промени през социализма. Научни изследвания основно на социалните науки допринасят съществено за разкриването на причините за упадъка и за разпадането на системата. Същевременно в редица изследвания социализмът се свежда само до външна легитимираща идеология, като "същинските" причини за провала се търсят в специфичното съзнание, което дълбоко се различава от "западния" начин на мислене. В разработка, посветена конкретно на модернизацията на селото в България през социализма[48], се изказва теза, според която модернизационните тласъци идват в Югоизточна Европа винаги само отвън, провалът на модернизацията обаче е винаги вътрешнокултурно обусловен и се обяснява с "всепроникващ традиционализъм", "отстояване на стари модели" и "нежелание за промяна". Загатват се иновативните промени (социалната мобилност, образователна програма, отношенията между половете), но те винаги се представят като влизащи в противоречие с отношението към тези иновации, което се определя като "ретрадиционализация" или "регресия". Изхожда се а приори от един статичен селски начин на живот, който се оценява като "крепост на изостаналост и традиционен конформизъм". При това селското население се разглежда като хомогенна група, а урбанизацията се предава с термини като "аграризация на градовете". Такава теория е определено ориентирана към бъдещето: традиционната култура е трудно променима, тя самата става пречка за развитието на модернизационни процеси. Така, според цитирания автор, макар някои от типичните мисловни и оценъчни структури да подкрепят социално-икономическите промени, повечето от тях са спъващи развитието и в бъдеще ще действат като "модернизационни задръжки". "Народният манталитет" и психологични причини, представяни като сравнително непроменящи се белези, се изтъкват като основни причини за провала на модернизацията. Като специфични за Югоизточна Европа причини за липсата

[47] Kassabova, Anelia: Die Politik in der Volkskunde – die Volkskunde in der Politik (Am Beispiel Bulgariens). В: Dressel, Gert/Ratmayr, Bernhard (Hg.): Mensch-Gesellschaft-Wissenschaft. Versuche einer reflexiven historischen Anthropologie. Innsbruck 1999, 103-138; Същ.: „Kultur- und Wissenschaftsschocks". Zu den kleinen und grossen Unterschiede. В: Europäische Ethnologie an der Wende. Aufgaben-Perspektiven-Kooperationen. Veröffentlichungen des ethnographischen Museums Schloss Kittsee Bd 12. Kittsee 2000, 93-108.

[48] Зундхаузен, Холм: От предкапитализъм към ранен капитализъм. Трансформация на селото и селското стопанство на Балканите от XIX век до Втората световна война. В: Български фолклор 3-4, 1997;

Рот, Клаус: Между модернизация и традиционализъм. Всекидневната култура на селото в Югоизточна Европа. В: Български фолклор 3-4, 1997.

на модернизация се изтъкват присъщия консерватизъм на вековния патриархализъм и православието. До голяма степен липсват вътрешните различия в рамките на региона, както и динамиката на развитие и международния контекст. Използват се опростени сравнения между "Източна" и "Западна Европа" и определено оценъчни дихотомии като "европейска модерност" срещу "народна култура", "иновационен център" срещу "периферно маргинализирано пространство" и "примитивно стопанство", "наличие" или "липса на процес на цивилизация". Въз основа на такъв вид аргументиране на югоизточноевропейските общества се отрича потенциала за социална промяна и принципната възможост за модернизация и развитие на гражданско общество. В никакъв случай не бих искала да предпоставям политически цели на такъв вид изследвания, но същевременно трябва да се отчитат политическите последствия от такива научни текстове.

Биполярни конструкти служат на единението, на интеграцията на обединена Европа, помагат да се преодолеят актуални кризи и да се създадат нови обозрими ориентири в глобализиращия се свят. Тези процеси винаги са били, а и днес са свързани с дефинирането на "другите". Редица съвременни примери показват, как в ситуации на криза, когато нараства несигурността, твърденията за културно различие могат да бъдат използвани за обосноваването на политическа и социална сегрегация, колко лесно "похвалното подчертаване на културното различие" може да се превърне в "престъпно твърдение за ‚културна несъвместимост' "[49].

С критиката си спрямо някои "западноевропейски" изследвания не целя противопоставянето на „Insider" und „Outsider".[50] По-скоро това са общи научни проблеми, които поставям като дискусионни. Според мен проблемът „Insider-Outsider" не е чисто научен проблем. От гледна точка на историята на науката, концентрирането на перспективата предимно върху "чуждото" или върху "своето" е резултат от определени обществени условия. За етнологията и за извъневропейската културна антропология са доказани връзките между наука и определени политически и икономически интереси и властови отношения. Такъв вид „външни"-изследвания са резултат на европейската колониална политика и същевременно са я легитимирали.

Народоведската перспектива предимно върху собственото общество също е исторически определена. Навсякъде, където се развива етнографията, етапът на конституирането ѝ е свързан директно с процеса на национално консолидиране

---

[49] *Kaschuba, Wolfgang*: Kulturalismus.., 18 -„*(a)us dem ‚Lob des kulturellen Unterschieds' (...) wird das Verdikt der ‚kulturellen Unvereinbarkeit'*..

[50] Полисемантичните понятия Insider – Outsider използвам тук за обозначаване на отношенията между местни и чужди учени – като отговор на определена дискусия.

и се характеризира с висока социално-политическа ангажираност на учените. Основните характеристики на процеса на формиране на всички "закъснели" нации в Европа – нации, които развиват национално самосъзнание преди съществуването на национална държава – са общи.

Това, че днес отново се поставя проблема за „Insider-Outsider"[51], е, според мен, отново резултат не на чисто научни причини. От научнотеоретична гледна точка не би трябвало да има разлика между In- und Outsidern. Основно методическо изискване на етнологичното познание е съчетаването на принципа на емпатията с този на дистанцирането. Това изискване се отнася както до изследването на "собствената", така и на "другите" култури. В хода на дискусиите около методически въпроси от 70-те и 80-те години на XX век се издига като основополагащ принцип необходимостта от постоянна рефлексия на собствената научна практика. Позицията на изследователя – в общественото и в интелектуалното поле – трябва да се подлага на същия критичен анализ, който се прилага и към "обекта" на изследването.

Необходимостта от такава "саморефлексия" – лична и на науката, към която се чувствам принадлежна, са в основата на тук предлаганата "социална история на интерпретацията" – разглеждане на научните интерпретации като структурирани от конкретните обществени, институционални и вътрешнонаучни параметри и вплетени в специфични практики, които на свой ред и създават. Контекстуализирането на научното познание, въпросите за обществено-политическото конституиране на науката днес разбирам като необходима предпоставка за всяко изследване, дори и именно когато то се определя като позитивистично, макар научният модел на описвана обществена реалност и описваща наука да е преодолян още през 60-те години на XX век.

Основен за мен бе и остава въпросът за ролята на науката в процеса на конструиране на действителността, един проблем, чието поставяне и решаване ни улеснява в поемането на отговорността за собствената ни научна позиция.

[51] *Niedermüller, Peter*: Ethnographie Osteuropas. Wissen, Repräsentation, Imagination. Thesen und Überlegungen. В: Köstlin, Konrad/Nikitsch, Herbert (Hg.): Ethnographisches Wissen. Zu einer Kulturtechnik der Moderne. Wien, 1999, 54.

BIBLIOGRAPHIE

Altermatt, Urs: Das Fanal von Sarajevo. Ethnonationalismus in Europa. Zürich, 1997.
Anderson, Michael: Family Structure in Nineteenth-Century Lancashire. Cambridge, 1972.
Andreev, Michail: Balgarskoto obicajno pravo i negovoto razvitie prez poslednite desetiletija na turskoto igo. Istoriceski Pregled, 6, 1956, S. 58-71.
Andreev, Michail: Das bulgarische Gewohnheitsrecht in den letzten Jahrzehnten des Türkenjochs. In: Jahrbuch für Geschichte der UdSSR und der volksdemokratischen Länder Europas. B. 6, Berlin, 1962.
Andreev, Michail: Dogovorno pravo. In: Etnografija na Balgarija. B.1, Sofia, 1980, S. 342-350.
Andreev, Michail: Istorija na balgarskata burzoazna darzava i pravo 1878 - 1917. Sofia, 1980.
Andreev, Michail: Nakazatelno i prozesualno pravo. In: Etnografija na Balgarija. B.1, Sofia, 1980, S. 350-356.
Andreev, Michail: Semejno i nasledstweno pravo. In: Etnografija na Balgarija. Bd.1, Sofia, 1980, S. 335-341.
Andreev, Mihail/Angelov, Dimitar: Istorija na balgarskata feodalna darzava i pravo. Sofia, 1955.
Andreev, Mihail: Vatopedskata gramota i vaprosite na balgarskoto feodalno pravo. Sofia, 1965.
Angelov, Benjo: Iz starata balgarska, ruska i srabska literatura. Sofia, 1967, B. 2.
Angelov, Dimitar: "Balgarska zemja", "Balgarska strana", "Balgarsko zarstvo", "Balgarska darzava", "Balgarija". Terminologicni proucvanija. In: Paläobulgarica 3, 1980, S. 8-31.
Angelov, Dimitar: Agrarnite otnosenija v Severna Makedonija prez 14. vek. Sofia, 1959.
Angelov, Dimitar: Iz srednovedkovnoto ni minalo. Sofia, 1990.
Angelov, Dimitar: Smisal i sadarzanije na dumite jazik, rod, pleme I narod v srednovekovnata balgarska kniznina. In: Paläobulgarica/Starobalgaristika, 2, 1987, 3, S. 12-31.
Aprilov, Vassil: Denniza novobolgarskogo obrazovanija. Gabrovo, 1841.
Arnaudov, Michail: Ocerzi po balgarskija folklor. B. 1-2, Sofia, 1968/9.
Avramov, Dimitar: Za dvizenieto "Rodno izkustvo" v balgarskata zivopis. In: Problemi na izkustvoto 4, 1971, S. 5-16.

Bahrdt, Hans Paul: Identität und biographisches Bewußtsein: Soziologische Überlegungen zur Funktion des Erzählens aus dem eigenen Leben für die Gewinnung und Reproduktion von Identität. In: Brednich, Rolf Wilhelm/Lixfeld, Hannjost/ Moser, Dietz-Rüdiger (Hg.): Lebenslauf und Lebenszusammenhang.

Autobiographische Materialien in der volkskundlichen Forschung. Vorträge der Arbeitstagung der Deutschen Gesellschaft für Volkskunde in Freiburg im Breisgau vom 16. bis 18. März 1981, Freiburg, 1982, S. 18-45.

Balgarska vazrozdenska inteligenzija. Enzyklopedija. Sofia 1988.

Balgarski pametnik ot nacaloto na XII v. Dobromirovo evangelije. Sofia, 1975.

Balgarskijat rod - rod bekovecen. Smoljan, 1991.

Balibar, Etienne: Gibt es einen „europäischen Rassismus"? In: Balke, Friedrich/Habermas, Rebekka/Nanz, Patrizia/Sillem, Peter (Hg.): Schwierige Fremdheit. Über Integration und Ausgrenzung in Einwanderungsländern, Frankfurt a. M. 1993, S. 119-136.

Balkanite. Nie sred drugite i te sred nas. Jubileen sbornik v cest na 70-godisninata na Prof. Ilija Konev, Doktor na filologitceskite nauki. Hg. von: Mezdunaroden universitetski seminar za balkanistitcni proutcvanija i spezialisazii pri JZU „Neofit Rilski" - Blagoevgrad. Sofia, 1998.

Barbagli, Marzio: Three Household Formation Systems in Eighteenth-Century Italy. In: Kertzer, David/Saller, Richard (Ed.): The Family in Italy from Antiquity to Present. New Haven/London, 1991, S. 250-270.

Bastian, Andrea: Der Heimat-Begriff. Eine begriffsgeschichtliche Untersuchung in verschiedenen Funktionsbereiche der deutschen Sprache. Tübingen, 1995.

Bauer, Siegfried/Guggenberg, Irma v./Larcher, Dietmar: Zwischen Herkunft und Zukunft. Südtirol im Spannungsfeld zwischen ethnischer und postnationaler Gesellschaftsstruktur. Merano, Bolzano 1998.

Bausinger, Hermann: Jenseits des Eigensinns: Kulturelle Nivellierung als Chance? In: Kaschuba, Wolfgang (Hg.): Kulturen - Identitäten - Diskurse. Perspektiven europäischer Ethnologie. Berlin 1995, S. 229-245.

Bausinger, Hermann: Neue Felder, neue Aufgaben, neue Methoden. Vorbemerkungen. In: Chiva, Isac/Jeggle, Utz (Hg.): Deutsche Volkskunde - Französische Ethnologie. Zwei Standortbestimmungen. Frankfurt, New York, 1987, S. 326-344.

Beaudrillard: La famille en France. In: Revue de deux mondes, 1872, 15 avril.

Benovska-Sabkova, Milena: Die Etnologie - ein Abbild der Welt. In: Beitl, Klaus/Johler, Reinhard (Hg.): Bulgarisch-österreichisches Kolloquium Europäische Ethnologie an der Wende: Perspektiven - Aufgaben - Kooperationen. Ethnographisches Museum Schloss Kittsee, 2000, S. 65-76.

Benovska-Sabkova, Milena: Politiceski prehod i vsekidnevna kultura. Sofia, 2001.

Beron, Peter: Bukvar s razlicni poucenija. Braschov, 1824. Fototype Ausg., Sofia, 1974.
Bestjizev-Rjumin, Konstantin: O zadruge drevnih slavjan. Moskva, 1872.
Bezsonov, Peter: Bolgarskije pesni iz sbornikov J.Venelina, N. Katranova i drugih bolgar. Moskva, 1855.
Bihl, Wolfdieter: Zur Dobrudza-Frage im Ersten Weltkrieg. In: Choliolcev, Christo/Mack, Karl-Heinz/Suppan, Arnold (Hg.): Bulgarisch-Österreichische Beziehungen 1878 - 1996 (=Miscellanea Bulgarica 12), Wien, 1998, S. 39-54.
Blagoev, Dimitar: Razlagane na starite osnovi na narodnija zivot. In: Izbrani istoriceski sacinenija. B.2, Sofia 1985, S. 208-226.
Blagoev, Dimitar: Schto e sozialisam i ima li toj pocva u nas?. Tarnovo, 1891. In: *Blagoev, Dimitar*: Sacinenija. B.1, Sofia, 1957, S. 437-532.
Bobcev, Stefan: Balgarskata celjadna zadruga v segaschno I minalo vreme. Istoriko-juridiceski studii. In: SbNU, B. 22-23, Sofia 1906-1907, S. 195-207.
Bobcev, Stefan: Balgarsko obicajno nakazatelno pravo. In: SbNU, 37, Sofia, 1927.
Bobcev, Stefan: Balgarsko obicajno sadebno pravo. In: SbNU, 32, Sofia, 1917.
Bobcev, Stefan: Coup d'oeil sur le regime juridique des Balkans sous le regime ottoman, I-ere anee, In: Revue Internationale des Etudes Balkaniques, 1934, t.II.
Bobcev, Stefan: Darzavno-pravnijat i obschtestven stroj v Balgarija prez vreme na osmanskoto vladicestwo. In: Godischnik na Sofijskijat Universitet, 1936. Sofia, 1937.
Bobcev, Stefan: Materiali za balgarskoto obicajno pravo. In: Nauka, III, 1883.
Bobcev, Stefan: Pogled na pravno urecene Balkana pod turezkom upravom. In: Kniga o Balkanu, 1, Beograd, 1936.
Bobcev, Stefan: Sbornik na balgarskite juridiceski obicaj. B.1 Plovdiv, 1896; B. 2 Sofia, 1902; B. 3, Sofia, 1915.
Bobcev, Stefan: Za sabiraneto i izucavaneto na narodnite juridiceski obicaj. In: Nauka, Plovdiv 1883, N 11-12.
Bogisic, Valtasar: Upatwane za opisvane pravovite obicaj, koito zivejat u naroda. Praga, 1874.
Bogisic, Valtazar: Zbornik sadasnijih pravnih obicaja u juznih slovena. Zagreb 1874.
Bogisiz, Valtazar: De la forme dite inokosna de la famille rurale chez les Serbes et les Croates. In: Revue de droit international et de legislation comparee.B.XVI, Bruxelles, 1884.
Bogorov, Ivan: Trjabva li da ostanem zivi umreli?. In: Christov, Christo/Gencev, Nikolaj: Balgarsko Vazrazdane, Bd. II, Sofia, 1969, S. 151-153.
Bonceva, Zvetana: Brak i semejstvo pri balgarite-katolizi v Plovdivsko (ot nacaloto do sredata na 20. vek). Sofia, Diss. 2002.
Bonceva, Zvetana: Njakoi problemi na bracnata instituzija im Dorf Baltadzi prez 20-te godini na 20. vek. In: Balgarska etnografija 4, 1993, S. 75-90.

Bonceva, Zvetana: Izmerenijata na drugostta. In: Izvestija na muzeite ot juzna Blagaria 21, 1995, S. 115-131.
Boue, Ami: La Turquie d'Europe ou observations sur la geographie, la geologie, l'historie naturelle, la statistique, les moeurs, les costumes, l'archeologie, l'agriculture, l'industrie, le commerce, les gouvernements divers, le clerge, l'histoire et l'etat politique de cet empire, vol. 1- 4, Paris, 1840.
Bourdieu, Pierre: Sozialer Sinn. Kritik der theoretischen Vernunft. Frankfurt/Main, 1980.
Brunnbauer, Ulf: Das Gebirge und die Haushalte. Familienstrukturen unter Moslems und Christen in den Rhodopen, circa 1830 bis 1930. Graz phil. Diss.1988.
Brunnbauer, Ulf: Historische Anthropologie in Bulgarien. Die schwierige Geburt eines neuen Konzepts. In: Historische Anthropologie 6, 1999, S. 129-145.
Brunnbauer, Ulf: Sozialisticeskite semejstva v Balgaria: mezdu ideologia i praktika. Edin izsledovatelski proekt. In: Balgarska etnologia, 2001/2, 40-65.
Brunnbauer, Ulf: Struktura na domakinstvata v srednite Rodopi (1850-1930). In: Balcanisticen forum, 3, 1997, S. 39-57.
Brunnbauer, Ulf: Za edna istoriceska antropologija na planinata na Balkanite. Njako razsazdenija. In: Balcanisticen forum, 1999, 1-2-3, S. 171-181.
Cakarov, Nikola (Red.): Istorija na obrazovanieto i pedagogiceskata misal v Balgarija. Bd. 2, Sofia, 1982.
Carakciev, Nikola/Karadzova-Carakcieva, Hristina: Izsledvane na rodovi vrazki. In: Istoriceski pregled, 1984, 1, S. 89-96.
Chadzijski, Ivan: Bit i duschevnost na nasija narod. B. 1-3, Sofia, 1940/45/46 (Neudruck: Sofia, 1995).
Chilendarski, Paisij: Slavjanobalgaska istorija. Sofia, 1972.
Christov, Christo/Gencev, Nikolaj: Balgarsko Vazrazdane, Bd. II, Sofia, 1969.
Christov, Christo: Kam vaprosa za zarazdaneto na kapitalisma i obrasuvaneto na balgarskata nacija prez vazrazdaneto. In: Balgarskata nazija prez Vazrazdaneto. B. 2, Sofia, 1982, S. 3-23.
Cohn, Georg: Gemeinderschaft und Hausgenossenschaft. In: Zeitschrift für vergleichende Rechtswissenschaft, 13, Stuttgart, 1898-1899, S. 1-128.
Cserjan, Karoly (Einreicher): Wirtschaftliche, soziale und kulturelle Auswirkungen der Studien bulgarischer Studentinnen und Studenten in Wien. Projekt N 7678. Institut für angewandte Soziologie/Österreichisches Institut für Berufsbildungsforschung. Wien, 2000.
Danailov, Georgi: Edin pametnik na starobalgarskoto pravo. Zakon Soudniji Ljudam. In: SbNU, Bd. 18.
Daskalova, Krassimira: Balgarskijat ucitel prez Vazrazdaneto. Sofia, 1997.
Daskalova, Krassimira: Zenskoto dvizenie v Balgaria prez prizmata na edin zivot (Dimitrana Ivanova). In: Istoriceski pregled 5-6, 1998, S. 204-217.

Decov, Vassil: Srednorodopskoto ovcarstvo. In: Izbrani sacinenija. Plovdiv, 1968, (1. Aufl. 1903 in SbNU, Bd. 19), S. 200-221.
Dejanov, Dejan: Skritata ucebna programa. In: Prenapisvanijata na istorijata v ucebnizite po nova balgarska istorija (1922-1993). Sofia, 1996.
Denkov, Dimitar: Kam istorijata na ideologiceskite modi v Balgarija: Rassizmat. In: Natev, Atanas (Hg.): Aneignung und Emanzipation. Einleitende Forschungen über Deutsche Kultur in Bulgarien. Sofia, 1997, S. 343-354.
Deseti kongres na BKP. Dokladi. Resenija. Sofia, 1973.
Dicev, Peter: Iz balgarskoto zemedelie. Sofia, 1898.
Dimitrov, Angel: Ucilisteto, progresat i nazionalnata revoljuzija. Sofia, 1987.
Dimitrov, Filip: Domasnite biblioteki prez Vazrazdaneto. In: Bibliotekar, 1964, 9-10.
Drackle, Dorle/Kokot, Waltraud: Neue Feldforschungen in Europa. Grenzen, Konflikte, Identitäten. In: Kokot, Waltraud/Drackle, Dorle (Hg.): Ethnologie Europas. Grenzen - Konflikte - Identitäten. Berlin 1996, S. 3-20.
Draganov, Michail: Kam sozialno-psichologiceskata harakteristika na balgarina. In: Ethnografija na Balgarija, Bd. 1, Sofia, 1980, S. 275-277.
Dressel, Gert/Hopf, Gudrun (Hg.): Von Geschenken und anderen Gaben. Annäherungen an eine Historische Anthropologie des Gebens, Frankfurt a.M. u.a. 1999.
Dressel, Gert: Reflexive Historische Anthropologie als konsequente Historische Anthropologie. Oder: Warum auch wir uns zu unseren Forschungsobjekten machen sollten. In: Dressel, Gert/Rathmayr, Bernhard (Hg.): Mensch - Gesellschaft - Wissenschaft, Innsbruck 1999, S. 245-276.
Drinov, Marin: Imaha li sarbite njakakvi kolonii ili njakakva vlast v Makedonija do 1282 godina. Sofia, 1887. *Ivanov, Jordan*: Severna Makedonija. Sofia, 1906.
Drinov, Marin: Istoricesko osvetlenie varhu statistikata na narodnostite v Iztocnata cast na Balgarskoto knjazestvo. In: Periodicesko spisanie 16, 1884, S. 7-56.
Duden Etymologie. Herkunftswörterbuch der deutschen Sprache. Mannheim 1963.
Dujcev, Ivan: Iz starata balgarska kniznina. B.1, Sofia, 1943.
Duric, Rasid: Missbrauch des Mythos in der serbischen Literatur und zeitgenössischen Politik. In: Österreichische Zeitschrift für Volkskunde, B. 98, 1995, S. 397-422.
Ehmer, Josef: Heiratsverhalten, Sozialstruktur, ökonomischer Wandel: England und Mitteleuropa in der Formationsperiode des Kapitalismus. Göttingen, 1991.
Elenkov, Ivan: Anti-Europäismus: Bulgarische Kritik an der Modernisierung in der Zwischenkriegszeit. In: Heppner, Harold/Preslenova, Rumjana (Hg.): Die Bulgaren und Europa von der Nationalen Wiedergeburt bis zur Gegenwart. Sofia, 1999, S. 182-194.

Elenkov, Ivan: Rassovite belezi na "balgarskoto" v tarsene na balgarska kulturna identicnost mejdu dwete swetovni vojni. In: Natev, Atanas (Hg.): Aneignung und Emanzipation. Einleitende Forschungen über deutsche Kultur in Bulgarien. Sofia, 1997, S. 305-318.
European Historical Statistics 1750-1975. London, 1981.
Feist, Silvia: Reportage. In: Allegra, 6, 2000, S. 33-38.
Firkatian, Mari: The Forest Traveler: Georgi Stoikov Rakovski and Bulgarian Nationalism. New York, 1996.
Gabr, Ardant: La zadruga, la famille patriarcale et le regime de communaute dans les Balkans depuis l'indepenance. Revue sociale, Paris, t.1, 1886, 3, 141-162.
Gandev, Christo: Vasnikvane i ukrepvane na balgarskata nazija. Sofia, 1987.
Gardev, Kostadin: Balgarskata emigrazija v Canada. Sofia, 1994.
Gencev, Nikolaj: Balgaro-ruski kulturni obschtuvanija prez Vazrazdaneto. Sofia, 1975.
Gencev, Nikolaj: Balgarska vazrozdenska inteligenzija. Sofia, 1991.
Gencev, Nikolaj: Franzija i balgarskoto Vazrazdane. Sofia, 1979.
Gencev, Nikolaj: Takiva li sme naistina? In: Balgari. Spisanie za rodova pamet i obic kam Balgarija. Sofia 1992, 26-28.
Gentceva, Rositza: Evropa i sazdavaneto na regionalni ideologii. In: Soziologiceski problemi, 2000,1-2, S. 109-127.
Georgiev, Georgi: Osvobozdenieto i etnokulturnoto razvitie na balgarskija narod 1878 - 1900. Sofia, 1979.
Gergova, Ani: Knizninata i balgarite. Sofia, 1991.
Germanov, Peter: Statisticeski izsledvanija varhu semedelceskite i skotovadnite bogatstwa na Balgarija i glavnite semedelski strani v sveta. Sofia, 1897.
Gesov, Ivan: Naschite gradinarski druzestva. In: PSp, 27-30, Sredez, 1888, S. 324-341.
Gesov, Ivan: Nasite gradinarski druzestva. In: PSp, 27, 326-341.
Gesov, Ivan: Ovcarite v Tarnovsko i zetvarite ot Kotlensko. In: PSp, B. 32-33, S. 312-332.
Gesov, Ivan: Spomeni iz godini na borbi i pobedi. Sofia, 1916.
Gesov, Ivan: Zadrugata v Zapadna Balgarija. In: PS, 21-22, Sredez 1887, S. 426-449.
Gesov, Ivan: Zadruznoto vladeene i rabotene v Balgarija. In: PSp, 28-30, S. 542-561.
Ghechov, Ivan: Les associations agricoles et ouvrieres en Bulgarie. Budapest, 1904.
Goetze, Dieter: Bauerngesellschaften, "Subkultur der Armut" und Marginalität. In: Giordano, Christian/Hettlage, Robert (Hg.): Bauerngesellschaften im Industriezeitalter. Zur Rekonstruktion ländlicher Lebensformen. Berlin, 1989, S. 69-96.
Goode, William: World Revolution and Family Patterns. New York, 1963.
Grandits, Hannes/Halpern, Joel: Traditionelle Wertmuster und der Krieg in Ex-Jugoslawien. In: Beiträge zur historischen Sozialkunde 3, 1994, S. 91-102.

Grigorovic, Victor: Ocerk puteschestwijia po Evropeiskoj Turzii. Kazan, 1848.
Grimm, Jacob: Deutsche Rechtsalterthümer. 3. Ausg., Göttingen, 1881.
Grozdanova, Elena: Fiskalnjie funkzii i objazanosti bolgarskih knezov, starejschin i kodzabaschiew (XV-XVIII vv.). In: Bulgarian Historical Review, 3, 1973, S. 43-55.
Grozev, Kostadin: Europäische Seitenblicke im Wirtschaftsdenken Bulgariens in der Zwischenkriegszeit. In: Heppner, Harald/Preshlenova, Rumjana (Hg.): Die Bulgaren und Europa von der Nationalen Wiedergeburt bis zur Gegenwart. Sofia, 1999, S. 195-207.
Gruber, Siegfried: Austrian Contributions to the Ethnological Knowledge of the Balkans since 1850. In: Ethnologia Balkanica 2, 1998, S. 210-224.
Hadzinikolov, Vesselin: Izvanucebnata dejnost na ucenizite i balgarskite genealozi. In: Rodoznanie/Genealogia, 2, 1996.
Hadzinikolov, Vesselin: Za rodovite cetenija i za njakoj tehni problemi. In: Rodovi cetenija, 1, 1992.
Hafner, Stanislaus: Zur Geschichte der Bulgarienforschung in Österreich. In: Österreichische Osthefte, 4, 1981, S. 223-238.
Hajnal, John: European Marriage Patterns in Perspective. In: Glass, D.V./Eversley, D.E.C. (Ed.): Polulation in History. Essays in Historical Demography. London 1965, S. 101-146.
Hajnal, John: Two kinds of pre-industrial household formation system. In: Wall, Richard/ Robin, Jean/Laslett, Peter Ed.): Family Forms in Historic Europe. Cambridge, 1983, S. 65-104.
Hall, Stuart: Rassismus und kulturelle Identität. Ausgewählte Schriften II, Hamburg, 1994.
Halpern, Joel/Kerewski-Halpern, Barbara: A Serbian Village in Historical Perspectives. Prospect Heights, 1972.
Halpern, Joel: Town and Countryside in Serbia in the Nineteenth Century. Social and Household Structure as Reflected in the Census of 1863. In: Laslett, Peter/Wall, Richard (Ed.): Household and Family in Past Time: Comparative Studies in the Size and Structure of the Domestic Group over the Last Three Centuries in England, France, Serbia, Japan and Colonial North America, with Further Materials from Western Europe. London/New York/Melbourne, 1972, S. 401-428.
Hammel, Eugene: The Zadruga as Process. In: Laslett, Peter/Wall, Richard (Ed.): Household and Family in Past Time: Comparative Studies in the Size and Structure of the Domestic Group over the Last Three Centuries in England, France, Serbia, Japan and Colonial North America, with Further Materials from Western Europe. London/New York/Melbourne, 1972, S. 335-374.
Hämmerle, Christa: Militärgeschichte als Geschlechtergeschichte? Von den Chancen einer Annäherung. In: ÖZG 9, 1998, S. 124-135.

Hämmerle, Christa: Von den Geschlechtern der Kriege und des Militärs. Forschungseinblicke und Bemerkungen zu einer neuen Debatte. In: Kühne, Thomas/Ziemann, Benjamin (Hg.): Was ist Militärgeschichte? Padeborn 2000 (=Krieg in der Geschichte. Hg. Von Stig Foerster, Bernhard Kroener, Bernd Wegner), S. 229-262.
Hareven, Tamara: „Blended Families". Die Entwicklung in den USA. In: Mitterauer, Michael/Ortmayr, Norbert (Hg.): Familie im 20. Jahrhundert. Traditionen, Probleme, Perspektiven. Historische Sozialkunde 9, Frankfurt/Main, 1997, S. 53-64.
Hareven, Tamara: Family Time and Historical Time. In: Daedalus 106, 1977, S. 57-70.
Hareven, Tamara: Family Time and Industrial Time. New York, 1982.
Hareven, Tamara: The Dynamics of Kin in an Industrial Community. In: Amerrican Journal of Sociology, 84, 1978, S. 151-182.
Hareven, Tamara: The Family as Process: The Historical Study of the Family Cycle. In: Journal of Social History 7, 1974, S. 322-329.
Hareven, Tamara: The History of the Family as an Interdisciplinary Field. In: Journal of Interdisciplinary History 1, 1971, S. 399-414.
Heer, Hannes/Naumann, Klaus (Hg.): Vernichtungskrieg. Verbrechen der Wehrmacht 1941 bis 1944. Hamburg 1995.
Heppner, Harald/Preshlenova, Rumjana (Hg.): Die Bulgaren und Europa von der Nationalen Wiedergeburt bis zur Gegenwart. Sofia, 1999.
Hieromonachos Spiridon: Istorija vo kratze o bolgarskom narode slovenskom. Stakmi I isdade B.H. Zlatarski. Sofia, 1900.
Hobsbawm, Eric: Introduction: Inventing Traditions. In: *Ders /Ranger, Terence* (Hg.): The Invention of Tradition, London / Cambridge 1983, S. 1-14.
Hobsbawm, Eric: Nationen und Nationalismus. Mythos und Realität seit 1870. Frankfurt/New York, 1991.
Iliev, Ilija: Familie, Ideologie und Politik. Die Großmutter in der städtischen Familie nach 1945. (Im Druck)
Iliev, Ilija: The Proper Use of Ancestors. In: Ethnologia Balkanica. Journal of Balkan Ethnology, 2, 1998, S. 7-18.
Ilieva, Nikolina/Oshavkova, Vera: Changes in the Bulgarian family cycle from the end of the 19th century to the present day. In: Cuisenier, Jean/Segalen, Martine: The family life cycle in European societies. Mouton, Hague, Paris, 1977, S. 381-392.
Irecek, Konstantin: Balgarski dnevnik 1879-1884. B.1, Sofia, 1930.
Irecek, Konstantin: Knjazestvo Balgaria. B. 1. Plovdiv, 1896.
Ivanov, Jordan: Balgarite v Makedonija. Sofia, 1915.
Ivanov, Jordan: Balgarski starini iz Makedonija. Sofia, 1908.
Ivanov, Jordan: Bogomilski knigi i legendi. Sofia 1925.
Ivanov, Jordan: Starobalgarski razkazi, Sofia, 1935.

Ivanova, Radost: Die bulgarische Ethnologie und die Herausforderungen des 21. Jahrhunderts. In: Beitl, Klaus/Johler, Reinhard (Hg.): Bulgarisch-österreichisches Kolloquim Europäische Ethnologie an der Wende: Perspektiven – Aufgaben – Kooperationen. Kittseer Schriften zur Volkskunde 12, Kittsee 2000, S. 37-46.
Ivanova, Svetlana: Marriage and Divorce in the Bulgarian Lands (XV-XIX c.). In: Bulgarian Historical Review 2-3/1993, S. 49-83.
Jacobeit, Wolfgang /Lixfeld, Hannsjost /Bockhorn, Olaf (Hg.): Völkische Wissenschaft. Gestalten und Tendenzen der deutschen und österreichischen Volkskunde in der ersten Hälfte des 20. Jahrhunderts, Wien /Köln /Weimar 1994.
Janev, Janko: Geroicnijat covek. Sofia, 1934.
Jeggle, Utz: Volkskunde im 20. Jahrhundert. In: Brednich, Rolf (Hg.): Grundriss der Volkskunde. Einführung in die Forschungsfelder der Europäischen Ethnologie. Berlin, 1988, S. 51-72.
Johler, Reinhard: Das Ethnische als Forschungskonzept: Die österreichische Volkskunde im europäischen Vergleich. In: 5. Internationaler Kongreß der Societé Internationale d' Éthnologie et de Folklore (SIEF 1994), Wien 1995, S. 69-101.
Johler, Reinhard: Die "kleinen" Ethnologien und das "neue Europa" - oder: Perspektiven eines bulgarisch-österreichischen Wissenschaftskontaktes. In: Beitl, Klaus/Johler, Reinhard (Hg.): Bulgarisch-österreichisches Kolloquium Europäische Ethnologie an der Wende: Perspektiven - Aufgaben - Kooperationen. (Kittseer Schriften zur Volkskunde, 12), Ethnographisches Museum Schloss Kittsee, 2000, S. 47-64.
Johler, Reinhard: Kultur, Folklore, Herrschaft: Zur Definitionsgewalt über das "Fremde". In: Kuckuck 7, 1, 1992, S. 37-40.
Johler, Reinhard: Volkskultur: Ideologien und Visionen. In: Sommerakademie Volkskultur 22.Aug.-4. Sept. 1992 Altmünster. Wien, 1992, S. 27-31.
Jonov, Mihail (Hg.): Nemski i avstrijski patepisi za Balkanite, XV - XVI v. Sofia 1979.
Kalinova, Evgenija: Das kommunistische Regime und die westeuropäische Kultur in Bulgarien (bis zum Ende der fünfziger Jahren). In: Heppner, Harald/Preslenova, Rumjana (Hg.): Die Bulgaren und Europa von der Nationalen Wiedergeburt bis zur Gegenwart. Sofia, 1999, S. 223-242.
Kancov, Vassil: Makedonija. Etnografija i statistika. Sofia, 1900.
Kancov, Vassil: Orohydrographija na Makedonija. Sofia, 1911.
Kapriev, Georgi: Balgarskijat spor za rassizma prez 30-te godini na 20. vek: filosofski i obstokulturni perspektivi. In: Natev, Atanas (Hg.): Aneignung und Emanzipation. Einleitende Forschungen über Deutsche Kultur in Bulgarien. Sofia, 1997, S. 329-342.
Karadzic, Vuk: Dodatak k Sanktpeterburgskim sravnitelnim rjecnizima sviju jezika i narecija. Wien, 1822.

Karadzic, Vuk: Lexicon serbico-germanico-latinum. Edidit Vuk Steph. Karadschitsch. Editio tertia. Belgradi, 1898.
Karamihova, Margarita: Bracna snimka ot Kardzali. Kardzali 1999.
Karavelov, Ljuben: Pamjatniki narodnogo bjita bolgar. B. 3, Moskva, 1905.
Karavelov, Ljuben: Zapiski za Balgarija i za balgarite. Sofia, 1930.
Kaschuba, Wolfgang: Kulturalismus: Vom Verschwinden des Sozialen im gesellschaftlichen Diskurs. In: Ders. (Hg.): Kulturen - Identitäten - Diskurse. Perspektiven europäischer Ethnologie. Berlin, 1995, S. 27-46.
Kaser, Karl: Ahnenkult und Patriarchalismus auf dem Balkan. In: Historische Anthropologie, 1, 1993, S. 93-122.
Kaser, Karl: Familie und Verwandtschaft auf dem Balkan. Analyse einer untergehenden Kultur. Wien, 1995.
Kaser, Karl: Macht und Erbe. Männerherrschaft, Besitz und Familie im östlichen Europa (1500-1900). Wien-Köln-Weimar 2000.
Kassabova, Anelia: Die Politik in der Volkskunde - die Volkskunde in der Politik. In: Dressel, Gert/Rathmayr, Bernhard (Hg.): Mensch-Gesellschaft-Wissenschaft. Versuche einer Reflexiven Historischen Anthropologie. Innsbruck 1999, S. 115-122.
Katsiardi-Hering, Olga: Historische Familienforschung in Südosteuropa. Pluralität der Forschungstendenzen im internationalen Kontext. In: Historische Anthropologie 5, 1, 1997.
Katsiardi-Herring, Olga: Migrazija na naselenieto v Jugoiztocna Evropa ot 15. do nacaloto na 19. vek. In: Balkanisticen forum, 1-3, 1999, S. 9-29.
Kelle, Udo/Kluge, Susann: Vom Einzelfall zum Typus. Opladen, 1999.
Kepov, Ivan: Inteligenzija i narod. Sofia, 1925.
Kirova, Elena: Parvite balgarski obstestveni biblioteki prez Vazrazdaneto. In: GSU, FIF, B. 57, Sofia 1964.
Kjossev, Alexander: Rassisam in potentia. In: Natev, Atanas (Hg.): Aneignung und Emanzipation. Einleitende Forschungen über Deutsche Kultur in Bulgarien. Sofia, 1997, S. 355-368.
Koev, Ivan: Zehn Jahre bulgarische Ethnographie. In: Wissenschaftliche Informationen zur Volkskunde, Altertumskunde und Kulturgeographie aus dem östlichen Europa, 5, München 1959, S. 5-16.
Koleva, Rumjana: Goljamata sresta na balgarskija narod. Kulturata i predizvikatelstwata na vojnite 1912-1918. Sofia, 1995.
Koleva, Tatjana: Semejstvo i semejni otnoschenija u rodopskite balgari. In: Narodnostna i bitova obschtnost na rodopskite balgari. Sofia, 1969, S. 151-169.
Koleva, Tatjana: Zensko i detsko gurbetcijistvo (iscilak) v Razlozko i Blagoevgradsko prez 1856-1912. In: INEM, B. 7.
Kompexna naucna ekspedizija v Severozapadna Balgarija prez 1956. Dokladi i materiali. Sofia, BAW, 1958.

Kondov, Nikola: Za parvicnata obstestvena ediniza pri selskoto naselenie v srednovekovna Balgarija. In: Istoriceski Pregled, 1, 1965, S. 70-83.
Konev, Ilija: Balgarskoto Vazrazdane I Prosveschtenieto. Istorija, istorcesko saznanije, vzaimodejstvija. Sofia, 1983.
Kosev, Dimitar: Srestu nazionalnija nihilizam. In: Literaturen front, 38, 1993.
Kosev, Konstantin/Doinov, Stefan: Osvoboditelnata vojna 1877-1878 i balgarskata nacionalna revolucija. Sofia, 1988.
Kosev, Konstantin: Bismark, Istocnijat vapros i balgarskoto Osvobozdenie 1856-1878. Sofia, 1978.
Köstlin, Konrad: Anmerkungen zu Riehl. In: Jahrbuch zur Volkskunde. 1984, Neue Folge 7, 81-96.
Köstlin, Konrad: Wissenschaftliche Orientierungen und gesellschaftliche Entwicklungen - ein Dialog: Volkskunde. In: Dressel, Gert/Rathmayr, Bernhard (Hg.): Mensch- Gesellschaft - Wissenschaft. Versuche einer Reflexiven Historischen Anthropologie. Innsbruck, 1999, S. 139-152.
Kovalevskij, Maksim: Ocerk proizhozdenija i razvitija semja i sobstvenosti. (Vorlesungen gehalten an der Universität in Stockholm). Sankt Peterburg, 1896.
Kovalevskij, Maksim: O formah semevladenija v drevnej Rossiji. Sankt Peterburg, 1884.
Kovalevskij, Maksim: O sovremennoj russkoj semji I glavnim obrazom - o tak nazivaemoj bolschoj semji ili semejnoj obschtini u velikorussov. Moskva, 1903.
Kovalevskij, Maksim: Ocerk proizhozdeniji semji I sobstwenosti. Lekzii, citannije v Stockholm-skom universitete. Sankt Peterburg, 1896.
Kovalevskij, Maksim: Sovremenniji objicaj I drevniji zakon. Objicnoe pravo ocetin l istoriko-sravnitelnom osveschteniji. Moskva, 1886.
Kraev, Georg: Predgovor. In: Rajcevski, Stojan: Rodopski naroden kalender. Sofia, 1998.
Kramer, Dietmar: Die politische und ökonomische Funktionalisierung von "Heimat" im deutschen Imperialismus und Faschismus. In: Diskurs 6-7, 1973, S. 3-22.
Krasteva-Blagoeva, Evgenija: Balgarkata i sozialismat (im Druck).
Krauss, Friedrich: Sitte und Brauch der Südslaven. Wien, 1885.
Lamartine, Alphonse-Marie-Louis de: Voyage en Orient. Paris, 1887 (1. Aufl. 1835).
Lampe, John/Jackson, Marvin: Balkan Economic History, 1550-1959. From Imperial Borderlands to Developing Nation. Bloomington, 1982.
Laslett, Peter/Clarke, Marilyn: Houseful and household in an eighteenth century Balkan-city. A tabular analysis of the listing of the Serbian sector of Belgrade. In: Laslett, Peter/Wall, Richard (Ed.): Household and Family in Past Time: Comparative Studies in the Size and Structure of the Domestic Group over the Last Three Centuries in England, France, Serbia, Japan and Colonial North America, with Further Materials from Western Europe. London/New York/Melbourne, 1972, S. 375-400.

Laslett, Peter: Family and Household as Work Group and Kingroup: Areas of Traditional Europe compared. In: Wall, Richard/ Robin, Jean/ Laslett, Peter: Family Forms in Historic Europe. Cambridge, 1983, S. 513-563.
Laveleye, Emile de: De la Propriete et de ses Formes Primitives. IV edit. Paris, 1891.
Laveleye, Emile de: La Penisule Balcans. 2 vol. Bruxelles, 1886.
Le Play, Frederic: L'organisation de la famille. 3.ed. Paris, 1884.
Le Play, Frederic: Les ouvriers de deux Mondes. Paris, 1885.
Le Play, Frederic: On Family, Work and Social Change. Chicago/London, 1882.
Leeds, Anthony: The Concept of the „Culture of Poverty": Conceptual, Logical and Empirical Problems with Perspectives from Brazil and Peru. In: Leacock, Eleonor (Hg.): The Culture of Poverty, New York 1971, S. 226-284.
Lehmann, Albrecht: Erzählen eigener Erlebnisse im Alltag. Tatbestände, Situationen, Funktionen. In: Zeitschrift für Volkskunde, 74, 1978, S. 198-215.
Leontovic, Feodor.: Zadruzno-obschtinniji harakter bjita drevnej Rossiji. In: ZMNP, 1874, N 6, 7, 8.
Leontovic, Feodor: Krestjane jugozapadnoj Rossij po litovskomu pravu XV-XVI stoletii. Kiev, 1863.
Leskov, B.N.: Obschtinniji bjit drevneji Rossiji. In: ZMNP, 1856, N 2.
Leskov, B.N.: Russkij narod i gosudarstvo. Istorija russkogo obschtestvenogo prava do XVIII v. 1858.
Letourneau, Charles: L'evolution de la morale. Paris, 1887.
Letourneau, Charles: L'evolution de la propriete. Paris, 1889.
Letourneau, Charles: L'evolution du marrige et de la famille. Paris, 1888.
Lilov, Alexander: Da izdignem ideologiceskata rabota na visotata na zadacite, postaveni ot 10. Kongres na BKP i novata Programa na partijata za izgrazdane na razvitoto sozialisticesko obstestvo. Sofia, 1974.
Lindner, Rolf: Kulturtransfer. Zum Verhältnis von Alltags-, Medien- und Wissenschaftskultur. In: Berliner Journal für Soziologie, 2, 1994, S. 193-202.
Litwak, Eugene: Extended Kin Relations in an Industrial Society. In: Ethel Shanas/Gordon Streib (Ed.): Social Structure and the Family: Generations Relations. New York, 1965.
Litwak, Eugene: Geographical Mobility and Extended Family Cohesion. In: American Sociological Review 25, 1965, S. 385-394.
Löffler, Klara: Zurechtgerückt. Der Zweite Weltkrieg als biografischer Stoff. Berlin, 1999.
Löfgren, Orvar: Die Nationalisierung des Alltagslebens: Konstruktion einer nationalen Ästhetik. In: Kaschuba, Wolfgang (Hg.): Kulturen - Identitäten - Diskurse. Perspektiven Europäischer Ethnologie. Berlin, 1995, S. 114-134.
Löfgren, Orvar: Linking the Local, the National and the Global. Past and Present Trends in European Ethnology. In: Ethnologia Europaea, 26, 1996, S. 157-168.

Löfgren, Orvar: The Nationalisation of culture. In: Ethnologia Europaea, 19, 1989, S. 5-23.
Ludzev, Dimitar: Drebnata burzoazija v Balgarija (1944 - 1958). Sofia, 1985.
Lueger, Manfred: Grundlagen qualitativer Feldforschung. Wien, 2000.
Luleva, Ana: ‚Zenskijat vapros' v sozialisticeska Balgaria – ideologia, politika, realnost (im Druck).
Mac Lennan: Studies in ancient history comprizing a reprint of marriage and inquiry into the origin of the capture in marriage ceremonies. 1865.
Maine, Henry: Ancient law. London, 1870.
Maine, Henry: Etudes on the early history of institutions. London, 1875.
Maine, Henry: Village communities in the East and West. London, 1871.
Makaveeva, Ljuba: Balgaskoto semejstvo. Etno-sozialni aspekti. Sofia, 1991.
Makaveeva, Ljuba: Rodopskoto semejstvo v perioda ot kraja na XIX do 50-te godini na XX vek. In: Balgarska etnologija 2, 1995, S. 16-30.
Marinov, Dimitar: Balgarsko obicajno pravo. B. 1-2, Sofia, 1995 (1. Aufl. 1894).
Marinov, Dimitar: Gradivo za vestestvenata kultura na Zapadna Balgaria. In: SbNU 18, 1901.
Marinov, Dimitar: Narodna vjara i religiozni narodni obicaj. 2. Fototyp-Ausg. (1. Aufl. SbNU, 28, 1914), Sofia, 1994.
Marinov, Dimitar: Ziva Starina. Bd. 1-4, Sofia 1891/1894.
Marx, Karl/Engels, Friedrich: Sabrani sacinenija. Sofia, 1978.
Matveev, P.A.: Sbornik narodnjih juridiceskih obicaev. I t. In: Zapiski imperatorskogo Geograficeskago obschtestva. St. Peterburg, 1878.
Maurer, Conrad von: Das älteste Hofrecht des Nordens. München, 1877.
Maurer, Conrad von: Über altnordische Kirchenverfassung und Eherecht. Leipzig, 1908.
Maurer, Conrad von: Vorlesungen über altnordische Rechtsgeschichte. Leipzig, 1910.
Michalcev, Dimitar: Moze li dnesna Balgarija da se varne kam duha na naseto Vazrazdane? In: Filisofski pregled 3, 1939, S. 330-342.
Milietic, Ljubomir: Izdiganeto na kravaja v semejnata „sluzba" i „slava". In: Makedonski pregled, 6, 1931, 1.
Militic, Ljubomir: Staroto balgarsko naselenie v Severoiztocna Balgaria. Sofia, 1902.
Mircev, Dimitar: Prinos za izucavane bita na balgarite v Makedonija. In: SbNU, Bd. 22-23, Sofia, 1906-1907, S. 1-42.
Miskova, Diana: Europäische Ideen und Institutionen im politischen System Bulgariens 1878-1914. In: Heppner, Harald/Preshlenova, Rumjana (Hg.): Die Bulgaren und Europa von der Nationalen Wiedergeburt bis zur Gegenwart. Sofia, 1999, S. 64-94.
Mitterauer, Michael/Sieder, Reinhard: Vom Patriarchat zur Partnerschaft. Zum Strukturwandel der Familie. München, 1977.

Mitterauer, Michael: Die Terminologie der Verwandtschaft. Zu mittelalterlichen Grundlagen von Wandel und Beharrung im europäischen Vergleich. In: Ethnologia Balcanica, 4, 2000, S. 11-44.
Mitterauer, Michael: Eine patriarchale Kultur? Funktionen und Formen der Familie auf dem Balkan. In: Beiträge zur Historischen Sozialkunde, 3, 1994, S. 72-83.
Mitterauer, Michael: Familien im Spannungsfeld gesellschaftlicher Transformationen. In: Beiträge zur historischen Sozialkunde, 4, 1993, S. 94-104.
Mitterauer, Michael: Historisch-anthropologische Familienforschung. Fragestellungen und Zugangsweisen. Wien-Köln-Weimar 1990.
Mitterauer, Michael: Komplexe Familienformen in sozialhistorischer Sicht. In: Ethnologia Europaea 12, 1981 (=Historisch-Anthropologische Familienforschung. Fragestellungen und Zugangsweisen. Wien/Köln, 1990, S. 47-86.
Moore, Wilbert: Industrialization and Labor: Social Aspects of Economic Development. Ithaka, New York, 1965.
Morgan, Louis-Henry: Ancient societies. New York, 1878.
Morgan, Louis-Henry: The system of consanguinity and affinity of the Lines of human Progress from savagery trough barbarism to civilisation. New York, 1877.
Müller, Arnost: Die Hauscommunion der Suedslaven (Jahrbuch der internationalen Vereinigung für vergleichende Rechtswissenschaft). Berlin, 1897.
Murdarov, Vladko: Vienskata slavistika i balgarskoto ezikoznanie 1822 - 1849 - 1918. Plovdiv, 1999.
Mutafciev, Peter: Dnesna Balgarija i duhat na naseto Vazrazdane In: Prosveta 10, 1940, S. 1169-1181.
Mutafcieva, Vera: Agrarnite otnoschenija v Osmanskata imperija prez XV-XVI vek. Sofia, 1962.
Mutafcieva, Vera: Za razvitieto na avtobiograficnija zanr v naschata vazrozdenska knizninz. In: Literaturna misal, 1984, 4, S. 35-51.
Mutafcieva, Vera: Zaschto njamame balgarsko lobi v cuvbina li? In: Balgari. Spisanie za rodova pamet i obic kam Balgarija, 3, 1992, S. 38-39.
Nasoki. Za zadarzanieto i organizazijata na dejnostta na klasnija (kursovija) rakovoditel v balgarskoto uciliste. Za organiszirane na izvanklasnata dejnost s ucenizite. Za rabotata na pedagogiceskija savetnik. Sofia, 1996.
Natev, Atanas (Hg.) Aneignung und Emanzipation. Einleitende Forschungen über Deutsche Kultur in Bulgarien. Sofia, 1997.
Naumovic, Slobodan: Romanticists or Double Insider? An Essay on the Origins of Ideologised Discourses in Balkan Ethnology. In: Ethnologia Balkanica, 2, 1998, S. 101-120.
Nesev, Kiril: Nravstvenoto vazpitanie i semejstvoto. In: Vicev, Vasil (Hg.): Formirane i vazpitanie na licnostta. Sofia, 1987, S. 225-244.

Niedermüller, Peter: Ethnographie Osteuropas. Wissen, Repräsentation, Imagination. Thesen und Überlegungen. In: Köstlin, Konrad/Nikitsch, Herbert (Hg.): Ethnographisches Wissen. Zu einer Kulturtechnik der Moderne. Wien, 1999, S. 42-67.
Obreschkov, Obreschko: Zapadno vlijanie v razvitieto na balgarskoto obrazovanie. In: Istorija na obrasovanieto I pedagogiceskata mical v Balgarija. Sofia, 1975, B.1, S. 252-259.
Ochridsky, Kliment: Sabrani sacinenija, B. 1-3, Sofia, 1970/1973.
Odzakov, Peter: Pismo kam balgarskite rodoljubzi. In: *Bogisic, Valtasar*: Upatwane za opisvane pravovite obicaj, koito zivejat u naroda. Praga, 1874, S.3-*6*.
Odzakov, Peter: Po samoupravstwoto na semejnite obschtini. In: Juridiceski pregled, 3, 1895, N 20, S. 924-930.
Odzakov, Peter: Upatvane za opisvane pravovite obicaj, koito zivejat u naroda. Praga, 1874.
Osterhammel, Jürgen: Sozialgeschichte im Zivilisationsvergleich. Zu künftigen Möglichkeiten komparativer Geschichtswissenschaft. In: Geschichte und Gesellschaft 22, 1996, S. 143-164.
Osterhammel, Jürgen: Zivilisationen im Vergleich: Möglichkeiten und Probleme. In: Beiträge zur Historischen Sozialkunde, Sondernummer, 1998, S. 34-40.
Palausov, Nikola/Aprilov, Vasil: Pismo do gabrovskata obschtina. 16. Aug. 1833. In: Christov, Christo/Gencev, Nikolaj: Balgarsko Vazrazdane, B. 2, Dokument N 71.
Panov, Todor: Psihologija na balgarskija narod. Sofia, 1914.
Parsons, Talcott: The Kinship System of the Contemporary United States. In: American Antropologist, 45, 1943, S. 22-38.
Pavlovic, Chistaki: Zarstvenik ili Istorija Bolgarskaja 1844. Predgovor. In: Christov, Christo/Gencev, Nikolaj: Balgarsko Vazrazdane, B. 2, Sofia, 1969, S. 148-158.
Pavlovic, Partenij: Autobiographie. In: Bojadziev, Pirin: Parteniji Pavlovic. Sofia, 1988.
Peev, Georgi: Das europäische Vorbild im Verwaltungsaufbau Bulgariens ab 1878. In: Heppner, Harald/Preshlenova, Rumjana (Hg.): Die Bulgaren und Europa von der Nationalen Wiedergeburt bis zur Gegenwart. Sofia, 1999, S. 95-112.
Peisker, Jan: Slovo o zadruze. Praha, 1899.
Peisker, Jan: Zadruha na Prachensku. In: Athenaeum. 1988, t.V, N 9, 10.
Pekar, Jan: K sporu o zadruhu staroslovanskou. In: CCH 1900, VI, 243-267.
Peseva, Rajna: Izmenenija v bita na savremennoto balgarsko sozialisticesko selo. In: Soziologiceski problemi, 3, 1969, S. 46-58.
Peseva, Rajna: Naucnoto i prackticeskoto znacenie na etnografskata problema za savremenntoto balgarsko rabotnicesko i selsko semejstwo. In: Slavjanska etnografija, B. 5, Sofia, 1963, S. 258-266.

Peseva, Rajna: Rodovi ostatazi i semeen bit v Severozapadna Balgarija. In: Komplexna naucna ekspedizija v Severozapadna Balgarija prez 1956 godina. Dokladi i materiali. Sofia, 1958, S. 7-52.
Peseva, Rajna: Semejstvoto kato vazpitatelna sreda. Sofia, 1975.
Peseva, Rajna: Semejstwoto i negovoto istoricesko razvitie. In: Etnografija na Balgarija, B.1, Sofia, 1980, S. 286-301.
Petkanov, Kiril: Harakterni certi na balgarina. In: Filosofski pregled, 1930, N 4, S. 353-355.
Platikanov, Ivan: Rodoznanie. Primerna metodika za rodovi izsledvanija. Sofia, 1984.
Popkonstantinov, Christo: Iz Rodopite. In: PSp, Sredez, 11, 28, 1899, S. 582-601.
Popnedelev, Todor: Der Einfluss der "europäischen" positivistischen Historiographie auf die bulgarischen Historiker (1878 bis in die 1920er Jahren). In: Heppner, Harold/Preslenova, Rumjana (Hg.): Die Bulgaren und Europa von der Nationalen Wiedergeburt bis zur Gegenwart. Sofia, 1999, S. 140-160.
Popov, Konstantin: Stopanska Balgarija. Sofia, 1916.
Popov, Stefan: Balgarskata ideja. Sofia, 1994.
Popova, Kristina: "Narodnostno obedinena, duhovno samobitna, stopanski samostojna i voenno moschtna". Planovete za badeschteto sred mladeschta i idejata za nazionalno obedinenie v nacaloto na 40-te godini). In: Balkanisticen forum, 1-2, 1996, S. 193-201.
Popova, Kristina: Bog li gi besche sazdal takiva. Mazete ot 20-ti nabor v selo Teschevo. In: Vodenicarov, Peter/Popova, Kristina/Paschova, Anastasija: Moeto dosie, pardon, biografija. Balgarskite modernizazii (30-te i 60-te godini) - ideologii i identicnosti. Blagoevgrad, 1999, S. 277-279.
Popova, Kristina: Nazionalnoto dete. Blagotvoritelnata i prosvetna dejnost na Sajuza za zakrila na dezata v Balgarija 1925 - 1944, Sofia, 1999.
Poppetrov, Nikolai: Die bulgarischen Genossenschaften als politisches und wirtschaftliches Phänomen (1890-1940). In: Oberländer, Erwin/Lemberg, Hans/Sundhausen, Holm (Hg.): Genossenschaften in Osteuropa - Alternative zur Planwirtschaft? (= Schriftenreihe der Akademie Deutscher Genossenschaften, B. 10) Wiesbaden, 1993, S. 79-85.
Popruzenko, M. G.: Sinodik zarja Borila. In: Balgarski starini, 8, Sofia, 1938, S. 1-96.
Post, Hermann Albert: Der Ursprung des Rechts. Oldenburg, 1876.
Post, Hermann Albert: Grundriss der ethnologischen Jurisprudenz. Oldenburg, 1894.
Post, Hermann Albert: Studien zur Entwicklungsgeschichte des Familienrechts. Oldenburg, 1889.
Predzi i predtetci. Mitove i utopii na Balkanite. Hg. von: Mezdunaroden universitetski seminar za balkanistitcni proutcvanija i spezialisazii. Blagoevgrad, 1997.

Preschlenova, Rumjana: Bulgarisch-Österreichisch-Ungarische Wirtschaftsbeziehungen 1878 - 1914. In: *Choliolcev, Christo/Mack, Karl-Heinz/Suppan, Arnold* (Hg.): Bulgarisch-Österreichische Beziehungen 1878 - 1996 (=Miscellanea Bulgarica 12), Wien 1998, S. 18-29.
Preshlenova, Rumjana: "Europa" in der bulgarischen Wirtschaftsliteratur (1878 - 1918). In: Heppner, Harald/Preshlenova, Rumjana (Hg.): Die Bulgaren und Europa von der Nationalen Wiedergeburt bis zur Gegenwart. Sofia, 1999, S. 113-140.
Prodanov, Peter/Dzagarov, Ivan: V pomost na rodoizsledovatelja. Gabrovo, 1976.
Projekt-Team „Identitätswandel Österreichs im veränderten Europa (Hg.): Nationale und kulturelle Identitäten Österreichs. Theorien, Methoden und Probleme der Forschung zu kollektiver Identität. Wien, 1995.
Rakovski, Georgi: Arhiv G.S. Rakovski, B. 1, Sofia, 1952.
Rakovski, Georgi: Kljuc bolgarskogo jazijka. Odessa, 1880.
Rakovski, Georgi: Sacinenija, B. 3, Sofia, 1984.
Riehl, Wilhelm Heinrich: Die Familie. 10. Aufl. Stuttgart 1889 (1. Aufl. 1855).
Rihtman-Augustin, Dunja: W.H. Riehl und Og. M. Utjesenovic. Zur Theorie des südslawischen Familiensystem Zadruga. In: Jahrbuch zur Volkskunde. 1984, Neue Folge 7, 71-80.
Rithmann-Augustin, Dunja: Patriarchalismus heute. In: Die Stellung der Frau auf dem Balkan. Berlin 1987, 46-61.
Rodoizsledovatelskata i rodoproucvatelskata dejnost - dejstwen faktor za patrioticnoto vazpitanie na naselenieto v Smoljanska obschtina. Smoljan, 1989.
Romanska, Zvetana: Slavjanskite narodi. 2. Aufl. Sofia, 1977.
Romanski, Stojan: Narodopisna karta na nova rumanska Dobrudza. Sofia, 1915.
Roth, Klaus: Bürgertum und bürgerliche Kultur in Südosteuropa. Ein Beitrag zur Modernisierungsdiskussion. In. Gyr, Ueli (Hg.): Soll und Haben. Alltags- und Lebensformen bürgerlicher Kultur. Zürich, 1995, S. 245-260.
Roth, Klaus: Großstädtsche Kultur und dörfliche Lebensweise. Bulgarische Großstädte im 19. und 20. Jahrhundert. In: Kohlmann, Theodor/Bausinger, Hermann (Hg.): Großstadt. Aspekte empirischer Kulturforschung, Berlin, 1985, S. 363-376.
Roth, Klaus: Soziokultureller Wandel im südosteuropäischen Dorf nach dem zweiten Weltkrieg. In: Grimm, Frank-Dieter/Roth Klaus (Hg.): Das Dorf in Südosteuropa zwischen Tradition und Umbruch Ergebnisse der Fachtagung der Südosteuropäischen Gesellschaft in Zusammenarbeit mit dem Institut für Länderkunde Leipzig. München 1997, S. 64-78.
Sabean, David: Property, Production and Family in Neckerhausen 1700 to 1870. Cambridge 1990.
Sapkarev, Kusman: "Rusallij. Dreven i tvarde interesen balgarski obicaj, zapazen i do dnes v Juzna Makedonija. Plovdiv, 1884.
Sapkarev, Kusman: Sbornik bulgarski narodni umotworenija. Plovdiv 1891-92.

Segalen, Martine: Die Familie. Geschichte, Soziologie, Anthropologie. Frankfurt/New York, 1990.
Segalen, Martine: Reconstructing, Understanding and Inventing Past Cultures. The Complex Dialogue between French Ethnology and History. In: Ethnologia Europaea 26, 1996, S. 147-156.
Seifert, Ruth: ‚Militär und Geschlecht' in den deutschen Sozialwissenschaften. Eine Skizzierung der aktuellen Forschungssituation. In: L'Homme 1, 2001, S. 134-143.
Sejtanov, Nikola: Balgarski swetogled. In: Prosveta 4, 1942, S. 201-210.
Selishcev, A.M.: Semejnata sluzba (kurban) v Balgarija i Makedonija i srabskata „slava". In: Makedonski pregled 5, 1929, 2.
Semov, Marko: Balgarska narodopsihologija. Razmisli varhu tova, kakvi sme bili i kakvi sme dnes. Sofia, 1999.
Siskov, Stoio: Jivotat na balgarite v Sredna Rodopa. Plovdiv, 1886.
Siskov, Stoio: Pomazite v trite balgarski oblasti – Trakija, Makedonija i Mizija. Plovdiv, 1914.
Spasov, Kiril: Rodoslovie. Metodika za rodoslovni izsledvanija. Kjustendil, 1980.
Spasovska, Liljana: Promenjastijat se brak v Balgarija. Sofia, 2000.
Spiro, Melford: Cultural Relativism and the Future of Anthropology. In: Marcus, George (Ed.): Rereading Cultural Anthropology. London, 1992, S. 124-151.
Sravnitelnjie slovari vsih jazjikow i nareciji, sobraniji desnizji vsevjisocajischoji osobji. Sankt Petersburg, 1787/1789.
Stepanova, Ljudmila: Bklad Rossii v podgotovku bolgarskoj inteligenziji v 50-70-e g. XIX veka. Kischinev, 1981.
Strasimirov, Anton: Narod i poet. Sofia, 1922.
Strasimirov, Anton: Poznanie na nasija narod. Sofia, 1942.
Sugar, Peter: South-Eastern Europe under Ottoman Rule, 1354-1804. A History of East Central Europe, Vol. V. Seattle/London, 1977.
Sundhausen, Holm: Vom Vor- zum Frühkapitalismus. Die Transformation des Dorfes und der Landwirtschaft im Balkanraum vom 19. Jahrhundert bis zum zweiten Weltkrieg. In: Grimm, Frank-Dieter/Roth Klaus (Hg.): Das Dorf in Südosteuropa zwischen Tradition und Umbruch. München 1997, S. 29-48. (= Ot predkapitalisam kam ranen kapitalisam. Transformazija na seloto i selskoto stopanstwo na Balkanite ot 19 vek do Vtorata svetovna vojna. In: Balgarski folklor 3-4, 1997, S. 6-25)
Tancev, Ivan: Balgarskata darjava i ucenieto na balgari v cuzbina 1878-1892. Sofia, 1994.
Teodorov, Emil: Drevnotrakijskoto nasledstvo v balgarskija folklor, Sofia, 1972.
The Portable Karl Marx, Selected, translated in part, and with an Introduction by Eugene Kamanka. New York, 1983.

Todev, Todor: Die Genossenschaften Bulgariens im Übergang zur Marktwirtschaft. In: Oberländer, Erwin/Lember, Hans/Sundhausen, Holm (Hg.): Genossenschaften in Osteuropa - Alternative zur Planwirtschaft. Schriftenreihe der Akademie Deutscher Genossenschaften, Bd.10. Wiesbaden 1993, S. 136-147.
Todorov, Delco: Etnografijata v Balgaria prez perioda na kapitalisma. In: Etnografija na Balgarija 1, Sofia 1980, S. 135-151.
Todorov, Nikolaj: Za demografskoto sastojanie na Balkanskija poluostrov prez 15.-16. vek. In: GSU - FIF. B. 1-3, Sofia, 1959/1960.
Todorova, Maria: Balkan Family Structure and the European Pattern. Demographic Developments in Ottoman Bulgaria. Washington, 1993.
Todorova, Maria: Balkani. Balkanizam. Sofia, 1999.
Todorova, Maria: Brak i bracnost v Balgarija prez XIX vek. In: Istoriceski pregled 3, 1988, S. 59-78.
Todorova, Maria: Naselenijeto na Varna v sredata na XIX vek. In: Izvestia na darzavnite arhivi. 43, Sofia, 1982.
Todorova, Maria: Polpulation Structure, Marriage Patterns, Family and Houshold (According to Ottoman Documentary Material from Norteastern Bulgaria in the 1860s). In: Etudes balcaniques, 19, 1, 1983.
Todorova, Maria: Slava und Zadruga. In: Historische Anthropologie, 1, 1993, S. 123-129.
Todorova, Maria: Struktura na naselenieto, brachnost, semejstvo i domakinstvo na Balkanite. In: Istoriceski pregled 4, 1983, S. 85-99.
Todorova, Maria: Za epistemologicnata stojnost na semejnite modeli: Balkanite v evropejskija kontext. In: Balcanistic forum, 3, 1996, S. 51-63.
Turner, Paul: Slavisches Familienrecht. Straßburg, 1874.
Tylor, Edward: Die Anfänge der Cultur. Leipzig, 1873.
Tylor, Edward: Primitive Culture. London, 1871.
Tylor, Edward: Researches into the early history of mankind and the development of civilization. London, 1878.
Utiesenovic, Ognjoslav: Die Hauskommunionen der Südslaven. Wien, 1859.
Vaprosnik za izdirvane balgarskite pravni obicaj. Ministerstwo na narodnoto prosveschtenie. Sofia, 1893.
Vassileva, Darija: Inteligenzijata v golemite balgarski gradove ot Osvobozdenieto do nacaloto na vojnite. Etnografski aspekti. Sofia, Diss., 1991.
Vazov, Ivan: In Ostrumelien. Erinnerungen. Sofia, 1880.
Venelin, Jurii: Drevnjae i njenesnije Bolgarji. Moskva, 1829.
Venelin, Jurii: Kriticeskie izsledwanija ob istoriji Bolgar.Moskva, 1849.
Venelin, Jurii: O zarodise nowoj bolgarskoj literaturji. Moskva, 1838-1841.
Verkovic, Stefan: Volkslieder der makedonischen Bulgaren, B. 1, Beograd, 1860.
Veska Nikolova, Dimitar Sazdov (Hg.): Programi, programni dokumenti i ustavi na burzoaznite partii v Balgarija 1879-1918, Sofia, 1992.

Vodenicarov, Petar Assenov (Red.): Darove i sakrovista. Duhovna priemstvenost na Balkanite. Hg. von: Mezdunaroden universitetski seminar za balkanistitcni proutschwanija i spezialisazii - Jugozapaden universitet „Neofit Rilski" Blagoevgrad. Blagoevgrad, 1998.
Vodenicarov, Petar: Zenite, ezikat i vlastta. Diskursiven analiz na balgarskite modernizazii 30-te i 60-te godini. In: Vodenicarov, Peter/Popova, Kristina/Paschova, Anastasija: Moeto dosie, pardon, biografija. Balgarskite modernizazii (30-te i 60-te godini) - ideologii i identicnosti. Blagoevgrad, 1999, S. 229-273.
Vodenicarov, Peter/Popova, Kristina/Paschova, Anastasija: Moeto dosie, pardon, biografija. Balgarskite modernizazii (30-te i 60-te godini) - ideologii i identicnosti. Blagoevgrad, 1999.
Vracanski, Sofronij: Zitie i stradanie. Sofia, 1966.
Waris, Elina: Yksissä Leivissä. Ruokolahtelainen perhelaitos ja yhteisöllinen toiminta 1750-1850. Helsinki, 1999.
Weber-Kellermann, Ingeborg: Kontinuität und Familienstruktur. W.H. Riehl und das Problem der Geschichtlichkeit von Primärgruppen. In: *Bausinger, Hermann/Brückner, Wolfgang* (Hg.): Kontinuität, Geschichtlichkeit und Dauer als volkskundliches Problem. Berlin, 1969, S. 143-153.
Welz, Gisela: Inszenierungen kultureller Vielfalt. Frankfurt a. M./New York/Berlin, 1996.
Wolf, Eric: Europe and the People without History. Berkeley, 1982.
Yastrebov, I.S.: Objicaj i pesni turezkih serbov. Sankt Petersburg, 1886.
Zahariev, Stefan: Otgowor na iskanite swedenija ot d-r V. Bogisic, zarski bibliotekar vav Viena, za zivota, nravite I obicajte v Zapadna Trakija. 1867. In: Christov, Christo/Gencev, Nikolaj: Balgarsko Vazrazdane, B. 2, Dokument N 69.
Zajkov, Ivan: Znaj svoja rod. Sofia, 1983.
Zaprjanova-Todorova, Antoaneta: Kak da izsledvame svoja rod? Genealogija. Biblioteka „Nov den-5". Sofia, 1994.
Zaprjanova-Todorova, Antoaneta: Kak da izsledwame swoja rod? Genealogija. Sofia, 1994.
Zenata v NRB – sozialno-ikonomiceski pridobivki. Spravocnik. Sofia 1989.
Ziber, Nikolaj: Ocerki pervobitnoj ekonomiceskoj kulturji. Moskva, 1883.

ABKÜRZUNGEN

GSU – FIF	Godischnik na Sofijskija Universitet – Filologo-istoriceski fakultet
INEM	Izvestija na Narodnija etnografski muzej
PSp	Periodicesko spisanie
SbNU	Sbornik narodni umotworenija i kniznina
ZMNP	Zurnal Ministerstwa Narodnogo Prosveschtenija